天津城市职业学院
项目化课程案例

李　彦　王丽雅　刘维娥　编著

南开大学出版社
天　津

图书在版编目(CIP)数据

天津城市职业学院项目化课程案例 / 李彦，王丽雅，刘维娥编著. —天津：南开大学出版社，2016.10
ISBN 978-7-310-05069-7

Ⅰ. ①天… Ⅱ. ①李… ②王… ③刘… Ⅲ. ①职业教育－课程设计－教学研究－天津市 Ⅳ. ①G712.3

中国版本图书馆 CIP 数据核字(2016)第 033169 号

南开大学出版社出版发行
出版人:刘立松
地址:天津市南开区卫津路 94 号　　邮政编码:300071
营销部电话:(022)23508339　23500755
营销部传真:(022)23508542　　邮购部电话:(022)23502200
*
唐山新苑印务有限公司印刷
全国各地新华书店经销
*
2016 年 10 月第 1 版　　2016 年 10 月第 1 次印刷
260×185 毫米　16 开本　25.625 印张　650 千字
定价:56.00 元

如遇图书印装质量问题,请与本社营销部联系调换,电话:(022)23507125

编 写 说 明

提高人才培养质量，适应社会需求，培养更多更好的高素质技术技能人才，是职业院校内涵发展永恒不变的追求。充分发挥高职教育在提高国民素质和民族创新能力中的重要作用，是高职教改研究的重要任务。提高高职教学质量，是深化高职教学改革的意义所在。

《中国教育改革和发展纲要》指出，“振兴民族的希望在教育,振兴教育的希望在教师,建设一支具有良好政治业务素质、结构合理、相对稳定的教师队伍,是教育改革和发展的根本大计”。师资水平决定了学校的教学质量、决定了人才培养质量，一支高素质、有特色、肯钻研、善学习、勤实践、爱岗敬业的高等职业教师队伍是保证教学改革效果的关键。

《国务院关于加快发展现代职业教育的决定》（国发[2014]19 号）指出，推进人才培养模式创新，要坚持校企合作、工学结合，强化教学、学习、实训相融合的教育教学活动。推行项目教学、案例教学、工作过程导向教学等教学模式。天津城市职业学院不断完善校企合作、工学结合的人才培养体系，在院系两级“政校企（社）”合作机制的推动下，专业建设、人才培养过程与企业密切合作，人才培养在将职业道德和人文素养贯穿到培养全过程的前提下，努力适应经济发展、产业升级和技术进步。为此，学院以教学改革为抓手，实施“一把手”工程，将教师的专业化成长与专业人才培养、课程改革联结起来，用更新理念、培训方法、管理评价、机制保障等措施推进教学改革、教师发展工作。在建设“天津市高水平示范校”期间，教师们在教学改革、课程建设等方面取得了丰硕成果。

一、注重教学效果、体现“教学做”的教学改革成为共识

聘请高职教育名家、专家来学院进行项目化课程设计、评价等专题讲座，指导教师结合典型工作岗位分析教学目标和教学内容，培训教师针对自己课程进行教学整体设计、单元设计。通过上述活动和教学实践，使教师们反思了以往教学的不足，加深了对项目化课程的认识，转变了观念，激发了教学改革热情。任课教师均撰写了项目课程教学改革培训体会，对照所任课程，进行了课程整体结构设计。

二、课程内容紧贴岗位标准与要求、推进“教学做一体化”教学实践方兴未艾

在完成课程整体教学设计的基础上，专业带头人、优质课程建设负责人深入企业调研、实践，结合学校教学设施设备情况，几易其稿，在专家和同行的质询下，反复推敲，修改、完善了教学整体设计。

学院两次聘请了戴士弘教授专程来校，对老师们的“课程整体设计”的测评标准、‘单元设计’具体实施进行详细的培训和一对一的点评。

为扎实推进教学改革，学院配套出台了《教学做验收合格课实施意见》，通过完成“教学设计”、“说课”、“公开课”与“随机课”讲课、评课、验收鉴定等环节，组织骨干教师参加教学改革，通过在教师绩效考核中提高课酬和课程奖励等办法，激励教师勇于实践。经校外专家与学院教学做验收课评价小组评议，首批 14 名教师进入了验收环节，成为学院首批“教学做验收合格课”。目前学院大多数任课教师已进入了新一轮的“教学做验收合格课”单元设计、微课制作的工作。

三、课程定位明确、教学设计项目化特点突出的教学改革成效显著

课程整体设计在教师企业实践、集体教研、探索讨论、共同评议的工作下，对照工作岗位的典型工作任务进行的。主要内容包括：岗位分析：对照人才培养的目标岗位，进行岗位分析，描述工作流程，分析列出岗位所需的能力、知识和素质。课程分析：本课程在在课程体系中的位置；课程与中职、本科、培训班的相关课程的区别。

为了达到岗位所需的能力、知识和素质目标，课程内容以根据岗位需求，以工作过程或者工作任务为载体，来具化教学内容，设计尽可能的与企业实际的工作内容相符的教学项目。项目的工作内容、情境、成果形式清晰明了，学生在完成这样的教学项目时，能获得比较完整的具体工作过程印象，获得相应的职业能力和专业知识；教师在完成这样的教学项目时，具备了知识梳理、能力传递、教学技术熟练、掌握前沿专业信息等条件，促进了“教练型”教师的专业成长。

“教学做一体”教学设计将第一次课设计、最后一次课设计展示出来，将每一个单元即每一次课的能力、知识、素质目标、师生活动以及考核内容与方法，体现在教学进程设计中。每个教学任务教学环境（软硬件配备）的确定、教学资源（需要可行、丰富、生动、有趣）的选取、针对教学项目确定教学步骤（由简单至复杂、由浅入深）、选择恰当的方法与手段，通过教师与学生的具体活动描述，将整个教学实施过程展示出来。教学评价更易于操作，针对性更强，教学效果更易被体现和观察。

教学中以学生为主体，教师加以适当引导，理论与实践交叉进行，融会贯通，使学生边看边学，边学边做，避免了“纸上谈兵”式的“灌输”，项目教学直接与职业岗位工作相结合，使学生掌握岗位工作程序、方法、标准等，加深了学生对职业岗位的理解，能够使其直接进入岗位角色。教师参加 2013、2014、2015 年天津市信息化教学比赛，荣获一等奖 3 项，二等奖 9 项，三等奖 6 项，遴选的 3 位教师代表天津市参加全国高职院校信息化教学大赛，获得教学设计、课堂教学两项一等奖，一项三等奖，为天津市争得了荣誉。

本书收录了 21 位教师的整体设计方案与 16 位教师的单元设计方案，其中包含 7 名教师获得天津市教师信息化能力比赛优秀单元设计方案。21 位教师在涉及 14 个专业 21 门课程整体设计上进行了探索，是教师企业实践、教学研讨的体现，这些设计方案已经在真实的教学中进行了实施。单元设计方案共 16 份，按照“教学做一体化”设计要求，同时鼓励采用信息化的技术手段与资源，将课堂实施的整个过程进行呈现。在教学改革中教师付出了艰苦的努力，从刚开始的“不理解”、“不会改”，到后来的“全面跟进”、“不断修改”，这样的过程，正是教师教学能力、职业素质不断提升的过程，本书收录的 14 个案例中，教师诉说了课程建设的收获、体会、心得，表达了对职业教育教育教学改革与发展的认同感，同时梳理总结了在教学改革各项工作中的经验与成果，这些均是教师发自内心最真诚的声音。

本书的编写，回顾、总结了学院教学改革的具体工作，凝练了课程建设的做法经验，凝结了项目化课程建设教师的智慧与汗水，希望能够为学院深化教学改革，提高人才培养质量奠基、铺路，也希望为正在进行职业教育教学改革的相关院校的教师提供可借鉴的思路和做法，提出批评与指正。本书的统稿工作由贾春霞完成。

李　彦

2015 年 10 月

序　言

课程是教育的载体，它将教育的目的与教育内容有机结合，有效预期人才培养质量规格。高职院校的课程是保证技术技能人才质量的前提，成为职业院校深化内涵建设的重要抓手。借鉴发达国家职业教育理论及人才培养模式包括德国双元制，北美的CBD/DACUM，澳大利亚的 TAFE、新加坡的教学工厂等，对我国职业教育课程建设有积极影响，但是，这些理论或人才培养模式生于不同国情，不能一味照搬照抄。实践证明，本土化尤其是校本课程建设是借鉴国外先进职教理论或人才培养模式的成功经验。

高职教育课程的本土化、校本化需要职业院校发挥课程建设的主动性，克服“等”、“靠”、“要”思想，形成凸显自身特色的课程建设理念。天津城市职业学院坚持将课程作为“一把手工程”，紧紧围绕发展型、复合型和创新性的技术技能人才培养目标，应对产业转换升级和企业技术创新需要，大刀阔斧地进行专业课程改革，走出了一条以现代职业教育理念为指导，立足本校教育教学实际，探索校本课程建设之路。该校校本化秉持项目化的课程设计理念，以教学做一体化为课程建设目标，取得显著成果:《天津城市职业学院项目化课程案例》教材。它包括课程整体设计方案、单元设计方案、教师收获与心得三部分，体现了项目引导、案例鲜活、教学做一体的显著特点。

“项目化课程设计理念”是贯穿“课程案例”的红线。《现代职业教育体系建设规划（2014—2020 年）》指出：“推动教学方法改革，通过真实案例、真实项目激发学习者的学习兴趣、探究兴趣和职业兴趣”。作为教育的载体，项目化课程承载了企业对高职院校课程设计和人才培养质量规格的诉求，它将企业的真实生产实际工作转化为链接工作和学习的教育情境。项目课程所蕴含的技术知识不同于普适性的科学知识离散形式，它表征工作实践和学科问题的结合。项目课程实施以学习者为中心，强调学习者对技术知识和技能的主动探索和意义建构，生成教学做一体的学习环境。实践证明，天津城市职业学院项目化的校本课程改革值得肯定，对其他高职院校校本课程建设有借鉴意义。

肖凤翔

天津大学职业技术教育研究所所长　教授　博士生导师

2015 年 11 月 10 日于天津

前　言

[illegible]

2013年11月10日

目 录

第一部分 课程整体教学设计

第二部分 课程单元设计

第三部分 课程教学心得

第一部分

课程整体教学设计

“运输技术与实务”课程整体教学设计

高　扬

一、课程基本信息

课程名称：运输技术与实务		
所属系部：财经系	制定人：高扬	
课程代码：6205051224	学分：4	学时：64
授课时间：第三学期	授课对象：物流管理专业二年级学生	
课程类型：职业技术课		
先修课程：物流管理基础、物流经济地理等	后续课程：物流沙盘模拟实训、供应链管理实务等	

二、课程定位

1. 岗位分析

本专业毕业生的（技术、管理）岗位分析：

初次就业岗位	业务受理员、货运操作员、运输调度员、仓库管理员、配送员、制单员、物流信息管理员、采购员等
二次晋升岗位	运输部主管、仓储部主管、配送部主管、采购部主管等
未来发展岗位	物流部经理、总经理等

其中，以业务受理员和运输调度员为例，说明岗位的典型工作流程图：

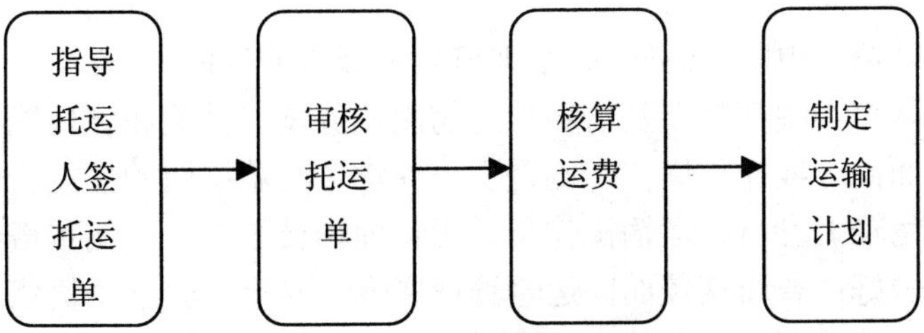

业务受理员典型工作流程图

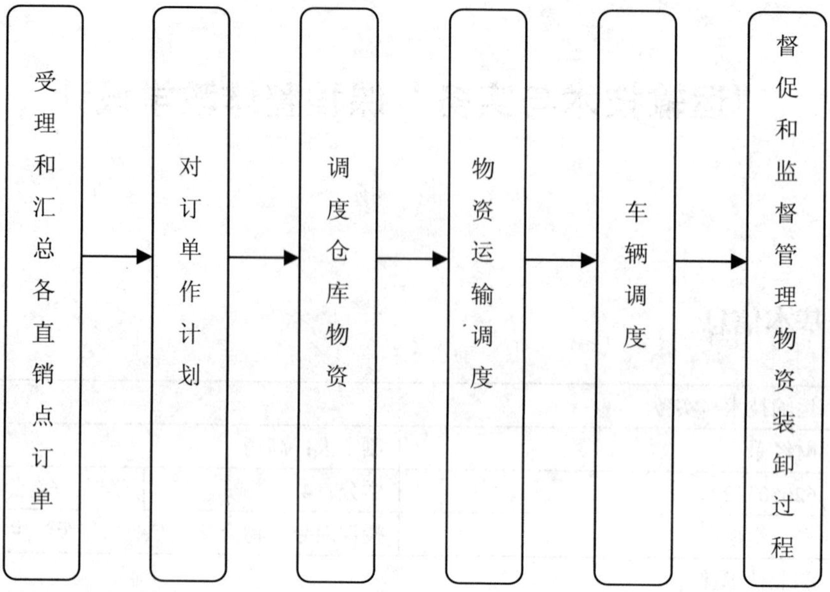

运输调度员典型工作流程图

2. 课程分析

本课程在课程体系中的位置如下图所示：

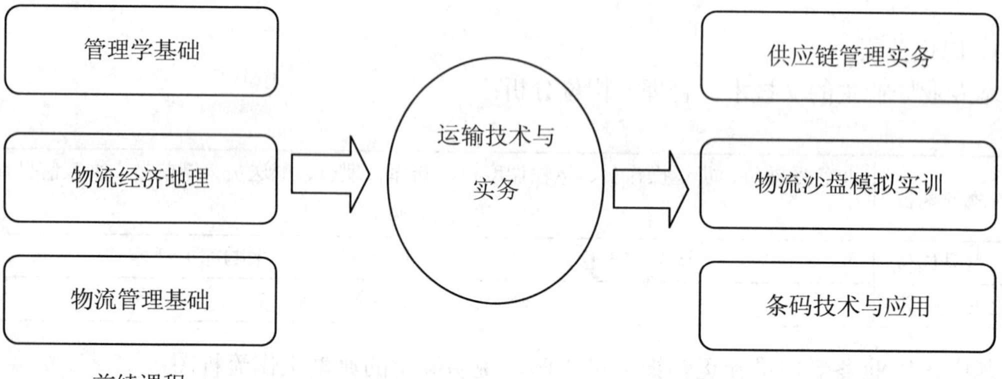

本课程与普通高校、中职（高职）、培训班相关课程的异同如下：

共同点是四种教育类型都是涉及培养学生物流业务操作技能和管理能力。区别点主要在于：中职教育主要面向一线操作岗位，侧重于培养学生经验层面的技能，也就是如何熟练地做；高职教育面向运输调度员、运输操作员、货物理赔员等岗位，侧重培养学生策略层面的技能，也就是如何做好；普通高校面向运输管理岗位，侧重培养学生优化方案、控制成本、绩效管理的能力，也就是要明确为什么要这样做。

三、课程目标设计

总体目标：通过本课程的学习，学生能够掌握接单员、运输操作员、车辆调度员、送货员等岗位所需要的职业技能、专业知识和职业素养，能够在物流运输业务中完成业务受理、货物配载、车辆调度、货物配载、处理货运事故等工作，并具备一定的可持续发展能力。

能力目标：1. 能根据物流企业要求审核运输单证；2. 能根据《一般货物运输包装通用技术条件》和《危险货物运输包装通用技术条件》检查货物包装是否符合要求；3. 能根据《货物运价规则》计算货物运输费用；4. 能根据《汽车货物运输规则》《铁路货物运输规程》《中国民用航空货物国内运输规则》和《水路货物运输规则》完成公路、铁路、航空、水路的货物运输的组织作业；5. 能根据《道路危险货物运输管理规定》完成危险品运输的组织作业；6. 能根据《汽车货物运输规则》《铁路货物运输规程》《水路货物运输规则》和《中国民用航空货物国内运输规则》划分承运方和托运方责任，并恰当处理常见的四类货运事故；7. 能采取恰当的措施控制运输成本、提高运输绩效。

知识目标：1. 理解运输单证的内容及填写、审核要求；2. 掌握四种常见的运输方式的特点和适用范围；3. 掌握公路、铁路、水路、航空货物运价表的识读方法；4. 理解公路、铁路、航空、水路和多式联运的作业流程；5. 掌握货物配载的方法；6. 掌握车辆调度方法；7. 掌握运输路径规划方法；8. 了解货物运输投保程序和索赔程序；9. 了解运输成本核算的方法和程序；10. 了解运输绩效评价指标体系建立的方法和步骤；11. 理解在运输管理中用到的运筹学和管理学理论。

素质目标：1. 具备一定的应变能力，能较好地处理运输过程中的突发事件；2. 在保证货运安全的前提下，减少运输成本，以较少投入获得最大收益；3. 保质、保量、按时、安全地完成货物运输工作，建立服务为本意识；4. 能够与运输各环节工作人员进行良好的沟通，具有较好的协作精神和团队合作能力；5. 具有爱岗敬业、乐于奉献的精神，能够承受物流运输业高强度的工作压力；6. 强化安全意识，降低货运事故发生率，建立安全为先的思想。

四、课程内容设计

项目名称	子项目名称	学时
远达物流公司货运任务作业	子项目 1　业务受理	12
	子项目 2　集货作业	12
	子项目 3　货物中转	8
	子项目 4　运输调度与货物配载	12
	子项目 5　组织送货	12
	子项目 6　成本与绩效管理	8
合　计		64

五、能力训练项目设计

编号	子项目编号、名称	任务	能力目标	知识目标	训练方式、手段及步骤	可展示的结果
1	子项目1 业务受理 （接单员）	1-1 受理圣美外贸公司托运的货物； 1-2 告知客户合理的运输方式； 1-3 为本次货运任务制定运输计划； 1-4 核算运输费用	1. 能准确填写和审核运输单证； 2. 能完成整车货物运输业务的受理工作； 3. 能正确计算公路整车货物运输费用和铁路货物运输费用	1. 掌握整车货物托运单的填写方法； 2. 掌握四种货物运输特点和适用范围； 3. 理解货物运输运费计算方法	根据任务、情境完成运输作业中的业务受理工作；角色扮演、分组讨论、软件操作	货运订单、运输计划、特殊情况处理记录
2	子项目2 集货作业 （操作员）	2-1 审核托运单； 2-2 检查货物包装； 2-3 做运输粉剂农药前运输前准备； 2-4 做果蔬饮品运输前准备	1. 能根据《一般货物运输包装通用技术条件》和《危险货物运输包装通用技术条件》检查货物包装是否符合规定； 2. 能根据《道路危险货物运输管理规定》完成危险品运输的组织作业； 3. 能完成冷藏货物运输的运前准备工作； 4. 能正确制定冷藏货物运输方案	1. 了解冷藏货物运输特点； 2. 掌握冷藏货物运输组织与管理的注意事项； 3. 了解危险货物特点； 4. 掌握危险货物运输管理规定	根据任务、情境完成集货作业；角色扮演、分组讨论、软件操作	货运订单、特殊情况处理记录
3	子项目3 货物中转 （中转站接货员）	3-1 完成货物的中转作业； 3-2 计算四个收货方的运输费用； 3-3 填制国际水路运单； 3-4 核算国际水路运输费用； 3-5 货物出港前准备	1. 能正确计算国际水路运输费用； 2. 能完成国际集装箱货物运输的受理工作 3. 能对需要中转的货物进行分类整理并安排再发运； 4. 能准确完成货物过磅和货物量方作业	1. 掌握中转货运的处理方法； 2. 理解国际多式联运作业的特点和优越性； 3. 掌握国际多式联运作业流程； 4. 了解国际多式联运组织与管理的注意事项	角色扮演，分组讨论、软件操作	运输费用计算结果、水路货运单、多式联运单

编号	子项目编号、名称	任务	能力目标	知识目标	训练方式、手段及步骤	可展示的结果
4	子项目 4 运输调度与货物配载 （运输调度员、货物配载员）	4-1 制定车辆调度方案； 4-2 制定果蔬饮品、洗衣液等货物的配载方案； 4-3 优化送货路线； 4-4 装车后检查	1. 能制定合理的零担货物运输路线优化方案； 2. 能设计零担运输作业的货物配载方案； 3. 能完成零担货物运输业务中的基本作业操作（托运、理货、运输调度、装车作业、途中作业、到达作业）	1. 掌握货运汽车种类； 2. 掌握车辆调度方法； 3. 掌握运输路线规划方法； 4. 理解零担货物配载原则	角色扮演，分组讨论、软件操作	运输调度方案、优化路线图、货物配载方案
5	子项目 5 组织送货 （送货员）	5-1 将粉剂农药送达至客户； 5-2 处理食品污染的突发事件； 5-3 将果蔬饮品和洗衣液送达至客户	1. 能根据运输规则恰当地处理常见的四种货运事故； 2. 能正确完成公路货物运输的货物送达作业	1. 掌握货物送达的处理方法； 2. 理解货运事故的处理原则和方式	角色扮演，分组讨论、软件操作	货运事故处理方案
6	子项目 6 成本与绩效管理 （货运主管）	6-1 处理货损事故； 6-2 制定运输成本控制方案； 6-3 评价运输绩效	1. 能采取恰当措施控制运输成本； 2. 能根据绩效评价指标评价运输绩效； 3. 能正确划分国际货物运输中运输当事人的责任、权利和义务，完成货运事故的处理工作； 4. 能根据评价对象的实际情况确定运输绩效评价的具体内容并进行评价	1. 掌握运输成本核算程序和控制方法； 2. 理解国际货物运输当事人的责任、权利和义务，货运事故处理规定、处理程序和解决方法	角色扮演，分组讨论、案例分析	运输成本优化方案、运输绩效方案

六、项目情境设计

本课程以新入职员工在天津远达物流公司运输部进行轮岗实习为背景展开。实习岗位包括接单员、操作员、货运员、运输调度员、车辆管理员等岗位，轮岗实习第二天，远达物流公司（石家庄分公司）运输部接到胜美外贸公司的货运订单，货品情况如下：

货品情况				
货品	粉剂农药	果蔬饮品（0～4℃）	洗衣液	衣服
数量	15 吨	1 个 20 英尺集装箱	1 个 20 英尺集装箱	3 个 40 英尺集装箱
目的地	保定市	天津市	天津市	日本神户港

编号	子项目编号、名称	任务	情境	学时
1	子项目 1 业务受理 （接单员）	1. 受理圣美外贸公司托运的货物； 2. 告知客户合理的运输方式； 3. 为本次货运任务制定运输计划； 4. 核算运输费用	1.1 胜美外贸公司分别通过电子邮件和上门发货的方式将货运要求告知接单员，接单员该怎么做？（正常） 1.2 了解客户的货物运输要求后，应如何选择恰当的运输方式？（正常） 1.3 物流计划员根据运输业务制定运输计划后，突然得到消息称第二天保定市和天津市将有大暴雨，需要修改计划吗？（紧急） 1.4 胜美外贸公司人员询问运输费用，接单员该如何回答？（正常）	12
2	子项目 2 集货作业 （操作员）	1. 审核托运单； 2. 检查货物包装； 3. 做运输粉剂农药前运输前准备； 4. 做果蔬饮品运输前准备	2.1 操作员验收货物时发现托运单上的货品信息中，粉剂农药被划分为一般化工品，可以这样操作吗？如果不可以，应如何改正？（出错） 2.2 操作员与库管员交接货物时发现有几箱洗衣液外包装有明显破损，应如何处理？（意外） 2.3 为顺利完成粉剂农药的运输作业，操作员在车厢前部垫了两层纸板，这样做安全吗？与普通货物运输相比，操作员还应该做哪些工作？（正常） 2.4 果蔬饮品要求温度在−20℃，运输操作员应采取怎样的措施保证货品品质？还需要其他岗位的人员做怎样的配合？（正常） 2.5 由于缺少经验，操作员在对冷箱预冷时，外界热空气进入冷箱产生水汽凝结，可能会损坏外包装和标签，该怎么办？（出错） 2.6 为了尽可能提高满载率，操作员打算将冷藏箱装满，这样做可以吗？（违规）	12

编号	子项目编号、名称	任务	情境	学时
3	子项目3 货物中转 （中转站接货员）	1. 完成货物的中转作业； 2. 计算四个收货方的运输费用； 3. 填制国际水路运单； 4. 核算国际水路运输费用； 5. 货物出港前准备	3.1 果蔬饮品、洗衣液和衣服都已经到达远达物流公司天津中转站，接下来要按照客户要求将果蔬饮品、洗衣液分别送至北辰区、西青区和河西区和河东区，3 个集装箱的衣服要送至天津港，中转站的接货员应如何处理？（正常） 3.2 果蔬饮品和洗衣液的陆路段运费支付方式是到付，四个收货方应分别付多少运费？ 3.3 远达物流公司委托腾跃船公司承运 3 个集装箱的衣服和 5 个集装箱的儿童学步车至日本神户港，应如何填写水路运单？（正常） 3.4 在装船前得知，日本报价由每箱 FOB800 美元改为 CFR 神户，应如何更改运费？（紧急）	8
4	子项目4 运输调度与货物配载 （运输调度员、货物配载员）	1. 制定果蔬饮品和洗衣液的配载方案； 2. 优化果蔬饮品和洗衣液送货路线； 3. 装车后检查	4.1 调度员发现公司只有两辆冷藏车可以送货，可以在当天完成全部送货任务吗？（紧急） 4.2 经理要求在保证运输质量的前提下，尽可能节约运输成本，调度员应该如何优化运输线路？（正常） 4.3 调度员在观察操作员装车时发现，操作员没有按照四个收货站点的送货顺序装车，这样会导致重复搬运并增加货损风险，怎么办？（出错）	12
5	子项目5 组织送货 （送货员）	1. 将粉剂农药送达至客户； 2. 处理食品污染的突发事件； 3. 将果蔬饮品和洗衣液送达至客户	5.1 暴雨导致石家庄至保定市的某一路段冲毁，正在抢修，订单到达时比既定时间晚了五个小时，影响了客户的销售计划，货运员应如何处理？（意外） 5.2 订单到达河西区时，收货人发现部分洗衣液外溢造成食品污染，责任应由谁负？（意外） 5.3 送货员将货物送达后，与收货方清点数量，无误即刻返回石家庄，这样做对吗？（正常）	12
6	子项目6 成本与绩效管理 （货运主管）	1. 处理货损事故； 2. 制定运输成本控制方案； 3. 评价运输绩效	6.1 当货轮抵达目的港日本神户时，收货方发现其中一个集装箱的 11 只纸箱严重湿损。远达物流公司应该如何处理此次货运事故？（意外） 6.2 自从开展国际运输业务，远达物流公司财务部发现运输业务成本有逐渐增加的趋势，物流部经理要求运输主管分析运输业务费用支出情况并提出整改方案。（正常） 6.3 远达物流公司总部要求石家庄分公司一年来的业务经营情况进行总结。于是，分公司经理要求运输部主管对其所负责的一年来的运输服务业务绩效做出评价，平写出详细的总结分析报告。（正常）	8

七、课程进程表

子项目编号、名称	周次	学时	单元标题	能/知目标	师生活动	其他（含考核内容、方法）
1. 业务受理	1	4	整车运输业务受理	1. 掌握四种货物运输特点和适用范围； 2. 能完成整车货物运输业务的受理工作	教师：作为远达物流公司运输部经理为学生布置任务，说明情境 学生：完成整车货物运输业务受理任务	过程考核，主要考察学生在完成任务过程中对客户的服务和对业务受理流程的把握
	2	4	填写货运单证	1. 能准确填写和审核运输单证； 2. 掌握整车货物托运单的填写方法	教师：指导学生如何填写货运单证 学生：按客户要求准确填写货运单证	考核学生单证填写是否正确，符合规范
	3	4	计算运输费用	1. 能正确计算公路整车货物运输费用和铁路货物运输费用； 2. 掌握货物运输运费计算方法	学生：学习公路整车货物运费计算方法和铁路货物运费计算方法 教师：对计算方法的要点内容进行讲解，指导学生完成运费计算任务	考核学生准确计算运费的能力
2. 集货作业	4	4	检查货物包装	能根据《一般货物运输包装通用技术条件》和《危险货物运输包装通用技术条件》检查货物包装是否符合规定	学生：根据任务中所涉及到的各种货物选择合适的包装材料进行包装 教师：对特殊货物的包装要求进行重点讲解	考核学生根据不同货物的特点和客户要求完成货物包装的能力
	5	4	危险品运输	1. 了解危险货物特点； 2. 掌握危险货物运输管理规定； 3. 能根据《道路危险货物运输管理规定》制定危险品运输的作业计划	学生：根据危险货物运输任务制定货运计划 教师：对危险货物运输作业的关键环节重点讲解	考核学生根据危险货物的特点和客户要求制定安全地运输计划的能力
	6	4	冷藏品运输	1. 了解冷藏货物运输特点； 2. 能完成冷藏货物运输的运前准备工作； 3. 能正确制定冷藏货物运输方案； 4. 掌握冷藏货物运输组织与管理的注意事项	学生：根据冷藏货物的特点和运输要求制定冷藏货物运输计划 教师：对冷藏货物运输作业的关键环节重点讲解	考核学生根据冷藏货物的特点和客户要求制定合理地运输计划的能力

子项目编号、名称	周次	学时	单元标题	能/知目标	师生活动	其他（含考核内容、方法）
3. 货物中转	7	4	受理集装箱业务	1. 能正确计算国际水路运输费用； 2. 能完成集装箱货物运输的业务受理工作 3. 能准确完成货物过磅和货物量方作业	学生：根据客户要求计算国际水路运费，并完成集装箱货物运输的业务受理工作，对货物进行过磅量方 教师：重点讲解集装箱货物运输与其他货物运输类型的区别和优势	考核学生根据客户要求计算水路运费的能力，并能够完成集装箱货物运输作业中业务受理工作的能力
	8	4	货物中转作业	1. 掌握中转货运的处理方法； 2. 了解国际多式联运组织与管理的注意事项； 3. 理解国际多式联运作业的特点和优越性； 4. 掌握国际多式联运作业流程	学生：根据客户要求和货运计划制定国际多式联运作业方案 教师：重点讲解国际多式联运的优势和注意事项	考核学生根据货运任务要求制定国际多式联运方案的能力
4. 运输调度与货物配载	9	4	车辆调度与路线规划	1. 能制定合理的零担货物运输路线优化方案； 2. 掌握货运汽车种类； 3. 掌握车辆调度方法； 4. 掌握运输路线规划方法	学生：根据客户要求和货运计划进行线路优化，并制定车辆调度方案 教师：重点讲解路线优化的方法	考核学生根据货运任务要求制定最优路线和车辆调度方案的能力
	10	4	货物配载	1. 能设计零担运输作业的货物配载方案； 2. 理解零担货物配载原则	学生：根据货运计划制定零担货物配载方案 教师：重点讲解货物配载的原则，可以通过动画、视频等信息化手段提高教学效果	考核学生根据货运任务要求制定最优货物配载方案的能力
	11	4	零担货物运输作业	能完成零担货物运输业务中的基本作业操作（托运、理货、运输调度、装车作业、途中作业、到达作业）	学生：根据货运计划制定零担货物运输作业方案，并完成实际运输操作 教师：对学生方案的可行性和合理性进行评价，并示范如何标准的完成零担货物运输各环节作业	考核学生根据货运任务要求制定零担货物运输方案的能力，并要求能够在各环节中规范地作业

子项目编号、名称	周次	学时	单元标题	能/知目标	师生活动	其他（含考核内容、方法）
5. 组织送货	12	4	货物送达作业	1. 能正确完成公路货物运输的货物送达作业； 2. 掌握货物送达的处理方法	学生：完成公路货物运输作业的送达作业 教师：利用不同情境引入具体任务，引导学生按标准完成运输送达作业	设计不同情境，考察学生在送达作业中出现突发状况时的处理能力
	13	4	货运事故处理（一）	1. 能根据运输规则恰当地处理常见的两种货运事故（人身伤害、逾期运输）； 2. 理解货运事故的处理原则和方式	学生：根据运输任务制定风险预案，并在出现货运事故时合理的化解和处理 教师：重点讲解发生人身伤害或逾期运输时的处理原则和方式，并强调职业道德的要求和规范	设计不同情境，考察学生在发生货运事故时的处理能力
	14	4	货运事故处理（二）	1. 能根据运输规则恰当地处理常见的两种货运事故（货物损坏、货物短少）； 2. 能正确划分国际货物运输中运输当事人的责任、权利和义务，完成货运事故的处理工作	学生：根据运输任务制定风险预案，并在出现货运事故时合理的化解和处理 教师：重点讲解当货物损坏、人身伤亡或货物短少时的处理原则和方式，强调职业道德的要求和规范	设计不同情境，考察学生在发生货运事故时的处理能力
6. 成本与绩效管理	15	4	运输成本控制	1. 能采取恰当措施控制运输成本； 2. 掌握运输成本核算程序和控制方法	学生：根据运输任务要求制定成本控制方案，在保证服务质量的前提下实现成本最低 教师：重点讲解成本核算和控制的方法	考核学生根据货运要求制定合理的成本控制方案的能力
	16	4	运输绩效评价	1. 能根据绩效评价指标评价运输绩效； 2. 能根据评价对象的实际情况确定运输绩效评价的具体内容并进行评价	学生：根据运输任务要求选择运输评价指标，并按照指标对运输绩效进行评价 教师：重点讲解绩效评价指标体系和如何利用指标进行绩效评价	考核学生根据运输业务情况选择恰当的绩效评价指标并进行绩效评价的能力

八、首末次课设计

1. 首次课设计

包括课程引入、考核方式介绍、课程简介和任务实施四个部分，其中课程引入是从学生熟悉的网上购物为例，说明快递公司在运输货物时遇到的路线优化问题，如果利用本节课程学习的节约里程法就能够很好的节约成本、提高服务效率和服务质量，由此说明本课程在实际工作和生活中的重要作用，激发学生的学习兴趣和动力。

2. 末次课设计

回顾本课程学习的主要内容，师生共同完成课程总结；观看国际知名物流运输企业视频，了解物流运输业的发展现状与趋势。

九、考核方案

本课程的考核由态度考核、知识考核和能力考核三部分构成。总成绩（100 分）=态度考核（20%）+能力考核（60%）+ 知识考核（20%）。

1. 态度考核

态度考核得分占总成绩的 20%，满分为 20 分，考核内容主要以出勤情况、课堂问答情况、作业完成情况为主。教师根据学生的实际情况，给予相应的分数。

2. 知识考核

知识考核采用闭卷考试的形式，主要考核学生掌握物流运输相关的基础知识的程度和水平。

3. 能力考核

能力成绩占总成绩的 60%，满分 60 分。在每个课程项目中，都会有一个能力考核项目，教师要根据学生小组完成情况给分，每个能力考核项目满分 10 分。

（1）子项目一：运输业务受理作业

（2）子项目二：检查货物包装

（3）子项目三：运输中转作业

（4）子项目四：车辆调度、货物配载和路线优化方案

（5）子项目五：货运事故处理案例分析

（6）子项目六：运输成本控制方案

在每一个项目中，学生要根据任务要求，上机完成物流运输的实操部分（实训软件为洛杰斯特第三方物流系统）。上机操作中主要考查的操作点包括单据填写、取派操作、长途运输、到站提货和收获签单。

每个项目的评分标准：

根据学生项目完成和软件操作情况酌情给分。

9 分及以上：能够根据要求很好地完成任务，软件操作流程完整，有 1 处及以下操作错误。

8 分及以上：能够根据要求完成绝大部分任务（3/4 及以上），软件操作流程较完整，有

3 处及以下操作错误。

7 分及以上：能够根据要求完成大部分任务（2/3 及以上），软件操作流程不够完整，有 4～6 处操作错误。

6 分及以上：只完成一半任务（1/2 及以上），软件操作有 7～10 处错误。

6 分以下（不及格）：任务完成尚未达到要求的一半，软件操作不完整，错误超过 10 处以上。

十、教学材料

1. 教材

《运输管理》，仪玉莉主编，高等教育出版社，2012 年

2. 参考书

《物流运输组织与实务》，陈明蔚主编，清华大学出版社，2009 年

《国际货物运输》，陈炳和主编，大连理工大学出版社，2010 年

《物流运输管理实务》，王雪丽，刘淑静主编，天津大学出版社，2010 年

《物流运输管理》，吴峻，张有志主编，中国人民大学出版社，2012 年

3. 参考学习网站

中国物流与采购网，http://www.chinawuliu.com.cn/

中国物流网，http://www.logistics-china.com

中国仓储物流网，http://www.ec56.com

中国物流联盟网，http://www.chinawuliu.com.cn

中国第三方物流网，http://www.3rd56.com

中国物流中心网，http://www.lnet.com.cn/

中国物流在线，http://www.vertinfo.com/tdonline/index.asp

美国物流网，http://www.logistics.com

美国物流世界网，http://www.logisticsworld.com

十一、需要说明的其他问题

为了提升学生的实战能力，教师可以结合运输管理信息系统和物流实训室等软硬件设施进行实训项目的操练，提升学生的专业技能水平和综合素质，起到更好的教学效果。

十二、本课程常用术语中英文对照

运输部	transportation Dept.
驾驶员	driver
车队	vehicle fleet
车队长	chief of fleet
配送员	deliverer

订单	order
订单文员	order clerks
提货员	members of delivery
装卸工	stevedore
仓管员	warehouse keeper
理赔员	members of claims
搬运工	transport worker
货车	truck
箱式车	van
平板车	flat bed truck
柴油	diesel
汽油	gasoline
机油	oil

附：课程进度模板

<table>
<tr><td>周次</td><td>1 周</td><td>2 周</td><td>3 周</td><td>4 周</td><td>5 周</td><td>6 周</td><td>7 周</td><td>8 周</td><td>9 周</td><td>10 周</td><td>11 周</td><td>12 周</td><td>13 周</td><td>14 周</td><td>15 周</td><td>16 周</td></tr>
<tr><td>项目</td><td colspan="16">远达物流公司货运任务作业</td></tr>
<tr><td>子项目</td><td colspan="3">1.业务受理
（接单员）</td><td colspan="3">2.集货作业
（操作员）</td><td colspan="2">3.货物中转
（中转站接货员）</td><td colspan="3">4.运输调度与货物配载
（运输调度员、货物配载员）</td><td colspan="3">5.组织送货
（送货员）</td><td colspan="2">6.成本与绩效管理
（货运主管）</td></tr>
<tr><td>情境</td><td colspan="3">1.1 胜美外贸公司分别通过电子邮件和上门发货的方式将货运要求告知接单员，接单员该怎么做？（正常）
1.2 了解客户的货物运输要求后，应如何选择恰当的运输方式？正常）
1.3 物流计划员根据运输业务制定运输计划后，突然得到消息称第二天保定市和天津市将有大暴雨，需要修改计划吗？（紧急）
1.4 胜美外贸公司人员询问运输费用，接单员该如何回答？（正常）</td><td colspan="3">2.1 操作员验收货物时发现托运单上的货品信息中将粉剂农药写成一般化工品，可以这样操作吗？如果不可以，应如何改正？（出错）
2.2 操作员与库管员交接货物时发现有几箱洗衣液外包装有明显破损，应如何处理？（意外）
2.3 为顺利完成粉剂农药的运输作业，操作员在车厢前部垫了两层纸板，这样做安全吗？与普通货物运输相比，操作员还应该做哪些工作？（正常）
2.4 果蔬饮品要求温度在-20 摄氏度，运输操作员应采取怎样的措施保证货品品质？还需要其他岗位的人员做怎样的配合？（正常）
2.5 由于缺少经验，操作员在对冷箱预冷时，外界热空气进入冷箱产生水汽凝结，可能会损坏外包装和标签，该怎么办？（出错）
2.6 为了尽可能提高满载率，操作员打算将冷藏箱装满，这样可以吗？（违规）</td><td colspan="2">3.1 果蔬饮品、洗衣液和衣服都已经到达远达物流公司天津中转站，接下来要按照客户要求将果蔬饮品、洗衣液分别送至北辰区、西青区和河西区和河东区，3 个集装箱的衣服要送至天津港，中转站的接货员应如何处理？（正常）
3.2 果蔬饮品和洗衣液的陆路段运费支付方式是到付，四个收货方应分别付多少运费？
3.3 远达物流公司委托腾跃船公司承运 3 个集装箱的衣服和 5 个集装箱的儿童学步车至日本神户港，应如何填写水路运单？（正常）
3.4 在装船前得知，日本报价由每箱 FOB800 美元改为 CFR 神户，应如何更改运费？（紧急）</td><td colspan="3">4.1 车辆调度员接到任务，要根据公司可调度车辆情况和客户的货运要求制定车辆调度方案，他应该怎么做？（正常）
4.2 配载员发现同时要运送的货物种类很多，并且体积、重量、装运要求都不同，应该怎样配载货物能够保证货物的安全和成本最低？（正常）
4.3 经理要求在保证运输质量的前提下，尽可能节约运输成本，调度员应该如何优化运输线路？（正常）
4.4 调度员在观察操作员装车时发现，操作员没有按照四个收货站点的送货顺序装车，这样会导致重复搬运并增加货损风险，怎么办？（出错）</td><td colspan="3">5.1 暴雨导致石家庄至保定市的某一路段冲毁，正在抢修，订单到达时比既定时间晚了五个小时，影响了客户的销售计划，货运员应如何处理？（意外）
5.2 订单到达河西区时，收货人发现部分洗衣液外溢造成食品污染，责任由谁负？（意外）
5.3 送货员将货物送达后，与收货方清点数量，无误即刻返回石家庄，这样做对吗？（正常）</td><td colspan="2">6.1 当货轮抵达目的港日本神户时，收货方发现其中一个集装箱的 11 只纸箱严重湿损。远达物流应该如何处理此次货运事故？（意外）
6.2 自从开展国际运输业务，远达物流公司财务部发现运输业务成本有逐渐增加的趋势，物流部经理要求运输主管分析运输业务费用支出情况并提出整改方案。（正常）
6.3 远达物流公司总部要求石家庄分公司一年来的业务经营情况进行总结。于是，分公司经理要求运输部主管对其所负责的一年来的运输服务业务绩效做出评价，平写出详细的总结分析报告。（正常）</td></tr>
</table>

周次	1 周	2 周	3 周	4 周	5 周	6 周	7 周	8 周	9 周	10 周	11 周	12 周	13 周	14 周	15 周	16 周
项目	远达物流公司货运任务作业															
子项目	1.业务受理（接单员）			2.集货作业（操作员）			3.货物中转（中转站接货员）		4.运输调度与货物配载（运输调度员、货物配载员）			5.组织送货（送货员）			6.成本与绩效管理（货运主管）	
具体任务	1. 受理圣美外贸公司托运的货物	2. 为本次货运任务制定运输计划	3. 核算到保定市和天津市的运输费用	1. 审核托运单；2. 检查货物包装	3. 做运输粉剂农药前运输前准备	4. 做果蔬饮品运输前准备	1. 完成果蔬饮品.洗衣液和衣服的中转作业；2. 计算四个收货方的运输费用	3. 填制国际水路运单；4. 核算国际水路运输费用；5. 衣服和学步车的出港前准备	1. 制定车辆调度方案	2. 制定果蔬饮品.洗衣液等货物的配载方案	3. 优化送货路线；4. 装车后检查	1. 将粉剂农药送达至客户	2. 处理食品污染的突发事件	3. 将果蔬饮品和洗衣液送达	1. 处理货损事故；2. 制定运输成本控制方案	3. 评价运输绩效
考核结果	公路货物运输单据、运输计划			货物包装方案			计算运输费用、水路运单		车辆调度方案、货物配载方案、路线优化方案			突发情况应对预案			运输成本控制方案、运输绩效评价结果	

“国际金融基础与实务”课程整体教学设计

吴　双

一、课程基本信息

课程名称：国际金融基础与实务		
所属系部：财经系	制定人：吴双	
课程代码：6201051227	学分：3	学时：48
授课时间：第四学期	授课对象：金融与证券（客户管理与服务）专业学生	
课程类型：职业技术课		
先修课程：经济学基础、金融学基础	后续课程：证券投资理论与实务、证券投资客户经理岗位实训	

二、课程定位

1. 岗位分析

金融与证券（客户管理与服务）专业面向商业银行、证券公司、保险公司及其他金融企业的基层营销与客服类岗位，初始就业岗位包括客户经理、厅堂客户服务、金融产品营销、营业现场管理等岗位。经过3～5年工作经验积累后，可向具有综合业务职能和管理职能的岗位发展，主要包括：理财经理、理财规划师、基层业务主管、网点负责人等岗位。

本课程面向的主要岗位：商业银行客户经理岗位、证券公司客户经理岗位。

典型工作流程图如下：

该岗位的职业能力需求——客户接待与沟通能力；客户开发与维护能力；金融产品营销能力；金融业务实际操作能力；宏微观经济金融分析能力；理财投资咨询能力。

该岗位的专业知识需求——熟悉经济、金融、财会和市场营销理论的基本概念和基本原理；熟练掌握金融服务营销的基本技能；掌握商业银行业务、证券业务和保险业务的基本知识、业务要求和操作流程；掌握证券投资分析的基本方法，熟悉各种金融产品和金融市场。

该岗位的职业素质需求——具有良好的职业态度和职业道德修养；具有诚信的品质，敬业、合作和创新精神；具有严格执行金融法律法规的科学态度，具有严谨、细心、耐心、谨慎的职业习惯；具有较强的亲和力和和持久的工作热情。

2. 课程分析

本课程针对以上岗位职业能力中“金融业务实际操作能力、宏微观经济金融分析能力”的培养而设置，在整体课程体系中的位置如下表所示：

前导课程	本课程	后续课程
经济学基础 现代金融学基础	国际金融基础与实务 48 学时 第 4 学期	商业银行客户经理 证券投资理论与实务 证券投资客户经理岗位实训

本课程与其他各类学历层次的教学目标不同，主要培养既具备扎实的理论背景又具有金融实操能力的技术技能型人才，普通高校侧重国际金融理论的理论科研；中职主要侧重金融操作技能的训练，主要面向银行汇兑部门柜员；社会培训班主要是国际投融资相关课程，主要面向企业高管。

三、课程目标设计

1. 总体目标

使学生具备银行和证券从业人员所必备的国际金融基本理论和方法，培养学生重点掌握银行外汇业务、外汇投机交易、外汇风险管理的操作能力，并具备对国际金融现象进行理解、分析和判断的能力，进而进一步提升综合职业能力与素质。

2. 能力目标

（1）能用外汇及汇率知识识别外汇，并读懂、选择和计算汇率。

（2）能用外汇交易知识进行银行中的即期、远期、掉期、外汇期权等外汇保值交易。

（3）能用外汇交易知识进行市场中的远期、套汇、套利、外汇期货等外汇投机交易。

（4）能运用汇率风险防范的方法设计企业汇率风险防范方案。

（5）能用国际收支、国际储备、国际资本流动、汇率变化、国际融资渠道等知识分析对宏观经济和微观企业的影响。

3. 知识目标

（1）知道国际金融市场、国际货币体系的基本概念。

（2）了解国际收支、国际储备、人民币国际化进程的基本内涵。

（3）理解国际收支调节、国际储备管理、外汇与汇率、外汇管制、外汇交易、汇率风险及防范等国际金融基本概念和基本理论知识。

（4）掌握主要外汇交易、国际融资方式、汇率变动和国际资本流动对宏微观经济的影响。

（5）掌握分析国际金融现实问题的方法，掌握汇率的计算、传统外汇交易、衍生外汇交易、企业外汇风险管理的交易原理和方法。

4. 素质目标

（1）强化外汇风险和金融风险防范意识。

（2）养成敏锐的关注、观察、分析金融前沿问题的习惯。
（3）对金融现象的洞察力和前瞻性思维模式。
（4）刻苦学习的钻研精神，遵纪守法、诚实守信的品格。

四、课程内容设计

项目名称	子项目名称	学时
国际贸易公司外汇交易业务	子项目 1　外汇汇率与进出口报价	8
	子项目 2　外汇保值交易	12
	子项目 3　外汇投机交易	4
	子项目 4　外汇风险管理	8
证券公司营业部宏观基本面分析	子项目 5　国际融资分析	4
	子项目 6　国际收支分析	4
	子项目 7　国际储备分析	4
	子项目 8　国际金融市场解读	4
合　计		48

五、项目任务设计

编号	子项目编号、名称	任务	能力目标	知识目标	训练方式、手段及步骤	可展示的结果
1	子项目 1 外汇汇率与进出口报价	1-1 外汇的识别	能够正确识别外汇	掌握外汇含义及特点	1. 多媒体讲解； 2. 学生练习	外汇识别
		1-2 汇率的认读和计算	能够解读汇率行情、识读并套算汇率	掌握汇率的含义、标价方法、种类、计算	1. 认读各种汇率 2. 计算交叉汇率	汇率计算
		1-3 即期汇率报价	能正确进行即期汇率报价	掌握进出口即期汇率报价方法	多媒体案例操作训练	外贸货物报价
		1-4 远期汇率报价	能正确进行远期汇率报价	掌握进出口远期汇率报价方法	多媒体案例操作训练	外贸货物报价
2	子项目 2 外汇保值交易	2-1 即期外汇交易	能描述现汇交易流程并计算交易额	掌握现汇交易特点和常用专业术语	多媒体讲解 实训：即期外汇交易操作	交易流程和交易数据
		2-2 远期外汇交易	能描述期汇交易流程并计算交易额	掌握期汇交易特点和专业术语	实训：远期外汇交易的操作	交易流程和交易数据
		2-3 掉期择期交易	能描述该种交易流程并计算交易额	掌握该种交易特点和专业术语	实训：外汇掉期的操作及运用	交易流程和交易数据

编号	子项目编号、名称	任务	能力目标	知识目标	训练方式、手段及步骤	可展示的结果
2	子项目2 外汇保值交易	2-4 外汇期货交易	能用期货交易来防范外汇风险	掌握外汇期货基本概念、专业术语、特点、操作原理	1. 多媒体讲解与示范； 2. 实训：外汇期货交易进行保值的运用	交易流程和交易数据
		2-5 外汇期权交易	能用期权交易来防范外汇风险	掌握外汇期权基本概念原理	实训：外汇期权交易进行保值的运用	交易流程和交易数据
3	项目3 外汇投机交易	3-1 套汇交易	能掌握交易流程	掌握套汇交易的操作方法、流程	实训：外汇套汇的操作及运用	交易流程和交易数据
		3-2 套利交易		掌握套利交易的操作方法、流程	实训：外汇套利的操作及运用	交易流程和交易数据
4	项目4 外汇风险管理	4-1 外汇风险防范	进行外汇风险内部管理	理解外汇风险内涵、要素	1. 讲解； 2. 案例分析讨论； 3. 实训：运用不同措施设计汇率风险防范方案	风险防范措施方案
		4-2 外汇账款保值	能够制定企业外汇避险方案	掌握外汇避险基本方法		交易流程和交易数据
		4-3 分析汇率走势	能预判汇率波动方向	理解影响汇率变动因素	1. 讲解； 2. 案例分析讨论	调研分析报告
		4-4 分析汇率变动影响	能分析汇率波动现象	理解汇率变动的影响		调研分析报告
5	项目5 国际融资分析	5-1 信贷与票据融资	掌握国际信贷、票据融资的特点和程序	理解信贷和票据融资概念、特点、	1. 多媒体讲解； 2. 案例分析	案例分析报告
		5-2 股权与债券融资	能够掌握股权融资和债券融资的特点和程序	理解股权融资和债券融资概念、特点、类型	1. 多媒体讲解； 2. 案例分析	案例分析报告
6	项目6 国际收支分析	6-1 认读国际收支平衡表	能够进行国际收支平衡表相关项目的计算；	了解国际收支平衡表的内容以及各项间的关系	1. 多媒体讲解； 2. 案例分析：查某年国际收支平衡表，进行分析	调研分析报告
		6-2 解读国际收支调节现象	能够理解国际收支不平衡的成因、治理措施	掌握国际收支不平衡的影响	1. 多媒体讲解； 2. 讨论：国际收支现状及影响	调研分析报告
7	项目7 国际储备分析	7-1 解读国际储备的构成和管理	能分析国际储备构成与管理现象	了解国际储备构成，理解国际储备管理方法	学生讨论：如何有效地管理中国的巨额外汇储备	调研分析报告
		7-2 分析国际资本流动现象	能分析资本流动现象	理解国际资本流动含义影响	案例分析：资本流动和金融危机	调研分析报告

编号	子项目编号、名称	任务	能力目标	知识目标	训练方式、手段及步骤	可展示的结果
8	项目 8 国际金融市场解读	8-1 了解国际金融市场	能分析案例的融资活动	了解国际金融市场构成	1. 讲解； 2. 案例分析； 3. 分析讨论总结	调研分析报告
		8-2 了解国际金融机构	能分析实际案例的融资活动	了解国际金融机构类型、业务活动		调研分析报告

六、项目情境设计

本课程的子项目 1～4 以新入职员工在某商业银行对公业务部进行顶岗实习为背景展开，实习岗位为对公客户经理岗位，工作内容是根据公司客户业务需要提供相关涉外金融服务。子项目 5~8 以新入职员工在某证券公司营业部进行顶岗实习为背景展开，实习岗位为客户经理，工作内容是在公司晨会上针对经济金融形势进行金融市场行情的基本面分析。

编号	子项目编号、名称	任务	情境	学时
1	子项目 1 外汇汇率与进出口报价	1-1 外汇的识别	香港紫荆外贸公司财务部出纳去银行提取美元、日元、欧元等多种外汇现钞	2
		1-2 汇率的认读和计算	香港紫荆外贸公司的业务员去银行办理外汇汇款业务，查看汇率牌价并套算结算所需的交叉汇率	2
		1-3 即期汇率报价	香港紫荆外贸公司向境外的供应商和客户进（出）口 3500 万港币的原材料和商品，需要折算外汇即期报价	2
		1-4 远期汇率报价	香港紫荆外贸公司 3 个月后向境外的供应商和客户进（出）口 1000 万港币的商品，需要折算外汇报价	2
2	子项目 2 外汇保值交易	2-1 即期外汇交易	香港紫荆外贸公司一笔进（出）口货款尾款 30 万欧元到账，需要去银行结汇；	2
		2-2 远期外汇交易	香港紫荆外贸公司出口商品所使用结算货币预期有贬值趋势，欲采用远期交易保值；	2
		2-3 掉期择期交易	香港紫荆外贸公司有一笔 500 万欧元境外投资，防止 3 个月后收回时汇率贬值，应该采取什么交易保值？	2
		2-4 外汇期货交易	香港紫荆外贸公司未来一笔 200 万美元应收账款贬值，欲将在外汇期货市场上套期保值	2
		2-5 外汇期权交易	香港紫荆外贸公司进口商品遭遇结算货币汇率不稳定，欲采用期权交易进行保值	4
3	项目 3 外汇投机交易	3-1 套汇交易	香港紫荆外贸公司在新加坡的子公司有闲置资金，可以利用两地银行汇率差进行套汇操作	2
		3-2 套利交易	香港紫荆外贸公司的香港母公司有闲置资金，利用两岸利差进行跨境套利操作	2

编号	子项目编号、名称	任务	情境	学时
4	项目4 外汇风险 管理	4-1 外汇风险防范	香港紫荆外贸公司出口商品遭遇结算货币贬值，可以采取什么方法进行货款保值，减少损失？	2
		4-2 外汇账款保值	进口商品遭遇结算货币升值，所在地银行拒绝大额期汇业务，也没有期权业务，怎么保值？	2
		4-3 分析汇率走势	协助公司财务总监预测未来主要结算货币走势，正确选择结算货币，减少账款收支风险	2
		4-4 分析汇率变动影响	香港紫荆外贸公司的财务主管分析外汇走势对本公司资金和未来业务的影响	2
5	项目5 国际融资 分析	5-1 信贷与票据融资	香港紫荆外贸公司需要进行海外扩张，要进行银行融资或者票据融资，需要准备融资条件和熟悉流程	2
		5-2 股权与债券融资	近期香港紫荆外贸公司在美国纳斯达克上市融资IPO，半年后计划在上交所发行企业债券融资	2
6	项目6 国际收支 分析	6-1 认读国际收支平衡表	证券公司工作的员工，晨会解读央行最新发布的国际收支状况，分析相关行业发展趋势	2
		6-2 解读国际收支调节现象	证券公司晨会上分析中国近期国际收支调节政策，对人民币走势和宏微观经济形势的影响	2
7	项目7 国际储备 分析	7-1 解读国际储备的构成和管理	证券公司工作的员工，晨会解读国际储备新闻和相关现象	2
		7-2 分析国际资本流动现象	证券公司晨会上，解读分析近期中国国际资本流动对中国股市的影响	2
8	项目8 国际金融 市场解读	8-1 了解国际金融市场	证券公司工作的员工小金，晨会解读国际金融市场融资新闻和相关现象	2
		8-2 了解国际金融机构	解读某些中国企业在国际金融机构融资的新闻，预测其公司资金流及未来发展趋势	2

七、课程进程表

第×次	周次	学时	单元标题	项目编号	能/知目标	师生活动	其他（考核内容、方法）
子项目1 外汇汇率 与进出口 报价	1	4	外汇和汇率	1-1 1-2	能认读汇率并计算汇率	1. 教师通过多媒体、实物讲解外汇，登录外汇银行网站，讲授汇率种类和套算方法； 2. 学生：外汇实物、符号的识别，练习计算各种交叉汇率	实物考核、计算考核、认读考核
	2	4	进出口报价	1-3 1-4	能进行进出口商品的外汇即期远期报价	1. 教师通过多媒体讲述汇率的概念以及汇率的报价方法； 2. 教师布置任务让学生掌握汇率的报价方法； 3. 学生：分小组讨论、完成进出口报价	商品的正确外汇报价

第×次	周次	学时	单元标题	项目编号	能/知目标	师生活动	其他（考核内容、方法）
子项目2 外汇保值交易	3	4	即期远期外汇交易	2-1 2-2	能掌握外汇现汇期汇交易流程和计算方法	1. 教师通过多媒体讲授外汇交易的基本概念； 2. 教师通过案例使学生能够熟练运用外汇交易来防范外汇风险； 3. 学生：分小组模拟外汇保值交易流程，使学生加强对保值交易理解	描述业务操作流程、步骤、计算方法，并要求金额准确
	4	4	择期掉期期货交易	2-3 2-4	能掌握外汇掉期、择期、期货保值交易原理、操作流程和计算方法	1. 教师通过多媒体讲授择期、掉期、期货的基本概念； 2. 教师通过案例使学生能够熟练运用择期、掉期、期货交易原理来防范外汇风险； 3. 学生：分小组模拟择期、掉期、期货交易流程，使学生加强对衍生金融工具的理解和应用	描述业务操作流程、步骤、计算方法，并要求金额准确
	5	4	外汇期权交易	2-5	能掌握外汇期权保值交易原理、操作流程和计算方法	1. 教师通过案例使学生能够熟练运用期权交易原理来进行外汇保值； 2. 学生：分小组分角色模拟外汇期权交易流程，使学生加强期权业务的理解和应用	描述业务操作流程、步骤、计算方法，并要求金额准确
项目3 外汇投机交易	6	4	外汇投机交易	3-1 3-2	能掌握套汇套利交易原理和步骤，并准确计算金额	1. 教师通过多媒体案例讲授套汇、套利交易的基本概念和原理； 2. 学生：进行案例分析并练习流程、计算，加强对外汇投机交易理解	描述业务操作流程、计算方法，并要求金额准确
项目4 外汇风险管理	7	4	企业外汇风险管理	4-1 4-2	能运用正确的外汇风险方法	1. 教师通过多媒体讲解外汇风险的概念、种类及构成要素； 2. 教师通过案例分析外汇风险管理的内部管理与外部管理的手段； 3. 学生：小组讨论，总结在外汇风险管理中应掌握的要点	描述业务操作流程、步骤、计算方法，并要求金额准确
	8	4	汇率波动分析	4-3 4-4	能分析汇率波动的原因和影响	1. 教师通过多媒体讲授汇率波动因素和影响 2. 学生：通过背景资料分析外汇波动	分析报告
项目5 国际融资分析	9	4	国际融资	5-1 5-2	能理解有关国际融资的新闻；能分析国际融资对企业的影响	1. 教师多媒体讲授国际融资的概念、特点及分类方法； 2. 学生：案例讨论，分析企业跨境融资方式，及对企业股价走势的影响	分析报告

第×次	周次	学时	单元标题	项目编号	能/知目标	师生活动	其他（考核内容、方法）
项目 6 国际收支分析	10	4	国际收支	6-1 6-2	能理解有关国际收支的新闻；能分析国际收支对币值、宏微观基本面的影响	1. 教师多媒体讲解国际收支的各账户及内涵，国际收支不平衡的调节政策； 2. 学生：案例讨论，分析国际收支所反映出的行业状况，调节政策对宏微观经济的影响	分析报告
项目 7 国际储备分析	11	4	国际储备	7-1 7-2	能解读国际储备新闻现象；能分析国际储备变化对宏微观经济的影响	1. 教师多媒体讲解国际储备的内容和作用； 2. 学生：案例讨论，国际储备变化和国际资本流动，对宏微观经济的影响	分析报告
项目 8 国际金融市场解读	12	4	国际金融市场	8-1 8-2	能解读国际金融市场新闻	1. 教师通过多媒体讲授国际金融市场的构成； 2. 学生：新闻案例理解分析训练	口述分析

八、首末次课设计

1. 首次课设计

（1）关于课程的整体介绍

从就业岗位能力、知识、素质需求出发，介绍本课程的意义和重要性，进一步介绍课程的能力目标定位，课程知识模块设计，课程进度安排，考核方法，学习方法。

（2）第一节课引入

第一节课通过街头外汇诈骗真实案例，以及外币投资收益可观的真实案例，正反双向引导学生对外汇认识和掌握的重要性，结合与学生生活密切相关的出国旅游、海淘购物等涉及外汇兑换的问题引入第一节课，激发学生对国际金融的学习兴趣和热情，然后用五颜六色的各国货币真币或样币，从激发学生的感性认识开始，导入第一节课“外汇”。

2. 末次课设计

（1）梳理全课知识和能力项目

微观外汇业务项目——汇率认读、汇兑计算、外汇进出口报价、外汇保值业务、外汇投机交易、企业外汇风险管理

宏观国际金融项目——国际收支内容及顺逆差分析、信贷融资、股权融资、债券融资、票据融资、国际储备、国际金融机构及市场

（2）引导学生关注财经、金融前沿新闻、推荐 MT4 模拟外汇投资平台。

九、考核方案设计

1. 考核方式

期末考核采用金融案例分析的方式，范围应涵盖所有讲授内容，侧重学生对课程中培养

的学生金融理论知识和金融实务操作能力的考核。成绩构成：平时表现（包括平时出勤、作业、课堂提问等）占总评成绩的40%，期末考核即金融案例分析占总评成绩的60%。

2. 考核依据

本课程的考核是依据金融与证券（客户管理与服务）专业的专业培养目标，根据本课程的教学大纲、本门课程对该专业学生宏观金融和微观金融的相关理论知识掌握情况、金融实际操作能力、经济现象的分析理解能力加以考核。

3. 考核内容及评分标准

（1）平时（40%）

平时考核内容：平时表现即学生回答提问和课堂表现占总成绩 20%；作业完成情况占10%；出勤占 10%

平时考核标准：学生在学习过程中，通过掌握的基本原理、知识点，对国内的一些经济现象进行简单的分析，并能综合运用外汇知识处理企业外汇风险的能力；作业独立完成、按时上交并质量较高；课堂考勤出满勤，无迟到早退。

（2）结课（60%）

①期末考核内容

本课程的考核内容是教学大纲的主要内容，要以本考试说明为主。学生在学习过程中，依据教学大纲规定的“掌握和理解”二个层次来把握，同时考查学生的综合运用能力。

掌握的部分：考查学生是否能够结合所学专业知识，具备一定的微观企业金融外汇风险防范业务处理能力。

理解的部分：是指本课程中的基本知识与理论，能够根据要求进行金融宏观现象分析解读能力。

②期末考核标准

优秀（90 分以上）：具备较强的微观企业金融业务处理能力，要逻辑分析到位、操作步骤清晰、结论数据正确，专业术语准确；能分析宏观经济热点问题，观点鲜明、内容丰富、表达清晰、充分联系实际，学生综合素养有明显提高。

良好（80~89 分）：具备微观企业金融业务处理能力，要有逻辑性、操作步骤正确、结论正确，专业术语正确；能分析宏观经济热点问题，观点正确、表达清晰、联系实际，能反应出学生综合素养的提高。

中等（70~79 分）：具备微观企业金融业务处理能力，操作步骤正确、结论正确，有专业词汇；能分析宏观经济热点问题，观点正确、表达清晰，能反应出学生综合素养的提高。

合格（60~-69 分）：具备微观企业金融业务处理能力，要求操作和结论正确；能分析宏观经济热点问题，观点要求正确。

不合格（60 分以下）：不具备微观企业金融业务处理能力，逻辑混乱、操作和结论错误，无专业词汇；不能正确分析宏观经济热点问题，观点不正确、表达不清晰、不能联系实际。

十、教学材料

1. 《国际金融（第三版）》，孙连铮编著，高等教育出版社，2013 年
2. 《国际金融实务》，吕鹰飞 高建侠编著，中国财经出版社，2015 年

3. 《新编国际金融》，徐杰芳编著，中国金融出版社，2011 年
4. 电子教案、多媒体课件、动画、新闻视频、案例集、在线答疑等
5. 财经门户网站、各大银行官方网站

十一、需要说明的其他问题

为了进一步增强学习效果，应尽量采用外汇、期货行情分析和模拟交易软件来进行相关课程的讲授和实训，并配备相关的《实训指导书》，通过实践教学，增强学生的体验感，提高动手操作技能，提高学生对较为抽象的金融学相关领域业务的认知并深入加强理解，可起到更好的教学效果。

十二、本课程常用术语中英文对照

外汇	foreign exchange
即期外汇交易	spot exchange transaction
远期外汇交易	forward exchange transaction
外汇风险	foreign exchange risk
外汇期权	foreign exchange option
国际储备	international reserve
国际收支	international balance of payment
国际金融机构	international financial institution

附：课程进度模板

<table>
<tr><td>周次</td><td colspan="2">1</td><td colspan="2">2</td><td colspan="2">3</td><td colspan="2">4</td><td>5</td><td colspan="2">6</td><td colspan="2">7</td><td colspan="2">8</td><td colspan="2">9</td><td colspan="2">10</td><td colspan="2">11</td><td colspan="2">12</td></tr>
<tr><td>项目</td><td colspan="15">香港紫荆外贸公司外汇交易业务</td><td colspan="8">渤海证券公司营业部宏观基本面分析</td></tr>
<tr><td>子项目</td><td colspan="4">外汇汇率与进出口报价</td><td colspan="5">外汇保值交易</td><td colspan="2">外汇投机交易</td><td colspan="4">外汇风险管理</td><td colspan="2">国际融资分析</td><td colspan="2">国际收支分析</td><td colspan="2">国际储备分析</td><td colspan="2">国际金融市场解读</td></tr>
<tr><td>情境</td><td colspan="4">1.1 公司财务部出纳去银行提取美、欧等多种外汇现钞
1.2 业务员去银行办理外汇汇款业务，查看汇率牌价并套算结算所需的交叉汇率
1.3 公司向境外的供应商和客户进（出）口 3500 万港币的原材料和商品，需要折算外汇即期报价
1.4 香港紫荆外贸公司 3 个月后向境外的供应商和客户进（出）口 1000 万港币的商品，需要折算外汇报价</td><td colspan="5">2.1 公司一笔进（出）口货款尾款 30 万欧元到账，需要去银行结汇；
2.2 公司出口商品所使用结算货币预期有贬值趋势，欲采用远期保值；
2.3 公司有一笔 500 万欧元境外投资，防止 3 个月后收回时汇率贬值，应该采取什么交易保值？
2.4 公司未来一笔 200 万美元应收账款贬值，欲将在外汇期货市场上套期保值
2.5 公司进口商品遭遇结算货币汇率不稳定，欲采用期权交易进行保值</td><td colspan="2">3.1 公司在新加坡的子公司有闲置资金，可以利用两地银行汇率差进行套汇操作
3.2 公司的香港母公司有闲置资金，利用两岸利差进行跨境套利操作</td><td colspan="4">4.1 公司出口商品遭遇结算货币贬值，可以采取什么方法进行货款保值，减少损失？
4.2 进口商品遭遇结算货币升值，所在地银行拒绝大额期汇业务，也没有期权业务，怎么保值？
4.3 协助公司财务总监预测未来主要结算货币走势，正确选择结算货币，减少外汇风险
4.4 分析外汇走势对本公司资金和未来业务的影响</td><td colspan="2">5.1 公司需要进行海外扩张，要进行银行融资或者票据融资，需要准备融资条件和熟悉流程
5.2 公司在美国纳斯达克上市融资 IPO，半年后计划在上交所发行企业债券融资</td><td colspan="2">6.1 证券公司晨会解读央行最新发布的国际收支状况，分析相关行业发展趋势
6.2 分析中国近期国际收支调节政策，对人民币走势和宏微观经济形势的影响</td><td colspan="2">7.1 晨会解读国际储备新闻和相关现象
7.2 解读分析近期中国国际资本流动对中国股市的影响</td><td colspan="2">8.1，晨会解读国际金融市场融资新闻和相关现象
8.2 解读某些中国企业在国际金融机构融资的新闻，预测其公司资金流及未来发展趋势</td></tr>
<tr><td>具体任务</td><td>1.1 识别八种主要外币的样币和符号</td><td>1.2 会套算各种非美元货币之间的汇率</td><td>1.3 对客户进行即期商品外汇报价</td><td>1.4 对客户进行远期商品外汇报价</td><td>2.1 采用银行即期外汇交易兑换货币</td><td>2.2 采用远期外汇交易来进行资金保值</td><td>2.3 采用掉期或者择期交易来保值外汇资金</td><td>2.4 采用外汇期货交易才保值外汇资金</td><td>2.5 采用外汇期权交易来保值外汇资金</td><td>3.1 利用套汇交易来投机盈利</td><td>3.2 利用套利交易来投机盈利</td><td>4.1 掌握外汇风险预防措施手段</td><td>4.2 掌握 BSI 和 LSI 外汇账款保值手段</td><td>4.3 根据经济变量分析汇率走势</td><td>4.4 分析汇率变动对本公司业务的影响</td><td>5.1 分析信贷、票据融资</td><td>5.2 股权、债券融资的特点</td><td>6.1 解读国际收支平衡表的项目内涵</td><td>6.2 分析国际收支调节与金融的关系</td><td>7.1 分析国际储备构成对经济金融的影响</td><td>7.2 分析国际资本流动对资本市场的影响</td><td>8.1 了解国际金融市场构成</td><td>8.2 了解国际金融机构的业务范围</td></tr>
<tr><td>考核结果</td><td colspan="4">外汇兑换与商品报价</td><td colspan="5">选用银行业务进行外汇保值操作方案</td><td colspan="2">外汇投机交易方案</td><td colspan="4">企业外汇风险预判和保值方案</td><td colspan="2">企业融资分析报告</td><td colspan="2">分析报告</td><td colspan="2">分析报告</td><td colspan="2">案例分析报告</td></tr>
</table>

“连锁企业门店营运管理实务”课程整体教学设计

窦　研

一、课程基本信息

课程名称：连锁企业门店营运管理实务		
所属系部：商贸系	制定人：窦研	
课程代码：6205041211	学分：4	学时：64
授课时间：第二学期	授课对象：连锁专业一年级学生	
课程类型：职业技术课		
先修课程：连锁经营管理基础，商品知识与养护技术，连锁企业认知实训	后续课程：连锁企业采购与配送管理，品类管理，客户服务实务、店长认证实训	

二、课程定位

本专业主要针对的职业岗位群如下：

初次就业岗位	1. 大型商贸类连锁企业服务岗位的收银员、客服专员、大客户专员等（管理培训生体系） 2. 国际知名品牌连锁企业门店一线服务岗位的营业员、理货员等
二次晋升岗位	核算员、楼管、助理店长、商场各业务部门的业务主管及柜组长等
未来发展岗位	连锁企业门店店长、连锁企业总部营运经理助理等

具体晋升途径如下图所示：

1. 岗位分析

（1）知识目标

① 学生能够了解连锁企业门店运营管理的基础知识，具备基础的管理理念。

② 学生能够掌握连锁企业门店营运管理的内容和标准，内容涉及商品管理，人员管理，

促销管理，营业现场服务管理和门店安全管理等。

（2）能力目标

① 学生通过对于课外实训项目的实践，能够了解实际连锁企业门店在运营过程中的具体操作方法。

② 学生通过对商品管理，人员管理知识点的学习，能够进行实际的卖场操作，并指出实际企业存在的问题和缺陷。

③ 学生通过对促销，门店安全等知识点的学习，能够进行合理的促销策划，或制定可行的促销方案；对于门店存在的安全隐患能提出合理化的建议。

（3）素质目标

本课程在培养学生分析问题和解决问题能力的同时，也着力培养学生们的团队精神和职业道德，通过校外实训项目，使学生们形成良好的职业道德和职业素质。为下一阶段的教学实习做准备。

2. 课程分析

（1）本课程前导课：连锁经营管理基础，商品知识与养护技术，连锁企业认知实训等。

（2）本课程后续课程：连锁企业采购与配送管理、品类管理、客户服务实务、店长认证实训等。

（3）中职、高职、普通高校开设本课程的异同点

① 共同点

培养学生对门店营运的管理能力。

② 区别

中职：只能教授学生基础理论知识。

高职：校企合作，理论与实践相结合。

普通高校：侧重理论和能力培养。

三、课程目标设计

1. 总体目标：学生通过本课程学习，能够从连锁经营管理原理到连锁企业门店营运过程中涉及的人员管理、商品管理、安全管理、财务管理、信息管理等各方面的内容进行实践，具备连锁企业门店、卖场职业人的能力和素养。

2. 能力目标：学生根据对营业员、理货员、收银员、店长等作业管理等内容的学习，能够具备上述人员的职业能力，掌握相应作业标准。

学生通过对卖场管理内容的学习，能够对卖场进行规划与管理，能够组织并实施商品促销、陈列、存货、盘点等。

学生通过对卖场运营的知识学习，能够对卖场进行安全管理。

3. 知识目标：学生通过学习，能够知道卖场运营对企业总部的重要作用，能够了解门店开发、连锁企业基本组织结构、店长、理货员、营业员、收银员等服务人员的作用与职责、了解卖场的组成要素、服务的基本规范、门店促销的作用，以及卖场安全的作用。

4. 素质目标：（职业道德、职业素质、职业规范在本课中的具体表现）培养学生分析问题和解决问题能力的同时，也着力培养学生们的团队精神和职业道德，通过校外实训项目，

使学生们形成良好的职业道德和职业素质，为下一阶段教学实习做准备。

四、课程内容设计

项目名称	子项目名称	学时
ET连锁企业门店的经营与管理	子项目1　连锁企业门店营运概述	8
	子项目2　卖场规划、商品陈列	12
	子项目3　人员招聘、管理；店长、理货员、营业员重点作业管理	24
	子项目4　现场服务管理；收银作业管理	12
	子项目5　商品促销策划、门店安全与防损	8
合　计		64

五、项目任务设计

编号	子项目编号、名称	任务	能力目标	知识目标	训练方式、手段及步骤	可展示的结果
1	子项目1 连锁企业门店营运概述	1-1 连锁企业门店营运管理概述	能够掌握门店营运与管理标准的运用	了解连锁企业的门店特征和类型；理解连锁企业门店营运管理的意义和内容	案例分析	案例分析
		1-2 门店选址	能进行合理的门店选址	掌握门店选址的标准和条件	小组讨论、案例分析	调研报告
2	子项目2 卖场规划、商品陈列	2-1 卖场规划	能够全面进行卖场管理	掌握卖场规划的作用和原则；掌握卖场布局管理的内容	视频、情境、案例	卖场方案设计
		2-2 卖场设计	能够运用磁石理论进行卖场布局设计	能够运用磁石理论对卖场商品进行布局和设计	案例分析	陈列方案
		2-3 卖场陈列	能够进行合理的商品配置	掌握门店商品陈列的方法和技巧	案例分析	商品配置方案
3	子项目3 人员招聘、管理	3-1 人员招聘	能够运用所学知识进行实际招聘	掌握人员招聘的流程和重点	视频、案例	情境模拟
		3-2 人员管理	能够解决卖场人员管理存在的问题	掌握人员管理作业的重点	小组讨论、案例分析	案例分析

编号	子项目编号、名称	任务	能力目标	知识目标	训练方式、手段及步骤	可展示的结果
3	子项目 3 店长、理货员、营业员重点作业管理和卖场作业规范	3-3 店长重点作业管理	能够具备相应管理技巧	掌握店长的作业流程和重点管理技术	案例分析、视频	案例分析
		3-4 理货员重点作业	能够到实际企业找出理货员存在的问题并提出可行的解决对策	掌握理货员的作业规范和岗位操作技术	案例分析、实地调研	调研报告
		3-5 营业员重点作业	能够到实际企业找出理货员存在的问题并提出可行的解决对策	掌握营业员的作业规范和岗位操作技术	案例分析、实地调研	调研报告
		3-6 卖场作业规范	能够进行卖场设备维护	掌握卖场主要设备的使用与维护技术	案例分析、实地调研	实训基地设备维护
4	子项目 4 现场服务管理；收银作业管理	4-1 现场服务管理	能够具备现场服务意识和服务规范。	掌握营业现场顾客服务的基本规范和语言技巧	视频、情境模拟	案例分析
		4-2 投诉处理	能够对卖场发生的投诉问题做有效处理并提出解决方案	掌握顾客投诉处理技巧	情境模拟、案例分析	方案设计
		4-3 收银作业管理	能够使用 POS 机，具备识别假币的技能。	掌握 POS 机的简单操作与维护	视频、案例分析	实训基地 POS 机使用与维护
5	子项目 5 商品促销策划；门店安全与防损	5-1 促销策划	能够运用所学知识制定促销策划方案	掌握门店促销的方式、方法；掌握 POP 广告的应用；掌握门店促销方案的策划	案例分析、小组讨论	促销方案策划
		5-2 门店安全与防损	能够针对连锁企业门店存在的安全问题提出解决办法	掌握连锁门店各类偷窃的防范与处理；熟练掌握门店消防、卫生安全管理	案例分析、小组讨论	门店安全方案策划

六、项目情境设计

本课程以王宇加盟一家连锁店，但由于不懂连锁企业门店的运营而遇到了很多问题为背景，知识点涉及门店开发（商圈的运用、选址）；门店卖场的规划、商品陈列；连锁门店的人员管理；门店的促销与防损等内容。

编号	子项目编号、名称	任务	情境	学时
1	子项目 1 连锁企业门店营运概述 （市场开发部专员）	1. 运用连锁门店营运基础知识开业策划； 2. 会运用商圈等知识进行门店选址	1.1 王宇在加盟的连锁店运营过程中遇到了很多问题，连锁企业运营需要了解哪些基础知识呢？ 1.2 咨询朋友后，王宇发现连锁运营要从选址开始，选址的要素有哪些？要注意哪些具体问题呢？	8
2	子项目 2 卖场规划、商品陈列 （市场开发部专员）	1. 卖场规划； 2. 卖场设计； 3. 商品陈列	2.1 在合理选址后，王宇开始运营门店，首先划分区域，卖场区域要如何划分呢？ 2.2 卖场区域划分后，进行商品分类，商品大类应有几类？要如何划分？ 2.3 商品分类后，就开始上架，商品陈列有哪些要点呢？	12
3	子项目 3 连锁企业门店人员管理 （助理店长）	1. 人员招聘； 2. 人员管理； 3. 店长重点作业管理； 4. 理货员作业重点； 5. 营业员作业重点； 6. 卖场作业规范	3.1 王宇进行人员招聘，在招聘过程中，他提出了很多要求，但候选人还是不让人满意，连锁企业的人员招聘应注意哪些问题呢？ 3.2 招聘后，由总部对招聘员工进行管理，连锁企业人员管理要注意什么呢？ 3.3 店长在工作过程中，每天都很辛苦，与员工也不和睦，十分苦恼，连锁门店的店长作业重点是哪些呢？ 3.4 理货员在卖场中很辛苦，要清理货架、陈列、补货，还要无数次清理孤儿商品，在这些工作中，理货员的作业重点是什么呢？ 3.5 营业员在卖场主要复杂接待顾客，营业员的作业重点有哪些？ 3.6 连锁企业门店员工在工作中经常出现职责不明的情况，王宇在请教总部后，制定了严格的卖场作业规范。卖场作业规范应涉及哪些内容呢？	24

编号	子项目编号、名称	任务	情境	学时
4	子项目 4 连锁企业门店营业现场服务（助理店长）	1. 现场服务管理； 2. 投诉处理； 3. 收银作业管理	4.1 营业员和理货员在直接与顾客接触时，要怎样才能让顾客满意呢？ 4.2 门店在经营过程中，难免出现顾客投诉，遇到投诉应如何处理呢？投诉的处理程序有哪些？ 4.3 收银员的作业重点体现在不短款、不错收等，收银员在工作时要注意哪些问题呢？	12
5	子项目 5 促销与防损（营运市场部专员（总部））	1. 促销策划； 2. 门店安全与防损	5.1 王宇在与供货商谈判时确定了每次的促销时间和促销内容，但促销需要策划吗？ 5.2 门店这段时间经常丢东西，安装了摄像头也收效甚微，门店防损的重点在哪里？门店安全又有哪些内容？	8

七、课程进程表

子项目编号、名称	周次	学时	单元标题	能/知目标	师生活动	其他（含考核内容、方法）
1. 连锁企业门店营运概述	1	4	连锁企业门店营运概述	熟悉连锁企业门店营运管理内容	教师通过案例是学生掌握门店营运管理的重要内容	根据所学知识进行案例分析
	2	4	门店选址	能够进行门店开发与规划	利用视频认识门店选址的重要性，学生根据所学知识进行门店选址和开业策划	通过学习，形成有创新的选址策划方案
2. 卖场规划、商品陈列	3	4	卖场规划	理解卖场规划的作用和原则；掌握卖场布局管理的内容	教师通过图片、案例等讲授，学生对门店卖场进行规划	形成合理的门店规划方案
	4	4	卖场设计	能够运用磁石理论对卖场商品进行布局和设计	教师通过图片、案例、视频等展示，学生理解卖场设计要素	根据给出条件，对卖场进行合理设计
	5	4	商品陈列	掌握门店商品陈列的方法和技巧	教师通过不同卖场商品陈列图片，使学生掌握不同商品陈列技巧	外出拍摄超市堆头图片

子项目编号、名称	周次	学时	单元标题	能/知目标	师生活动	其他（含考核内容、方法）
3. 连锁企业门店人员管理	6	4	人员招聘	掌握连锁企业门店的人员招聘流程和招聘方法、技巧	教师通过案例使学生掌握招聘流程和方法；通过视频使学生掌握招聘、应聘的技巧和方法	模拟招聘
	7	4	人员管理	掌握员工进入门店后的管理方法与技巧	通过案例分析、小组讨论使学生掌握门店新员工的心理及管理技巧	案例分析
	8	4	店长作业重点	掌握店长对门店作业管理重点	教师通过图片、案例使学生了解店长对门店的重要作用	店长作业流程情境模拟
	9	4	理货员作业重点	掌握理货员对门店作业管理重点	教师通过案例使学生了解理货员的作业重点	理货员案例分析
	10	4	营业员重点作业	掌握营业员对门店作业管理重点	教师通过不同卖场营业情境使学生了解营业员的服务流程	营业员情境分析
	11	4	卖场作业规范	掌握卖场不同员工明确的责任和任务	通过案例，情境使学生了解不同员工的责任分工	案例分析
4. 连锁企业门店营业现场服务	12	4	现场服务管理；	掌握门店营业现场服务管理规范	通过案例分析，小组讨论，使学生掌握营业现场的服务流程和规范	小组讨论
	13	4	投诉管理	掌握门店投诉产生原因和处理技巧	通过案例、情境分析，使学生掌握投诉处理的方法	案例分析
	14	4	收银作业管理	掌握 POS 机的维护和假币识别技巧	通过视频、图片、案例，使学生掌握收银员的作业重点	情境分析
5. 促销与防损	15	4	商品促销策划	掌握商品促销策略和策划书的撰写	通过案例、图片，使学生学会撰写促销策划书	撰写促销策划方案
	16	4	门店安全与防损	掌握门店防损的重点和门店安全管理内容	通过图片、案例使学生掌握门店安全、商品防盗的措施	调研，提交调研报告

七、首末次课设计

1. 首次课设计

情景导入：刚刚大学毕业的创业青年王宇加盟了知名的 ET 连锁超市，由于不懂连锁门店的运作模式和管理技巧，很快就运营不下去，他很苦恼。在向总部和朋友求助后才发现，原来连锁企业的运营并不简单，涉及到门店的选址、商品管理、人员管理、门店安全等各方面的管理内容。因此，要想让门店取得良好的经营水平和业绩，首先要从门店的选址开始。

知识点：

连锁企业概念

连锁企业门店营运管理

商圈概念

连锁企业门店选址的要考虑的因素

后续案例分析：

李总要加盟一家 4S 店，请帮忙为他选址。

2. 末次课设计（面向全课，高水平总结）

在完成课内和课外项目后，由学生小组对完成课外实训、企业调研和情景模拟过程中的体会进行总结和分享，例如：

（1）人员招聘情景模拟的体会。

（2）超市、卖场商品陈列调研发现的问题。

（3）卖场促销调研的感受。

九、考核方案

平时成绩 （40%）	期末成绩 60%
过程考核： 1. 出勤（缺勤 1/3 者不得参加期末考试）；课堂表现；作业等（10%） 2. 课上小组讨论，情景模拟等（10%） 3. 课外实训项目完成情况（企业调研，实际问题分析，解决等）（20% ）	根据课内、课外项目的学习与实训，撰写结课论文。以 X 企业 X 问题分析为标题，（例如：百盛企业商品陈列管理分析，乐购超市磁石点运用的问题与对策等）根据所学习的知识点，写出企业在营运过程中的优势或者存在的问题。

十、教学材料

教材：《连锁企业门店营运管理》，胡启亮, 霍文智主编，科学出版社，2014 年

教学资源：连锁企业门店营运管理教学软件；3D 卖场设计软件。

十一、需要说明的其他问题（无）

十二、本课程常用术语中英文对照

连锁企业	chain enterprise
营运管理	operation management
店长	manager
服务	service
门店安全	assist security
商品管理	product management
员工管理	employee management
促销管理	promotion management

附：课程进度模板

<table>
<tr><td>周数</td><td>1</td><td>2</td><td>3</td><td>4</td><td>5</td><td>6</td><td>7</td><td>8</td><td>9</td><td>10</td><td>11</td><td>12</td><td>13</td><td>14</td><td>15</td><td>16</td></tr>
<tr><td>课内项目</td><td colspan="16">ET 连锁企业门店的经营与管理</td></tr>
<tr><td>子项目</td><td colspan="2">1. 连锁企业门店营运概述</td><td colspan="3">2. 卖场规划、商品陈列</td><td colspan="6">3. 人员招聘、管理；
店长、理货员、营业员重点作业管理</td><td colspan="3">4. 连锁企业门店营业现场服务管理；收银作业管理</td><td colspan="2">5. 促销策划与门店防损</td></tr>
<tr><td>内容或情境</td><td colspan="2">王宇大学毕业后，怀着创业的热情和梦想加盟了知名连锁超市—ET，由于不懂企业管理，不了解如何经营，很快就运营不下去，他很苦恼。在向总部和朋友求助后才发现，原来连锁企业的运营并不简单，涉及方方面面的管理内容，首先要从门店的选址开始</td><td colspan="3">王宇在合理选址后，开始进行卖场的规划、布局，并对商品分区、进行商品分类、并开始摆排货架</td><td colspan="6">王宇在商品陈列完成后，开始进行员工招聘，他分别招聘了店长、理货员、收银员和营业员等，并对员工进行了相应的培训，也形成了卖场作业规范</td><td colspan="3">在卖场营运的过程中，还会存在现场服务、投诉处理、收银作业等与顾客直接接触的环节，应如何为顾客服务呢？</td><td colspan="2">王宇在运营门店的过程中，对门店的商品、员工、陈列等内容都有了了解，在卖场运营中，还有一个重要环节就是促销和防损，需要制定促销策划和制定安全防损的方案</td></tr>
<tr><td>任务</td><td>1.1 运用连锁门店营运基础知识开业策划</td><td>1.2 会运用商圈等知识进行门店选址</td><td>2.1 卖场规划</td><td>2.2 卖场设计</td><td>2.3 商品陈列</td><td>3.1 人员招聘</td><td>3.2 人员管理</td><td>3.3 店长重点作业管理</td><td>3.4 理货员作业重点</td><td>3.5 营业员作业管理</td><td>3.6 卖场作业规范</td><td>4.1 现场服务管理</td><td>4.2 投诉处理</td><td>4.3 银作业管理</td><td>5.1 促销策划</td><td>5.2 门店安全与防损</td></tr>
</table>

周数	1	2	3	4	5	6	7	8	9	10	11	12	13	14	15	16
课内项目	ET 连锁企业门店的经营与管理															
具体任务	1.1 通过学习连锁企业门店营运基础知识，对门店的开业进行策划	1.2 根据商圈原则，利用商圈选则方法，对不同类型的企业进行选址	2.1 根据卖场布局的规划原则，对卖场内部进行设计	2.2 根据卖场布局的设计原则，对不同类型的卖场进行布局设计	2.3 根据商品组合策略，进行商品配置与陈列	3.1 根据连锁企业招聘原则，设计招聘方案，进行模拟招聘	3.2 根据连锁企业人员管理标准和原则，制定实际企业人员管理方案	3.3 根据店长作业原则，针对实际企业的具体问题提供可行性解决方案	3.4 根据理货员作业重点，利用软件对卖场进行模拟操作	3.5 根据营业员作业重点，进行案例分析和情景模拟	3.6 根据卖场作业规范，对“小时代生活馆”制定现场规范要求	4.1 通过理论、实际案例，为实际企业提供优质的服务规范	4.2 根据投诉处理原则和技巧，进行情境模拟	4.3 根据收银作业规范，进行假币辨析，使用POS系统，进行收款、结算等	5.1 根据连锁门店促销原则，撰写促销策划书	5.2 根据门店安全原则，为实际企业编制防损方案
考核结果	4S 店选址报告		门店卖场布局设计和商品陈列方案			实际企业人员需求、营业现场作业规范调研报告						实际企业服务调研报告，POS 系统使用			促销策划书、防损方案	

“仓储技术与实务”课程整体教学设计

李怀湘

一、课程基本信息

课程名称：仓储技术与实务		
所属系部：商贸系	制定人：李怀湘	
课程代码：6205051220	学分：4	学时：64
授课时间：第二学年第一学期	授课对象：二年级上学期	
课程类型：职业技术课		
先修课程：管理实务、商品知识与养护技术、物流管理基础	后续课程：供应链管理、物流系统规划与设计、物流综合实训、顶岗实习	

二、课程定位

1. 岗位分析

通过对物流人才需求的市场调研，高职高专物流管理专业的岗位群主要分为：①仓储物流：保管员、货物收发员、理货员、商品配送员；②企业物流：采购员、物流规划员、跟单员；③物流营销：销售员、客户服务员；④运输物流：运输调度员、车辆管理员；⑤国际物流：报关员、报检员、货运代理。

从长远发展来看，随着自身的成长和工作的锻炼，高职物流管理人才今后的努力目标可以是成为运输型、仓储型、综合服务型物流企业中的运输组织管理主管人员、仓库主管人员、配送中心主管人员、客户服务主管人员等。

本课程面向的主要岗位及典型工作任务：根据物流行业对仓储岗位人才的需求，确定仓储管理的具体岗位，如仓储市场开发、仓储收发货、仓储保管、仓储理货、仓储安全管理、库存管理、仓储成本管理等岗位，围绕仓储岗位群所需的专业技术能力，确定这些岗位的典型工作任务。从仓储工作的实际出发，参照物流师国家职业标准的相关要求，根据仓储岗位的需要，进行工作过程系统化项目课程内容设计。参见下表。

仓储企业各业务岗位及其工作任务流程

仓储计划员	确定库存控制方法→确定需求→考察库存能力→确定采购量→平衡需求与库存能力→制定仓储计划
仓储作业接运员	接货计划申报→接运准备及其沟通→接运→监督装卸
质检员	入库检验准备→数量检验→质量检验
保管员	货区货位布局安排→货品货位编码→安排堆垛苫垫→建卡登账→货品保管、养护与货品安全管理
出入库管理员	出入库准备→审核出入库凭单→入库验收→入库→出库
仓储业务核算员	各项收入的登记与核算→各项费用分类登记与核算→考核指标核算与分析

2. 课程分析

（1）本课程前续课程：物流管理基础、商品学基础、物流市场开发与营销。后续课程：供应链管理、物流成本管理、物流综合实训等。

前续课程为本课程的学习奠定了基础，后续课程是对本课程所涉及的各业务环节的深化训练，本课程与运输技术与实务、配送中心经营管理、物流信息技术等课程一起，共同构成物流管理专业核心课程模块，以培养学生综合职业能力

（2）本课程与普通高校、中职（高职）、培训班相关课程的异同

①共同点

培养学生物流业务操作能力。帮助学生树立成本核算、质量、安全和环保的意识；能够进行岗位作业。

②区别

中职：面向一线操作岗位，如开叉车、打包、装卸搬运等。

高职：面向仓储基层作业管理层面，强调仓储作业过程中的计划、组织、实施、监督，如货物分类与货位优化、作业节点的优化和控制、流程控制等。

普通高校：仓储决策管理层面，基于供应链的优化设计，如供应链模式下的仓储环节设计、节点选址等。

三、课程目标设计

总体目标：围绕仓储岗位群所需的职业素质、专业知识和职业能力，参照行业标准，依据仓储作业流程，以工作任务为中心，设置课程内容，开发和设计学习项目，让学生在完成具体工作任务中根据理论知识体系掌握仓储技能，达到本专业高职学生应具备岗位职业能力要求，培养学生分析问题与解决问题的能力，仓储岗位职业能力，职业道德素养及可持续发展能力，为学生今后进入物流行业或相关企业从事仓储工作打下坚实的基础。

能力目标：1. 能够熟练分析仓储的功能和仓库内部岗位职责及工作内容；2. 能够对仓库布局及仓库设施配置的合理性进行分析，能够完成货位编号和将储位合理分配；3. 熟练使用仓储常用设备并进行维护；4. 能够设计简单的客户招投标过程，能够独立进行仓储合同谈判与拟订；5. 能够顺利完成货物的入库准备、入库验收和入库制表工作；6. 能够根据货物特

点正确地完成货物的堆码和苫垫工作，调节其储存的温湿度环境，完成定期盘点工作，并对货物进行分类保管，能够做好日常的仓库安全管理和 5S 管理；7. 能够根据冷藏货物、危险货物对储存环境及作业的特殊要求完成其养护工作；8. 能够完成储存仓库的物品出库工作；9. 能够对仓储成本构成进行分析，并提出控制成本的方法，能够对仓储绩效评价指标进行分析，并给予评价。

知识目标：1. 熟悉仓库内部岗位设置，掌握仓储的主要功能，熟悉各种常见仓库的特点；2. 掌握仓库布局的原则，熟悉常用的仓储设备，掌握仓库的货位编号方法和储位分配方式；3. 掌握仓储业务招投标的过程，掌握仓储合同双方当事人的权利和义务以及发生违约的处理方式，掌握仓储合同的格式与主要条款；4. 掌握入库作业流程，熟悉货物入库准备的工作内容，掌握入库验收的基本要求和验收项目，熟悉入库所需的各种单据；5. 掌握货物堆码苫垫方法和作业要求，熟悉不同货物存储的温湿度要求，掌握温湿度调节方法，掌握仓库货物盘点方法，掌握库存货物分类保管方法，掌握仓库安全管理及 5S 管理内容和目标；6. 掌握冷藏货物、高分子商品、金属材料、危险货物的储存环境及作业要求；7. 掌握储存仓库物品的出库流程；8. 熟悉仓储成本的构成和控制方法，掌握仓储绩效评价指标体系。

素质目标：1. 协作与沟通交流的意识与能力；2. 工作责任意识、踏实认真的工作作风；3. 工作指令的执行力；4. 安全操作，环保意识。

四、课程内容设计

本课程采取了依据企业职业成长规律、学生能力递进规律，按工作任务难易程度编排课程内容的思路。仓储管理是物流管理专业大部分学生就业后从事的主要工作岗位。按学生毕业后 1～2 能熟练进行仓储岗位操作，2～3 年能从事基层作业管理岗位，3～5 年能从事基层经营管理岗位，来确定本课程知识总量。按照物流企业业务层、管理层、规划层岗位工作的难易程度进行学习情境排序，既符合个人职业历程——从“操作”到“管理规划”，从“初学者”到“专家”；也符合学生的认知规律——由“简单”到“复杂”。

项目名称	子项目名称	学时
城市物流中心普通货物仓储管理作业	子项目 1　入库作业	12
	子项目 2　在库作业	12
	子项目 3　出库作业	12
	子项目 4　库存控制	12
	子项目 5　仓库安全作业	8
	子项目 6　仓储成本与绩效管理	8
合　计		64

五、项目任务设计

编号	子项目编号、名称	任务	能力目标	知识目标	训练方式、手段及步骤	可展示的结果
1	入库作业	1-1 仓库布局训练 1-2 货物入库前准备 1-3 卸货接运 1-4 验收和入库	1. 能绘制仓库平面布置图； 2. 能做好货物入库前的各项准备工作； 3. 能办理货物的入库验收及交接手续； 4. 能根据货物特性，合理选择和使用装卸搬运工具； 5. 能进行货物的入库管理设计，处理货物入库中出现的问题	1. 仓库内部布置形式； 2. 熟练掌握仓储入库作业基本作业流程； 3 掌握货物接运的主要方式、货物验收的基本要求和程序； 4. 掌握办理货物入库手续的全部环节	1. 络捷斯特仓储管理系统模拟软件训练； 2. 设置情景，分小组模拟操练实训； 3. 单项技能竞赛； 4. 技能鉴定实训	仓库平面布局图、入库作业计划单、入库表单、入库作业单实训报告
2	在库作业	2-1 货物分区分类储存 2-2 堆码苫垫 2-3 检查盘点和保管养护等作业操作	1. 能根据仓库场地条件、业务性质和规模、货物储存要求等因素，较熟练地进行货物分区分类和货位编号； 2. 能根据货物的自然属性、保管要求、包装状况、仓库自身的条件等因素确定入库货物的堆存方式； 3. 能根据在库货物发生质量变化速度、危害程度、空气温湿度变化，制订相应的货物保管养护措施； 4. 能根据盘点作业流程和基本操作步骤，进行盘点作业操作	1. 熟练掌握仓储在库作业基本作业流程； 2. 熟悉分区分类的原则和方法； 3. 理解货物码垛、苫盖设计的内容，掌握货物堆码、苫盖的基本方法； 4. 理解影响货物质量变化的因素，掌握货物保管养护基本方法； 5. 明确盘点的目的和内容，掌握盘点的方法	1. 络捷斯特仓储管理实训模拟软件训练； 2. 设置情景，分小组模拟操练实训； 3. 单项技能竞赛； 4. 技能鉴定实训	仓库货区、储位图盘点单、盘点盈亏表、温湿度记录表实训报告

编号	子项目编号、名称	任务	能力目标	知识目标	训练方式、手段及步骤	可展示的结果
3	出库作业	3-1 出库确认 3-2 理货 3-3 签单 3-4 销账	1. 能做好货物出库前的各项准备工作； 2. 能完成货物出库各项作业并正确填写出库作业中的各种单证； 3. 能进行货物的出库管理设计，处理货物出库中出现的问题； 4. 能根据仓库现场的情况，进行现场 5S 管理	1. 熟练掌握仓储出库作业基本作业流程； 2. 掌握办理货物出库手续的全部环节； 3. 理解 5S 管理的理念及掌握 5S 推行的主要方法	1. 络捷斯特仓储管理实训模拟软件训练； 2. 设置情景，分小组模拟操练实训； 3. 单项技能竞赛； 4. 技能鉴定实训	库存明细账、垛卡、档案资料、实训报告
4	库存控制	4-1 订货点确定 4-2ABC 分类	1. 会比较各种库存管理方法的优缺点，并根据不同情况有选择的进行运用； 2. 能够选择运用适合的库存管理方法进行库存控制	2. 掌握定量订货法和定期订货法的原理及其应用； 3. 基本掌握 ABC 库存管理法的原理及实施方法，了解 CVA 库存管理方法； 理解 JIT、MRP 的基本原理与实施步骤	1. 络捷斯特仓储管理系统模拟软件训练； 2. 技能鉴定实训	库存控制计算 ABC 分类
5	仓库安全作业	5-1 防火 5-2 防盗 5-3 防水 5-4 防电	1. 能按照仓储安全作业的基本要求进行仓库作业； 2. 能合理选用仓库消防安全设施； 3. 能够正确使用消防器材； 4. 能够区分不同货物安全作业要求，并进行合理作业	1. 掌握仓储治安保卫管理的内容； 2. 掌握仓储安全作业的基本要求和安全管理措施； 3. 熟悉常见的火灾隐患和应对方法； 4. 了解仓库防湿、防雷电、防台风的安全作业	1. 设置情景，分小组模拟操练实训； 2. 技能鉴定实训	实训报告

编号	子项目编号、名称	任务	能力目标	知识目标	训练方式、手段及步骤	可展示的结果
6	仓储成本与绩效管理	6-1 成本计算 6-2 绩效分析	1. 掌握仓储成本的构成和降低成本的途径与方法；2. 掌握仓储绩效评价的指标体系；3. 掌握仓储绩效考核指标的分析方法	1. 能对仓储成本现状进行分析，并提出改进方法；2. 能根据实际情况，选择恰当的绩效评价指标；3. 能利用相关公式，计算仓储绩效评价指标；4. 能运用仓储绩效考核指标的分析方法对仓储绩效进行考核	案例分析	案例分析报告

六、项目情境设计

编号	子项目编号、名称	任务	情境	学时
1	子项目 1 入库作业	1. 仓库布局训练 2. 货物入库前准备 3. 卸货接运 4. 验收和入库	2014 年 3 月 10 日，美美超市通过传真通知城市物流公司，有两批货物要入库，仓管员该怎么做？	12
2	子项目 2 在库作业	1. 货物分区分类储存 2. 堆码苫垫 3. 检查盘点和保管养护等作业操作	2014 年 3 月 31 日在城市物流公司规定的库存区域内，对库存货物进行盘点检查，对比实际数量与账面数量的差异，城市物流公司经理付总接到仓库盘点员小刘发来的通知：在盘点时发现，客户信达贸易公司在 2013 年 11 月 10 日储 存在 1 号库货位的 5 个托盘中的雕牌洗衣液 的外包装有污损霉变，并有 10 件微波炉丢失。要求对盘点结果进行处理。	12

编号	子项目编号、名称	任务	情境	学时
3	子项目 3 出库作业	1. 出库确认 2. 理货 3. 签单 4. 销账	2014 年 4 月 20 日城市物流公司以电子邮件的方式，收到来自客户的出库通知，其中包括有 1000 箱康师傅红烧牛肉面，400 箱农夫山泉矿泉水，500 箱达能闲趣饼干，600 箱可口可乐饮料，80 g 美加净护手霜 100 箱，200 箱雕牌洗衣粉等商品，在 4 月 21 日上午 9：00 有司机到仓库提货，提单号为 WP0112021900，安排提货司机姓名是吴京，车牌号是京 BA5347。4 月 21 日 8:30 上班后商务人员将出库任务通知仓管员。	12
4	子项目 4 库存控制	1. 订货点确定 2. ABC 分类	根据城市物流公司存货实际，收集库存中的 15 种商品的名称、数量及金额，并按库存金额降序方式排列，并进行 ABC 分类管理。	12
5	子项目 5 仓库安全作业	1. 防火 2. 防盗 3. 防水 4. 防电	城市物流公司为了确保仓库内储存货物在保管中不会出现各种受损情况，将提高仓库的防盗、防火、防水和防电能力，改善仓库的安全作业水平，请完成仓储安全作业方案制作。	8
6	子项目 6 仓储成本与绩效管理	1. 成本计算 2. 绩效分析	城市物流公司 2014 年到库物资共 2000 t，出库 1500 t，年初库存 500 t，全年错发错收 20 t，丢失 2 t，损毁 5 t，赔偿 10000 元，另因消防不合格被罚款 5000 元。全年营业收入 300000 元，请计算，该公司的吞吐量、年平均库存量、物资收发差错率、物资完好率及业务赔偿率。根据计算结果对企业仓储绩效进行分析，并提出改善建议	8

七、课程进程表

子项目编号、名称	周次	学时	单元标题	能/知目标	师生活动	其他（含考核内容、方法）
1. 入库作业	1	4	1-1 仓库布局训练	1. 能绘制仓库平面布置图； 2. 能办理货物的入库验收及交接手续	1. 络捷斯特仓储管理系统模拟软件训练； 2. 设置情景，分小组模拟操练实训； 3. 单项技能竞赛； 4. 技能鉴定实训	仓库平面布局图
1. 入库作业	2	4	1-2 货物入库前准备 1-3 卸货接运	1. 能做好货物入库前的各项准备工作； 2. 能根据货物特性，合理选择和使用装卸搬运工具	1. 络捷斯特仓储管理系统模拟软件训练； 2. 设置情景，分小组模拟操练实训； 3. 单项技能竞赛； 4. 技能鉴定实训	入库作业计划单、入库表单、入库作业单
1. 入库作业	3	4	1-4 验收和入库	能进行货物的入库管理设计，处理货物入库中出现的问题	1. 络捷斯特仓储管理系统模拟软件训练； 2. 设置情景，分小组模拟操练实训； 3. 单项技能竞赛； 4. 技能鉴定实训	实训报告
2. 在库作业	4	4	2-1 货物分区分类储存	能根据仓库场地条件、业务性质和规模、货物储存要求等因素，较熟练地进行货物分区分类和货位编号	1. 络捷斯特仓储管理系统模拟软件训练； 2. 设置情景，分小组模拟操练实训； 3. 单项技能竞赛； 4. 技能鉴定实训	仓库货区、储位图
2. 在库作业	5	4	2-2 堆码苫垫	能根据货物的自然属性、保管要求、包装状况、仓库自身的条件等因素确定入库货物的堆存方式	1. 络捷斯特仓储管理系统模拟软件训练； 2. 设置情景，分小组模拟操练实训； 3. 单项技能竞赛； 4. 技能鉴定实训	货物堆码方式

子项目编号、名称	周次	学时	单元标题	能/知目标	师生活动	其他（含考核内容、方法）
2. 在库作业	6	4	2-3 盘点作业	能根据盘点作业流程和基本操作步骤，进行盘点作业操作	1. 络捷斯特仓储管理系统模拟软件训练； 2. 设置情景，分小组模拟操练实训； 3. 单项技能竞赛； 4. 技能鉴定实训	盘点单、盘点盈亏表、温湿度记录表、实训报告
3. 出库作业	7	4	3-1 出库确认	能做好货物出库前的各项准备工作	1. 络捷斯特仓储管理系统模拟软件训练； 2. 设置情景，分小组模拟操练实训； 3. 单项技能竞赛； 4. 技能鉴定实训	出库通知单、出库订单、出库单
3. 出库作业	8	4	3-2 出库理货	根据出库理货要求，能完成出库理货任务	1. 络捷斯特仓储管理系统模拟软件训练； 2. 设置情景，分小组模拟操练实训； 3. 单项技能竞赛； 4. 技能鉴定实训	库存明细帐、垛卡、档案资料 实训报告
3. 出库作业	9	4	3-3 签单、销账	1. 能进行货物的出库管理设计，处理货物出库中出现的问题； 2. 能根据仓库现场的情况，进行现场5S 管理	1. 络捷斯特仓储管理系统模拟软件训练； 2. 设置情景，分小组模拟操练实训； 3. 单项技能竞赛； 4. 技能鉴定实训	库存明细帐、垛卡、档案资料 实训报告
4. 库存控制	10	4	4-1 库存控制方法	1. 会比较各种库存管理方法的优缺点，并根据不同情况有选择的进行运用	1. 络捷斯特仓储管理系统模拟软件训练； 2. 设置情景，分小组模拟操练实训； 3. 单项技能竞赛； 4. 技能鉴定实训	库存控制计算方法

子项目编号、名称	周次	学时	单元标题	能/知目标	师生活动	其他（含考核内容、方法）
4. 库存控制	11	4	4-2 库存控制方法	2. 能够选择运用适合的库存管理方法进行库存控制	1. 络捷斯特仓储管理系统模拟软件训练； 2. 设置情景，分小组模拟操练实训； 3. 单项技能竞赛； 4. 技能鉴定实训	库存控制计算方法
4. 库存控制	12	4	4-3 ABC 分类法	能够选择运用适合的库存管理方法进行库存控制	1. 络捷斯特仓储管理系统模拟软件训练； 2. 设置情景，分小组模拟操练实训； 3. 单项技能竞赛； 4. 技能鉴定实训	ABC 分类
5. 仓库安全作业	13	4	仓库安全	1. 能按照仓储安全作业的基本要求进行仓库安全作业； 2. 能合理选用仓库消防安全设施	1. 设置情景，分小组模拟操练实训； 2. 单项技能竞赛； 3. 技能鉴定实训	实训报告
5. 仓库安全作业	14	4	仓库安全	3. 能够正确使用消防器材； 4. 能够区分不同货物安全作业要求，并进行合理作业	1. 设置情景，分小组模拟操练实训； 2. 单项技能竞赛； 3. 技能鉴定实训	实训报告
6. 仓储成本与绩效管理	15	4	6-1 成本计算	1. 能对仓储成本现状进行分析，并提出改进方法； 2. 能根据实际情况，选择恰当的绩效评价指标	案例分析	案例分析报告
6. 仓储成本与绩效管理	16	4	6-2 绩效分析	3. 能利用相关公式，计算仓储绩效评价指标； 4. 能运用仓储绩效考核指标的分析方法对仓储绩效进行考核	案例分析	案例分析报告

八、首末次课设计

1. 首次课设计

第一步：基本情况介绍。

自我介绍，介绍课程的性质、学习目标、考核要求，职业生涯与该课程的关系。

第二步：讲授新课“项目一”。

（1）观看物流仓储企业作业视频

（2）小组讨论，让学生思考理解仓储的必要性及仓储作业活动过程。

第三步：教师总结及作业布置。

教师归纳，总结。

2. 末次课设计

仓储管理相关的知识总结。回顾本学年学习的主要内容，总结学生项目实训中出现的问题，指出学生后续努力的方向。

九、考核方案

1. 考核方法

过程性考核及终结性考核相结合。由过程性考核的各项过程成绩及最终考核的成绩组成。

总成绩=过程性考核×50%+终结性考核×50%

◆ 过程性考核主要包括：① 课堂到课，学习态度（10%）；② 书面作业（20%）；③ 实训操作项目成绩（20%）

◆ 终结性考核为期末考试（50%）。

2. 考核标准

（1）书面作业

◆ 调研报告内容详实，分析合理。

◆ 仓库布局方案图清楚，标示准确，设计符合仓库布局基本原则。

◆ 单据填写正确。

◆ 案例分析条理清楚，观点正确。

（2）项目操作

◆ 操作过程：态度认真，操作规范。

◆ 操作结果：项目完成准确。

（3）终结性考核：知识点掌握正确（结合职业资格考核知识点）。

十、教学材料

大力开展课程资源的开发和利用，提倡课程资源的多样化。

教材：

《仓储管理实务（第二版）》，李怀湘主编，北京大学出版社，2015 年

《物流师（仓储管理）技能实训指导手册》，人力资源和社会保障部职业技能鉴定中心编写，科学出版社，2010 年

仓储管理共享资源教学平台，包括视频、电子教案、案例、题库、学习指南、学生用自测学习系统、辅助教学资源、实训教学教材等。

仓储管理系统模拟软件。

十一、本课程常用术语中英文对照

仓库	warehouse
仓管员	warehouse keeper
库房	storehouse
储存	stoeing
保管	storage
库存	inventory
收货区	receiving space
发货区	shipping space
订单	order
订单文员	order clerks
配送员	deliverer
提货员	members of delivery
装卸工	stevedore
搬运工	transport worker
助理	assistant
组长	chief
主管	supervisor
叉车	forklift worker
高位叉车	forklift high
电动叉车	electric forklift
柴油叉车	diesel forklift
物品	article
托盘	pallet
物品储备	article reserves
货架	goods shelf
货垛	goods stack
堆码	stacking

附：课程进度模板

周次	1	2	3	4	5	6	7	8	9	10	11	12	13	14	15	16
课内项目	项目一　城市物流中心普通货物仓储管理作业															
子项目	1. 入库作业			2. 在库作业			3. 出库作业			4. 库存控制			5. 仓库安全作业		6. 仓储成本与绩效管理	
内容（或情境）	2014 年 3 月 10 日，美美超市通过传真通知城市物流公司，有两批货物要入库，仓管员该怎么做？			2014 年 3 月 31 日在城市物流公司规定的库存区域内，对库存货物进行盘点检查，对比实际数量与账面数量的差异，城市物流公司经理付总接到仓库盘点员小刘发来的通知：在盘点时发现，客户信达贸易公司在 2013 年 11 月 10 日储存在 1 号库货位的 5 个托盘中的雕牌洗衣液 的外包装有污损霉变，并有十件微波炉丢失。要求对盘点结果进行处理			2014 年 4 月 20 日城市物流公司以电子邮件的方式，收到来自客户的出库通知，其中包括有 1000 箱康师傅红烧牛肉面，400 箱农夫山泉矿泉水，500 箱达能闲趣饼干，600 箱可口可乐饮料，80g 美加净护手霜 100 箱，200 箱雕牌洗衣粉等商品，在 4 月 21 日上午 9：00 有司机到仓库提货，提单号为 WP0112021900，安排提货司机姓名是吴京，车牌号是京 BA5347。4 月 21 日 8：30 上班后商务人员将出库任务通知仓管员			根据城市物流公司存货实际，收集库存中的 15 种商品的名称、数量及金额，并按库存金额降序方式排列，并进行 ABC 分类管理			城市物流公司为了确保仓库内储存货物在保管中不会出现各种受损情况，将提高仓库的防盗、防火、防水和防电能力，改善仓库的安全作业水平，请完成仓储安全作业方案制作		城市物流公司 2014 年到库物资共 2000 t，出库 1500 t，年初库存 500 t，全年错发错收 20 t，丢失 2 t，损毁 5 t，赔偿 10000 元，另因消防不合格被罚款 5000 元。全年营业收入 300000 元，请计算，该公司的吞吐量、年平均库存量、物资收发差错率、物资完好率及业务赔偿率。根据计算结果对企业仓储绩效进行分析，并提出改善建议	
子任务	1. 仓库布局训练 2. 货物入库前准备 3. 卸货接运 4. 验收和入库			1. 货物分区分类储存 2. 堆码苫垫 3. 检查盘点和保管养护等作业操作			1. 出库确认 2. 理货 3. 签单 4. 销账			1. 订货点确定 2. ABC 分类			1. 防火 2. 防盗 3. 防水 4. 防电		1. 成本计算 2. 绩效分析	
考核结果	仓库平面布局图、入库作业计划单、入库表单、入库作业单、实训报告			仓库货区、储位图、盘点单、盘点盈亏表、温湿度记录表、实训报告			库存明细账、垛卡、档案资料、实训报告			库存控制计算方法、ABC 分类			实训报告		案例分析报告	

“物流信息技术与应用”课程整体教学设计

刘亚梅

一、课程基本信息

课程名称：物流信息技术与应用		
所属系部：商贸系	制定人：刘亚梅	合作人：郭世华 付海
课程代码：6205051350	学分：4	学时：64
授课时间：第 2 学期	授课对象：高职物流专业一年级学生	
课程类型：技能训练课		
先修课程：计算机应用基础、物流管理基础	后续课程：仓储技术与实务、运输技术与实务、配送技术与实务	

二、课程定位

1. 岗位分析

本专业毕业生的（技术、管理）岗位分析：

一线操作人员 ⇒ 组长等基层管理人员 ⇒ 部门经理助理

← 采购 运输 仓储 客服 货代 配送 →

初次就业：仓储、配送、运输、货代、采购、客服等岗位的一线操作人员。

二次晋升：仓储、配送、运输、货代、采购、客服等岗位的基层管理人员。

未来发展：仓储、配送、运输、货代、采购、客服等的部门经理及经理助理。

该岗位的主要能力需求、知识需求和素质需求如下表所示。

岗位工作项目	典型工作任务	职业能力分析
仓储信息处理及单证操作	发布、采集仓储信息 操作仓储管理信息系统 生成各种仓储单证并流转	会利用 IE、公共物流信息平台发布仓储信息 能使用条码、RFID 信息技术采集货物及仓储信息 能根据仓储业务操作仓储管理信息系统 能根据仓储业务操作生成各种仓储单证并流转
配送信息处理及单证操作	发布、采集配送信息 操作配送管理信息系统 生成各种配送单证并流转	会利用 IE、公共物流信息平台发布配送信息 能根据配送业务操作配送管理信息系统 能根据配送业务操作生成各种配送单证并流转
运输信息处理及单证操作	发布、采集运输信息 操作运输管理信息系统 生成各种运输单证并流转	会利用 IE、公共物流信息平台发布运输信息 能根据运输业务操作运输管理信息系统 能根据运输业务操作生成各种运输单证并流转 会应用 GIS、GPS 信息技术对车辆、货物进行跟踪定位

岗位工作项目	典型工作任务	职业能力分析
货代信息处理及单证操作	发布、采集货代信息 操作货代管理信息系统 生成各种货代单证并流转	会利用 IE、公共物流信息平台发布货代信息 能根据货代业务操作货代管理信息系统 能根据货代业务操作生成各种货代单证并流转
采购信息处理及单证操作	发布、采集采购信息 操作采购管理信息系统 生成各种采购单证并流转	会利用 IE、公共物流信息平台发布采购信息 能根据采购业务操作采购管理信息系统 能根据采购业务操作生成各种采购单证并流转
物流企业客户信息处理	采集、汇总客户信息 统计分析客户信息	会利用 IE、公共物流信息平台采集、发布客户信息 能利用数据库或客户管理系统录入、汇总客户信息 能利用分析工具对客户信息进行统计分析

2. 课程分析

（1）本课程在课程体系中的位置（前导课、后续课）

前导课：计算机应用基础、物流管理基础。

后续课：仓储技术与实务、运输技术与实务、配送技术与实务。

（2）本课程与普通高校、中职（高职）、培训班相关课程的异同

①共同点：培养学生物流信息技术的使用与物流信息的管理。

②区别

中职：面向一线操作岗位，重点培养物流信息技术的使用。

高职：面向一线操作、基层管理人员、部门助理岗位，重点培养物流信息技术的维护和物流信息的管理能力。

普通高校：面向部门助理、信息技术部人员，重点培养物流信息技术的设计、开发和物流信息的分析能力。

培训班：面向职业资格取证人员，取得物流师（物流信息管理模块）、物流信息管理师等职业资格证。

三、课程目标设计

1. 总体目标

侧重培养学生在物流系统中各岗位的管理和应用信息技术技能。

2. 能力目标

（1）能根据物流师国家职业资格标准，运用物流信息技术知识和原理。

（2）熟练操作各类型物流信息管理系统及关联设备。

（3）对物流信息技术关联设备进行安装与维护。

（4）运用企业物流信息平台。

（5）对信息流进行基于工作流程的业务分析与处理。

3. 知识目标

（1）熟悉各种常见的物流信息技术。

（2）了解各种物流信息技术的原理。

（3）掌握各种物流信息技术的应用及关联设备的操作。

4. 素质目标

（1）诚实守信、爱岗敬业。

（2）应对大量作业/工作任务的抗压能力。

（3）团队合作意识。

（4）逻辑思维能力。

（5）对新技术的好奇及钻研能力。

四、课程内容设计

项目名称	子项目名称	学时
宝供物流司天津办事处完成联合利华储运任务	子项目 1　物流信息采集与存储	20
	子项目 2　物流信息调用与处理	12
	子项目 3　物流信息跟踪与传输	24
	子项目 4　物流信息维护	8
合　计		64

五、项目任务设计

编号	子项目编号、名称	任务	能力目标	知识目标	训练方式、手段及步骤	可展示的结果
1	子项目 1 物流信息采集与存储	1.1 整理相关物流信息资料，并录入第三方物流系统； 1.2 通过网络、软件供应商查找条码软件并进行比较，选定软件并进行安装；根据编码原则，使用已安装的条码软件编写一维条码、二维条码；安装、调试条码打印设备、扫描设备，打印条码并粘贴； 1.3 利用条码枪扫描条码，结合仓储管理信息系统入库业务处理完成产品入库	1. 能根据企业、客户、产品等情况编制物流信息数据； 2. 能将物流信息数据录入系统软件； 3. 能按要求安装、调试条码打印机及条码编制软件； 4. 能根据商品性质，按条码规范进行条码设置和打印； 5. 能利用条码扫描设备对条码进行扫描和识别； 6. 能够利用仓储管理系统入库模块处理仓储入库业务	1. 了解物流信息的 7 个特征、3 种分类方法； 2. 了解物流信息系统的 3 种分类方法； 3. 掌握物流信息传递模型； 4. 掌握物流信息整理的 10 种方法； 5. 了解条码系统构成的 3 个部分及工作原理； 6. 掌握一维条码和二维条码的编制原则； 7. 掌握仓储入库业务工作流程； 8. 掌握仓储管理信息系统入库模块操作步骤	任务驱动、软硬件操作、教学点评	物流信息调查报告，条码软件能正常使用，打印、粘贴的条码，入库单

编号	子项目编号、名称	任务	能力目标	知识目标	训练方式、手段及步骤	可展示的结果
2	子项目2物流信息调用与处理	2.1 利用条码枪扫描条码，结合仓储管理信息系统盘点业务处理完成在库产品盘点； 2.2 利用第三方物流系统导出在库产品数据，并在数据库系统中进行处理； 2.3 利用 Word、Excel 办公软件对在库产品数据进行统计分析，并作成报表，发送给客户	1. 能够利用仓储管理系统盘点模块处理仓储盘点业务； 2. 能利用数据库技术创建物流信息数据表； 3. 能利用数据库技术查询、使用物流信息数据； 4. 能用 Word 和 Excel 制作物流相关单据； 5. 能使用 Excel 常用函数进行物流信息数据处理； 6. 能使用 Excel 实现系统间数据交换； 7. 会使用 Excel 制定报表	1. 掌握仓储盘点业务工作流程； 2. 掌握仓储管理信息系统盘点模块操作步骤； 3. 了解数据库技术的工作原理；掌握数据库技术的具体操作方法； 4. 熟知 Word 和 Excel 的功能； 5. 掌握 Word 和 Excel 的具体操作方法	任务驱动、软硬件操作、教学点评	盘点单，数据库，物流信息报表
3	子项目3物流信息跟踪与传输	3.1 利用条码枪扫描条码，结合仓储管理系统出库业务处理完成产品出库； 3.2 利用运输管理系统运输业务处理完成产品运输信息管理； 3.3 利用 GPS、GIS 技术对在途车辆和货物进行跟踪定位； 3.4 利用 EDI 技术向客户及时推送在途车辆和货物情况	1. 能够利用仓储管理系统出库模块处理仓储盘点业务； 2. 能够利用运输管理系统处理运输业务； 3. 会应用 GIS、GPS 信息技术对车辆、货物进行跟踪定位； 4. 能熟练使用 EDI 软件进行单据填写、报文生成与发送	1. 掌握仓储盘点业务工作流程； 2. 掌握仓储管理信息系统出库模块操作步骤； 3. 掌握运输业务工作流程； 4. 掌握运输管理信息系统操作步骤； 5. 了解全球卫星定位系统、地理信息系统的组成和工作原理； 6. 掌握 GIS、GPS 信息技术对车辆、货物进行跟踪定位的方法； 7. 了解 EDI 技术的组成和工作原理； 8. 掌握 EDI 软件的具体操作方法	任务驱动、软硬件操作、教学点评	出库单，调度单，出库单，EDI 报文
4	子项目4物流信息维护	4.1 对第三方物流系统物流信息数据进行备份并保存、加密； 4.2 通过防火墙、杀毒软件等信息安全技术保护物流信息	1. 能及时对物流信息数据进行备份并保存、加密； 2. 能够通过信息安全技术保护重要信息。	1. 了解物流信息系统的数据备份功能； 2. 掌握数据备份的方法； 3. 掌握备份数据的加密方法； 4. 了解网络安全技术、信息安全体系的重要性； 5. 掌握防火墙、杀毒软件等的使用	任务驱动、软硬件操作、教学点评	物流数据报表，物流信息维护优化方案

六、项目情境设计

编号	子项目编号、名称	任务	情境	学时
1	子项目 1 物流信息采集与存储	1.1 整理相关物流信息资料，并录入第三方物流系统； 1.2 通过网络、软件供应商查找条码软件并进行比较，选定软件并进行安装；根据编码原则，使用已安装的条码软件编写一维条码、二维条码；安装、调试条码打印设备、扫描设备，打印条码并粘贴； 1.3 利用条码枪扫描条码，结合仓储管理信息系统入库业务处理完成产品入库	1.1 2010 年 9 月 1 日，公司李师傅要求王超将联合利华产品清单、公司人员设备等信息录入物流系统； 1.2 2010 年 9 月 10 日，办事处接到一批促销产品-清扬发膜 50 箱，因促销，要求对产品编制、打印、粘贴内用条码，然后入库	20
2	子项目 2 物流信息调用与处理	2.1 利用条码枪扫描条码，结合仓储管理信息系统盘点业务处理完成在库产品盘点； 2.2 利用第三方物流系统导出在库产品数据，并在数据库系统中进行处理； 2.3 利用 Word、Excel 办公软件对在库产品数据进行统计分析，并作成报表，发送给客户	2010 年 9 月 15 日，联合利华公司要求宝供公司提供在库产品数据，便于签订订单	12
3	子项目 3 物流信息跟踪与传输	3.1 利用条码枪扫描条码，结合仓储管理系统出库业务处理完成产品出库； 3.2 利用运输管理系统运输业务处理完成产品运输信息管理； 3.3 利用 GPS、GIS 技术对在途车辆和货物进行跟踪定位； 3.4 利用 EDI 技术向客户及时推送在途车辆和货物情况	2010 年 9 月 20 日，办事处接到订单，发送清扬男士洗发水 200 箱，清扬发膜 50 箱到河北石家庄，要求 21 日 19:00 准时发运到达，发运后每个 2 小时报送运输车辆所在位置	24
4	子项目 4 物流信息维护	4.1 对第三方物流系统物流信息数据进行备份并保存、加密； 4.2 通过防火墙、杀毒软件等信息安全技术保护物流信息	2010 年 9 月 28 日，宝供物流公司接到联合利华通知，要求宝供进行信息维护，为第三方物流系统对接自身 SAP 系统做好准备	8

七、课程进程表

子项目编号、名称	周次	学时	单元标题	能/知目标	师生活动	其他（含考核内容、方法）
子项目1 物流信息采集与存储	1	4	物流信息数据整理	1. 能根据企业、客户、产品等情况编制物流信息数据； 2. 能将物流信息数据录入系统软件； 3. 了解物流信息的7个特征、3种分类方法； 4. 了解物流信息系统的3种分类方法； 5. 掌握物流信息传递模型； 6. 掌握物流信息整理的10种方法	教师：布置任务，解读情境资料； 学生：整理相关物流信息资料，并录入第三方物流系统	考核学生对物流信息资料的整理能力和录入信息的规范性、准确性
子项目1 物流信息采集与存储	2	4	条码技术应用	1. 了解条码系统构成的3个部分及工作原理； 2. 能按要求安装、调试条码打印机及条码编制软件	学生：通过网络、软件供应商查找条码软件并进行比较，选定软件并进行安装； 教师：讲解条码系统构成及原理，指导学生安装、调试条码打印机及条码软件	考核学生条码软件的选择与安装能力
子项目1 物流信息采集与存储	3	4	条码技术应用	1. 能根据商品性质，按条码规范进行条码设置和打印； 2. 掌握一维条码和二维条码的编制原则	学生：根据编码原则，使用已安装的条码软件编制一维条码、二维条码； 教师：讲解条码编制原则，指导学生编制条码	考核学生编制条码的能力
子项目1 物流信息采集与存储	4	4	条码技术应用	1. 能利用条码扫描设备对条码进行扫描和识别； 2. 了解条码打印设备、扫描设备的部件及工作原理	学生：安装、调试条码打印设备、扫描设备，打印条码并粘贴； 教师：讲解条码打印设备、扫描设备部件及工作原理，指导学生使用设备	考核学生打印并粘贴条码的能力
子项目1 物流信息采集与存储	5	4	仓储管理信息系统应用之入库模块应用	1. 能够利用仓储管理系统入库模块处理仓储入库业务； 2. 掌握仓储入库业务工作流程； 3. 掌握仓储管理信息系统入库模块操作步骤	学生：利用条码枪扫描条码，结合仓储管理信息系统入库业务处理完成产品入库； 教师：讲解仓储管理系统入库模块的操作，指导学生入库业务操作	考核学生设备使用和利用软件进行入库操作的能力

子项目编号、名称	周次	学时	单元标题	能/知目标	师生活动	其他（含考核内容、方法）
子项目2 物流信息调用与处理	6	4	仓储管理信息系统应用之盘点，模块应用	1. 能够利用仓储管理系统盘点模块处理仓储盘点业务； 2. 掌握仓储盘点业务工作流程； 3. 掌握仓储管理信息系统盘点模块操作步骤	学生：利用条码枪扫描条码，结合仓储管理信息系统盘点业务处理完成在库产品盘点； 教师：讲解仓储管理系统盘点模块的操作，指导学生盘点作业操作	考核学生设备使用和利用软件进行盘点操作的能力
子项目2 物流信息调用与处理	7	4	数据库技术应用	1. 能利用数据库技术创建物流信息数据表； 2. 能利用数据库技术查询、使用物流信息数据； 3. 了解数据库技术的工作原理； 4. 掌握数据库技术的具体操作方法	学生：利用第三方物流系统导出在库产品数据，并在数据库系统中进行处理； 教师：讲解数据库技术的工作原理、方法、使用，指导学生数据库使用	考核学生数据库应用能力，能进行统计分析
子项目2 物流信息调用与处理	8	4	办公软件应用	1. 能用 Word 和 Excel 制作物流相关单据；能使用 Excel 常用函数进行物流信息数据处理； 2. 能使用 Excel 实现系统间数据交换； 3. 会使用 Excel 制定报表； 4. 熟知 Word 和 Excel 的功能； 5. 掌握 Word 和 Excel 的具体操作方法	学生：利用 Word、Excel 办公软件对在库产品数据进行统计分析，并作成报表，发送给客户； 教师：讲解 Word 和 Excel 操作方法，指导学生进行操作	考核学生办公软件应用能力，能进行统计分析
子项目3 物流信息跟踪与传输	9	4	仓储管理信息系统应用之出库模块应用	1. 能够利用仓储管理系统出库模块处理仓储盘点业务； 2. 掌握仓储盘点业务工作流程； 3. 掌握仓储管理信息系统出库模块操作步骤	学生：利用条码枪扫描条码，结合仓储管理系统出库业务处理完成产品出库； 教师：讲解仓储管理系统出库模块操作，指导学生出库业务操作	考核学生设备使用和利用软件进行出库操作的能力
子项目3 物流信息跟踪与传输	10	4	运输管理系统应用	1. 能够利用运输管理系统处理运输发货业务； 2. 掌握运输发货业务工作流程； 3. 掌握运输管理信息系统发货业务操作步骤	学生：利用运输管理系统运输发货业务处理，完成产品运输发货业务信息管理； 教师：讲解运输管理系统发货业务操作，指导学生操作	考核学生设备使用和利用软件进行运输作业的能力
子项目3 物流信息跟踪与传输	11	4	运输管理系统应用	1. 能够利用运输管理系统处理运输到货业务； 2. 掌握运输到货业务工作流程； 3. 掌握运输管理信息系统到货业务操作步骤	学生：利用运输管理系统运输到货业务处理，完成产品运输到货业务信息管理； 老师：讲解运输管理系统到货业务操作，指导学生操作	考核学生设备使用和利用软件进行运输作业的能力

子项目编号、名称	周次	学时	单元标题	能/知目标	师生活动	其他（含考核内容、方法）
子项目3 物流信息跟踪与传输	12	4	跟踪定位技术应用	1. 会应用GIS相关软件； 2. 了解地理信息系统； 3. 掌握GIS技术的功能及使用方法	学生：对GIS相关软件进行对比分析，使用电子地图掌握GIS的功能； 教师：讲解GIS技术的功能和使用方法，指导学生GIS使用	考核学生GIS技术功能的掌握和使用
子项目3 物流信息跟踪与传输	13	4	跟踪定位技术应用	1. 会应用GPS技术对车辆、货物进行跟踪定位； 2. 了解全球卫星定位系统； 3. 掌握GPS技术对车辆、货物进行跟踪定位的方法	学生：利用GPS技术对在途车辆和货物进行跟踪定位； 教师：讲解GPS技术的功能和使用方法，指导学生GPS使用	考核学生GPS技术功能的掌握和使用
子项目3 物流信息跟踪与传输	14	4	EDI技术应用	1. 能熟练使用EDI软件进行单据填写、报文生成与发送； 2. 了解EDI技术的组成和工作原理；掌握EDI软件的具体操作方法	学生：利用EDI技术向客户及时推送在途车辆和货物情况； 教师：讲解EDI技术的功能和使用方法，指导学生EDI使用	考核学生EDI技术功能的掌握和使用
子项目4 物流信息维护	15	4	物流信息数据备份	1. 能及时对物流信息数据进行备份并保存、加密； 2. 了解物流信息系统的数据备份功能； 3. 掌握数据备份的方法； 4. 掌握备份数据的加密方法	学生：对第三方物流系统物流信息数据进行备份并保存、加密； 教师：讲解数据备份、保存、加密的方法，指导学生对数据进行备份、保存、加密	考核学生对物流信息数据资料的维护能力
子项目4 物流信息维护	16	4	物流信息安全保护	1. 能够通过信息安全技术保护重要信息； 2. 了解网络安全技术、信息安全体系的重要性； 3. 掌握防火墙、杀毒软件等的使用	学生：通过防火墙、杀毒软件等信息安全技术保护物流信息； 教师：讲解网络安全技术的使用，指导学生使用网络安全技术，制作安全维护方案	考核学生对物流信息安全维护方案的制定

八、首末次课设计

1. 首次课设计

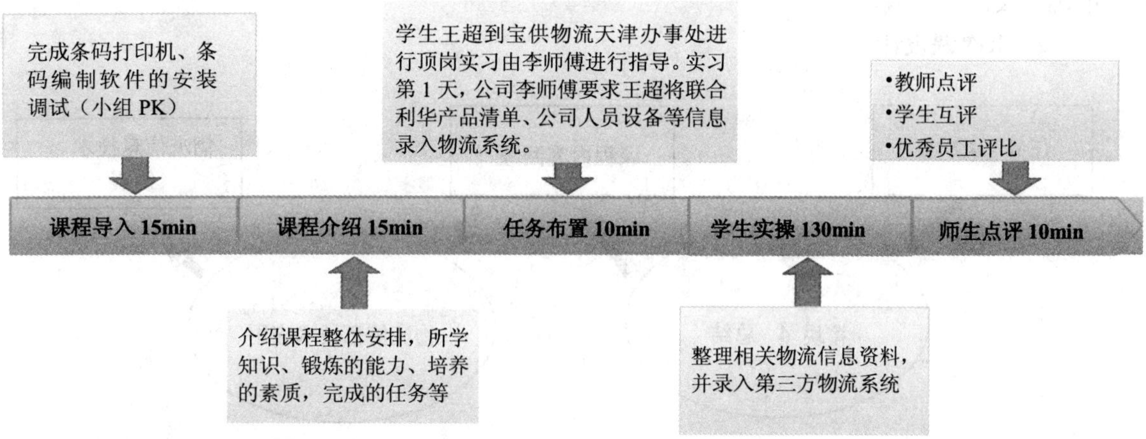

背景

天津城市职业学院学生王超进入宝供物流天津办事处进行实习，公司安排王超在李师傅的指导下完成客户联合利华的储运任务，要求王超熟练应用物流信息技术及相关设备，并对如何更好的获取、利用物流信息完成各项业务进行简单分析。

班级学生：王超

任课教师：李师傅

情境 1.1

2010 年 9 月 1 日，公司李师傅要求王超将联合利华产品清单、公司人员设备等信息录入物流系统。他该如何完成该项任务？

任务 1.1

物流信息数据整理

整理相关物流信息资料

将信息数据进行分类

将整理好的信息数据录入系统

学习目标

知识目标：了解物流信息的 7 个特征、3 种分类方法；了解物流信息系统的 3 种分类方法；掌握物流信息传递模型；掌握物流信息整理的 10 种方法。

能力目标：能根据企业、客户、产品等情况编制物流信息数据；能将物流信息数据录入系统软件。

素质目标：人—机沟通意识、逻辑性思维能力、数据整理的规范性。

学习重、难点

学习重点：对物流信息进行整理并录入物流系统。

学习难点：物流信息整理的方法 。

教学方法

任务驱动法：学生扮演角色，利用软硬件设备完成物流信息的整理并录入物流系统。

软件实操法：物流系统软件的使用。

教学点评法：根据学生提交的成果进行点评、评判，主要包括物流系统录入内容的完整、准确、及时、有效。

2. 末次课设计

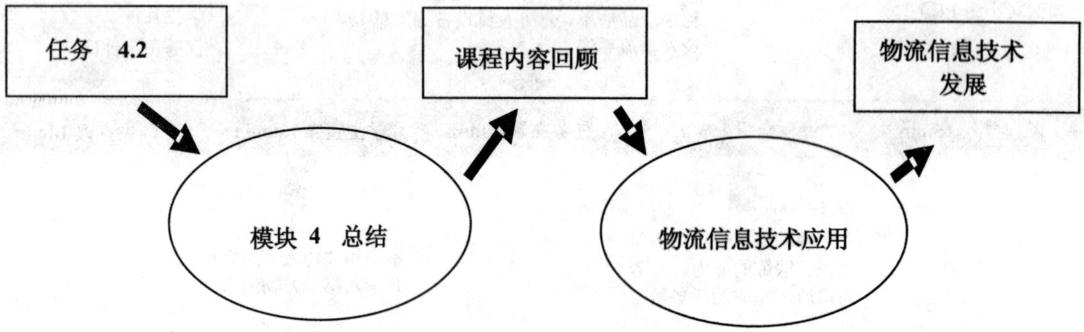

情境 4.2

2010 年 9 月 28 日，宝供物流公司接到联合利华通知，要求宝供进行信息维护，为第三方物流系统对接自身 SAP 系统做好准备。

任务 4.2

通过防火墙、杀毒软件等信息安全技术保护物流信息

模块 4 总结

学习目标

知识目标：了解网络安全技术、信息安全体系的重要性；掌握防火墙、杀毒软件等的使用。

能力目标：能够通过信息安全技术保护重要信息。

素质目标：数据维护的安全意识。

课程内容回顾

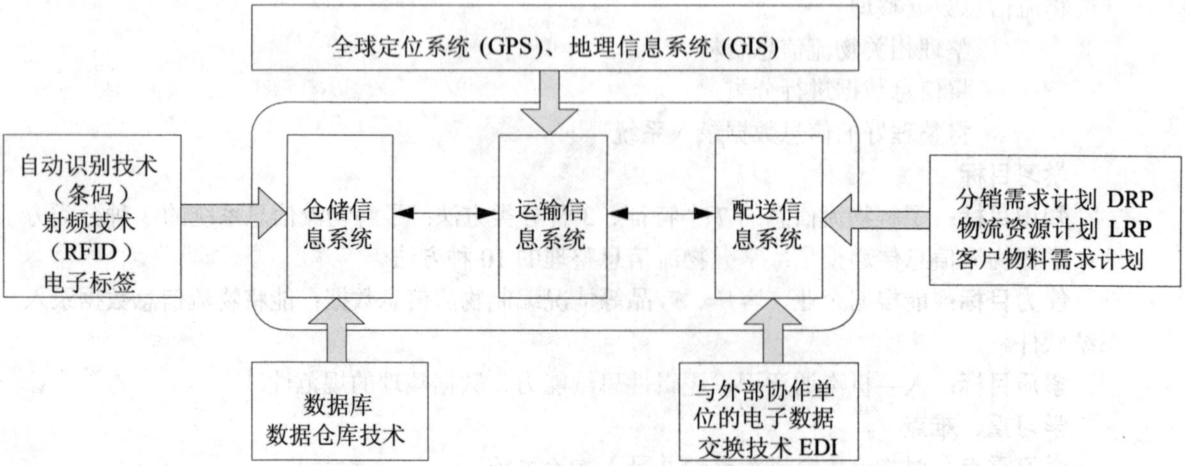

■ **第三方物流企业的“物流一体化信息管理平台”**

□ 以仓储、运输、配送、货代信息系统为基础；

□ 以物流信息技术为支撑；

□ 实现了第三方物流企业与生产企业、供应商、终端客户在采购、生产、运输、仓储、配送、货代、服务等现代物流各环节管理的全面连接。

■ **物联网推动智慧物流变革**

物联网虽然早已在物流业有应用，但是物联网理念的提出对现实中局部的、零散的物流智能网络技术应用有了一种系统的提升，契合了现代物流的智能化、自动化、网络化、可视化、实时化的发展趋势。物联网对物流业的影响将是全方位的，因为现代物流业最需要现代信息技术的支撑。

九、考核方案

考核内容		考核方法	所占比例（%）
平时考核成绩 60% （含课堂表现与出勤 10%）	1.1 物流信息数据整理	物流信息资料	3
	1.2 条码技术应用	打印并粘贴好的条码	5
	1.3 仓储管理信息系统应用之入库模块应用	入库软件操作	5
	2.1 仓储管理信息系统应用之盘点模块应用	盘点软件操作	5
	2.2 数据库技术应用	统计分析表	5
	2.3 办公软件应用		
	3.1 仓储管理信息系统应用之出库模块应用	出库软件操作	5
	3.2 运输管理系统应用	运输软件操作	5
	3.3 跟踪定位技术应用	定位情况分析报告	5
	3.4 EDI 技术应用	EDI 文本	5
	4.1 物流信息数据备份	物流信息数据资料	2
	4.2 物流信息安全保护	物流信息安全保护方案	5
期末考核成绩 40%	物流信息采集与存储	在规定时间内完成相应任务的操作，结合操作内容写出学习体会	15
	物流信息调用和处理		15
	物流信息跟踪与传输		5
	物流信息维护		5

十、教学材料

案例：商品条形码印刷错误损失谁承担等。

教材：《物流信息技术与应用》，谢金龙主编，北京大学出版社，2011 年

参考资料：label_mx 通用条码标签设计系统使用说明、GB 12904-2008 商品条码 零售商品编码与条码表示、商品条码 国家标准 节选、背景资料等。

教学设备：计算机、条码打印机等。

教学软件：label_mx 通用条码标签设计系统等。

十一、本课程常用术语中英文对照

商品条码	bar code for commodity
一维条码	one-dimensional bar code
二维条形码技术	two-dimensional barcode technique
物流	logistics
物品	article
物流活动	logistics activity
物流作业	logistics operation
物流模数	logistics modulus
物流技术	logistics technology
物流成本	logistics cost
物流管理	logistics management
物流中心	logistics center
物流网络	logistics network
物流信息	logistics information
物流企业	logistics enterprise
物流单证	logistics documents

附：课程进度模板

周次	1	2	3	4	5	6	7	8	9	10	11	12	13	14	15	16
项目	宝供物流公司天津办事处完成联合利华储运任务															
子项目	物流信息采集与存储					物流信息调用与处理			物流信息跟踪与传输						物流信息维护	
情境	2010年9月1日，公司李师傅要求王超将联合利华产品清单、公司人员设备等信息录入物流系统	2010年9月10日，办事处接到一批促销产品-清扬发膜50箱，因促销，要求对产品编制、打印、粘贴内用条码，然后入库				2010年9月15日，联合利华公司要求宝供公司提供在库产品数据，便于签订订单			2010年9月20日，办事处接到订单，发送清扬男士洗发水200箱，清扬发膜50箱到河北石家庄，要求21日19:00准时发运到达，发运后每个2小时报送运输车辆所在位置						2010年9月28日，宝供物流公司接到联合利华通知，要求宝供进行信息维护，为第三方物流系统对接自身SAP系统做好准备	
具体任务	1.1 整理相关物流信息资料，并录入第三方物流系统	1.2.1 通过网络、软件供应商查找条码软件并进行比较，选定软件并进行安装	1.2.2 根据编码原则，使用已安装的条码软件编写一维条码、二维条码	1.2.3 安装、调试条码打印设备、扫描设备，打印条码并粘贴	1.3 利用条码枪扫描条码，结合仓储管理信息系统入库业务处理完成产品入库	2.1 利用条码枪扫描条码，结合仓储管理信息系统盘点业务处理完成在库产品盘点	2.2 利用第三方物流系统导出在库产品数据，并在数据库系统中进行处理	2.3 利用Word、Excel办公软件对在库产品数据进行统计分析，并作成报表，发送给客户	3.1 利用条码枪扫描条码，结合仓储管理系统出库业务处理完成产品出库	3.2 利用运输管理系统运输业务处理完成产品运输信息管理		3.3 利用GPS、GIS技术对在途车辆和货物进行跟踪定位		3.4 利用EDI技术向客户及时推送在途车辆和货物情况	4.1 对第三方物流系统物流信息数据进行备份并保存、加密	4.2 通过防火墙、杀毒软件等信息安全技术保护物流信息
考核结果	物流信息资料	打印并粘贴好的条码			入库软件操作	盘点软件操作	统计分析表		出库软件操作	运输软件操作		定位情况分析报告		EDI文本	物流信息数据资料	物流信息安全保护方案

“物流设备应用与管理”课程整体教学设计

付　海

一、课程基本信息

课程名称：物流设备应用与管理		
所属系部：商贸系	制定人：付海	
课程代码：6205051340	学分：3	学时：48
授课时间：第 2 学期	授课对象：物流管理一年级学生	
课程类型：技能训练课		
先修课程：物流基础	后续课程：仓储、配送、物流信息	

二、课程定位

1. 岗位分析

本专业毕业生的（技术、管理）岗位分析如下表所示。

初次就业	二次晋升	未来发展
1~2 年：与物流相关岗位的基层操作人员（大多数同学）	2~3 年：基层领导（多数同学）	3 年以上：部门或公司高级主管（少数同学）

本课程面向的主要岗位及典型工作流程图。

（1）工作流程

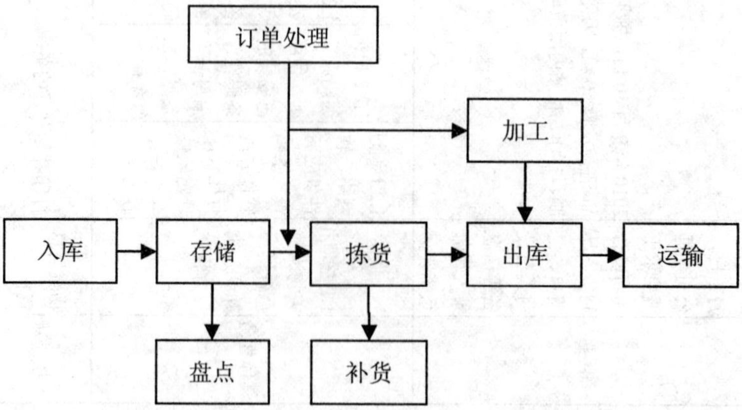

（2）面对岗位

① 仓储、配送客服岗；② 仓储、配送理货岗；③ 仓储、配送拣货岗；④ 仓储、配送上架岗；

（3）仓储作业类岗位需求

① 能力需求：具备安全操作相关物流设备的基本能力，具备相应操作资格证书。

② 知识需求：具备相应的安全知识，操作保养知识，理论基础。

③ 素质需求：具备设备使用成本意识，安全意识，团队合作意识。

2. 课程分析

本课程在课程体系中的位置如下图。

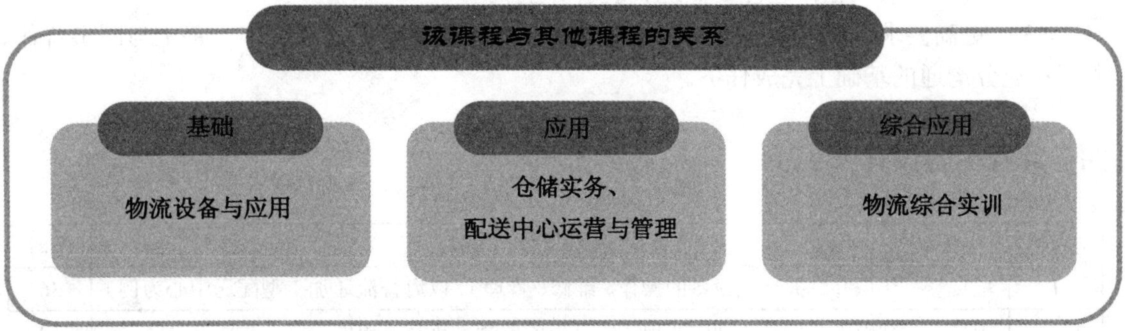

说明本课程与普通高校、中职（高职）、培训班相关课程的异同，参见下表。

与普通高校、培训机构的相同点		
普通高校	本课程	培训机构
物流设备操作及技能		
与普通高校、培训机构的不同点		
本课程	普通高校	培训班
以专业岗位需求为依托，注重学生职业素养的培养前提下，重点培训	理论性较强，侧重对物流技术的选择	侧重实际操作技能学习。缺乏职业理念培养，时间

三、课程目标设计

1. 总体目标

使学生了解现代物流各种技术、明白各种物流设施及设备，掌握各种设施及设备的使用方法，利用物流技术为现代物流服务，能够在运输、仓储、包装等业务过程中正确使用各种设施、设备。

2. 能力目标

（1） 能在各类物流操作岗位上快速认识、使用各类物流设备。

（2） 能作为一线工作人员使用相应物流设备提高工作效率。

（3） 能鉴别物流设备的问题根源，提出维修建议或自行维修。

（4） 能为物流设备的更新改进提供直接帮助。

3. 知识目标

（1） 了解物流技术与装备的分类。

（2） 熟悉物流技术与装备的基本结构。

（3） 理解物流技术与装备的选择原则。

（4） 理解各类物流技术与装备在物流体系中的作用。

4. 素质目标

（1） 基本要求：作为一项操作技能，你的操作应该符合国家安全标准或行业标准 。

（2） 较高要求：工作过程要熟练、装备齐全。

（3） 更高要求：能够在枯燥的工作环境下长时间保质保量完成工作。善于与同事合作、善于在充分沟通的基础上完成任务。

四、课程内容设计

序号	模块（或子模块）名称	学时
1	项目一　认识并掌握物流设备的操作、维修、管理（ 以海誉流通加工型配送中心为例）	36
2	项目二　利用现有设备，同时实现多组订单的备货、拣货、出库	12
合　计		48

五、项目任务设计

编号	子项目编号、名称	任务	能力目标	知识目标	训练方式、手段及步骤	可展示的结果
1	子项目 1：认识并掌握物流设备的操作、维修、管理	1-1 物流机械设备的认识	了解物流设备的应用场合、分类、用法。从宏观上描述我国物流企业整体技术装备的情况以及与国外的差距	知道物流设备包括什么、这类设备与其他行业设备的不同	案例讲解、PPT、图片、实物认识、现场演示	1. 能够识别各种物流设备的适用场合、功能； 2. 安全、规范使用现有物流设提高物流环节的工作效率
		1-2 仓储设备的认识与使用	能说出巷道式堆垛起重机的个部分名称和作用；说出各种货架名称与用途；正确操作巷道式堆垛起重机；争取操作托盘货架区各种设备在的出入库中的使用	了解仓储机械设备的概念、分类、特点；掌握常用不同类型货架的技术特征和选用原则；掌握堆垛起重机的基本结构和技术性能；了解机器人的基本工作特点和物流作业类型；掌握不同类型计量设备的技术特征	实际操作、分组实训	

编号	子项目编号、名称	任务	能力目标	知识目标	训练方式、手段及步骤	可展示的结果
1	子项目1：认识并掌握物流设备的操作、维修、管理	1-3 配送分拣设备的认识与使用	熟练使用两种系统进行散货出库分拣操作。熟练使用分拣线进行分拣作业	熟练使用现有各种拣选、分拣设备的同时；知道其他各类分拣、拣选设备的工作方式	实际操作 分组实训	
		1-4 装卸搬运设备的认识与使用	体会到安全知识的重要性；掌握叉车驾驶、装卸技能	掌握叉车基础理论知识、安全知识	实际操作 分组实训	
2	项目2：利用现有设备，实现多组订单备货、拣货、出库		具备初步的订单分析能力；掌握计划、组织、协调能力；掌握安全、规范、高效的实施能力	知道如何进行订单分析；知道计划协调组织的基本思路和过程；认识规范。安全操作的意义	实际操作 分组实训	1. 正确的分析过程；2. 具备合理的组织过程 3. 操作过程安全规范；4. 完成时间长短

六、项目情境设计

我校学生到海誉配送中心实习。海誉配送中心是一家大型流通型配送中心，服务对象主要是连锁商业企业、贸易公司、大型超市、购物中心、电子商贸网络，同时为快速消费品（FMCG）供应商（包含大中型生产 或制造业、省级代理商）对终端销售网点提供专业化配送服务。物美超市和新新食品为海誉 配送中心的核心客户，在其配送中心内部设置了海誉一号区域和海誉二号区域两个存储区域 。其中A组10人被分到了针对物美超市和新新食品的配送区。

本课程以A组所在区域的工作过程为背景展开。

班级：物美超市和新新食品的配送区

学生：A组 10人

教师：××

主要任务如下表。

编号	子项目编号、名称		任务	情境	学时
1	项目 1：认识并掌握物流设备的操作、维修、管理	物流机械设备的认识	1.1 同学们带着问题来到各个部门听工作人员讲解，特别是要了解各部门功能及设备使用情况	1.1 A 组 10 名同学被安排岗前实习，同学们对物流公司的各个部门还不是很了解？	4
			1.2 通过工作人员介绍、演示逐步认识物流装备的基本功能	1.2 在了解了部门分工之后，同学们对主要的物流装备海门有特别深入的认识？	
			1.3 工作人员在进行了物流装备发展趋势介绍之后，引导大家针对性的查找资料	1.3 在熟悉了现有设备的前提下，同学们还想了解更加先进的物流装备，希望工作人员基于解答	
2		仓储设备的认识与使用	1.4 在工作人员的引导下同学们逐步学习物流操作系统、地牛、堆高车电动堆高车等设备的操作、保养、安全知识，了解托盘货架的使用方式	1.4 同学们被分到具体工作区域后，不知第一步应该学习什么	8
			1.5 使用物流系统以联动的方式解决货物在自动化立体仓库中自动出入库问题	1.5 第二步学习更高端一些的内容	
3		配送分拣设备的认识与使用	1.6 学习两种拣选设备及分拣线的使用	1.6 学习配送中心核心工作内容	8
4		装卸搬运设备的认识与使用	1.7 掌握安全规范、学习叉车驾驶、装卸搬运技能	1.7 在经历一段时间学习之后，同学们对库内基本操作环节有了较深刻的认识，被统一安排学习装卸搬运设备——叉车	16
5	项目 2：利用现有设备，同时实现多组订单的备货、拣货、出库		2.1 先进性订单分析	2.1 配送中心接到两笔订单，需要库内人员配货出库	12
			2.2 货位、货品、人员安排、流程设计等工作的组织	2.2 在分析的基础上学生们进行流程设计、人员、设备、辅助设施安排	
			2.3 学生们按照自己设计的流程进行具体操作，工作过程中出现的问题由工作人员进行帮助和校正	2.3 按照既定安排完成任务	

七、课程进程表

第×次	周次	学时	单元标题	项目编号	能/知目标	师生活动	其他(含考核内容、方法)
1	1	4	项目1：认识并掌握物流设备的操作、维修、管理	物流机械设备的认识	能力目标：了解物流设备的应用场合、分类、用法。从宏观上描述我国物流企业整体技术装备的情况以及与国外的差距； 知识目标：知道物流设备包括什么、这类设备与其他行业设备的不同	物流设备使用案例交流；校内设备演示；学习设备使用场合；分类以及本校设备认识	1.认识物流设备的分类、功能、适用场合（10%）；2.安全、规范使用三类物流设备(50%)；3.能够利用以上设备解决具体问题(20%)；4.取得职业资格证书(20%)
2	2~3	8		仓储设备的认识与使用	能力目标：能说出巷道式堆垛起重机的个部分名称和作用；说出各种货架名称与用途；正确操作巷道式堆垛起重机；争取操作托盘货架区各种设备在的出入库中的使用； 知识目标：了解仓储机械设备的概念、分类、特点；掌握常用不同类型货架的技术特征和选用原则；掌握堆垛起重机的基本结构和技术性能；了解机器人的基本工作特点和物流作业类型；掌握不同类型计量设备的技术特征和运	操作仓储设备；学习体会使用过程	
3	4~5	8		配送分拣设备的认识与使用	能力目标：熟练使用两种系统进行散货出库分拣操作 知识目标：熟练使用现有各种拣选、分拣设备的同时；知道其他各类分拣、拣选设备的工作方式	操作配送设备使用；体会使用过程	
4	6~9	16		装卸搬运设备的认识与使用	熟练使用分拣线进行分拣作业 知识目标：熟练使用现有各种拣选、分拣设备的同时；知道其他各类分拣、拣选设备的工作方式	教师示范搬运设备使用；学生分组实训操作；体会使用过程	
5	10~12	12	项目2：利用现有设备，实现多组订单的备货、拣货、出库	分析订单	能力目标：具备初步的订单分析能力；知识目标：知道如何进行订单分析	教师示范订单分析操作；学生学习基本使用过程	A级：在最短的时间内安全规范的完成分析、组织、操作等过程；B级：能够安全规范的完成分析、组织、操作等过程，但时间稍长；C级：基本完成以上三个过程
6				流程设计、人员、设备、辅助设施安排	能力目标：掌握计划、组织、协调能力；知识目标：知道计划协调组织的基本思路和过程	教师讲解配送中心人员、设备组织协调的常识及过程；学生以小组为单位操作该过程，体会组织过程；	
7				按流程操作，完成任务	能力目标：掌握安全、规范、高效的实施能力；知识目标：认识规范。安全操作的意义	学生按照教师要求设计操作流程；学习体会操作关键步骤。	

八、首末次课程设计

1. 首次课程设计

内容	课程引入	课程简介	任务一
1	通过企业案例引入各种物流设备的应用场合、功能、效果	结合现有设备讲解使用方法（演示）及实训安排	我校学生到海誉配送中心实习。配送中心内部设置了海誉一号区域和海誉二号区域两个存储区域。其中A组10人被分到针对物美超市和新新食品的配送区
2	展示图片	按照每10人一组的原则，进行分工。安排每个人的角色。完成托盘货架、立体仓库货架、分拣线、电子拣选、叉车实训等项目	每组同学通过物流实训系统初步了解培训配送中心的整体架构和运作过程

2. 末次课设计

主要任务		
在完成全部单项实训的基础上进行总结	以10人一小组分组考核	完成实训报告

九、考核方案

项目	比例（%）
平时表现	40
课外成绩	30
课内成绩	30

课次	项目完成情况（80%）		考勤	课堂表现	成绩
	组内评分	小组系数			
1					
2					
3					
4					
5					
6					
7					
8					
9					
平均					

十、教学材料

教材：孙秋高，吴汪友主编，《物流设备技术与管理》，浙江科学技术出版社，2011 年
参考资料：《叉车中级资格证考评标准》，天津人力资源社保局考评中心。
仪器设备：仓储设备、配送设备、搬运设备、包装设备。
软件：物流教学系统。

十一、需要说明的其他问题（无）

十二、本课程常用术语中英文对照

物流 logistic
设备 equipment
仓储 storage
配送 distribution

附：课程进度模板

周次	1			2	3	4	5	6	7	8	9	10	11	12
项目	海域配送中心操作过程													
子项目	项目1　认识并掌握物流设备的操作、维修、管理											项目2　利用现有设备，同时实现多组订单的备货、拣货、出库		
情境	1.1 A组10名同学被安排岗前实习，同学们对物流公司的各个部门还不是很了解？	1.2 在了解了部门分工之后，同学们对主要的物流装备海门有特别深入的认识？	1.3 再熟悉了现有设备的前提下，同学们还想了解更加先进的物流装备，希望工作人员基于解答	1.4 同学们被分到具体工作区域后，不知第一步应该学习什么	1.5 第二步学习更高端一些的内容	1.6 学习配送中心核心工作内容		1.7 在经历一段时间学习之后，同学们对库内基本操作环节有了较深刻的认识，被统一安排学习装卸搬运设备-叉车				2.1 配送中心接到两笔订单，需要库内人员配货出库	2.2 在分析的基础上学生们进行流程设计、人员、设备、辅助设施安排	2.3 按照既定安排完成任务
任务	物流机械设备的认识			仓储设备的认识与使用		配送分拣设备的认识与使用		装卸搬运设备的认识与使用				仓储、分拣设备的综合利用		
具体任务	1.1 同学们带着问题来到各个部门听工作人员讲解，特别是要了解各部门功能及设备使用情况	1.2 通过工作人员介绍、演示逐步认识物流装备的基本功能	1.3 工作人员在进行了物流装备发展趋势介绍之后，引导大家针对性的查找资料	1.4 在工作人员的引导下同学们逐步学习物流操作系统、地牛、堆高车电动堆高车等设备的操作、保养、安全知识，了解托盘货架的使用方式	1.5 使用物流系统以联动的方式解决货物在自动化立体仓库中自动出入库问题	1.6 学习两种拣选设备及分拣线的使用		1.7 掌握安全规范、学习叉车驾驶、装卸搬运技能				2.1 先进性订单分析	2.2 货位、货品、人员安排、流程设计等工作的组织	2.3 学生们按照自己设计的流程进行具体操作，工作过程中出现的问题由工作人员进行帮助和校正

“国际贸易与单证实务”课程整体教学设计

郭世华

一、课程基本信息

课程名称：国际贸易与单证实务		
所属系部：商贸系	制定人：郭世华	
课程代码：6205051252	学分：2	学时：64
授课时间：第 3 学期	授课对象：物流管理专业 2 年级学生	
课程类型：职业技术课		
先修课程：国际贸易实务、实用英语等	后续课程：货运代理业务与操作等	

二、课程定位

1. 岗位分析

物流管理专业的学生通过学习本课程，可以从事的岗位如下：

初次就业岗位	外贸业务员、跟单员、单证员
二次晋升岗位	外贸部主管
未来发展岗位	外贸部经理

在一些公司的外贸部、业务部设有外贸业务员、跟单员、单证员的岗位，这些公司包括外贸公司、货代公司、港口码头、报关行、检验检疫机构等。下图为生产制造型企业组织结构图，图中外贸部设有外贸业务员、跟单员、单证员这样的岗位。

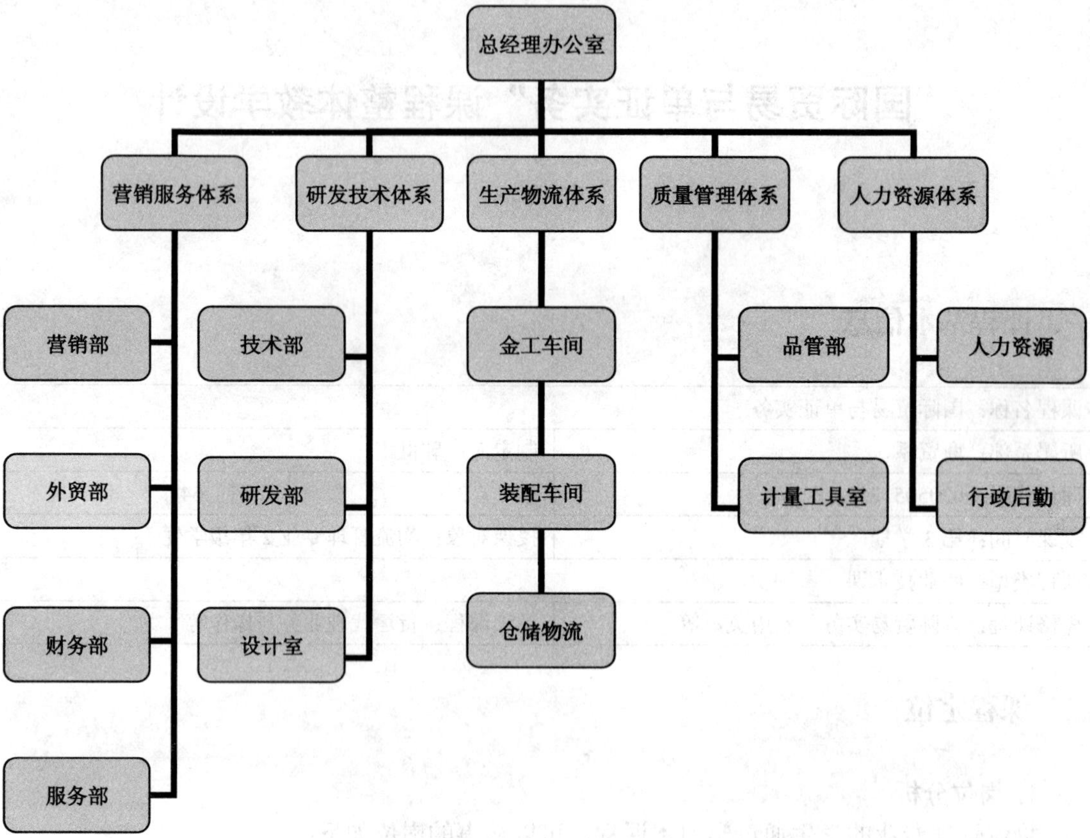

以生产制造型企业江苏阳光照明电器有限公司为例，具体岗位工作流程如下：

外贸业务员：交易磋商→签订合同

跟单员：跟踪外贸合同执行进度

单证员：制单→商检→订舱→报关→获得运输文件→准备客人清关文件→交单→业务登记/文件存档→信息收集

岗位的主要知识需求、能力需求和素质需求如下：

（1）知识需求－知道要怎么做

必须掌握系统的外贸知识、单证知识、外语知识，善于学习更新知识。在扎实的外贸专业知识基础上，还应清楚企业的运作流程，了解产品知识、生产工艺流程，以及掌握货代市场行情和一些贸易国别或地区的政策、单证习惯等相关知识。专业知识丰富，涉及面广泛是成为一名优秀员工的前提。

（2）能力需求－知道该怎么做

要求有较强的实践操作能力，工作质量的高低是衡量业务能力的直接体现。在实际的外贸业务操作中，需要有良好的沟通技巧，综合掌握英语、电脑及沟通工具的运用技巧，不断钻研业务、提高单证缮制技巧，降低单证出错率。

（3）素质需求一知道该怎么做好

需要耐心细致，责任心强。尤其是单证员岗位，许多单证员都有过因单证制作错误“花钱买教训”的经历，制单过程中最忌粗心大意，急于求成。在面对错误或困难的时候，需要调整心态，直视并勇于承担错误，积极的解决问题。如果没有严谨的工作态度，就会重复犯错。要善于时间管理、勤于记录备案、重视协调沟通，能够在工作中不断思考、总结，养成良好的工作习惯，这些都是高素质外贸单证员的必备条件。

2. 课程分析

（1）本课程的前导课与后续课

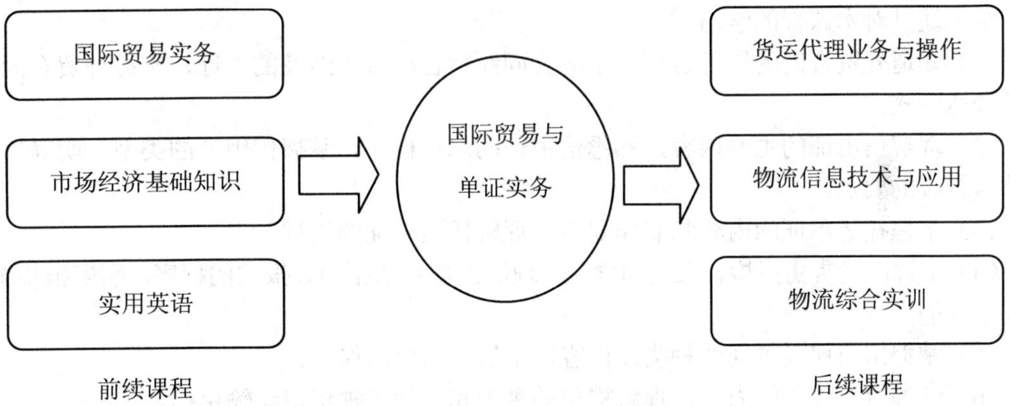

（2）本课程与中职教育、高职教育、普通高校相关课程的异同

共同点：三种教育类型都侧重于培养学生对单据的具体操作能力。

区别：中职教育主要致力于使学生具备单据的基本操作能力，并能在未来的工作中得以应用，解决该怎么做的问题。高职教育侧重于在掌握原理的基础上，进行单据的实际操作，与岗位对接，通过软件模拟，解决怎么做好的问题。普通高校主要倾向于对制单的规范、审单审证的要点、风险防范等理论知识的解读，主要解决要怎么做的问题。

三、课程目标设计

1. 总体目标

通过本课程的学习使学生熟悉国际贸易单证工作的基本流程，具备单证综合操作能力，能独立从事审证、制单、审单、交单归档等一系列外贸单证工作，培养学生根据外贸业务各个环节的需要，正确操作各种外贸单证的能力。培养学生团结协作、扎实工作和敬业精神，使学生真正成为掌握一门技术的应用型人才。

2. 能力目标

学生能够根据 UCP600、2010 通则、国际惯例、国际商法的相关规定，运用国际贸易相关知识：

（1）分析外贸合同的内容。

（2）分析信用证的内容，能够根据外贸合同审核信用证并进行修改。

（3）缮制发票、包装单据、货运单据，办理出口货物托运手续。

（4）对一般贸易下的出口业务，进行出境货物报检、报关单证的缮制及办理相关手续。

（5）缮制并申领原产地证书。

（6）办理出口货物投保。

（7）审核海运提单。

（8）缮制全套结汇单证并办理交单手续。

（9）申请开立信用证，能够办理进口托运和投保。

（10）完成实际业务中制单软件的操作。

3. 知识目标

学生通过对本课程的学习：

（1）知道外贸合同的履行过程，了解合同履行各环节所涉及的单证，掌握外贸合同的条款及表达方式。

（2）理解信用证的主要内容，熟悉信用证的流转程序，掌握信用证的类型，明确信用证审核与修改的要点。

（3）掌握托运单证的内容和制作要点，理解托运单证的流程。

（4）了解出境货物报检、报关的含义，理解出境货物报检、报关的程序，明确报检单证、报关单证的内容。

（5）掌握出口保险单证的种类及内容，了解出口信用保险。

（6）掌握海运提单的内容，理解提单的种类和其他各种出口运输单据。

（7）知道汇票、产地证、装运通知、受益人证明等其他常用结汇单证的内容，了解海关发票、贷记通知、借记通知、船公司证明等辅助性结汇单证。

（8）掌握出口收汇核销和出口退（免）税的基本知识，理解其工作流程及相关单证的内容

（9）理解开证申请书的内容，进口单证的操作要点。

（10）理解实际业务中制单软件的操作模式。

4. 素质目标

本课程着重培养学生具备单证从业人员认真、谨慎的基本素质，部门协调能力、分析问题和解决问题的能力，也着力培养学生们的团队精神和职业道德修养。

四、课程内容设计

项目名称	子项目名称	学时
江苏阳光照明电器有限公司出口电子节能灯跟学项目	子项目 1　签订国际贸易买卖合同	12
	子项目 2　审核、修改并流转信用证	12
	子项目 3　缮制全套出口单据	32
	子项目 4　防范国际贸易单证制作风险	8
合　计		64

五、项目任务设计

编号	子项目编号、名称	任务	能力目标	知识目标	训练方式、手段及步骤	可展示的结果
1	子项目1 签订国际贸易买卖合同（外贸业务员）	1-1 确定交易磋商的形式与内容	能对交易磋商的内容进行分类	了解交易磋商的形式与内容	老师播放交易磋商录像，学生总结交易磋商的形式与内容	能够分组进行交易磋商
		1-2 熟悉交易磋商的程序	能用简单的例子叙述交易磋商的程序	理解交易磋商的程序	分小组模拟交易磋商	能够分组进行交易磋商
		1-3 订立合同	分析外贸合同的内容	知道外贸合同的履行过程，了解合同履行各环节所涉及的单证，掌握外贸合同的条款及表达方式	看合同样本，正确样本与错误样本对比，知识点讲解	能草拟外贸合同
2	子项目2 审核、修改并流转信用证（跟单员）	2-1 审核信用证	分析信用证的内容，能够根据外贸合同审核信用证	理解信用证的主要内容，掌握信用证的类型	展示信用证样例，正确样例与错误样例对比，学生归纳错误点	给定信用证，能够进行审核
		2-2 修改信用证	能够根据外贸合同修改信用证	明确信用证审核与修改的要点	对照修改要点修改信用证中错误内容	给定信用证能够进行修改
		2-3 流转信用证	能够叙述信用证流转程序	熟悉信用证的流转程序	老师讲解信用证流转程序，学生根据老师的讲解绘制流转图	能够叙述信用证如何流转
3	子项目3 缮制全套出口单据（单证员）	3-1 缮制发票	能够填制商业发票	熟悉商业发票填制要点	老师讲解发票填制要点，学生根据信用证内容填制发票	填制好的商业发票
		3-2 缮制包装单据	能够填制装箱单	熟悉装箱单填制要点	老师讲解装箱单填制要点，学生根据信用证内容填制装箱单	填制好的装箱单
		3-3 缮制运输单据	能够办理出口托运手续	掌握托运单证的内容和制作要点，理解托运单证的流程	老师讲解托运流程和托运单填制要点，学生根据信用证内容填制托运单、海运提单	填制好的托运单、海运提单
		3-4 缮制保险单据	能够办理出口货物投保	熟悉投保单要点	老师讲解投保单填制要点，学生根据信用证内容填制投保单	填制好的投保单

编号	子项目编号、名称	任务	能力目标	知识目标	训练方式、手段及步骤	可展示的结果
3	子项目3 缮制全套出口单据（单证员）	3-5 缮制汇票	能够填制汇票	熟悉汇票填制要点	老师讲解汇票填制要点，学生根据信用证内容填制汇票	填制好的汇票
		3-6 缮制原产地证明书	缮制并申领原产地证书	熟悉一般原产地证明书填制要点	老师讲解原产地证明书填制要点，学生根据信用证内容填制原产地证明书	填制好的原产地证明书
		3-7 缮制报检、报关单据	能够办理出口货物报关、报检	熟悉报检单、报关单填制要点	老师讲解填制要点，学生根据信用证内容填制相应单据	填制好的报检单、报关单
		3-8 缮制核销单据	能够办理出口货物核销	熟悉核出口货物核销手续、销单据填制要点	老师讲解核销流程和填制要点，学生根据信用证内容填制核销单据	填制好的核销单
4	子项目4 防范国际贸易单证制作风险	4-1 审核国际贸易单证,处理不符点	能准确审单，发现不符点	掌握审单要点，及处理不符点的方法	老师给出信用证资料和单据，学生进行审核，处理不符点	审核无误的单据，准确列出单据中的不符点
		4-2 防范措施	能够防范制单中的易错点	掌握易错点	问答	回答老师提出的问题

六、项目情境设计

编号	子项目编号、名称	任务	情境	学时
1	子项目1 签订国际贸易买卖合同（外贸业务员）	1. 与外商进行交易磋商 2. 撰写外贸函电 3. 了解合同的形式与结构；领会合同拟定的相关条款	1.1 外贸业务员王亮将合同按时间进行分类整理，对比进出口贸易的工作环节，认真阅读合同。（正常） 1.2 王亮学习用函电对询盘内容进行回复，并发盘。学习函电的撰写规范。（出错） 1.3 王亮的发盘得到了买方意大利丽压路公司的回复，并对发盘内容提出了异议，其中主要针对包装。业务员误认为包装的修改属于还盘，怎么办？（出错） 1.4 王亮对意大利丽压路公司的还盘内容进行审核，认为要求较合理可以接受，对还盘内容进行了回复，并示接受。（正常） 1.5 外贸业务员王亮开始起草出口合同，此时，电子节能灯的国际市场行情趋降，突然接到对方修改价格的函电，该怎么办呢？（意外）	12

编号	子项目编号、名称	任务	情境	学时
2	子项目 2 审核、修改并流转信用证 （跟单员）	1. 掌握信用证支付流程；读懂 SWIFT 信用证格式 2. 掌握信用证审核要点 3. 修改信用证，并撰写信用证修改书	2.1 跟单员李华接到合同后，首先熟悉了信用证的流转程序。（正常） 2.2 李华开始审核信用证，比对合同内容，对信用证的条款逐一进行审核。（正常） 2.3 跟单员李华在审核信用证的时候发现，信用证中的开征申请人名称有误、到期地点不合理、总金额书写错误。（紧急） 2.4 李华对信用证里不合理的地方和出错的地方进行修改，并撰写了信用证修改书。（正常）	12
3	子项目 3 缮制全套出口单据 （单证员）	1. 填制商业发票、装箱单 2. 填制托运单、托运委托书 3. 填制投保单 4. 填制汇票，使用汇票 5. 填制一般原产地证明书 6. 填制报检单、准备商检材料准备报检 7. 填制报关单，准备报关材料准备报关 8. 填制外汇核销单；熟悉出口核销管理对象、原则	3.1 单证员张良按照信用证的内容和国际惯例填制商业发票，在填制的时候找不到唛头信息怎么办？（出错） 3.2 张良按照信用证的内容和国际惯例填制重量单。（正常） 3.3 张良在填制装箱单时写错了金额的大写部分，怎么办？（出错） 3.4 张良按照信用证的内容和国际惯例填制托运单，办理托运手续。（正常） 3.5 张良按照信用证的内容和国际惯例填制投保单，对保险范围和保险起讫区间不清楚，怎么办？（出错） 3.6 张良在填制汇票时，找不到汇票号码，怎么办？（出错） 3.7 张良按照信用证的内容和国际惯例填制一般原产地证明书。（正常） 3.8 张良在填制普惠制原产地证明书格式 A 时，填错了 H.S.code。（意外） 3.9 张良按照信用证的内容和国际惯例填制外汇核销单。（正确）	32
4	子项目 4 防范国际贸易单证制作风险	1. 审核出口涉及的全套单据，处理单证不符点 2. 掌握防范风险的注意事项	4.1 张良按照“单证一致，单单相符”的原则审核全套单据，发现发票中的唛头与提单中的唛头不一致。合同中货物的名称与信用证及单据中的货物名称不一致。该怎么改呢？（正常） 4.2 张良针对单据出现的不符点，参照信用证条款和国际惯例，依据合情、合理、合法的原则，做出了修改。（正常） 4.3 单证员张良在审核单据的过程中，发现之前审核信用证不全面，信用证中存在软条款，怎么办？（意外）	8

七、课程进程表

子项目编号、名称	周次	学时	单元标题	能/知目标	师生活动	其他（含考核内容、方法）
子项目1 签订国际贸易买卖合同（外贸业务员）	1	4	交易磋商形式与内容	理解交易磋商的形式	老师播放交易磋商录像，学生总结交易磋商的形式与内容	分组进行交易磋商
	2	4	交易磋商的程序	掌握交易磋商的程序	学生在老师的指导下模拟交易磋商的环节	分组进行交易磋商
	3	4	合同的订立	了解合同订立的条件	老师将合同样本发给学生，学生认真阅读合同的内容，进行对错对比	草拟外贸合同
子项目2 审核、修改并流转信用证（跟单员）	4	4	信用证的审核	理解信用证审核的要点	老师展示信用证样例，正确样例与错误样例对比，学生归纳错误点	给定信用证资料，进行审核
	5	4	信用证的修改	掌握信用证修改的要点	学生对照修改要点修改信用证中错误内容	给定信用证进行修改
	6	4	信用证的流转	理解信用证流转的程序	老师讲解信用证流转程序，学生根据老师的讲解绘制流转图	叙述信用证如何流转
子项目3 缮制全套出口单据（单证员）	7	4	缮制商业发票	掌握缮制发票的要点	老师讲解发票填制要点，学生根据信用证内容填制发票	填制商业发票
	8	4	缮制包装单据	掌握装箱单缮制的要点	老师讲解装箱单填制要点，学生根据信用证内容填制装箱单	填制装箱单
	9	4	缮制运输单据	掌握托运单、提单的缮制要点	老师讲解托运流程和托运单填制要点，学生根据信用证内容填制托运单、海运提单	填制托运单、海运提单
	10	4	缮制保险单据	掌握投保单的填制要领	老师讲解投保单填制要点，学生根据信用证内容填制投保单	填制投保单
	11	4	缮制汇票	掌握汇票的填制要领	老师讲解汇票填制要点，学生根据信用证内容填制汇票	填制汇票
	12	4	缮制原产地证明书	理解原产地证明书的填制要求	老师讲解原产地证明书填制要点，学生根据信用证内容填制原产地证明书	填制一般原产地证明书

子项目编号、名称	周次	学时	单元标题	能/知目标	师生活动	其他（含考核内容、方法）
子项目3 缮制全套出口单据（单证员）	13	4	缮制报检、报关单	理解报关单、报检单的填制要点	老师讲解填制要点，学生根据信用证内容填制相关单据	填制报检、报关单
	14	4	缮制出口核销单	知道出口收汇核销单的填制要点	老师讲解核销流程和填制要点，学生根据信用证内容填制核销单据	填制出口核销单
子项目4 防范国际贸易单证制作风险	15	4	国际贸易单证不符点的处理方法与技巧	掌握单证不符点的处理方法	老师给出信用证资料和单据，学生进行审核；老师给出有不符点的单据，学生处理不符点	准确审核单据
	16	4	国际贸易单证的风险及防范	理解国际贸易单证填制中易出现的风险；掌握防范措施	学生和教师一起分析国际贸易案例	案例分析中知识点的考核

八、首末课设计

1. 首次课设计

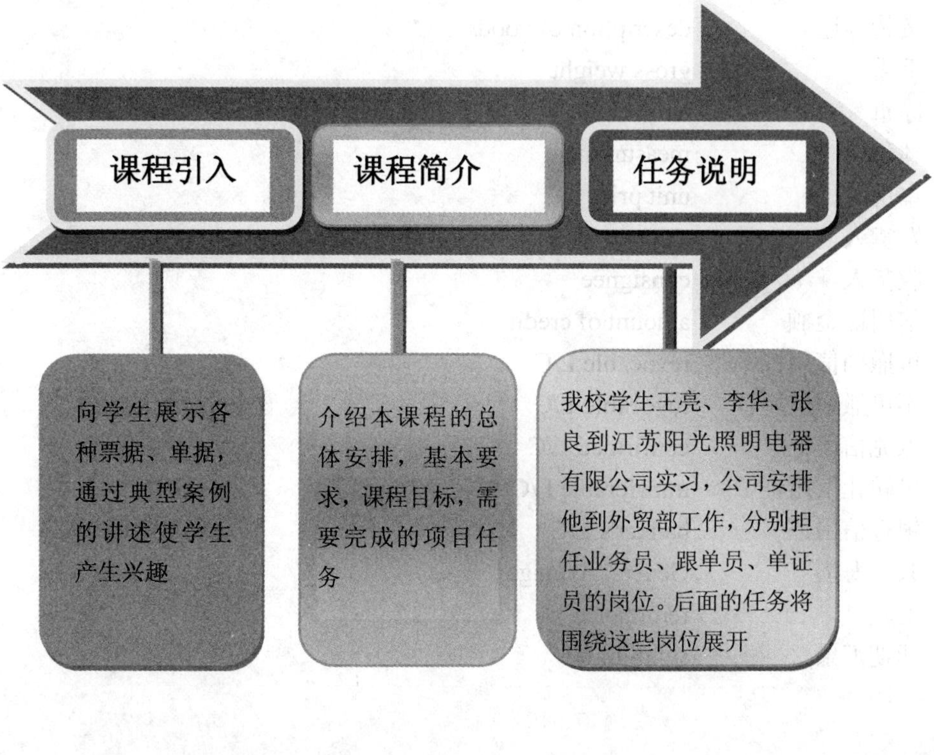

2. 末次课设计

总结：回顾本学期学习的重点内容，提交课外实训所填制的单据。按照贸易流程展示一套完整的单据。

分享：学生分享自己在完成课外独立完成项目时遇到的问题，和相关经验。

九、考核方案

成绩构成	占比	具体说明	考核时间
小组任务	20%	以小组方式完成项目任务，包括信用证的审核和修改、单据的填制、单据的审核等	在教学过程中，每个项目完成后
平时成绩	20%	平时出勤情况、课堂表现和作业完成情况等	平时做好记录，期末统计
期末成绩	60%	上机进行制单操作	最后一次课随堂考试

十、教学材料

教材：《外贸单证实务》，郭晓晶，广银芳，高等教育出版社

软件：航运通 2010 单证软件

十一、本课程常用术语中英文对照

货物	goods
分批装运	partial shipment
货物描述	description of goods
毛重	gross weight
净重	net weight
体积	measurement
单价	unit price
发货人	shipper
收货人	consignee
信用证金额	amount of credit
可撤销信用证	revocable L/C
不可撤销信用证	revocable L/C
保兑信用证	confirmed L/C
可转让信用证	transferable L/C
银行信用证	banker's L/C
共同海损	General Average
汇款	remittance
即期汇票	sight draft

装运；装载	shipment
署名；签字	signature
罢工险	strike risks
转船	transhipment
电汇	telegraphic transfer
装运港	Port of Loading
卸货港	Port of discharge

附：课程进度模板

周数	1周	2周	3周	4周	5周	6周	7周	8周	9周	10周	11周	12周	13周	14周	15周	16周
课内项目	江苏阳光照明电器有限公司出口电子节能灯跟学项目															
子项目	签订国际贸易买卖合同（外贸业务员）			审核、修改并流转信用证（跟单员）			缮制全套出口单据（单证员）								防范国际贸易单证制作风险	
情景	1.1 外贸业务员王亮将合同按时间进行分类整理，对比进出口贸易的工作环节，认真阅读合同。（正常） 1.2 王亮学习用函电对询盘内容进行回复，并发盘。学习函电的撰写规范。（出错） 1.3 王亮的发盘得到了买方意大利丽压路公司的回复，并对发盘内容提出了异议，其中主要针对包装。业务员误认为包装的修改属于还盘，怎么办？（出错） 1.4 王亮对意大利丽压路公司的还盘内容进行审核，认为要求较合理可以接受，对还盘内容进行了回复，并示接受。（正常） 1.5 外贸业务员王亮开始起草出口合同，此时，电子节能灯的国际市场行情趋降，突然接到对方修改价格的函电，该怎么办呢？（意外）			2.1 跟单员李华接到合同后，首先熟悉了信用证的流转程序。（正常） 2.2 李华开始审核信用证，比对合同内容，对信用证的条款逐一进行审核。（正常） 2.3 跟单员李华在审核信用证的时候发现，信用证中的开征申请人名称有误、到期地点不合理、总金额书写错误。（紧急） 2.4 李华对信用证里不合理的地方和出错的地方进行修改，并撰写了信用证修改书。（正常）			3.1 单证员张良按照信用证的内容和国际惯例填制商业发票，在填制的时候找不到唛头信息怎么办？（出错） 3.2 张良按照信用证的内容和国际惯例填制重量单。（正常） 3.3 张良在填制装箱单时写错了金额的大写部分，怎么办？（出错） 3.4 张良按照信用证的内容和国际惯例填制托运单，办理托运手续。（正常） 3.5 张良按照信用证的内容和国际惯例填制投保单，对保险范围和保险起讫区间不清楚，怎么办？（出错） 3.6 张良在填制汇票时，找不到汇票号码，怎么办？（出错） 3.7 张良按照信用证的内容和国际惯例填制一般原产地证明书。（正常） 3.8 张良在填制普惠制原产地证明书格式 A 时，填错了 H.S.code。（意外） 3.9 张良按照信用证的内容和国际惯例填制外汇核销单。（正确）								4.1 张良按照“单证一致，单单相符”的原则审核全套单据，发现发票中的唛头与提单中的唛头不一致。合同中货物的名称与信用证及单据中的货物名称不一致。该怎么改呢？（正常） 4..2 张良针对单据出现的不符点，参照信用证条款和国际惯例，依据合情、合理、合法的原则，做出了修改。（正常） 4.3 单证员张良在审核单据的过程中，发现之前审核信用证不全面，信用证中存在软条款，怎么办？（意外）	
具体任务	1. 与外商进行交易磋商	2. 撰写外贸函电	3. 了解合同的形式与结构；领会合同拟定的相关条款	1. 掌握信用证支付流程；读懂 SWIFT 信用证格式	2. 掌握信用证审核要点	3. 修改信用证，并撰写信用证修改书	1. 填制商业发票、装箱单	2. 填制托运单、托运委托书	3. 填制投保单	4. 填制汇票，使用汇票	5. 填制一般原产地证明书	6. 填制报检单、准备商检材料准备报检	7. 填制报关单，准备报关材料准备报关	8. 填制外汇核销单；熟悉出口核销管理对象、原则	1. 审核出口涉及的全套单据，处理单证不符点	2. 掌握防范风险的注意事项
考核	交易磋商情景模拟			信用证审核		信用证修改	单据的规范填制								国际贸易单证审核正确率	案例分析

“企业经济业务核算”课程整体教学设计

伦丽珍

一、课程基本信息

课程名称：企业经济业务核算		
所属系部：财经系	制定人：伦丽珍	
课程代码：6202031222	学分：4+4	学时：64+64
授课时间：第一学年第二学期和第二学年第一学期	授课对象：一年级下学期和二年级上学期	
课程类型：职业技术课		
先修课程：基础会计与实训、出纳业务训练、财经法规与会计职业道德	后续课程：成本核算实务、财务报表分析、审计实务	

二、课程定位

1. 岗位分析

（1）本专业毕业生的岗位分析

本专业初次就业岗位为出纳和会计助理，晋升岗位为成本会计、往来会计、收入会计等等，未来发展岗位为会计主管或财务总监。

（2）本课程面向的主要岗位（如下图所示）

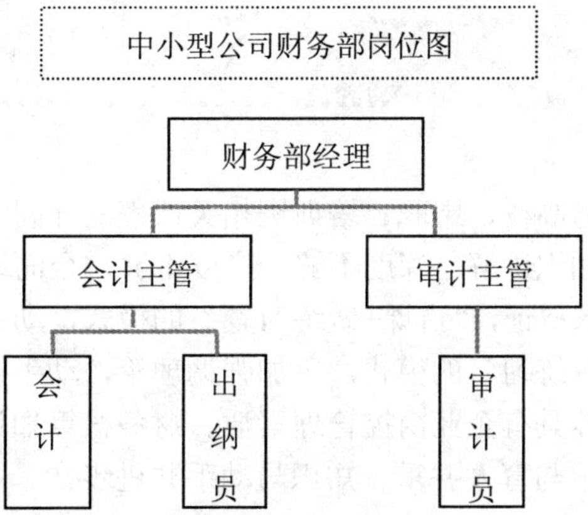

（3）适应岗位的主要能力需求、知识需求和素质需求

能力需求：①会计职业判断能力；②会计账务处理能力；③会计数据计算能力；④经济

业务分析能力。

知识需求：①掌握会计报表体系及结构；②掌握会计要素的计量方法；③掌握会计要素的确认原则；④理解会计信息质量要求。

素质需求：①作风严谨；②服务意识；③诚信品质；④法律意识。

2. 课程分析

（1）本课程在课程体系中的位置

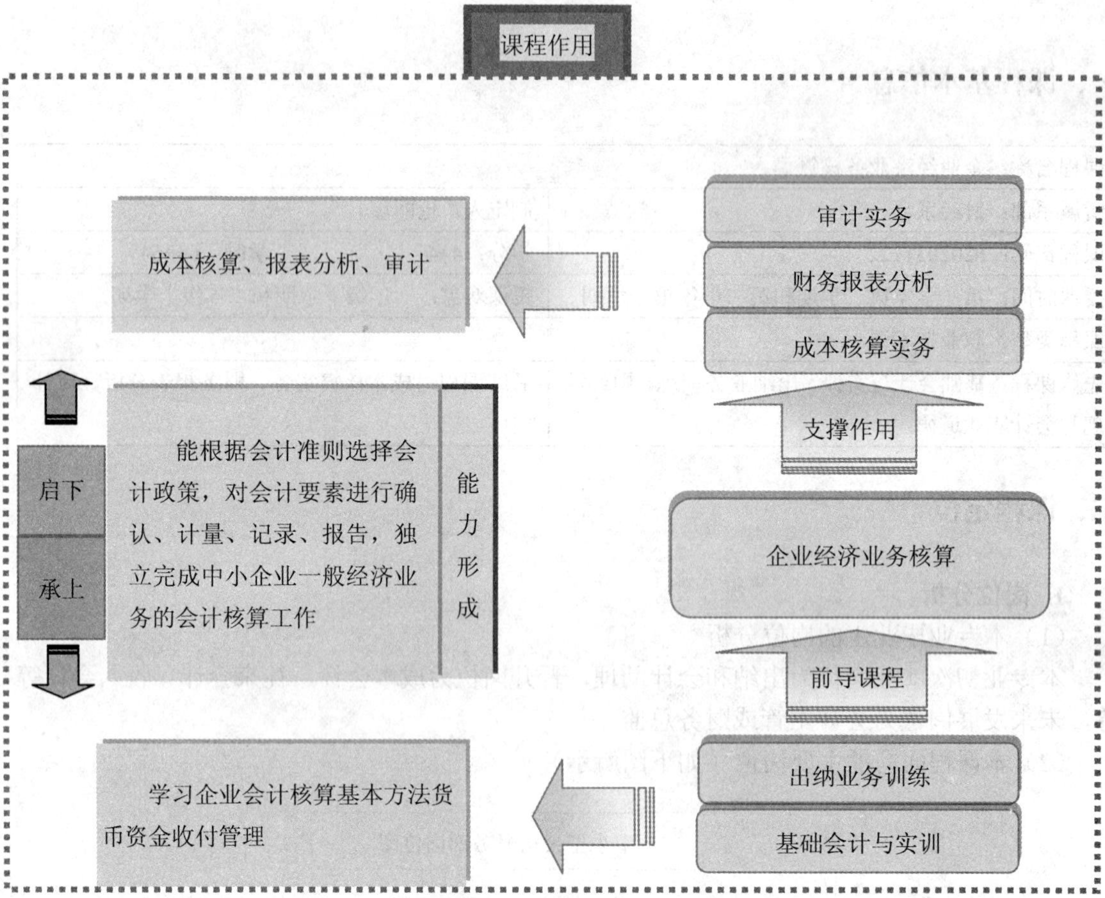

（2）本课程与普通高校、中职、培训班相关课程的异同

中职：强化基本知识讲解，深度不够、广度不够，全面动手操作少。

培训班：片面追求取证，“讲课+做练习题”的模式，动手操作几乎没有。

本科院校：“讲课+练习”的模式，更加强调理论，动手操作少。

我们的目标：培养具有企业内控管理素质、财务核算知识体系的具备一定管理能力的会计岗位人才，注重教学与育人并重、知识与动手共进步。

三、课程目标设计

1. 总体目标

结合国家助理会计师资格考核标准，通过学生完成项目和任务，培养学生能运用借贷记账法，对中小企业会计业务进行账务处理,并具备向大型企业会计岗位就业能力；能够根据原始凭证填制规范审核原始凭证，能够对企业发生的销售与收款、采购与付款、职工薪酬、投资与筹资经济业务进行分析填制记账凭证和登记账簿，对成本计算结果、税费计算结果能够编制记账凭证和登记账簿，并能根据账簿登记资料编制会计报表；使学生能胜任往来会计、总账会计、收入会计、存货会计、会计主管等会计岗位的工作，具备良好的职业素质和职业意识。

2. 能力目标

（1）能根据科目余额汇总表账务处理程序，确定不同会计账户使用的三栏式、数量金额式、多栏式明细账，并会初始建账；

（2）能根据企业发生的采购及付款业务、销售及收款业务、薪酬业务、投资与筹资业务、总账业务、报表业务十二个子项目做出职业判断和分析，能够确定发生的经济业务应当使用的会计账户，并对业务数据进行准确计算；

（3）熟练审核原始凭证，能根据发生的经济业务准确填制记账凭证；

（4）能根据记账凭证登记明细账、日记账和总账；

（5）能根据账簿资料编制会计报表。

3. 知识目标

（1）理解企业经济业务会计核算所使用的四个会计核算基本前提基本内容、八个会计信息质量要求应用要义、六大会计要素和五类会计科目核算内容；

（2）理解企业发生的十二个子项目进行会计处理涉及的基本概念和基本知识，掌握其数据计算方法和会计处理方法；

（3）掌握掌握三类账簿登记方法；

（4）掌握资产负债表、利润表、现金流量表的编制方法。

4. 素质目标

（1）认真并正确的审核原始凭证、严谨的工作作风和一丝不苟的敬业精神；

（2）遵纪守法的思想观念和廉洁自律的会计品质；

（3）面对不符合会计核算制度的情况有自我保护的法律意识；

（4）坚定立场，不做假账，灵活应对；

（5）工作创新的意识（运用 Excel 表格快速完成月末庞大的计算工作）；

（6）保持微笑、谦和、细致的工作态度。

5. 其他目标

考取会计从业资格证书和助理会计师证书。

四、课程内容设计

项目名称	子项目名称	学时
天津MN公司财务部某年12月（年末）会计核算	子项目1　会计核算员企业认知、岗位认知、角色认知	4
	子项目2　货币资金业务核算	8
	子项目3　应收及预付款业务核算	12
	子项目4　存货业务核算	16
	子项目5　投资业务核算	10
	子项目6　固定资产业务核算	18
	子项目7　无形资产及其他资产业务核算	4
	子项目8　投资性房地产业务核算	4
	子项目9　负债业务核算	16
	子项目10　所有者权益业务核算	8
	子项目11　收入、费用和利润业务核算	12
	子项目12　财务报告列报	16
合　计		128

五、项目任务设计

编号	子项目编号、名称	任务	能力目标	知识目标	训练方式、手段及步骤	可展示的结果
1	子项目1 会计核算员企业认知、岗位认知、角色认知	会计核算员企业认知、岗位认知、角色认知	能区分不同业务使用的原始凭证	了解岗位工作内容，理解岗位工作职责	模拟岗位完成“基础会计与实训”业务模拟企业操作	原始单据、记账凭证、账簿
2	子项目2 货币资金业务核算	2-1 库存现金业务 2-2 银行支付结算及银行存款业务 2-3 其他货币资金业务	能够对库存现金的收付业务进行账务处理 能够对银行存款的收付业务进行账务处理 能够进行银行对账，并编制银行存款余额调节表；能对其他货币资金的收付业务进行账务处理	理解库存现金的日常管理；掌握银行支付结算方式的使用特点；掌握银行存款业务账户使用；理解银行对账的意义和方式；理解其他货币资金的核算范围	审核原始凭证，填制记账凭证，登记账簿	原始凭证，记账凭证、账簿

编号	子项目编号、名称	任务	能力目标	知识目标	训练方式、手段及步骤	可展示的结果
3	子项目3 应收及预付款业务核算	3-1 应收票据业务核算 3-2 应收账款业务核算 3-3 预付账款业务核算 3-4 其他应收款业务核算 3-5 应收款项减值业务核算	能够完成应收票据的利息、贴现的计算，并进行相关账务处理；能够对应收账款进行相关账务处理；能够对预付账款和其他应收款进行相关账务处理；能够计算坏账损失，并进行账务处理	理解应收票据的入账价值，掌握应收票据相关业务处理；理解应收账款入账价值的确定，掌握应收账款相关业务处理；理解预付账款和其他应收款的核算范围，掌握相关业务处理；理解减值的含义，掌握坏账计提的方法和账务处理	审核原始凭证，填制记账凭证，登记账簿	原始凭证，记账凭证、账簿
4	子项目4 存货业务核算	4-1 原材料业务核算 4-2 委托加工物资核算 4-3 周转材料业务核算 4-4 库存商品业务核算 4-5 存货清查及期末减值计量	能采用实际成本法对存货业务进行会计处理；能采用计划成本法对存货业务进行会计处理；能正确计算材料成本差异；能对委托加工物资业务进行会计处理；能对周转材料进行会计处理；能正确核算企业的库存商品；能完成存货盘点并正确处理盘点结果；能确认存货减值并正确进行会计处理	了解存货的一般分类； 掌握存货的基本概念和确认条件；掌握各种存货的核算，掌握存货取得和发出的计价方法；掌握原材料按实际成本核算和计划成本核算的账户设置和账务处理；掌握库存商品的核算内容和基本账务处理；掌握委托加工物资的计价和账务处理； 理解周转材料的核算内容，熟悉周转材料的摊销方法；掌握存货清查盘盈盘亏的核算；理解存货减值的意义及其账务处理	审核原始凭证，填制记账凭证，登记账簿	原始凭证，记账凭证、账簿
5	子项目5 投资业务核算	5-1 交易性金融资产投资业务核算 5-2 长期股权投资业务核算	能够对交易性金融资产的确认、计量进行基本账务处理；能运用成本法对长期股权投资进行账务处理；能运用权益法对长期股权投资进行账务处理；能对长期股权投资减值核算进行账务处理	解交易性金融资产的含义，掌握交易性金融资产的确认、计量；了解长期股权投资的含义，掌握成本法、权益法核算的范围； 掌握成本法和权益法的区别和基本运用，并进行账务处理；理解长期股权投资减值核算的原理	审核原始凭证，填制记账凭证，登记账簿	原始凭证，记账凭证、账簿

编号	子项目编号、名称	任务	能力目标	知识目标	训练方式、手段及步骤	可展示的结果
6	子项目6 固定资产业务核算	6-1 固定资产取得业务核算 6-2 更新改造固定资产业务的核算 6-3 固定资产折旧计提的核算 6-4 固定资产清查和处置的核算 6-5 固定资产减值的核算	能确定固定资产入账价值，并能进行账务处理；能准确计算折旧，并能进行账务处理；能对固定资产更新改造支出进行账务处理；能对固定资产减值业务计算，并进行账务处理；能对固定资产清查进行账务处理；能对固定资产处置进行账务处理	熟悉固定资产的确认条件；掌握取得固定资产的入账价值的确定方法；掌握固定资产折旧的计算方法；理解固定资产后续支出的范围，掌握会计处理；理解固定资产减值、清查与处置的含义，掌握账务处理	审核原始凭证，填制记账凭证，登记账簿	原始凭证，记账凭证、账簿
7	子项目7 无形资产及其他资产业务核算	7-1 无形资产业务核算 7-2 其他资产业务核算	能够对取得无形资产业务进行相应的计算及账务处理；能够对无形资产摊销、转让的有关业务计算，并能够进行相应的账务处理；能对长期待摊费用业务进行相关账务处理	了解无形资产的内容，掌握无形资产入账价值的确定，并掌握相应的计算及账务处理；了解无形资产的特点，理解无形资产减值准备确认，掌握主要账务处理；了解长期待摊费用的概念、核算范围，掌握相关账务处理	审核原始凭证，填制记账凭证，登记账簿	原始凭证，记账凭证、账簿
8	子项目8 投资性房地产业务核算	8-1 成本模式计量投资性房地产业务核算 8-2 公允价值模式计量投资性房地产业务核算	能够确定哪些房地产属于投资性房地产；能够采用成本模式计量投资性房地产，并进行会计处理；能够采用公允价值模式计量投资性房地产，并进行会计处理	理解投资性房地产的核算范围；掌握采用成本模式计量投资性房地产的会计核算方法，并掌握账务处理；掌握采用公允价值模式模式计量投资性房地产的会计核算方法，并掌握账务处理	审核原始凭证，填制记账凭证，登记账簿	原始凭证，记账凭证、账簿
9	子项目9 负债业务核算	9-1 短期借款业务核算 9-2 应付和预收款业务核算 9-3 应付职工薪酬业务核算 9-4 应交税费业务核算 9-5 非流动负债业务的核算	能够进行短期借款业务账务处理；能够进行应付及预收款项业务账务处理；能够进行应付职工薪酬业务账务处理；能够准确进行一般纳税企业增值税、消费税、营业税等税费的基本计算，并能进行简单账务处理；能够对应付债券、长期借款等非流动负债能进行账务处理	了解负债的分类和特点，掌握负债的入账价值的确定；熟练掌握短期借款、应付及预收款项、应付职工薪酬的核算方法，并能进行账务处理；熟练掌握一般纳税企业增值税、消费税、营业税的基本计算，并能进行简单账务处理；掌握应付债券、长期借款等非流动负债的基本核算方法，并能进行账务处理	审核原始凭证，填制记账凭证，登记账簿	原始凭证，记账凭证、账簿

编号	子项目编号、名称	任务	能力目标	知识目标	训练方式、手段及步骤	可展示的结果
10	子项目 10 所有者权益业务核算	10-1 实收资本业务核算 10-2 资本公积业务核算 10-3 留存收益业务核算	能够根据投资者的不同投资方式进行实收资本增减业务相应的账务处理；能够根据资本公积的不同情况进行账务处理；能够计提并核算盈余公积 能够完成未分配利润的结转	了解实收资本的内容，掌握不同出资方式下实收资本及其增减业务的核算，并能够进行相应的账务处理；了解资本公积的内容，熟练掌握资本公积的核算，并能够进行相应的账务处理；了解留存收益的核算范围，并能够进行相应的核算及账务处理	审核原始凭证，填制记账凭证，登记账簿	原始凭证，记账凭证、账簿
11	子项目 11 收入、费用和利润业务核算	11-1 收入业务核算 11-2 费用业务核算 11-3 利润业务核算 11-4 所得税费用计算与核算	能够对销售商品取得收入业务进行账务处理 能够对其他业务取得收入进行账务处理 能对管理费用、销售费用、财务费用等业务进行账务处理 能对利润形成与分配业务进行账务处理 能对所得税费用进行计算并进行账务处理	了解收入的基本概念，熟悉收入的种类及确认方法，掌握收入实现的核算，并能进行相关账务处理；掌握商业折扣、现金折扣、销售折让及销售退回的核算，并能进行相关账务处理；了解费用的基本概念，熟悉费用的种类及确认方法，掌握费用发生的核算，并能进行相关账务处理；了解利润的形成与分配的一般程序，掌握利润的形成与利润分配的账务处理；熟解并掌握所得税费用的一般知识及账务处理	审核原始凭证，填制记账凭证，登记账簿	原始凭证，记账凭证、账簿
12	子项目 12 财务报告列报	12-1 资产负债表编报 12-2 利润表编报 12-3 现金流量表编报 12-4 所有者权益变动表编报	能够编制资产负债表 能够编制利润表 能够编制现金流量表 能够编制所有者权益变动表 能够撰写相关报表附注	了解财务报告的组成和结构体系，并能阐述投资人、债权人查看财务报告的目的熟悉、 掌握资产负债表的结构、编制原理和方法，能熟练编制资产负债表掌握利润表的结构、编制原理和方法，能熟练编制利润表 掌握现金流量表的结构、编制原理和方法，能熟练编制现金流量表 掌握所有者权益变动表的结构、编制原理和方法，能熟练所有者权益变动表	依据会计资料编制会计报表	会计报表

六、项目情境设计

本课程以新入职员工王同学在天津 MN 公司财务部实习，完成某年 12 月（年末）会计核算任务为背景展开。

编号	子项目编号、名称	任务	情境	学时
1	子项目 1 会计核算员企业认知、岗位认知、角色认知	1. 会计核算员企业认知训练 2. 岗位认知、角色认知训练	1. 在到达实习单位之后，王同学要对该企业的各项财务制度、会计核算方法、使用的会计科目进行熟悉和了解，他应如何开始呢？ 2. 王同学对该企业各个岗位的工作内容、工作职责进行熟悉，已准备进入岗位角色工作，他应该如何熟悉岗位工作职责和内容呢？	4
2	子项目 2 货币资金业务核算	1. 对库存现金收付业务处理 2. 对违规库存现金付款原始凭证训练 3. 熟悉银行支付结算方式及原始凭证 4. 对不同银行支付结算方式收付款训练 5. 月末银行对账训练 6. 对外埠存款处理	1. 熟悉了企业管理规定和各岗位工作内容后，会计主管让王同学先在总账会计岗位工作，从最简单的货币资金业务开始，交给他一些收付现金的原始凭证，让他区分开了，根据现金收取的原始凭证作相关账务处理，并完成凭证传递。 2. 根据分开的现金付款的原始凭证进行账务处理，并完成凭证传递。在这个过程中，发现一些不符合规定的原始单据，王同学应该怎么办？ 3. 现金业务操作掌握以后，主管引领王同学完成银行业务操作，首先给他一些银行结算的原始凭证，让其熟悉各种银行支付结算方式。 4. 根据各种银行支付结算方式的原始凭证，分类收款和付款，根据收款原始凭证作相关账务处理，并完成凭证传递。 5. 月末，银行传来对账单，王同学完成银行对账，并试编制银行存款余额调节表交主管审核 6. 财务部收到异地采购员传回来的采购凭证和银行结算单据，并外地采购任务结束，退回多余款项	8
3	子项目 3 应收及预付款业务核算	1. 商业承兑汇票收款训练 2. 银行承兑汇票付款训练 3. 含折扣赊销的应收款业务训练 4. 其他应收款业务训练 5. 预付款采购业务训练 6. 应收款项减值测试	1. 企业销售一批商品，收到对方交来的一张商业承兑汇票，要求办理相关业务账务处理 2. 企业从供应商处采购一批原材料，因资金回笼时间问题，经供应商同意，与开户银行协商，开出一张银行承兑汇票抵付货款，汇票期限 6 个月，要求办理相关业务账务处理 3. 企业赊销商品一批，销售协议中有商业折扣条款和现金折扣条款，要求办理应收款业务和收款业务账务处理 4. 王同学对企业发生的罚没款、保险理赔款等企业应收款业务 5. 企业销售商品一批，因商品比较紧俏，协议中规定客户预付部分款项，企业按合同规定履行了交货业务，并收取其余款项，要求办理相关业务账务处理 6. 企业年末汇总企业应收各类款项，按照应收款余额百分比法，进行应收款项减值测试，请按规定计算测定，并按准则规定进行账务处理	12

编号	子项目编号、名称	任务	情境	学时
4	子项目 4 存货业务核算	1. 存货发出核算训练 2. 计划成本法采购原材料训练 3. 委托加工物资业务训练 4. 周转材料业务训练 5. 库存商品业务训练 6. 存货清查训练 7. 存货期末减值测试训练	1. 月末，企业计算发出材料单位成本，王同学按照全月一次加权平均法计算单位成本并汇总发出材料总成本 2. 企业按照计划成本法核算采购材料成本，并月末计算材料成本差异 3. 企业委托东方公司加工原材料一批，企业要求王同学核算委托加工物资的成本 4. 企业有周转用包装物一批，会计主管要求王同学把包装物成本按照五五摊销法进行核算 5. 月末，对企业完工入库产成品及销售出库产品进行账务处理 6. 月末，企业进行存货盘点，根据盘点结果王同学编制盘点报告单，并进行账务处理 7. 月末根据市场情况，企业存货发生了减值迹象，会计主管要求王同学进行处理	16
5	子项目 5 投资业务核算	1. 交易性金融资产投资业务训练 2. 长期股权投资业务训练	1. 企业有部分闲置资金，因股票市场行情较好，所以把该部分闲置资金购买股票，短期内择机出售，赚取差价 2. 企业为了扩大经营，在河北省保定市投资设立一个分厂，由王同学负责核算对该企业的投资核算	10
6	子项目 6 固定资产业务核算	1. 外购固定资产业务训练 2. 自行建造固定资产业务训练 3. 更新改造固定资产业务训练 4. 固定资产折旧计提业务训练 5. 固定资产清查和毁损业务训练 6. 固定资产减值测试训练	1. 企业外购一台机器设备，保险、买价、税费发票齐全，王同学进行账务处理 2. 企业自行采购钢筋水泥等，建造厂房一栋，建造过程中领用了本企业原生产用的原材料和产成品，王同学依据建造情况进行账务处理 3. 因生产经营需要，把一栋原办公楼改造成员工宿舍，王同学对该改造之处进行账务处理 4. 月末，依据企业固定资产现有情况，王同学对企业固定资产计提折旧 5. 年末，企业对固定资产进行账实核查并对 12 月份毁损的固定资产进行处理 6. 年末，企业对固定资产进行减值测试，并进行处理，同时对固定资产的使用年限、预计净残值等进行重新估计	18
7	子项目 7 无形资产及其他资产业务核算	1. 外购无形资产业务训练 2. 研发无形资产业务训练 3. 无形资产后续计量业务训练 4. 长期待摊费用业务训练	1. 企业获得某品牌的特许经营权，合同签订 15 年使用期限，王同学负责对该特许经营权核算 2. 企业研发部门正在研究开发一项新型设计，已经完成研究阶段，现在已经基本确定能够开发成功，正在进行测试 3. 企业对持有所有权的无形资产月末摊销，并对研究开发项目月末处理 4. 月末对企业的长期待摊费用进行账务处理	4

编号	子项目编号、名称	任务	情境	学时
8	子项目 8 投资性房地产业务核算	1. 成本模式计量投资性房地产业务训练 2. 公允价值模式计量投资性房地产业务训练	1. 企业把更新改造好的员工宿舍 4 层至 5 层对外出租，并且每层造价均相等，因处于周边无同类建筑物市场价格可以比较，故采用 1-3 层作为自用固定资产，4～5 层作为投资性房地产，采用成本模式核算 2. 企业能够取得相关建筑物的市场价格，对原出租员工宿舍变更为公允价值模式核算	4
9	子项目 9 负债业务核算	1. 短期借款业务训练 2. 应付账款业务训练 3. 预收账款业务训练 4. 应付职工薪酬业务训练 5. 应交增值税业务训练 6. 应交消费税业务训练 7. 其他税费业务训练 8. 长期借款业务训练 9. 应付债券业务训练	1. 企业因资金周转需要，从银行借如 3 个月借款，王同学依据借款合同进行账务处理 2. 王同学依据企业赊购业务进行账务处理 3. 王同学依据企业预收款业务进行账务处理 4. 月末，王同学依据员工出勤情况，进行工资计提，并对当月发生的员工五险一金缴纳及职工福利支出进行核算 5. 月末，王同学对当月增值税进销项计算、缴纳进行账务处理 6. 月末，王同学对当月消费税进行账务处理 7. 月末，王同学对城市维护建设税等其他税费进行账务处理 8. 月末，王同学对企业 5 年期借款进行利息计提等处理 9. 企业发行 5 年期企业债券，王同学对发行情况进行核算	16
10	子项目 10 所有者权益业务核算	1. 收入业务训练 2. 费用业务训练 3. 利润业务训练 4. 所得税费用处理训练	1. 王同学对企业当月收入业务进行汇总账务处理 2. 王同学对企业当月发生的费用业务进行汇总账务处理 3. 月末，核算企业当期利润 4. 月末根据税法调整会计利润，计算企业所得税费用，并进行账务处理	8
11	子项目 11 收入、费用和利润业务核算	1. 实收资本业务训练 2. 资本公积业务训练 3. 留存收益业务训练	1. 年末，核查本企业实收资本情况，并对所有者当月追加投资账务处理 2. 对所有者当月追加投资发生的资本公积业务以及其他资本公积业务进行账务处理 3. 年末对企业净利润按照会计准则、企业章程、董事会决议进行账务处理	12
12	子项目 12 财务报告列报	1. 资产负债表编报训练 2. 利润表编报训练 3. 现金流量表编报训练 4. 所有者权益变动表编报训练	1. 年末，根据企业会计资料编制资产负债表并附注说明 2. 年末，根据企业会计资料编制利润表并附注说明 3. 年末，根据企业会计资料编制现金流量表并附注说明 4. 年末，根据企业会计资料编制所有者权益变动表并附注说明	16
合 计				128

七、课程进程表

子项目编号名称	周次	学时	单元标题	能/知目标	师生活动	其他（含考核内容、方法）
子项目1 会计核算员企业认知、岗位认知、角色认知	1	4	企业认知、岗位认知、角色认知	理解财务会计岗位的设置及主要职责用，对会计岗位角色认知	岗位角色扮演 基础会计与实训业务模拟操作	对岗位职责的掌握情况 完成模拟业务会计操作
子项目2 货币资金业务核算	2	4	现金业务处理	理解库存现金的日常管理，能够对库存现金的收付业务进行账务处理	岗位角色扮演 完成处理并传递凭证	现金收付业务会计凭证、账簿
	3	4	银行收付结算业务处理	掌握银行存款及其结算方式，能够对银行存款的收付业务进行账务处理，能够进行银行对账，并编制银行存款余额调节表	岗位角色扮演 完成银行结算基本业务处理 完成银行对账，编制银行存款余额调节表	银行9种结算方式会计凭证、账簿 银行对账，编制银行存款余额调节表
子项目3 应收及预付款业务核算	4	4	商业汇票业务处理	理解应收票据的入账价值，能够完成应收票据的利息、贴现的计算，并进行相关账务处理	岗位角色扮演 计算应收票据价值和贴现值，并进行相关账务处理	应收票据备查簿，会计凭证、账簿
	5	4	应收账款业务处理	理解应收账款入账价值的确定，并能够对应收账款进行相关账务处理	岗位角色扮演 确定应收账款入账价值，相关账务处理	会计凭证、账簿
	6	4	应收款减值测试	能够对应收款项进行减值测试，并进行账务处理	岗位角色扮演 应收款项进行减值测试，账务处理	应收款项减值计算表 会计凭证、账簿
子项目4 存货业务核算	7～8	8	原材料业务处理	掌握存货取得和发出的计价方法，理解原材料按实际成本核算和计划成本核算的账户设置和账务处理，能正确计算材料成本差异；能根据原材料业务编制记账凭证	岗位角色扮演 原材料发出计价核算 原材料采购入库核算 材料成本差异分摊 相关账务处理	进账单、入库单、出库单 材料成本差异计算表 会计凭证、账簿
	9	2	委托加工物资业务处理	理解委托加工物资的计价和账务处理；能根据委托加工物资业务编制记账凭证	岗位角色扮演 委托加工物资发出、费用支出、收回入库相关账务处理	进账单、入库单、出库单 会计凭证、账簿
	9	2	周转材料业务处理	理解周转材料的核算内容，熟悉周转材料的摊销方法，能够对不同情况下包装物的账务处理流程	岗位角色扮演 周转材料出入库、分摊计算、相关账务处理	进账单、入库单、出库单 会计凭证、账簿
	10	4	存货清查及期末减值	掌握存货清查盘盈盘亏的核算；理解存货减值的意义，能够账务处理	岗位角色扮演 存货减值测试、存货盘点	存货减值计算表、存货盘点报告单、

子项目编号名称	周次	学时	单元标题	能/知目标	师生活动	其他（含考核内容、方法）
子项目5 投资业务核算	11	4	交易性金融资产业务处理	了解交易性金融资产的含义，掌握交易性金融资产的确认、计量账务处理流程和核算方法，并能够进行基本账务处理	岗位角色扮演 证券交易交割单认知 交易性金融资产的确认、期末计价、出手账务处理	会计凭证、账簿
	12～13	6	长期股权投资业务处理	了解长期股权投资的含义，掌握长期股权投资成本法、权益法核算的范围，掌握成本法和权益法的区别和基本运用，掌握长期股权投资的账务处理流程和核算方法，并能进行账务处理；理解长期股权投资减值核算的原理、账务处理流程和核算方法，并能进行账务处理	岗位角色扮演 证券交易交割单认知 长期股权投资成本法核算账务处理 长期股权投资权益法核算账务处理 岗位角色扮演 证券交易交割单认知 长期股权投资成本法核算账务处理 长期股权投资权益法核算账务处理	长期股权投资减值计算表、会计凭证、账簿
子项目6 固定资产业务核算	13～14	6	固定资产取得业务处理	熟悉固定资产的确认条件；掌握取得固定资产的入账价值的确定方法，并能进行账务处理	岗位角色扮演 审核固定资产增加相关原始凭证，区别固定资产增值税抵扣政策分为，相关账务处理	增值税抵扣政策的运用，验收单、会计凭证、账簿
	15	4	固定资产更新改造业务处理	理解固定资产后续支出的范围，并能进行账务处理	岗位角色扮演 固定资产更新改造账务处理	增值税抵扣政策的运用会计凭证、账簿
	16	4	固定资产折旧计提业务处理	掌握固定资产折旧的计算方法，并能进行账务处理	岗位角色扮演 固定资产折旧计算及账务处理	折旧费用计提表，会计凭证、账簿
	17	2	固定资产清查和处置业务处理	理解固定资产减值、清查与处置的含义，并能进行账务处理	岗位角色扮演 固定资账务处理产清查和处置	会计凭证、账簿
	17	2	固定资产减值业务处理	理解固定资产减值的含义，并能进行账务处理	岗位角色扮演 固定资产减值测试及账务处理	固定资产减值计算表、会计凭证、账簿
子项目7 无形资产及其他资产业务核算	18	2	无形资产业务处理	了解无形资产的内容，能够进行相应的计算及账务处理	岗位角色扮演 无形资产确认金额计算，摊销计算、出售税费计算，相关账务处理	固定资产摊销表、会计凭证、账簿
	18	2	其他资产业务处理	了解长期待摊费用的概念、核算范围，能够完成相关账务处理	岗位角色扮演 计算长期待摊费用摊销金额	长期待摊费用摊销表、会计凭证、账簿

子项目编号名称	周次	学时	单元标题	能/知目标	师生活动	其他（含考核内容、方法）
子项目8 投资性房地产业务核算	19	2	成本模式计量投资性房地产业务处理	理解投资性房地产的核算范围 掌握采用成本模式计量投资性房地产的会计核算方法，并能进行账务处理	岗位角色扮演 采用成本模式核算投资性房地产，完成相关账务处理	会计凭证、账簿
	19	2	公允价值模式计量投资性房地产业务处理	掌握采用公允价值模式模式计量投资性房地产的会计核算方法，并能进行账务处理	岗位角色扮演 采用公允价值模式核算投资性房地产，完成相关账务处理	会计凭证、账簿
子项目9 负债业务核算	20	2	短期借款业务处理	熟练掌握短期借款的核算方法，并能进行账务处理	岗位角色扮演 短期借款利息计提、完成相关账务处理	短期借款利息计提表、会计凭证、账簿
	20～21	4	应付职工薪酬业务处理	熟练掌握应付职工薪酬的核算方法，并能进行账务处理	岗位角色扮演 完成应付职工薪酬账务处理	应付职工薪酬计算表、会计凭证、账簿
	21～22	6	应交税费业务处理	熟练掌握一般纳税企业增值税、消费税的基本计算，并能进行简单账务处理	岗位角色扮演 计算企业应交增值税、消费税等税费计算，完成相关账务处理	增值税和消费税计算表、会计凭证、账簿
	23	4	非流动负债业务处理	掌握应付债券、长期借款等非流动负债的基本核算方法，并能进行账务处理	岗位角色扮演 应付债券、长期借款利息等计算，完成相关账务处理	借款利息计提表、债券利息计提表、会计凭证、账簿
子项目10 所有者权益业务核算	24	4	实收资本与资本公积业务处理	了解实收资本（股本）的内容，掌握不同出资方式下实收资本及其增减业务的核算，并能够进行相应的账务处理 了解资本公积的内容，熟练掌握资本公积的核算，并能够进行相应的账务处理	岗位角色扮演 完成不同出资方式下实收资本(包含资本攻击业务)及其增减业务的账务处理	会计凭证、账簿
	25	4	留存收益业务处理	了解留存收益的核算范围，并能够进行相应的核算及账务处理	岗位角色扮演 完成留存收益计算及账务处理	会计凭证、账簿

子项目编号名称	周次	学时	单元标题	能/知目标	师生活动	其他（含考核内容、方法）
子项目 11 收入、费用和利润业务核算	26	4	收入业务处理	了解收入的基本概念，熟悉收入的种类及确认方法，掌握收入实现的核算，并能进行相关账务处理；掌握商业折扣、现金折扣、销售折让及销售退回的核算，并能进行相关账务处理	岗位角色扮演 完成涉及商业折扣、现金折扣、销售折让及销售退回的收入业务账务处理	会计凭证、账簿
	27	2	费用业务处理	了解费用的基本概念，熟悉费用的种类及确认方法，掌握费用发生的核算，并能进行相关账务处理	岗位角色扮演 完成企业费用计算及账务处理	会计凭证、账簿
	27	2	利润业务处理	了解利润的形成的一般程序，掌握并能够进行利润的形成的账务处理	岗位角色扮演 完成利润形成账务处理	会计凭证、账簿
	28	4	所得税费用计算与核算	熟悉所得税费用的一般知识，能够进行所得税计算及账务处理	岗位角色扮演 完成所得税计算及账务处理	会计凭证、账簿
子项目 12 财务报告列报	29	4	资产负债表编报	悉掌握资产负债表的结构、编制原理和方法，能熟练编制资产负债表	岗位角色扮演 资产负债表	资产负债表
	30	2	利润表编报	掌握利润表的结构、编制原理和方法，能熟练编制利润表	岗位角色扮演 编制利润表	利润表
	30～31	6	现金流量表编报	掌握现金流量表的结构、编制原理和方法，能熟练编制现金流量表	岗位角色扮演 编制现金流量表	现金流量表
	32	4	所有者权益变动表编报	掌握所有者权益变动表的结构、编制原理和方法，能熟练编制所有者权益变动表	岗位角色扮演 编制所有者权益变动表	所有者权益变动表

八、首末次课设计

1. 首次课设计

第一步，用《基础会计与实训》部分经济业务描述让学生直接做分录，同时老师也做，按提交顺序计算时间和正确率。

第二步，给学生刚才所做业务涉及的原始凭证，不给经济业务描述，让学生填制记账凭证，同时老师也做，按提交顺序计算时间和正确率。

第三步，总结，说明经济业务-原始凭证-记账凭证的关系，然后说明本课程模拟企业财务核算制度说明，岗位职责说明、认知，情境创设，明确考核要求。

第四步，对三个项目之间的关系加以说明并介绍部分参考书籍给学生课外参考。

2. 末次课设计

回顾本学年学习的主要内容，列举学生操作中出现的问题，对十二个子项目按照企业财务报告列报的原则总结排序，重新勾勒十二个子项目的逻辑关系，指明学生后续努力的方向。

九、考核方案

1. 考核方案表

<table>
<tr><td colspan="7">考核方式与考核结果</td></tr>
<tr><td rowspan="4">课内成绩
（项目一）</td><td rowspan="2">项目考核 30%</td><td>子项目 1</td><td>子项目 2</td><td>子项目…</td><td>子项目...</td><td>小计</td></tr>
<tr><td></td><td></td><td></td><td></td><td></td></tr>
<tr><td rowspan="2">出勤+课堂表现 20%</td><td>子项目 1</td><td>子项目 2</td><td>子项目…</td><td>子项目...</td><td>小计</td></tr>
<tr><td></td><td></td><td></td><td></td><td></td></tr>
<tr><td rowspan="2">第二课堂
（项目二）</td><td rowspan="2">网中网实训平台
20%</td><td>子项目 1</td><td>子项目 2</td><td>子项目…</td><td>子项目...</td><td>小计</td></tr>
<tr><td></td><td></td><td></td><td></td><td></td></tr>
<tr><td colspan="2" rowspan="2">结果考核 30%</td><td colspan="4">期末测试（闭卷）</td><td>小计</td></tr>
<tr><td colspan="4"></td><td></td></tr>
<tr><td colspan="6">总　分　合　计</td><td></td></tr>
</table>

2. 项目考核 30%部分评价表

<table>
<tr><td rowspan="2">项目
名称</td><td rowspan="2">考核内容</td><td rowspan="2">评价标准</td><td rowspan="2">分值
比例</td><td colspan="4">评分</td></tr>
<tr><td>自评 15%</td><td>组评 15%</td><td>教师评 75%</td><td>合计</td></tr>
<tr><td rowspan="2"></td><td></td><td></td><td></td><td></td><td></td><td></td><td></td></tr>
<tr><td></td><td></td><td></td><td></td><td></td><td></td><td></td></tr>
<tr><td colspan="3">合计</td><td>100%</td><td></td><td></td><td></td><td></td></tr>
</table>

十、教学材料

1.《初级会计实务》，伦丽珍，华东师范大学出版社，2014 年
2.《初级会计实务》，财政部会计资格评价中心，中国财政经济出版社，2015 年
3.《会计分岗实训》网中网实训平台
4. 轻松过关系列之一：2015 年初级会计职称考试应试指导及全真模拟测试·初级会计

实务，张志凤/刘忠，北京大学出版社，2015 年

十一、需要说明的其他问题

从新的设计理念出发，该课程更多的引入实务操作内容，预计效果比传统的教学方式要好，但因为是初步尝试，在设计上还存在诸多不成熟之处，并受到许多问题的困扰：

1. 能力训练项目因教学时间不足可能不易全面展开；
2. 课程设计中能力训练项目与理论知识的衔接存在矛盾；
3. 课程设计中的能力训练对教师自身实践技能水平提出一定的挑战；
4. 课程设计中能力训练项目与学生学习主动性产生一些矛盾；
5. 前后关联课程不能很好的衔接。

十二、本课程常用术语中英文对照

（一）资产类 Assets
流动资产 Current assets
货币资金 Cash and cash equivalents
现金 Cash
银行存款 Cash in bank
其他货币资金 Other cash and cash equivalents
应收票据 Note receivable
应收账款 Account receivable
坏账准备 Bad debt reserves
原材料 Raw materials
（二）负债类 Liability
短期借款 Short-term borrowing
应付票据 Notes payable
应付账款 Account payable
长期借款 Long-term loans
（三）所有者权益类 OWNERS' EQUITY
实收资本（或股本） Paid-up capital(or stock)
资本公积 Capital reserve
盈余公积 Surplus reserves
本年利润 Current year profits
利润分配 Profit distribution
未分配利润 Undistributed profit
（四）成本类 Cost
生产成本 Cost of manufacture
制造费用 Manufacturing overhead

（五）损益类 Profit and loss

主营业务收入 Prime operating revenue

投资收益 Investment income

营业外收入 NON-OPERATING INCOME

主营业务成本 Operating costs

主营业务税金及附加 Tax and associate charge

营业外支出 Nonbusiness expenditure

附：课程进度模板

周次	1周	2周	3周	4周	5周	6周	7周	8周	9周	10周	11周	12周	13周	14周	15周	16周
项目	天津MN公司财务部某年12月（年末）会计核算															
子项目	会计核算员企业认知、岗位认知、角色认知	货币资金业务核算		应收及预付款业务核算			存货业务核算				投资业务核算			固定资产业务核算		
内容（或情境）	企业各个岗位的工作内容、工作职责进行熟悉，已准备进入岗位角色工作	依据收付现金的原始凭证，作相关账务处理，并完成凭证传递	根据各种银行支付结算方式的原始凭证，分类收款和付款，作相关账务处理，并完成凭证传递	企业销售一批商品，收到对方交来的一张商业汇票	企业赊销商品一批，销售协议中有商业折扣条款和现金折扣条款，	企业年末按照应收款余额百分比法，进行应收款项减值测试	企业按照计划成本法核算采购材料成本，并月末计算材料成本差异，汇总发出材料总成本	企业委托东方公司加工原材料一批，企业要求王同学核算委托加工物资的成本	企业有周转用包装物一批，会计主管要求把包装物成本按照五五摊销法进行核算	月末，企业进行存货盘点，根据盘点结果王同学编制盘点报告单，并进行账务处理，年末减值测试	企业有部分闲置资金，因股票市场行情较好，所以把该部分闲置资金购买股票，短期内择机出售，赚取差价	企业为了扩大经营，在河北省保定市投资设立一个分厂，由王同学负责核算对该企业的投资核算		企业新增固定资产、并有部分固定资产更新改造		月末，依据企业固定资产现有情况，对企业固定资产计提折旧
任务	1.1 企业认知、岗位认知、角色认知	2.1 完成现金业务处理	2.2 完成银行结算业务处理	3.1 商业汇票业务处理	3.2 应收账款业务处理	3.3 年末应收款减值测试	4.1 原材料业务处理	4.2 委托加工物资业务处理	4.3 周转材料业务处理	4.4 存货清查及期末减值	5.1 交易性金融资产业务处理	5.2 长期股权投资业务处理		6.1 固定资产取得	6.2 更新改造	6.3 固定资产计提折旧
具体任务	熟悉企业核算要求、岗位工作职责和内容，完成要求业务	现金收付业务处理	银行结算业务处理；月末银行对账	收到商业汇票两张，会计处理	赊销商品，含有现金及商业折扣	年末汇总各应收款项，减值测试	材料入库处理、材料出库处理、月末材料发出成本计算	委托加工物资发出、发生费用、收回处理	周转材料入库、出库、摊销处理	存货清查、存货减值计算	交易性金融资产购入、期末计量、出售处理	成本法核算处理	权益法核算处理	外购机器设备；企业自营建造仓库	更新改造仓库	月末依据现有状况，企业固定资产计提折旧
考核结果	原始凭证，记账凭证、账簿	支票存根，银行存款余额调节表、记账凭证、账簿		商业承兑汇票、银行承兑汇票、进账单、记账凭证、账簿、应收款减值计算表			进账单、入库单、出库单，记账凭证、账簿、存货减值计算表、存货盘点报告单				证券公司交割单、投资协议、记账凭证、账簿			增值税专用发票、更新改造决议、验收单、折旧计算表、记账凭证、账簿		

<table>
<tr><td>周次</td><td colspan="2">17 周</td><td colspan="2">18 周</td><td>19 周</td><td>20 周</td><td>21 周</td><td>22 周</td><td>23 周</td><td>24 周</td><td colspan="2">25 周</td><td>26 周</td><td colspan="2">27 周</td><td>28 周</td><td>29 周</td><td>31 周</td><td>31 周</td><td>32 周</td></tr>
<tr><td>课内项目</td><td colspan="20">天津 MN 公司财务部某年 12 月（年末）会计核算</td></tr>
<tr><td>子项目</td><td colspan="2">固定资产业务核算</td><td colspan="2">无形资产及其他资产业务核算</td><td colspan="2">投资性房地产业务核算</td><td colspan="4">负债业务核算</td><td colspan="4">收入、费用和利润业务核算</td><td colspan="2">所有者权益业务核算</td><td colspan="4">财务报告列报</td></tr>
<tr><td>内容（或情境）</td><td>年末，企业固定资产账实核查并对毁损的固定资产进行处理</td><td>年末，企业对固定资产进行减值测试，并进行处理</td><td>企业购入、研发、摊销、出售无形资产</td><td>长期待摊费用形成、摊销</td><td>企业把员工宿舍 4 层至 5 层对外出租</td><td>原出租员工宿舍变更为公允价值模式核算</td><td>企业因资金周转需要，从银行借如 3 个月借款</td><td>工资计提，并对员工五险一金缴纳及职工福利支出进行核算</td><td>对企业当月税费进行处理</td><td>对企业 5 年期银行借款和企业债券业务处理</td><td>对企业当月收入业务汇总账务处理</td><td>对企业当月的费用汇总账务处理</td><td>月末，核算企业当期利润</td><td>计算企业所得税费用，并进行账务处理</td><td>年末，核查本企业实收资本情况，并对所有者当月追加投资账务处理</td><td>年末对企业净利润按照会计准则、企业章程、董事会决议进行账务处理</td><td>年末，编制资产负债表并附注说明</td><td>年末，编制利润表并附注说明</td><td>年末，编制现金流量表并附注说明</td><td>年末，编制所有者权益变动表并附注说明</td></tr>
<tr><td>任务</td><td>6.4 固定资产清查和处置的核算</td><td>6.5 固定资产减值的核算</td><td>7.1 无形资产业务核算</td><td>7.2 其他资产业务核算</td><td>8.1 成本模式计量投资性房地产</td><td>8.2 公允价值模式计量投资性房地产业务核算</td><td>9.1 短期借款业务核算</td><td>9.2 应付职工薪酬业务核算</td><td>9.3 应交税费业务核算</td><td>9.4 非流动负债业务的核算</td><td>10.1 收入业务核算</td><td>10.2 费用业务核算</td><td>10.3 利润业务核算</td><td>10.4 所得税费用计算与核算</td><td>11.1 实收资本与资本公积业务核算</td><td>11.2 留存收益业务核算</td><td>12.1 资产负债表编报</td><td>12.2 利润表编报</td><td>12.3 现金流量表编报</td><td>12.4 所有者权益变动表编报</td></tr>
<tr><td>具体任务</td><td>完成固定资产盘点及毁损的处理</td><td>完成固定资产减值测试并会计处理</td><td>无形资产投入、研发、摊销、出售业务</td><td>月末对企业的而长期待摊费用处理</td><td>成本模式计量投资性房地产业务</td><td>公允价值模式计量投资性房地产业务训练</td><td>完成短期借款业务处理</td><td>完成企业应付职工薪酬业务</td><td>完成企业增值税、消费税及其他税费处理</td><td>完成企业长期借款、应付债券业务处理</td><td>完成收入业务会计处理</td><td>完成费用业务会计处理</td><td>完成利润计算机会计处理</td><td>所得税费用计算与会计处理</td><td>完成追加投资业务处理</td><td>完成年末利润分配</td><td>编制资产负债表并附注说明</td><td>编制利润表并附注说明</td><td>编制现金流量表并附注说明</td><td>编制所有者权益变动表并附注说明</td></tr>
<tr><td>考核结果</td><td colspan="2">固定资产盘点报告单、减值测试表、记账凭证、账簿</td><td colspan="2">销售发票、摊销表、税费发票、记账凭证、账簿</td><td colspan="2">摊销表、记账凭证、账簿</td><td colspan="4">借款利息计提表、债券利息计提表、增值税和消费税计算表、薪酬费用计算表、记账凭证、账簿</td><td colspan="4">增值税专用发票、费用计算表、所得税申报表、记账凭证、账簿</td><td colspan="2">投资协议、利润分配决议、记账凭证、账簿</td><td colspan="4">资产负债表、利润表、现金流量表、所有者权益变动表</td></tr>
</table>

“电算会计综合实训”课程整体教学设计

姜宁宁

一、课程基本信息

课程名称：电算会计综合实训		
所属系部：财经系	制定人：姜宁宁	
课程代码：6202031320	学分：4	学时：60
授课时间：第三学期	授课对象：会计专业二年级学生	
课程类型：技能训练课		
先修课程：计算机基础、基础会计与实训、财经法规与会计职业道德、企业经济业务核算	后续课程：ERP 技术、会计综合实训、企业顶岗实习、毕业设计	

二、课程定位

1. 岗位分析

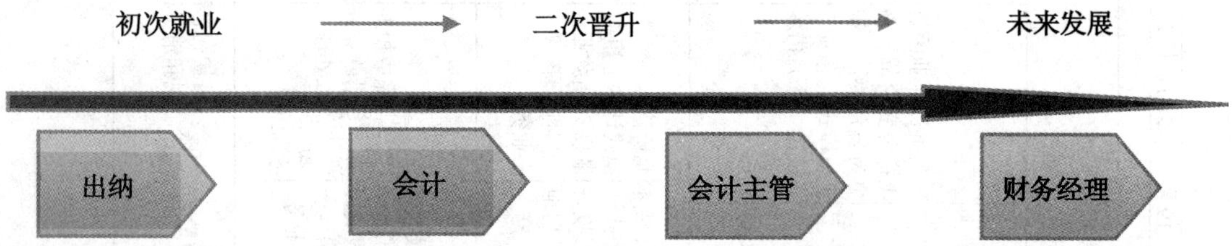

电算会计综合实训是高职会计专业的一门重要的专业核心课程。实施理论与实践一体化教学，该学习领域在培养学生的职业能力和促进职业素质的养成方面占有重要地位。通过该学习领域的学习使学生具备信息化条件下的会计实务与财务管理能力以及敬业、责任、协作、创新的职业素养，使学生能快速适应不同业态企业信息化条件下的会计工作。

2. 课程分析

（1）与前续课程的联系

电算会计综合实训课的前导课程是计算机应用基础、基础会计与实训、财经法规与会计职业道德、企业经济业务核算等课程。

（2）与后续课程的联系

电算会计综合实训课的后续课程是ERP技术、会计综合实训、企业顶岗实习及毕业设计。

（3）本课程与普通高校、中职（高职）、培训班相关课程的异同

中职：强化软件操作，深度、广度、与理论联系不够。

培训班：片面追求取证。

本科院校：更加强调理论，动手操作少。

我们的目标：培养具有企业内控管理素质、财务管理知识体系的具备一定管理能力的会计岗位人才，注重职业素养的养成。

三、课程目标设计

1. 总体目标

电算会计综合实训课程主要研究电子计算机技术在会计实务中的具体应用及对会计理论研究的影响，是高职高专类会计专业学生必修的一门专业课，通过本课程学习使学生深入掌握会计电算化的基础理论知识，系统操作原理；熟练掌握会计电算化系统应用技术，使成为高级的会计信息系统的实施人员。

2. 能力目标

（1）能运用Excel功能菜单下的格式设置，进行工资条的制作、财务报表的编制等工作。

（2）能运用Excel功能菜单下的财务函数，进行销售与利润等的预测、应收账款的账龄分析、项目投资分析等工作。

（3）能运用Excel功能菜单下的数据分析，进行财务预测分析工作。

（4）能综合运用U8系统完成工业企业、商业企业首次采用电算账务处理时的账套的建立与初始化设置。

（5）能综合运用U8系统完成企业日常经济业务核算的账务处理工作。

3. 知识目标

（1）熟悉Excel、U8系统的操作界面。

（2）掌握Excel功能菜单下的函数、单变量求解、格式化设置等的设定方法。

（3）理解会计手工核算流程与电算核算流程的差异。

（4）掌握系统管理中用户及权限设置、企业账套建立的方法，熟悉账套输出和引用的方法。

（5）掌握U8系统中总账系统、固定资产系统、应收应付系统等各项管理系统下的功能结构、处理流程及操作方法。

（6）掌握财务软件总账系统、会计报表、财务分析、工资核算和固定资产核算、应收应付核算的应用技术。

4. 素质目标

（1）所有的会计处理方法与流程，必须符合会计准则、会计制度、会计规范等要求——规范。

（2）根据实际经济业务完成会计账务处理，不做假账——诚信。

（3）每一笔业务核算中，都要做到准确，不能多一分，也不能少一分——严谨。

（4）对枯燥、繁琐的会计核算任务要在相应的核算期内保质保量的完成——毅力。

（5）在完成采购、销售等核算业务时，要充分地与相关部门人员沟通、协作——合作。

四、课程内容设计

项目名称	子项目名称	学时
永和股份有限责任公司经济业务核算	子项目 1 会计核算岗位的认知	4
	子项目 2 企业日常业务核算	24
	子项目 3 企业月末业务核算及财务报表	32
合 计		60

五、项目任务设计

编号	子项目编号、名称	任务	能力目标	知识目标	训练方式、手段及步骤	可展示的结果
1	1-1 会计核算岗位的任职	1. 个人简历制作 2. 岗位职责认知	认知企业生产工艺流程；理解会计账务处理流程	理解掌握会计内部牵制制度	图片、视频	学生认知总结
2	2-1 日常采购、销售业务核算	1. 采购业务核算 2. 销售业务核算 3. 错账更正处理	基本会计业务记账凭证录入；记账凭证修改与冲销；各类会计账簿查询与输出；部门核算与个人核算；自动转账凭证的设置与生成	能够理解通用会计软件处理会计业务的程序与方法；熟悉会计业务的软件处理与手工处理在思路、程序、方法上的区别；理解计算机处理会计业务的一般原理	“用友 U8”软件	会计记账凭证、明细账、总账等资料（软件中电子版）
	2-2 出纳管理业务核算	出纳会计岗位业务核算	掌握银行对账与日记账登记的基本原理以及操作流程	记账凭证的查询、出纳签字、记账；银行对账	“用友 U8”软件、Excel2003	银行存款余额调节表等（软件中电子版）
	2-3 外币销售业务核算	外币业务核算	掌握有关外币辅助核算参数的设置与运用	核算科目及汇率的设置；凭证的生成与传递	“用友 U8”软件	外币核算初始设置、汇兑损益调整等（软件中电子版）
	2-4 项目核算业务	项目大类核算	掌握项目核算相关的辅助核算参数的设置与检验	项目大类核算设置；凭证的生成与传递	“用友 U8”软件	项目核算初始设置、核算资料（软件中电子版）

编号	子项目编号、名称	任务	能力目标	知识目标	训练方式、手段及步骤	可展示的结果
3	3-1 固定资产业务	1. 填制固定资产卡片 2. 计提固定资产折旧 3. 固定资产报废的核算	能够进行固定资产系统的初始化设置、日常管理及月末处理	固定资产管理系统初始设置；固定资产管理系统日常处理；固定资产变动资料分析与处理；固定资产折旧的设置与折旧费用分摊；固定资产管理系统的期末处理；固定资产核算模块结账与数据备份	“用友 U8”软件	固定资产原始卡片、制单处理生成的凭证（软件中电子版）
	3-2 薪资业务核算	1. 新入职员工信息录入 2. 工资、奖金、公积金等核算 3、工资的发放与工资条的制作	能够进行工资系统初始化设置、日常管理及月末处理	初始设置；工资管理系统的日常处理及期末处理；工资项目设置与运算公式设置，工资数据录入与计算汇总，工资分摊设置与凭证生成；工资报表查询与输出	“用友 U8”软件、Excel2003	工资条、工资及福利计提会计凭证（软件中电子版）
	3-3 UFO 报表业务	1. 结账工作 2. 报表编制与分析	能够运用报表系统进行会计报表空表的建立；报表取数函数的编写；能够运用报表系统进行会计报表模板的使用和编辑	UFO 报表格式设计与公式设计；报表管理系统的数据处理、图表处理；文件的导入与输出	“用友 U8”软件、Excel2003	资产负债表、利润表（软件中电子版）

六、项目情境设计

班级——总公司；

小组——分公司；

学生——会计各岗位工作人员。

本课程以在永和股份有限公司财务部门工作为背景来开展：

编号	子项目编号、名称	任务	情境	学时
1	1-1 会计核算岗位的任职	个人简历制作	新设分公司，拟招聘出纳、薪资会计、固定资产会计、总账会计、会计主管等会计岗位人员，进行面试（正常）	2
		岗位职责认知	新员工办理入职手续，并了解企业业务流程、账务处理程序、各岗位职责等（正常）	2
2	2-1 日常采购、销售业务核算	采购业务核算	本月 3.7.10.15.22.28 日分别从供应商甲采购冰箱作为企业库存商品；本月 5.10.15.26 日分别从供应商乙采购彩电作为企业库存商品；具体数量、单价、税金等信息见原始单据（正常）	4
		销售业务核算	本月 3.6.7.10.11.22.25.28 日销售给客户 A、B 冰箱及彩电商品：销售当日发出商品，结转销售成本，并开具增值税专用发票；具体数量、单价、税金等信息见原始单据（正常）	4
		错账更正处理	本月 26 日参看账簿资料时发现本期销售成本明显低于上期；查找原因；发现转账凭证第 5 号，结转销售成本凭证，金额有误，原始单据总金额为 200000 元，记账凭证金额为 20000 元（出错）	4
	2-2 出纳管理业务核算	登记支票登记簿	本月为扩大市场份额，增加电视广告时长，发生 5 万元广告费用，以支票支付；本月 7.10.15.22.26.28 日给供应商甲、乙开出支票；具体信息见原始单据（正常）	4
	2-3 外币销售业务核算	外币业务核算	本月 8.20 日分别销售给客户 W 企业一批彩电，客户 W 为韩国企业，与其销售业务均采用美元结算；具体数量、外币单价、税金、汇率等信息见原始单据（正常）	4
	2-4 项目核算业务	项目大类核算	本月 22 日，分公司为增加企业利润空间，决定拓展业务（手机销售）分为普通型和奢华型手机，将其业务作为手机项目进行项目核算（正常）	4
3	3-1 固定资产业务	填制固定资产卡片	本月 24 日为发展手机销售业务而采购了两辆运输车辆及一处仓库，均作为企业固定资产进行管理、核算；具体采购信息见原始单据（正常）	4
		计提固定资产折旧	本月 28 日对企业所有固定资产，按照各个部门计提折旧，并进行固定资产折旧分析（正常）	4
		固定资产报废的核算	本月 30 日市场部一台传真机无法继续使用，进行毁损处理，会计核算上进行固定资产清理（正常）	4

编号	子项目编号、名称	任务	情境	学时
3	3-2 薪资业务核算	新入职员工信息录入	本月销售部及人事部均有新员工入职，根据人事部提供的新入职员工信息，在会计核算软件中，建立其档案资料等（正常）	4
		工资、奖金、公积金等核算	本月 28 日，计提本月全体员工的工资，包括基本工资、奖金、交通补贴、缺勤扣款、公积金、保险、个人所得税等的核算处理（正常）	4
		工资的发放与工资条的制作	根据实发工资金额发放工资；用 Excel 制作员工工资条（正常）	4
	3-3 UFO 报表业务	结账工作	月末，结账。包括对账，计提结转所得税费用，结转期间损益等（正常）	4
		报表编制与分析	月末，编制分公司资产负债表、利润表及现金流量表等财务报表，进行财务分析（正常）	4

七、课程进程表

子项目编号、名称	周次	学时	单元标题	能/知目标	师生活动	其他（含考核内容、方法）
1-1 会计核算岗位的任职	1	4	会计核算岗位的任职	能够区分各岗位工作任务	通过视频、案例等，使学生了解企业生产流程，理解会计各岗位的工作职责	课堂表现与口试
2-1 日常采购、销售业务核算	2	4	日常采购、销售业务核算	能够运用财务软件完成总账系统初始化、日常业务处理主要内容，并熟练操作	通过教师组织、启发、学生讨论、软件操作，使学生学会建立会计科目体系，填制和处理各种记账凭证	课堂表现与会计知识的运用情况的考核
2-1 日常采购、销售业务核算	3	4	日常采购、销售业务核算	能够运用财务软件完成总账系统日常业务处理的主要内容，并熟练操作	通过教师组织、启发、学生讨论、软件操作，使学生学会输入和处理各种记账凭证，完成记账、对账的工作	课堂表现与软件操作结果的考核
2-1 日常采购、销售业务核算	4	4	日常采购、销售业务核算	掌握存货采购、普通销售业务的会计处理流程与账务处理	通过教师组织、启发、学生讨论、软件操作，使学生学会输入和处理各种记账凭证，完成记账、对账的工作，输出各种总分类账、日记账、明细账和有关辅助账	课堂表现与软件操作结果的考核
2-2 出纳管理业务核算	5	4	出纳管理业务核算	能够运用财务软件完成支票登记、银行对账业务，并熟练操作	通过教师组织、启发、学生讨论、软件操作，使学生学会登记支票登记簿、银行存款的核对以及日记账、资金日报表的查询工作	课堂表现与软件操作结果的考核
2-3 外币销售业务核算	6	4	外币销售业务核算	能够运用财务软件完成外币销售业务处理，并熟练操作	通过教师组织、启发、学生讨论、软件操作，使学生学会外币销售业务的核算	课堂表现与软件操作结果的考核

子项目编号、名称	周次	学时	单元标题	能/知目标	师生活动	其他（含考核内容、方法）
2-4 项目核算业务	7	4	项目核算业务	能够运用财务软件完成项目核算业务处理，并熟练操作	通过教师组织、启发、学生讨论、软件操作，使学生学会项目核算业务的设置与核算处理	课堂表现与软件操作结果的考核
3-1 固定资产业务	8	4	固定资产业务	能够运用财务软件完成资产的初始设置、资产管理、固定资产折旧的计提处理，熟练操作	通过教师组织、启发、学生讨论、软件操作，使学生学会固定资产的初始设置与折旧计提的核算与处理	课堂表现与软件操作结果的考核
3-1 固定资产业务	9	4	固定资产业务	掌握固定资产增加与减少、折旧的计算与计提的会计处理流程与账务处理	通过教师组织、启发、学生讨论、软件操作，使学生学会固定资产管理与固定资产折旧计提的核算与处理	课堂表现与软件操作结果的考核
3-1 固定资产业务	10	4	固定资产业务	能够运用财务软件完成资产减少的处理以及资产变动的处理，并熟练操作	通过教师组织、启发、学生讨论、软件操作，使学生学会固定资产减少的处理以及资产变动的核算与账务处理	课堂表现与软件操作结果的考核
3-2 薪资业务核算	11	4	薪资业务核算	能够运用财务软件完成工资结算单的编制、个人所得税的计算、个人工资条制作业务处理，熟练操作	通过教师组织、启发、学生讨论、软件操作，使学生学会个人所得税的扣缴计算与个人工资条制作	课堂表现与软件操作结果的考核
3-2 薪资业务核算	12	4	薪资业务核算	掌握工资费用分配与计提的会计处理流程与账务处理	通过教师组织、启发、学生讨论、软件操作，使学生学会工资、福利分配与计提的业务处理	课堂表现与软件操作结果的考核
3-2 薪资业务核算	13	4	薪资业务核算	能够运用财务软件完成工资费用分配与计提业务的处理，熟练操作	通过教师组织、启发、学生讨论、软件操作，使学生学会工资、福利分配与计提的业务处理	课堂表现与软件操作结果的考核
3-3 UFO 报表业务	14	4	UFO 报表业务	能够运用财务软件完成报表格式的设置、报表公式的编辑、报表的编制与分析，并熟练操作	通过教师组织、启发、学生讨论、软件操作，使学生学会资产负债表的编制工作	课堂表现与软件操作结果的考核
3-3 UFO 报表业务	15	4	UFO 报表业务	掌握期末结账的会计处理流程与账务处理，以及报表编制与报表分析基本原理	通过教师组织、启发、学生讨论、软件操作，使学生学会利润表的编制工作	课堂表现与软件操作结果的考核

八、首末次课设计

1. 首次课设计

（1）以《基础会计》部分经济业务描述，让学生进行手工账务处理，同时老师进行电算账务处理，按提交顺序计算时间。

（2）总结经济业务核算流程，原始凭证-记账凭证-出纳签字-主管审核-记账等业务核算流程中的关系，并将手工核算与电算核算进行对比。

（3）说明本课程模拟企业财务核算制度说明，情境创设，明确考核要求。

（4）对三个项目之间的关系加以说明，并介绍部分参考书籍给学生课外参考。

2. 末次课设计

（1）对第一、二课堂及课外的三个项目进行对比与总结。

（2）回顾本学期课程中的主要内容，总结学生在以往操作过程中出现的问题，分析原因，进而提高学生会计核算理论素养。

（3）为学生做好未来理论知识的学习、基本技能的提升、职业发展等的规划工作。

（4）提示学生初级会计电算化取证考试中的注意事项。

九、考核方案

本课程采用平时表现、模块操作考核和期末综合考核合并计分形式,平时表现占 20%，模块操作考核占 30%，期末综合考核占 50%。

平时表现考核包括出勤、态度、同学互助等方面

模块考核涉及系统管理、总账系统、报表系统、薪资系统、固定资产系统，是必须完成且熟练掌握的基本操作，要求达到熟练操作。

期末综合考核采用对某企业 12 月经济业务进行核算处理，根据学生操作速度、准确度等给于期末综合考核成绩。

十、教学材料

（1）校本教材。

（2）教学参考资料：

《会计信息系统实验教程》，王新玲，汪刚，赵婷，清华大学出版社，2013 年

《用友 ERP 财务管理系统实验教程》，王新玲，赵彦龙，蒋晓燕，清华大学出版社，2010 年

十一、本课程常用术语中英文对照

会计电算化	accounting computerization
系统管理	system management
固定资产	permanent assets
应收款	receivable
应付款	payable

附：课程进度模板

<table>
<tr><td>周次</td><td>1</td><td>2</td><td>3</td><td>4</td><td>5</td><td>6</td><td>7</td><td>8</td><td>9</td><td>10</td><td>11</td><td>12</td><td>13</td><td>14</td><td>15</td></tr>
<tr><td>项目</td><td colspan="15">项目一　永和股份有限责任公司业务核算（出纳、薪资会计、固定资产会计、总账会计、会计主管）</td></tr>
<tr><td rowspan="2">子项目</td><td rowspan="2">1. 会计核算岗位的认知</td><td colspan="6">2. 日常业务核算</td><td colspan="8">3. 月末业务核算及财务分析</td></tr>
<tr><td colspan="3">2.1 日常采购、销售业务核算情景设计</td><td>2.2 出纳管理业务核算情景设计</td><td>2.3 外币销售业务核算情景设计</td><td>2.4 项目核算业务核算情景设计</td><td colspan="3">3.1 固定资产业务核算情景设计</td><td colspan="3">3.2 薪资业务核算情景设计</td><td colspan="2">3.3UFO 报表业务情景设计</td></tr>
<tr><td>情境</td><td>1.1 新设分公司，拟招聘出纳、薪资会计、固定资产会计、总账会计、会计主管等会计岗位人员，进行面试（正常）
1.2 新员工办理入职手续，并了解企业业务流程、账务处理程序、各岗位职责等（正常）</td><td colspan="3">2.1.1 本月 3、7、10、15、22、28 日分别从供应商甲采购冰箱作为企业库存商品；
2.1.2 本月 5、10、15、26 日分别从供应商乙采购彩电作为企业库存商品；具体数量、单价、税金等信息见原始单据（正常）
2.1.3 本月 3、6、7、10、11、22、25、28 日销售给客户 A、B 冰箱及彩电商品：销售当日发出商品，结转销售成本，并开具增值税专用发票；具体数量、单价、税金等信息见原始单据（正常）
2.1.4 本月 26 日参看账簿资料时发现本期销售成本明显低于上期；查找原因；发现转账凭证第 5 号，结转销售成本凭证，金额有误，原始单据总金额为 200000 元，记账凭证金额为 20000 元（出错）</td><td>2.2.1 本月为扩大市场份额，增加电视广告时长，发生 5 万元广告费用，以支票支付；
2.2.2 本月 7、10、15、22、26、28 日给供应商甲、乙开出支票；具体信息见原始单据（正常）</td><td>2.3.1 本月 8、20 日分别销售给客户 W 企业一批彩电，客户 W 为韩国企业，与其销售业务均采用美元结算；具体数量、外币单价、税金、汇率等信息见原始单据（正常）</td><td>2.4.1 本月 22 日，分公司为增加企业利润空间，决定拓展业务（手机销售）分为普通型和奢华型手机，将其业务作为手机项目进行项目核算（正常）</td><td colspan="3">3.1.1 本月 24 日为发展手机销售业务而采购了两辆运输车辆及一处仓库，均作为企业固定资产进行管理、核算；具体采购信息见原始单据（正常）
3.1.2 本月 28 日对企业所有固定资产，按照各个部门计提折旧，并进行固定资产折旧分析（正常）
3.1.3 本月 30 日市场部一台传真机无法继续使用，进行毁损处理，会计核算上进行固定资产清理（正常）</td><td colspan="3">3.2.1 本月销售部及人事部均有新员工入职，根据人事部提供的新入职员工信息，在会计核算软件中，建立其档案资料等（正常）
3.2.2 本月 28 日，计提本月全体员工的工资，包括基本工资、奖金、交通补贴、缺勤扣款、公积金、保险、个人所得税等的核算处理（正常）
3.2.3 根据实发工资金额发放工资；用 Excel 制作员工工资条（正常）</td><td colspan="2">3.3.1 月末，结账。包括对账，计提结转所得税费用，结转期间损益等（正常）
3.3.2 月末，编制分公司资产负债表、利润表及现金流量表等财务报表，进行财务分析（正常）</td></tr>
<tr><td>具体任务</td><td>1. 个人简历制作
2. 岗位职责认知</td><td>1. 采购业务核算</td><td>2. 销售业务核算</td><td>3. 错账更正处理</td><td>1. 登记支票登记簿</td><td>1. 外币业务核算</td><td>1. 项目大类核算</td><td>1. 填制固定资产卡片</td><td>2. 计提固定资产折旧</td><td>3. 固定资产报废的核算</td><td>1. 新入职员工信息录入</td><td>2. 工资、奖金、公积金等核算</td><td>3. 工资的发放与工资条的制作</td><td>1. 结账工作</td><td>2. 报表编制与分析</td></tr>
<tr><td>考核</td><td>课堂表现与口试（5%）</td><td colspan="3">课堂表现、基础会计知识的运用情况与软件操作结果的考核（20%）</td><td>课堂表现与软件操作结果的考核（10%）</td><td>课堂表现与软件操作结果的考核（10%）</td><td>课堂表现与软件操作结果的考核（10%）</td><td colspan="3">课堂表现、固定资产卡片特殊业务的处理与软件操作结果的考核（20%）</td><td colspan="3">课堂表现、工资条的制作、工资的发放流程与软件操作结果的考核（15%）</td><td colspan="2">课堂表现与软件操作结果的考核（10%）</td></tr>
<tr><td>二课堂</td><td colspan="15">项目二　VBSE 实训平台中工业企业的会计核算业务（第二课堂）</td></tr>
<tr><td>课外</td><td colspan="15">初级会计电算化考试实训项目</td></tr>
</table>

“网络市场营销”课程整体教学设计

赵晓珊

一、课程基本信息

课程名称：网络市场营销		
所属系部：商贸系	制定人：赵晓珊	合作人：陈秀灵 孙金一
课程代码：6204051217	学分：4	学时：60
授课时间：第二学期	授课对象：电子商务专业学生	
课程类型：职业技术课		
先修课程：电子商务运营、电子商务技术基础	后续课程：客户关系管理、网络营销综合实训	

二、课程定位

1. 岗位分析

根据社会对电子商务专业的人才需求变化、职业岗位变化、产业调整变化与技术发展动态等信息，与行业、企业、专业建设指导委员会成员一道分析职业岗位的需求量、职业岗位需求变化趋势与新要求，确定职业岗位与职业面向，对其进行可行性分析。根据电子商务专业商务类对接产业相应的技术领域和工作领域来确定职业岗位。

我们将电子商务专业的职业岗位分为以下三类：

（1）网络营销员

利用网站为企业开拓网上业务、网络品牌管理、客户服务等工作。熟悉网络、网络营销和办公软件；负责公司产品在网络上的推广；对网络营销感兴趣，并能很好的掌握电子商务及网络发展的各种理念。

● 职业技能需求

①思想积极进取，做事认真执着。具备良好的情绪控制能力、学习掌握能力、沟通交流能力以及团队协作意识；

②良好的执行力：新市场营销法则助推企业成长电子商务营销、食品餐饮营销、建筑房产营销、消费品营销；

③性格开朗热情，集体意识强；

④能够根据要求，完成上级安排的其他相关任务；

⑤沟通力强，思维活跃，思路全面，执行力强；
⑥精通搜索引擎网络推广的原理和方法；
⑦熟悉互联网营销和促销；
⑧悉互联网、通讯类产品及服务；
⑨悉项目策划案和各类营销文案的撰写；
⑩通力强，思维活跃，思路全面，执行力强。

● 能力需求

①字表达能力；
②料收集能力；
③户体验能力；
④己动手能力；
⑤与交流能力；
⑥源利用能力；
⑦考总结能力；
⑧应变化能力。

（2）网站策划员

网站策划要明确企业真实的网络营销需求，以 SEO 优化和用户体验 UEO 作为核心思想策划网站，并且画出网站内容的拓扑图，重点突出网站核心内容，网站的结构服从于用户使用习惯。

● 职业技能需求

①工作激情，能吃苦耐劳，愿意在工作中和公司一起成长；
②爱互联网，对网络热点敏感，对网络社区熟悉；
③创意，有独立思考能力，能创造性的完成工作；
④一定的文字功底，有一定的组织信息的能力；
⑤文学、音乐、影视、游戏等主题有独特爱好；
⑥于沟通，有良好的文字功底，商业文案撰写经验。能熟练使用计 算机和办公软件。
⑦备良好的表达沟通能力，较强的工作执行能力，分析和解决问题 的能力，能承受较强的工作压力；
⑧有责任心，服务意识和团队合作精神，有独立开发能力。

● 知识需求

①备网络营销的知识；
②础过硬的文案策划能力；
③有一定的美工基础；
④解一些常见的程序语言；
⑤分的了解网站 SEO 优化。

（3）网络客服员

负责公司网站的客户服务工作，解答产品问题，接听并记录客户需求，公司产品在互联网的销售工作等。有网络应用的基础（会上论坛发贴子、发电子邮件、与客户 QQ 沟通等）。

2. 课程分析

“网络市场营销”是我院商贸系电子商务专业必修的专业技能核心课程，该课程作用是使学生通过学习，了解和掌握网络营销的基础知识和基本技能 ，具有应用网络营销的初步能力，提高网络经济意识和基于网络环境的商务能力，为高素质技能型电子商务人才的培养奠定基础。同时对后续专业核心课程“客户关系管理”“网络支付与结算”可起支撑和奠基作用。

中职“网络市场营销”课程主要培养其电子邮件、搜索引擎、网络广告、论坛、微博、微信等工具手段进行网络推广的能力，在培养这些能力的时候，补充必需了解的相关知识，不会在意知识体系的系统性；

高职专科“网络市场营销”课程则会在培养这些具体推广能力的基础上，还要求掌握网络市场调研、客户需求分析、简单的推广活动策划等更好的能力，在培养这些能力的同时，也会教授市场调研、消费者行为分析、创意策划以及网络媒体特性等较为基础的理论知识。

三、课程目标设计

1. 整体目标

通过本课程的学习和实践，学生能操作、懂网络、会营销。使学生系统掌握网络营销的基本理论、基本知识和基本技能，学会利用网络进行市场信息收集和企业形象宣传，学会从事企业、个人的网络营销活动，具备分析和解决实际问题的能力，培养学生诚实、守信、善于沟通和合作的品质，对电子商务专业学生职业能力培养和职业素养的养成起主要支撑作用。

2. 能力目标

（1）行网上调查问卷的设计、发布，能利用多种网络搜索方法收集整理数据

（2）对本企业产品的网络消费者群进行细分并确定目标顾客和产品定位

（3）上发布具体的产品信息

（4）网上采用合适的定价策略和促销手段

（5）用网络直销手段与顾客达成产品的交易协议

（6）用第三方电子商务平台宣传企业产品

（7）用各种支付平台进行支付并能保证网络支付的安全。

3. 知识目标

（1）网络营销的基本概念、功能、特点

（2）网络市场调研的基本知识，熟悉网络市场调研的方式、方法、网络问卷设计等

（3）网络营销产品、服务、渠道、促销、广告策略的基本知识，熟悉各运作方式与特点

（4）网络营销策划方案（计划书）撰写的格式和文字内容要求

（5）互联网专业网络营销平台的运作知识

（6）常用在线支付体系，并熟悉网络数据安全基本知识。

4. 素质目标

（1）培养与人沟通、团结协作的团队精神

（2）培养市场竞争的意识

（3）培养创新意识。

四、课程内容设计

项目名称	子项目名称	学时
跳蚤网二手商品交易	子项目1　网民购买行为分析	8
	子项目2　市场细分与定位	12
	子项目3　网店注册	8
	子项目4　商品发布	12
	子项目5　网络广告发布	12
	子项目6　客户维护	8
合　计		60

五、项目任务设计

编号	子项目编号、名称	任务	能力目标	知识目标	训练方式、手段及步骤	可展示的结果
1	子项目1 网民购买行为分析	1. 调查网民情况，能够设计调查问卷； 2. 分析网路消费者购买行为，并做出调研报告	能够设计调查问卷并分析网路消费者购买行为	掌握调查方案组成意义网络购买模式	通过案例讨论、设计,学习网民购买行为内容的相关知识，学生能够撰写网民购买行为分析报告	报告
2	子项目2 市场细分与定位	1. 做出市场细分； 2. 确定目标市场； 3. 明确市场定位	能够运用合理市场细分知识来确定网络市场定位	掌握市场细分方法以及市场进入策略	通过教师组织、启发、学生讨论，使学生学会市场细分的依据，找出目标市场以及为目标市场定位	案例操作
3	子项目3 网店注册	1. 完成网上银行的开通； 2. 登录账号，激活账号； 3. 完成实名认证	能够运用知识注册营销网店	了解网店注册方式流程	通过教师组织、启发、学生讨论，使学生学会使用计算机操作以及掌握网店注册流程操作	上机操作
4	子项目4 商品发布	1. 发布一口价商品； 2. 发布拍卖商品	能够运用商品发布知识对新商品进行发布	了解商品发布流程	通过教师组织、启发学生、实际操作，使学生学会在电子商务平台下如何发布新商品	上机应用

编号	子项目编号、名称	任务	能力目标	知识目标	训练方式、手段及步骤	可展示的结果
5	子项目 5 网络广告发布	1. 选择低价的网络宣传模式； 2. 收集潜在顾客的 Email，向他们发邮件广告	能够运用网络知识实施网络促销	掌握广告策略	通过教师组织、启发、讲解、学生讨论，使学生能够利用网络知识进行广告发布方案的设计	网络广告发布方案
6	子项目 6 客户维护	1. 处理投诉事件； 2. 做好客户询价疑问工作	能够运用客户维护知识对网络消费者进行售后服务	掌握售后服务策略	通过教师组织、启发、学生讨论，使学生掌握客户维护的知识以及学会使用计算机操作客户维护流程操作	客户维护方案

六、项目情境设计

编号	子项目编号、名称	任务	情境	学时
1	子项目 1 网民购买行为分析	1. 调查网民情况，能够设计调查问卷； 2. 分析网路消费者购买行为，并做出调研报告	1.1 跳蚤网首先进入调研策划的准备阶段，在确定调研重要性的前提下，是否要明确调研的问题和目标呢？（是） 1.2 在明确了调研的问题和目标后，跳蚤网是否要设计出一份完整的调研方案和选择适当的调研方法呢？（是） 1.3 在设计调研方案之后，怎样实施这一方案呢？ 1.4 在经过资料与数据的采集、处理、分析之后，怎样把调研结果以报告的形式呈现出来	8
2	子项目 2 市场细分与定位	1. 做出市场细分； 2. 确定目标市场； 3. 明确市场定位	2.1 面对纷繁的市场，哪一部分才是跳蚤网要进入的市场，这就需要对整个市场进行划分，是否所划分出来的所有市场都要进入呢？（否） 2.2 跳蚤网目前不可能进入所有市场，那就需要在市场细分的基础上选择自己的目标市场，并确定了目标市场营销策略，具体该怎样做呢？ 2.3 在确定了目标市场之后，也就是明确了企业的服务对象和经营范围，那么接下来企业该做些什么呢？	12

编号	子项目编号、名称	任务	情境	学时
3	子项目 3 网店注册	1. 完成网上银行的开通； 2. 登录账号，激活账号； 3. 完成实名认证	3.1 在确定了目标市场之后，也就是明确了企业的服务对象和经营范围之后，跳蚤网明确了自身的市场定位，下一步需要开通网店了，到达银行之后，发现没有U盾行不行？（不行） 3.2 还需要一个 U 盾用于网上交易时验证用的，相当于一个随机验证码的钥匙，此时是否需要注册账号？如果需要，但是账号没被激活行不行呢？（不行） 3.3 登录账号并激活账号，否则无法进入相关的设置，这样就算是完成了吗，当然不是，还需要进行什么？	8
4	子项目 4 商品发布	1. 发布一口价商品； 2. 发布拍卖商品	4.1 对于跳蚤网来说，网店已经建立起来，但是发布完商品之后，却看不见商品上架，怎么回事呢? 4.2 如果出现这样的问题，一定是操作流程出了问题，怎样查看呢？ 4.3 如何正确发布一口价商品和拍卖商品呢？	12
5	子项目 5 网络广告发布	1. 选择低价的网络宣传模式； 2. 收集潜在顾客的 Email，向他们发邮件广告	5.1 跳蚤网虽然成功的发布了商品，但是想要扩大知名度，还需要做些什么工作呢？（网络宣传） 5.2 当他们决定进行网络宣传的时候，发现预算没有那么多，需要选择哪种低价的网络宣传模式呢？ 5.3 在选择向潜在顾客法邮件的模式后，他们的宣传文案尤其是标题不够吸引人，不能让人产生进一步了解的强烈兴趣，应该怎样修改？	12
6	子项目 6 客户维护	1. 处理投诉事件； 2. 做好客户询价疑问工作	6.1 当顾客投诉所购商品有损坏时，跳蚤网应该如何处理？ 6.2 当顾客有疑问时，是否需要做好客户询价疑问工作，引导客户购买产品（是）	8

七、课程进程表

子项目编号、名称	周次	学时	单元标题	项目编号	能/知目标	师生活动	其他（含考核内容、方法）
子项目1网民购买行为分析	1	4	调查网民情况	1	知识目标：掌握调查方案组成意义 能力目标：能够设计调查问卷	通过案例讨论、设计，学习网民购买行为内容的相关知识	课堂表现与分析报告考核（10%）
	2	4	网路消费者购买行为	1	知识目标：掌握网络购买模式 能力目标：分析网路消费者购买行为	通过案例讨论、设计，学习网民购买行为内容的相关知识，学生能够撰写网民购买行为分析报告	课堂表现与分析报告考核（10%）
子项目2市场细分与定位	3	4	做出市场细分	2	知识目标：掌握市场细分方法以及市场进入策略 能力目标：能够运用合理市场细分知识来确定网络市场定位	通过教师组织、启发、学生讨论，使学生学会市场细分的依据	课堂表现与案例操作结果的考核（10%）
	4	4	确定目标市场	2	知识目标：掌握目标市场定义 能力目标：能够运用合理市场细分知识来确定网络目标市场	通过教师组织、启发、学生讨论，使学生学会找出目标市场	课堂表现与案例操作结果的考核（10%）
	5	4	市场定位	2	知识目标：掌握市场定位方法以及策略 能力目标：能够运用合理市场细分知识来确定网络市场定位	通过教师组织、启发、学生讨论，使学生确定市场定位	课堂表现与案例操作结果的考核（5%）
子项目3网店注册	6	4	完成网上银行的开通	3	知识目标：了解网店注册方式流程 能力目标：能够运用知识注册营销网店	通过教师组织、启发、学生讨论，使学生学会使用计算机操作以及掌握网店注册流程操作	课堂表现与上机操作结果的考核（5%）
	7	4	登录账号，激活账号完成实名认证	3	知识目标：了解网店注册方式流程，激活账号 能力目标：能够运用知识注册营销网店	通过教师组织、启发、学生讨论，使学生学会使用计算机操作以及激活账号完成实名认证	课堂表现与上机操作结果的考核（5%）

子项目编号、名称	周次	学时	单元标题	项目编号	能/知目标	师生活动	其他（含考核内容、方法）
子项目4商品发布	8	4	发布一口价商品	4	知识目标：了解一口价商品发布流程 能力目标：能够运用商品发布知识对新商品进行发布	通过教师组织、启发学生、实际操作，使学生学会在电子商务平台下发布一口价商品	课堂表现与案例应用结果的考核（10%）
	9	4	发布拍卖商品	4	知识目标：了解拍卖商品发布流程 能力目标：能够运用商品发布知识对新商品进行发布	通过教师组织、启发学生、实际操作，使学生学会在电子商务平台下发布拍卖商品	课堂表现与案例应用结果的考核（5%）
	10	4	商品上架	4	知识目标：了解商品上架流程 能力目标：能够运用商品发布知识对新商品上架	通过教师组织、启发学生、实际操作，使学生学会在电子商务平台下让商品上架	课堂表现与案例应用结果的考核（5%）
子项目5网络广告发布	11	4	选择低价的网络宣传模式	5	知识目标：掌握宣传模式 能力目标：能够选择适当的宣传模式	通过教师组织、启发、讲解、学生讨论，使学生能够利用网络知识选择低价的网络宣传模式	堂表现与网络广告发布方案的考核（5%）
	12	4	收集潜在顾客的Email	5	知识目标：掌握收集潜在顾客邮件的方法 能力目标：能够收集潜在顾客邮件	通过教师组织、启发、讲解、学生讨论，使学生能够利用网络知识收集潜在顾客的Email	堂表现与网络广告发布方案的考核（5%）
	13	4	向顾客发邮件广告	5	知识目标：掌握广告策略 能力目标：能够运用网络知识实施网络促销	通过教师组织、启发、讲解、学生讨论，使学生能够利用网络知识向顾客发邮件广告	堂表现与网络广告发布方案的考核（5%）
子项目6客户维护	14	4	处理投诉事件	6	知识目标：掌握处理投诉流程 能力目标：运用客户维护知识对网络消费者的投诉进行处理	通过教师组织、启发、学生讨论，使学生掌握处理投诉的知识以及学会使用计算机操作客户投诉流程操作	课堂表现与投诉处理的考核（5%）
	15	4	做好客户询价疑问工作	6	知识目标：掌握售后服务策略 能力目标：能够运用客户维护知识对网络消费者进行售后服务	通过教师组织、启发、学生讨论，使学生掌握客户维护的知识以及学会使用计算机操作客户维护流程操作	课堂表现与客户维护方案的考核（5%）

八、首末次课设计

1. 首次课设计

首先让学生了解什么是网络营销，网络营销是电子商务专业的核心课程，也是市场营销的一个分支领域。一方面它是市场营销理论在互联网、电子商务平台上的运用，另一方面也是在网络环境下利用现代信息技术对市场营销理论的完善和发展。网络营销是一门以需求、行为研究为核心的学科，变化的只是如何利用互联网提供的各种现代信息技术来进行这种研究，如何利用互联网来影响、管理顾客的需求和行为。

本课程作为商贸系电子商务专业的专业核心课程，其教学目的是使学生初步掌握在网络空间中开展营销活动所应掌握的基本理论和技能。我们把网络知识、技能与市场营销的基本理论结合起来融入整个课程体系，这应该说是本课程的一个基本特点；另外，网络营销并不是仅仅服务于网络公司的，作为一种营销工具，它服务于所有商业机构、政府机构、社会团体，也无论他们是否已经开展电子商务。作为一种基于互联网的营销活动，互联网为网络营销提供了一系列新的方法和工具，主要表现为新的市场调研、客户管理、沟通方法和技术手段。在定价、分销等方面也产生了一些新的特征和方法，本课程将力求反映这种变化。通过讲解要让学生感到上这门课是有意义的。

另外向学生介绍本课程还配有专门的实验课以及大量的课下实训练习题，并有专门的网站提供学习资料下载、学习经验交流。

2. 末次课设计

通过本学期的网络营销课程的学习，让学生认识到在没有学到网络营销这门课之前，他们对网络了解的还不算太多。但实际，它与我们的生活很贴近，通过这学期的网络营销学习学生不仅学到了有关网络营销的专业知识，而且通过老师的启发，得到了许多关于网络营销的应用，真正领略到营销的力量和它对于一项商业活动所起到的作用。

通过这课程的学习，让学生掌握和理解网络营销的概念，对当今网络经济时代下市场的新特点以及网络营销的新模式有了新的认识，加强了学生对网络营销知识的理解和过程、网络市场调查和分析、网络营销的策略、网络广告策略、网络营销组合管理，具备相应的动手能力和理论知识运用能力的掌握。

网络营销，是以互联网为传播手段，通过市场的循环传播，以达到消费者需求和商家诉求的过程。网络营销的职能的实现需要通过一种或多种网络营销手段，常用的网络营销方法有搜索引擎、用户注册、关键词搜索、网络广告、信息发布、个性化营销等。

网络作为一个广阔的交流平台，没有时间和地域的限制，网络营销会成为线下销售之外最主要的销售方式，作为电子商务专业的学生需要充分利用网络，掌握专业技能，为就业打好基础。

九、考核方案

采取学生自行撰写营销策划案，制作 PPT 并以演讲的形式呈现，以此对学生进行考察。考核依据为文字主教材（高等教育出版社出版的钱东人等主编的《网络营销》）。

本课程的考核内容是教学大纲的主要内容，要以本考试说明为主。

学生在学习过程中，依据教学大纲规定的“掌握和了解”两个层次来把握。

掌握的部分：是指本课程中的基本原理和基本知识点，是学生进一步学习专业知识和其从事相关工作密切相关的内容，对于这一部分内容，要求学生要准确记忆、深刻理解并能运用。

了解的部分：本课程中的基本常识，对于这部分内容，要求学生能知晓即可。

平时：平时作业、实训占总评成绩的 40%

结课：期末考核占总评成绩的 60%。采取学生自行撰写营销策划案，制作 PPT 并以演讲的形式呈现，以此对学生进行考察。其中，策划案编写占 30%，PPT 制作占 30%，演讲，小组展示占 40%。

考核标准：

80 分以上——能够正确运用管理学的基本理论，结合实际问题展开分析，观点新颖且合理，语言表达流畅，结构清晰，重点突出，PPT 演示文稿设计新颖，内容丰富。

60～80 分——观点正确、能基本做到理论联系实际，语言较为通顺，结构较为严谨清晰，重点有所突出，PPT 演示文稿设计内容较为翔实。

60 分以下——观点有明显错误，无法作到理论与实际的结合，语言表达不清楚，结构混乱，没有重点，PPT 演示文稿内容不充实。

十、教学材料

教材：

钱东人，朱海波主编，《网络营销》，高等教育出版社，2012 年

辅助材料：

屈云波等编著，《网络营销》，企业管理出版社，2012 年

张廷茂等编著，《网络营销》，河北人民出版社，2012 年

黄敏学著，《网络营销》，武汉大学出版社，2012 年

冯英健著，《网络营销基础与实践》，清华大学出版社，2012 年

冯英健著，《Email 营销》，机械工业出版社，2013 年

十一、本课程常用术语中英文对照

广告	Advertorial
横幅广告	Banner Ad
线上营销	Online Marketing
微型网站	Microsite
大创意	Big Idea
头脑风暴	Brainstorming
品牌忠诚度	Brand Loyalty
工作单/纲要	Brief

广告活动	Campaign
点击量	Click
点击率/点进率	Click Rate
消费者洞察	Consumer Insights
点击成本	CPC
创意金字塔	Creative Pyramid
数字营销	Digital Marketing
电子商务	E-Commerce
即时通讯	IM
整合营销	Integrated Marketing
互动营销/广告	Interactive Marketing/Advertising
互联网营销	Internet Marketing

附：课程进程模版

周数	1	2	3	4	5	6	7	8	9	10	11	12	13	14	15
项目	跳蚤网二手商品交易														
子项目	1. 网民购买行为分析		2. 市场细分与定位			3. 网店注册		4. 商品发布			5. 网络广告发布			6. 客户维护	
内容（或情境）	2013年初，四名大学生张、王、李、赵想自主创业开设一家以二手商品交易为主的CTOC网店，起名为跳蚤网。 2013年5月，四个人开始着手进行市场调研，设计问卷，调查网民的消费习惯和偏好等		面对纷繁的市场，哪一部分才是跳蚤网要进入的市场，这就需要对整个市场进行划分，跳蚤网目前不可能进入所有市场，那就需要在市场细分的基础上选择自己的目标市场，紧接着在确定了目标市场之后，他们四人为跳蚤网明确了市场定位			在确定了目标市场之后，也就是明确了企业的服务对象和经营范围之后，跳蚤网明确了自身的市场定位，下一步需要开通网店了，他们到达银行，于2013年9月开通了网上银行，登录账号并激活账号		对于跳蚤网来说，网店已经建立起来，马上他们四人把商品的照片拍好以后，并发布到网上去			跳蚤网虽然成功的发布了商品，但是想要扩大知名度，还需要做网络宣传，当他们决定进行网络宣传的时候，发现预算没有那么多，需要选择一种低价的网络宣传模式			跳蚤网不但售前准备工作做好了，而且售后服务也很得当，当顾客有疑问时，他们的客服人员立即做好客户询价疑问工作，引导客户购买产品。当跳蚤网经营了一段时间之后，有顾客投诉所购商品有损坏时，跳蚤网及时处理了客户的投诉	
具体任务	1. 调查网民情况，能够设计调查问卷； 2. 分析网路消费者购买行为，并做出调研报告		1. 做出市场细分； 2. 确定目标市场； 3. 明确市场定位			1. 完成网上银行的开通； 2. 登录账号，激活账号； 3. 完成实名认证		1. 发布一口价商品； 2. 发布拍卖商品			1. 选择低价网络宣传模式； 2. 收集潜在顾客的Email，向他们发邮件广告			1. 处理投诉事件； 2. 做好客户询价疑问工作	
考核结果	撰写出调研报告		对目标市场做出准确的定位			完成网店注册		成功在网店上发布商品			成功发送Email宣传邮件			网上解决投诉和解释顾客的疑问	

“感官教育”（Sensorial curriculum）课程整体教学设计

吕春晖

一、课程基本信息

课程名称：感官教育（Sensorial curriculum）（校企合作开发课程）		
所属系部：人文与艺术设计系	制定人：吕春晖	
课程代码：650102122A	学分：3	学时：48
授课时间：第四学期	授课对象：社区管理与服务（早期教育）专业大二年级学生（试点班）	
课程类型：职业技术课		
先修课程：蒙台梭利教学法、日常生活教育	后续课程：蒙氏语言教育、科学文化教育、数学教育	

二、课程定位

1. 岗位分析

（1）本专业毕业生的（技术）岗位分析

初次就业：国际早教机构（蒙台梭利双语幼儿园）第二助教

二次晋升：国际早教机构（蒙台梭利双语幼儿园）第一助教

未来发展：国际早教机构（蒙台梭利双语幼儿园）主讲教师

（2）本课程面向的主要岗位：国际早教机构（蒙台梭利双语幼儿园）助教

- 能力需求

① 能够对婴幼儿的养育者进行婴幼儿生活照料、日常生活保健与护理、潜能开发等方面的指导。

② 具备观察和了解婴幼儿的能力，能够创设有利于婴幼儿成长、学习、游戏的安全教育环境。

③ 根据婴幼儿身心发展规律和学习特点，设计、实施教育活动，并进行有效的教育评价。

④ 具备良好的婴幼儿中英文表达能力，能够与拥有多元文化背景的家长、婴幼儿进行沟通与合作。

⑤ 针对处理家庭关系、社区关系的分析问题、解决问题的能力。

⑥ 具备一定的艺术素养、审美观点和艺术表现能力。

- 知识需求

① 掌握婴幼儿身心发展的特点、规律及个体差异。

② 认知蒙台梭利教育教学法、瑞吉欧·艾米利亚教育、奥尔夫音乐教育、感统教育等国际化早教理念和教育方法。

③ 了解健康、语言、社会、科学、艺术等领域的知识。

● 素质需求

① 具备良好的职业道德和人文素养。

② 热爱早期教育事业，关爱儿童，平等地对待每一位儿童，具有专业责任感、认同感。

③ 具备良好的团队合作精神。

④ 具有不断学习的意愿。

2. 课程分析

本课程为国际化专业试点班的必修课程，前修课程为蒙台梭利教学法、日常生活教育，后续课程为语言教育、科学文化教育及数学教育。课程特色：

（1）多种教学手段的采用，提升了学生的自主学习、探究发现、合作交往的能力，形成了“翻转—启发—示范—探索—合作”的课程教学模式。

（2）以教具的操作为依托，真正实现了“做中教、做中学”项目为载体，任务为驱动的一体化教学模式。

（3）专业的双语教学方式，不仅提高了学生的专业英语口语水平，更大大提高了学习效率，为进入国际幼儿园打下坚实的基础。

三、课程目标设计

1. 总体目标

本门课程来自于我院社区管理与服务（早期教育）专业，该专业率先开发了国际化专业教学标准，并与威德国际教育集团——蒙台梭利教学法国际交流中心实现校企深度共融，共建实习实训场所，共同开发国际先进的蒙氏教育理念课程，实现中英文双语授课。

本课程培养学生系统学习蒙氏感官教育理念，掌握示范操作感官教具的方式方法，使学生具备一定的专业英语会话能力，可以具备在蒙台梭利国际幼儿园辅助主讲教师设计并开展感官教学活动。

2. 能力目标

（1）必须以科学家的精神，运用科学的方法去观察和研究儿童，揭示儿童的内心世界，发现童年的秘密。

（2）能根据蒙氏教学法，运用感官教育理念给儿童提供活动的环境及进行作业的教具（创设有准备环境）。

（3）能够为不会使用教具材料的儿童提供示范行为。

（4）能够在儿童进行自行的感官活动时提供指导、帮助；保持教室的纪律和秩序，制止不良行为。

（5）能够运用感官教育理念协助主讲教师设计感官教学活动并开展双语教学活动。

3. 知识目标

（1）理解感官教育理念的实质。

（2）熟悉观察记录的内容和项目。

（3）掌握每一种感官教具的名称和原理。

（4）掌握与幼儿沟通的方法和技巧。

4. 素质目标

（1）反应敏锐、明察秋毫、冷静沉着，学会观察儿童。

（2）良好的家园沟通能力，常与儿童的父母及生活的社区联系沟通。

（3）学会尊重和热爱儿童，承认儿童本身所具有的能力，允许和支持儿童开展自我教育。

（4）鼓励儿童，将儿童看作教育的主体，强调充分调动儿童的学习积极性，使他们投身于丰富多彩的活动之中，从而促进自我发展。

（5）谦虚有礼、温柔亲切、省思自我的特质。

（6）自主学习及可持续发展。

四、课程内容设计

项目名称	子项目名称	学时
在北京嘉德蒙台梭利双语幼儿园辅助主讲教师设计并开展感官课程教学活动	子项目 1　感受双语幼儿园氛围，增强职业认同感	4
	子项目 2　进修国际化蒙氏感官教育理念	4
	子项目 3　学习感官教具示范操作	20
	子项目 4　撰写练习工作名称教案	8
	子项目 5　如何观察与记录	8
	子项目 6　感官课程教学设计与实施	4
合　计		48

五、项目任务设计

编号	子项目编号、名称	任务	能力目标	知识目标	训练方式、手段及步骤	可展示的结果
1	子项目 1　感受双语幼儿园氛围，增强职业认同感	1-1 实地感受国际幼儿园的职业氛围、环境创设	能根据蒙氏教学法，运用感官教育理念给儿童提供活动的环境及进行作业的教具（创设有准备环境）	掌握每一种感官教具的名称和原理	翻转——课下学习，课上解疑 启发——互动开场，引起兴趣 示范——示范引领，切中主题 探索——亲自体验，积累经验 合作——小组团队，重注观察	报告、视频

编号	子项目编号、名称	任务	能力目标	知识目标	训练方式、手段及步骤	可展示的结果
1	子项目1 感受双语幼儿园氛围，增强职业认同感	1-2 观察幼儿接受蒙氏教育的状态	必须以科学家的精神，运用科学的方法去观察和研究儿童	掌握婴幼儿身心发展的特点、规律及个体差异	翻转——课下学习，课上解疑 启发——互动开场，引起兴趣 示范——示范引领，切中主题 探索——亲自体验，积累经验 合作——小组团队，重注观察	报告、视频
2	子项目2 进修国际化蒙氏感官教育理念	2-1 中英双语版感官教育理念	双语沟通能力	认知蒙台梭利感官教育教学法	翻转——课下学习，课上解疑 启发——互动开场，引起兴趣 示范——示范引领，切中主题 探索——亲自体验，积累经验 合作——小组团队，重注观察	英语问答
3	子项目3 学习感官教具示范操作	3-1 带插座圆柱体、粉红塔、红棒等 21 种感官教具的操作	能够为不会使用教具材料的儿童提供示范行为、学会操作	掌握每一种感官教具内涵	翻转——课下学习，课上解疑 启发——互动开场，引起兴趣 示范——示范引领，切中主题 探索——亲自体验，积累经验 合作——小组团队，重注观察	教具操作
4	子项目4 撰写练习工作名称教案	4-1 练习撰写教案、边回忆边思考，向主讲教师询问开阔思路	能够在儿童进行自行的感官活动时提供指导、帮助	教学方法如何运用，规范教学步骤	翻转——课下学习，课上解疑 启发——互动开场，引起兴趣 示范——示范引领，切中主题 探索——亲自体验，积累经验 合作——小组团队，重注观察	感官教具工作名称教案

编号	子项目编号、名称	任务	能力目标	知识目标	训练方式、手段及步骤	可展示的结果
5	子项目5　如何观察与记录	5-1 了解为什么进行观察，做好记录表单	必须以科学家的精神，运用科学的方法去观察和研究儿童；揭示儿童的内心世界，发现童年的秘密	熟悉观察记录的内容和项目	翻转——课下学习，课上解疑 启发——互动开场，引起兴趣 示范——示范引领，切中主题 探索——亲自体验，积累经验 合作——小组团队，重注观察	观察记录表单
6	子项目6　感官课程教学设计与实施	6-1 分步骤、掌握方法和实施手段	能够运用感官教育理念协助主讲教师设计感官教学活动并开展双语教学活动	掌握与幼儿沟通的方法和技巧	翻转——课下学习，课上解疑 启发——互动开场，引起兴趣 示范——示范引领，切中主题 探索——亲自体验，积累经验 合作——小组团队，重注观察	设计方案

六、项目情境设计

编号	子项目编号、名称	任务	情境	学时
1	子项目1 感受双语幼儿园氛围，增强职业认同感	1-1 实地感受国际幼儿园的职业氛围、环境创设 1-2 观察幼儿接受蒙氏教育的状态	情境 1　**同学到访北京嘉德蒙台梭利双语幼儿园 情境 2　**同学被安排到某班级进行实地观察，并撰写体会	4
2	子项目2 进修国际化蒙氏感官教育理念	2-1 中英双语版感官教育理念	情境 1　人力资源总监对助教进行面试并双语提问	4
3	子项目3 学习感官教具示范操作	3-1 带插座圆柱体、粉红塔、红棒等 21 种感官教具的操作	情境 1　当幼儿不会操作感官教具，如何加以示范和引导？ 情境 2　蒙氏感官教具可以变化和延伸，怎么做到？	20

编号	子项目编号、名称	任务	情境	学时
4	子项目 4 撰写练习工作名称教案	4-1 练习撰写教案、边回忆边思考，向主讲教师询问开阔思路	情境 1　教学主任举行教案比赛，如何撰写优秀教案？	8
5	子项目 5 如何观察与记录	5-1 了解为什么进行观察，做好记录表单	情境 1　喵喵，2 岁半，性子很急，倘若他想选择一种教具进行操作，你可不可以进行全程的观察和记录。 情境 2　五个年龄不同的幼儿在蒙氏班里开展着各自的工作。	8
6	子项目 6 感官课程教学设计与实施	6-1 分步骤、掌握方法和实施手段	情境 1　**同学将配合主讲教师开展感官教学，你如何开展？	4

七、课程进程表

子项目编号、名称	周次	学时	单元标题	项目编号	能/知目标	师生活动	其他（含考核内容、方法）
子项目 1 感受双语幼儿园氛围，增强职业认同感	1	4	感受双语幼儿园氛围，增强职业认同感	1	能根据蒙氏教学法，运用感官教育理念给儿童提供活动的环境及进行作业的教具（创设有准备环境）	实地参观、讨论	讨论、感想
子项目 2 进修国际化蒙氏感官教育理念	2	4	进修国际化蒙氏感官教育理念	2	理解感官教育理念的实质	模拟扮演	英语会话、理念陈述
子项目 3 学习感官教具示范操作	3	4	学习感官教具示范操作（1）	3	掌握每一种感官教具的名称和原理、能够为不会使用教具材料的儿童提供示范行为	教学做一体化	口头展示、教具分析、活动展示

子项目编号、名称	周次	学时	单元标题	项目编号	能/知目标	师生活动	其他(含考核内容、方法)
子项目3 学习感官教具示范操作	4	4	学习感官教具示范操作（2）	3	掌握每一种感官教具的名称和原理、能够为不会使用教具材料的儿童提供示范行为	教学做一体化	口头展示、教具分析、活动展示
	5	4	学习感官教具示范操作（3）	3	掌握每一种感官教具的名称和原理、能够为不会使用教具材料的儿童提供示范行为	教学做一体化	口头展示、教具分析、活动展示
	6	4	学习感官教具示范操作（4）	3	掌握每一种感官教具的名称和原理、能够为不会使用教具材料的儿童提供示范行为	教学做一体化	口头展示、教具分析、活动展示
	7	4	学习感官教具示范操作（5）	3	掌握每一种感官教具的名称和原理、能够为不会使用教具材料的儿童提供示范行为	教学做一体化	口头展示、教具分析、活动展示
子项目4 撰写练习工作名称教案	8	4	撰写练习工作名称教案（1）	4	能够在儿童进行自行的感官活动时提供指导、帮助；保持教室的纪律和秩序，制止不良行为	分析讨论	小组讨论、头脑风暴
	9	4	撰写练习工作名称教案（2）	4	能够在儿童进行自行的感官活动时提供指导、帮助；保持教室的纪律和秩序，制止不良行为	分析讨论	小组讨论、头脑风暴

子项目编号、名称	周次	学时	单元标题	项目编号	能/知目标	师生活动	其他(含考核内容、方法)
子项目 5 如何观察与记录	10	4	观察的重要性	5	运用科学的方法去观察和研究儿童，揭示儿童的内心世界，发现童年的秘密	模拟扮演　观察活动	小组讨论、观察记录
	11	4	记录的方法	5	熟悉观察记录的内容和项目	模拟扮演　观察活动	小组讨论、观察记录
子项目 6 感官课程教学设计与实施	12	4	感官课程教学设计与实施	6	能够运用感官教育理念协助主讲教师设计感官教学活动并开展双语教学活动	教师示范、学生实地操作	设计方案

八、首末次课设计

1. 首次课设计

（1）翻转——课下学习，课上解疑（课下、课上 10 分钟）

课前教师下发阅读材料（信息化网络平台）及评估试题，使学生预先阅读难懂的教育理念、概念，专业英文词汇，学生通过提交试题，教师掌握每位学生的学习情况，并汇总学生的疑惑，课上一对一解惑，大大提高了学生自主学习能力和课堂吸收效率。

（2）启发——互动开场，引起兴趣（5 分钟）

良好学习效果的先决条件是轻松与喜悦。

（3）示范——示范引领，切中主题（15 分钟）

教师邀请一位同学，配合示范演示粉红塔的操作流程，经过开场的走线活动学生专注度也大大提高，边看边记。教师示范过程中若出现语言，一律用英语进行。出现重点强调地方用中文解释。

（4）探索——亲自体验，积累经验（15 分钟）

播放视频——往届学生的教具操作演示过程。小组观看后进行讨论。

3 人为一组，1 位扮演主讲教师，1 位扮演儿童，1 位扮演观察者——进行小组为单位的自主探究式学习　进一步经验儿童的经验　并锻炼英语表达能力

（5）合作——小组团队，重注观察（课下）

课下以小组为单位完成教学录像视频并上传网站

2. 末次课设计

与学生一起总结岗位教学实施过程。

学生小组讨论分析得出。

教师利用信息化手段（可视化绘图软件）与学生总结感官教育的核心理念、教具名称、操作内涵等并保存图片便于学生记忆。

九、考核方案

本课程采用过程性项目考核方式，针对学生的职业态度、能力、项目完成情况进行综合评价。

	项目一	项目二	项目三	项目四	项目五	项目六
考核评价手段（方式）	讨论、感想	英语会话、理念陈述	口头展示、教具分析、活动展示	小组讨论、头脑风暴	小组讨论、观察记录	设计方案
分值比例	10%	20%	30%	10%	20%	10%

十、教学材料

校本讲义（校企合作）：

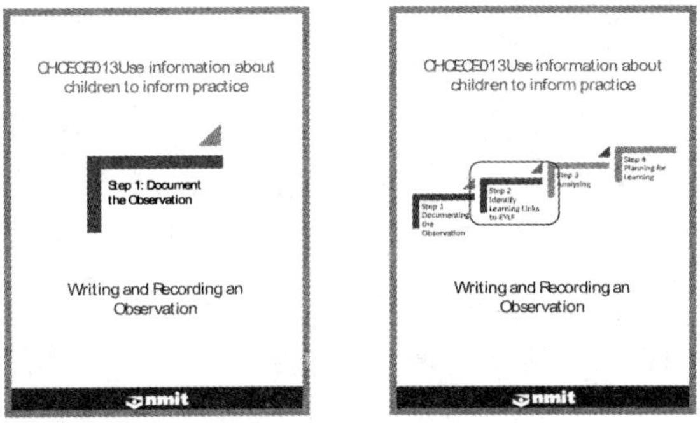

澳大利亚 TAFE 课程培训包

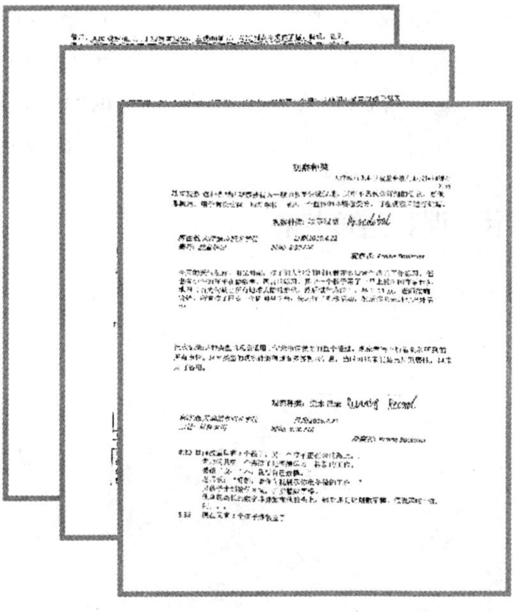

IMTI 认证课程讲义

参考资料：美国 AMS 课程讲义——《感官教育》。

拥有蒙台梭利感官教具的校内实训基地。

十一、需要说明的其他问题

此课程与我院开设的“幼儿活动观察与指导”课程关联性强。

十二、本课程常用术语中英文对照

插座圆柱体	Knobbed cylinders
粉红塔	Pink Tower
红棒	Red Rods
棕色梯	Broad stairs
二项式	Binomial cube
三项式	Trinomial cube
构建三角形盒	Constructive triangle boxes
几何嵌板橱，展示托盘	Geometric Cabinet+demo tray
彩色圆柱体	Knob-less cylinders
色板盒	Colour Tablets(box)
压觉练习	Baric tablets
嗅觉瓶	Olfactory bottles
神秘袋	Mystery Bag
粗糙光滑板	Touch boards
砂纸板	Sandpaper tablets
味觉练习	Gustatory exercises
温觉练习	Thermic exercises
音筒	Sound cylinders

附：课程进度模板

周次	1周	2周	3周	4周	5周	6周	7周	8周	9周	10周	11周	12周
项目	在北京嘉德蒙台梭利双语幼儿园辅助主讲教师设计并开展感官课程教学活动											
子项目	感受双语幼儿园氛围，增强职业认同感	进修国际化蒙氏感官教育理念	学习感官教具示范操作					撰写练习工作名称教案		如何观察和记录		感官课程教学设计与实施
情境	情境：**同学到访北京嘉德蒙台梭利双语幼儿园	情境：人力资源总监对助教进行面试并双语提问	情境：当幼儿不会操作感官教具，如何加以示范和引导？	情境：当幼儿不会操作感官教具，如何加以示范和引导？	情境：当幼儿不会操作感官教具，如何加以示范和引导？	情境：当幼儿不会操作感官教具，如何加以示范和引导？	情境：当幼儿不会操作感官教具，如何加以示范和引导？	情境：蒙氏感官教具可以变化和延伸，怎么做到？	情境：教学主任举行教案比赛，如何撰写优秀教案？	情境：喵喵，2岁半，性子很急，倘若他想选择一种教具开展活动，但又不知如何操作	情境：5个年龄不同的幼儿在蒙氏班里开展着各自的工作	情境：你将配合主讲教师开展感官教学，你如何开展？
具体任务	1. 实地感受国际幼儿园的职业氛围、环境创设 2. 观察幼儿接受蒙氏教育的状态	自学中英双语版感官教育理念	学会操作感官教具： 1. 带插座圆柱体组 2. 粉红塔	学会操作感官教具： 3. 棕色梯 4. 红棒 5. 色板盒	学会操作感官教具： 6. 彩色圆柱体 7. 几何立体组 8. 几何橱 9. 神秘袋	学会操作感官教具： 10. 几何构成三角形盒 11. 三角形盒 12. 小六边形盒 13. 大六边形盒 14. 二项式 15. 三项式	学会操作感官教具： 16. 粗糙光滑板 17. 砂纸板 18. 音筒 19. 重量板/压觉板 20. 味觉瓶 21. 温觉板	练习撰写教案、边回忆边思考	向主讲教师询问开阔思路	1. 了解为什么？ 2. 做好记录单	会做观察记录	1. 协助主讲创设有准备的环境 2. 做好观察记录 3. 做好个体指导和协助 4. 学习控制环境
考核结果	讨论、感想	英语会话、理念陈述	口头展示、教具分析、活动展示					小组讨论、头脑风暴		小组讨论、观察记录		设计方案

“文书工作与档案管理”课程整体教学设计

王君艳

一、课程基本信息

课程名称：文书工作与档案管理		
所属系部：人文与艺术设计系	制定人：王君艳	
课程代码：6601121213	学分：4	学时：64
授课时间：第二学期	授课对象：高职文秘专业一年级学生	
课程类型：职业技术课		
先修课程：秘书基础与实务、秘书写作	后续课程：信息工作与调研、电子政务	

二、课程定位

1. 岗位分析

通过调研，在了解了机关、团体、企事业单位岗位设计类型及工作岗位的要求，并对这些岗位进行分析之后，找出与文秘专业对应的岗位群。本专业毕业生初次就业岗位为前台接待、打字员、办公室秘书、档案管理员、部门主管助理。二次晋升岗位是行政部门主管，未来发展方向是担任基层国家机关、团体、基层事业单位及中小型企业的行政主管。

岗位类别为管理岗。

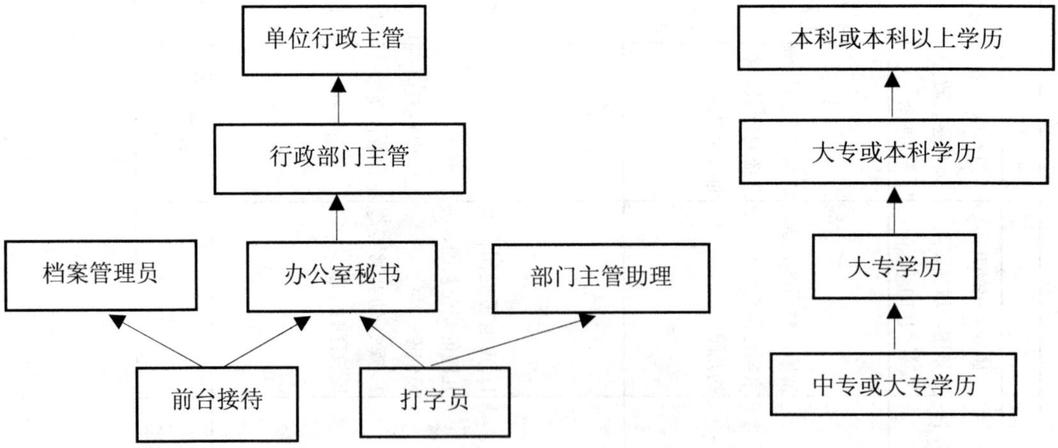

2. 课程分析

文秘专业的人才培养目标是培养具有扎实的秘书知识和技能，能熟练地完成现代化办公，具有较强的文字表达能力和语言表达能力，具有接待、沟通协调以及辅助行政管理的能力，具有良好的职业素养和可持续发展能力的现代技术技能的秘书人才。秘书应具备的职业能力如下表所示。

能力结构	支撑课程
现代办公能力	计算机应用基础、常用办公软件实训、电子政务、网页设计与制作、现代办公设备使用、秘书基础与实务、文书工作与档案管理、会议实务、中文速录
文书写作能力	秘书写作、现代汉语、大学语文
沟通协调能力	秘书沟通技巧、秘书礼仪、公关原理与实务、现代秘书心理学、中国文化要义、舞蹈与形体训练、实用英语、秘书英语口语
行政管理能力	现代企业管理、行政管理、人力资源管理、秘书法务、基础会计、信息工作与调查研究

“文书工作与档案管理”课程作为文秘专业必修的职业技术课，承接秘书基础与实务、秘书写作等课程，后续信息工作与调研、电子政务等课程，培养学生掌握文书工作和档案管理工作的技能，形成现代办公能力。本课程与中职、本科的相关课程的区别参见下表。

内容	中职	高职	本科
文书制作	主要讲授事务性文书的制作格式	主要讲授通知、函和上行文书，以及意向书、订货单、商品说明书等商务文书的制作格式	主要讲授领导指导性文书，以及讲话稿、调研报告、招投标书等文书的制作格式
文书处理	主要讲授文件签收、拆封、登记、分办、封发等工作环节的工作内容和工作方法	主要讲授文件缮印、校对、用印、传阅等工作环节的工作内容和工作方法	主要讲授文件审核、拟办、承办、催办等工作环节的工作内容和工作方法
文档管理	主要讲授确定文书归档范围、立卷归档、装订等的技术和方法	主要讲授档案分类、编制档案检索工具、档案鉴定、档案库房管理等的技术和方法	主要讲授档案利用、档案编研、电子档案管理等的技术和方法

三、课程目标设计

1. 总体目标

本课程是文秘专业必修的职业技术课，主要讲授文书工作的程序与方法，包括文书制作、文书处理、文书的平时管理与年终的立卷归档；档案管理工作的程序与方法，包括档案的收集、鉴定、整理、保管、利用等具体工作环节的内容、方法与要求。使学生能独立承担文书工作与档案管理工作的工作任务。

2. 能力目标

（1）能够按照《国家行政机关公文格式》要求完成企事业单位常用文书的制作。

（2）能够按照《国家行政机关公文处理办法》完成日常的收发文处理，以及文件的平时归卷。

（3）能够按照《归档文件整理规则》完成年终立卷归档工作。

（4）能够按照《机关档案工作条例》完成档案整理、保管、利用等具体工作。

3. 知识目标

（1）了解文书的种类，掌握企事业单位常用文书的适用范围，正确选用文种。

（2）了解文书不同稿本的种类、特点和使用、管理要求。

（3）熟知现行国家行政机关公文格式。

（4）熟知现行的行文制度和行文要求。

（5）了解收发文处理程序，掌握现行国家行政机关公文处理办法。

（6）了解文书归档范围，掌握鉴定文件价值的基本方法。

（7）掌握收集、整理文件资料的方法和要求。

（8）掌握文书归档的方法和要求，向档案馆移交档案的方法和要求。

（9）掌握档案收集、鉴定、分类的方法和要求。

（10）掌握档案库房日常管理的要求和方法。

（11）掌握档案阅览与外借的管理制度和管理方法。

（12）了解编制大事记、组织沿革、文件汇编、基础数字汇编的基本方法。

4. 素质目标

《国家行政机关公文处理办法》指出："公文的处理应当坚持实事求是、精简、高效的原则，做到及时、准确、安全。""公文处理必须严格执行国家保密法律、法规和其他有关规定，确保国家机密安全。"

四、课程内容设计

项目名称	子项目名称	学时
办公室日常文书处理	子项目 1　文书制作	8
	子项目 2　收文处理	8
	子项目 3　发文处理	8
	子项目 4　平时归卷	8
办公室年终立卷归档	子项目 5　立卷归档	8
档案室档案管理	子项目 6　档案整理	8
	子项目 7　档案保管	8
	子项目 8　档案利用	8
合　计		64

五、项目任务设计

<table>
<tr><th>编号</th><th>子项目编号、名称</th><th>任务</th><th>能力目标</th><th>知识目标</th><th>训练方式、手段、步骤</th><th>可展示的结果</th></tr>
<tr><td>1</td><td>子项目1文书制作</td><td>完成办公室日常文书的制作</td><td>能够按照《国家行政机关公文格式》的要求，完成企事业单位常用文书的制作</td><td>了解文书种类，掌握企事业单位常用文书的适用范围，熟知现行机关公文格式</td><td rowspan="5">下达工作任务1↘
↓ （1学时）
布置学习资料↗
↓
完成工作任务↘
↓ （1学时）
提交工作任务↗
↓
检查工作任务完成情况
↓
总结工作完成情况，展示典型问题，提供解决问题的方法（1学时）
↓
修改工作中存在的问题（1学时）
↓
再提交
↓
工作质量考核
↓
下达工作任务2 ↘
↓ （4学时）
完成工作任务 ↗
↓
提交工作任务
↓
工作质量考核</td><td>制作一份下行文、一份上行文</td></tr>
<tr><td>2</td><td>子项目2收文处理</td><td>完成办公室日常收文的处理</td><td>能够按照《国家行政机关公文处理办法》的要求完成日常收文处理</td><td>掌握收文处理程序及各工作环节的工作内容、工作方法和工作要求</td><td>拟写文件处理流程及各处理环节的工作方法。如需登记，设计并填写表格</td></tr>
<tr><td>3</td><td>子项目3发文处理</td><td>完成办公室日常发文的处理</td><td>能够按照《国家行政机关公文处理办法》的要求完成日常发文处理。</td><td>掌握发文处理程序及各工作环节的工作内容、工作方法和工作要求</td><td>拟写文件处理流程及各处理环节的工作方法。如需登记，设计并填写表格</td></tr>
<tr><td>4</td><td>子项目4平时归卷</td><td>完成办公室文书的平时管理</td><td>能够按照《国家行政机关公文处理办法》的要求完成文书的平时管理</td><td>掌握及时收集文书的措施和方法，掌握文书平时管理的规定和要求</td><td>编制立卷类目、收文登记簿、发文登记簿，并为办公室制定购置档案装具方案</td></tr>
<tr><td>5</td><td>子项目5立卷归档</td><td>完成办公室文书的年终立卷归档</td><td>能够按照《归档文件整理规则》的要求完成年终立卷归档工作</td><td>掌握立卷规则，包括立卷工作的内容、方法和要求。掌握归档制度，包括归档范围、整理要求、归档时间</td><td>符合归档制度的案卷，并拟写1份校外综合实训报告</td></tr>
</table>

编号	子项目编号、名称	任务	能力目标	知识目标	训练方式、手段、步骤	可展示的结果
6	子项目6 档案整理	完成档案室档案接收、整理、销毁工作	能按照《机关档案工作条例》将归档文件收集齐全，确定保存价值，完成档案整理、分类，销毁过期档案	掌握文书归档的要求及向档案馆移交档案的要求。掌握档案鉴定、分类、销毁的方法和要求		形成1份校外综合实训报告
7	子项目7 档案保管	完成档案室档案有序化管理，做好档案日常保管	能够按照档案库房管理制度做好档案库房的日常管理，确保档案的安全和有序	掌握档案库房日常管理的要求和方法		拟写档案库房建设方案，制定档案保管制度
8	子项目8 档案利用	完成档案阅览、外借工作；编制大事记、文件汇编	能够拟写档案阅览室建设方案。能够为使用者提供档案的阅览、外借、复制等服务。能编写大事记、文件汇编	掌握档案阅览与外借的管理制度和管理方法。了解编制大事记、文件汇编、基础数字汇编的基本方法		拟写档案阅览室建设方案；制定档案阅览室管理制度、档案外借制度；编写一份大事记

六、项目情境设计

编号	子项目编号、名称	任务	情境	学时
1	子项目1 文书制作	完成办公室日常文书的制作	1.1 某市轻工业局针对所属的工业产品物资公司准备在珠海成立销售分公司的请示给予批复。 1.2 某市轻工业局制作一份会议纪要，分发所属各单位贯彻执行。 1.3 中国人民银行××分行针对××火电厂计划向社会公开发行企业债券一事向中国人民银行总行请示。 1.4 某职业学院准备筹建动漫专业校内实训基地，向市教育局申请资金。	8

编号	子项目编号、名称	任务	情境	学时
2	子项目2 收文处理	完成办公室日常收文的处理	2.1 以下是某市轻工局某日收到的5份文件，完成收文的处理。 1. 中共某市委组织部、某市人事局制发的《关于企业单位聘用干部及聘用制干部管理的实施意见》 2. 中共某市委组织部制发的《关于实行厂长经理聘任行政副职的通知》 3. 中共某市委组织部制发的《关于贯彻落实某组字[1998]53号文件若干问题的通知》 4.《中共某市委、某市人民政府关于命名表彰第二批专业技术拔尖人才的决定》.该决定表彰的四十名专业技术拔尖人才中,有几位是某市轻工业企业的技术干部,没有某市轻工局机关的技术干部。 5.《某市工业产品物资公司关于在珠海成立分公司的请示》 2.2 以下是某公司某日收到的4份文件，完成收文的处理。 1. 所属上级发来的《××企业集团办公会议纪要》 2. 某公司发来的《关于开展双方技术交流活动的函》 3. 所属上级发来的《××企业集团关于同意拨款修建地下消防栓的批复》 4.《××企业集团关于××公司司机××私自开车到泉州游玩的处理通报》（司机××并非本公司人员）	8
3	子项目3 发文处理	完成办公室日常发文的处理	3.1 某市轻工局针对《某市工业产品物资公司关于在珠海成立分公司的请示》予以同意的回复。 3.2 A公司针对B公司发来的《关于开展双方技术交流活动的函》予以同意交流合作的回复。 3.3 某市轻工局针对中共某市委组织部制发的《关于贯彻落实某组字[1998]53号文件若干问题的通知》制发内部管理条例，发布实施。 3.4 A公司结合所属上级发来的《××企业集团关于××公司司机××××私自开车到泉州游玩的处理通报》制定本公司的公车管理办法，发布实施。	8
4	子项目4 平时归卷	完成办公室文书的平时管理	4.1 为某市轻工局编制立卷类目、编制收发文登记簿、购置文件装具。 4.2 为某职业学院编制立卷类目、编制收发文登记簿、购置文件装具。	8
5	子项目5 立卷归档	完成文书的立卷归档	5.1 某建筑设计院的某设计项目已完成,科技档案室要确定此项目所形成的科技图纸的归档范围和保存价值，对此项目所形成的科技图纸进行立卷，并排列、编目、归档。 5.2 某职业学院教务处在期末进行教学档案的立卷归档,需确定归档文件的归档范围和保存价值，对教学档案进行立卷，并排列、编目、归档。	8

编号	子项目编号、名称	任务	情境	学时
6	子项目 6 档案整理	完成档案室档案接收、整理、销毁工作	6.1 为某建筑设计院科技档案室制定档案分类方案。 6.2 某建筑设计院科技档案室对到期的科技档案进行鉴定销毁。 6.3 为某职业学院档案室制定档案分类方案。 6.4 某职业学院档案室对到期的档案进行鉴定销毁。	8
7	子项目 7 档案保管	完成档案室档案有序化管理，做好档案日常保管	7.1 某公司档案库房存在诸多问题，上级主管部门要求其整改。请为该公司拟定档案库房建设方案和档案库房保管制度。 7.2 某职业学院准备建立档案馆，综合管理文书档案、科技档案、教学档案。请为其拟定档案库房建设方案和档案库房保管制度。	8
8	子项目 8 档案利用	完成档案阅览、外借工作；编制大事记、文件汇编	8.1 某公司档案室服务利用工作长期滞后，公司档案长期得不到利用。请为其档案室设立一阅览室，并制定公司档案室阅览制度。为该公司档案室制定档案外借制度。 8.2 某公司准备编写公司成立十周年大事记。 8.3 某职业学院准备建立档案馆，综合管理文书档案、科技档案、教学档案。请为其拟定档案阅览室建设方案及档案阅览制度、档案外借制度。 8.4 某职业学院准备编写建校十周年大事记。	8

七、课程进程表

<table>
<tr><th>子项目编号、名称</th><th>周次</th><th>学时</th><th>能力/知识目标</th><th>师生活动</th><th>其他（含考核内容、方法）</th></tr>
<tr><td>子项目 1 文书制作</td><td>1～2</td><td>8</td><td>能力目标：能按《国家行政机关公文格式》制作上、下行文
知识目标：1. 了解文书的种类和各种文书的适用范围。2. 了解不同文种的使用要求。3. 熟练掌握上、下行文的制作格式和制作要求。</td><td rowspan="2">教师：
1. 下达工作任务
2. 布置学习材料
3. 辅导学生学习学习材料
4. 参与学生讨论
5. 指导学生实训
6. 检查学习、工作完成情况
7. 汇总实训中出现的问题
8. 提出解决问题的途径和方法
9. 评价学生学习、工作水平</td><td>制作一份下行文、一份上行文</td></tr>
<tr><td>子项目 2 收文处理</td><td>3～4</td><td>8</td><td>能力目标：依据《国家行政机关公文处理办法》，按照承办性收文、回复性收文、阅知性收文的处理程序，完成收文处理。
知识目标：1. 熟知现行的行文制度和行文要求。2. 掌握收文处理程序。3. 掌握现行机关承办性公文、回复性公文、阅知性公文的处理办法。</td><td>拟写文件处理流程及各处理环节的工作方法。如需登记，设计并填写表格</td></tr>
</table>

子项目编号、名称	周次	学时	能力/知识目标	师生活动	其他（含考核内容、方法）
子项目3 发文处理	5～6	8	能力目标：依据《国家行政机关公文处理办法》，按照对外、对内发文的处理程序，完成发文处理。 知识目标：1. 掌握发文处理程序。2. 掌握现行机关对外、对内发文的处理办法。	学生： 1. 学习学习材料，掌握相关专业术语、专业知识 2. 完成工作任务 3. 提交工作任务 4. 修改工作中存在的问题 5. 重新提交工作任务	拟写文件处理流程及各处理环节的工作方法。如需登记，设计并填写表格
子项目4 平时归卷	7～8	8	能力目标：按照《归档文件整理规则》的要求，独立完成机关、企事业单位的立卷类目的编制、文件登记簿的编制，制定购置文件装具方案。 知识目标：1. 掌握平时归卷的工作程序。2. 掌握常用的归档文件分类方法。3. 掌握机关、企事业单位立卷类目的格式。4. 掌握文件登记分类方法。5. 掌握收发文登记办法。6. 掌握收发文登记簿格式。7. 掌握档案装具种类。8. 掌握档案装具规格。9. 了解档案装具购置渠道。		编制“立卷类目”、收文登记簿、发文登记簿，并为办公室制定购置档案装具方案
子项目5 立卷归档	9～10	8	能力目标：1. 依据《文书档案保管期限表》，确定归档文件的归档范围和保存价值。2. 按照《归档文件整理规则》，整理归档文件并分类、组卷。3. 按照《归档文件整理规则》，对整理好的文件、案卷进行排列、编目。 知识目标： 1. 掌握文件归档范围。2. 掌握文件保管期限。3. 掌握《文书档案保管期限表》的内容和规定。4. 掌握归档文件整理要求和整理方法。5. 掌握归档文件分类方法。6. 掌握机关、企事业单位所用档案分类大纲的体系与内容。7. 掌握卷内文件排列方法。8. 掌握案卷排列方法。9. 掌握卷内目录编制方法。10. 掌握案卷目录编制方法。		符合归档制度的案卷，并拟写 1 份校外综合实训报告
子项目6 档案整理	11～12	8	能力目标：1. 按照《机关档案工作条例》进行档案室档案分类整理。2. 定期进行档案室档案鉴定和销毁。 知识目标：1. 掌握常用的复式档案分类法的适应范围和使用方法。2. 掌握档案鉴定的原则和方法。3. 掌握档案销毁制度、程序、方法。		形成 1 份校外综合实训报告

子项目编号、名称	周次	学时	能力/知识目标	师生活动	其他（含考核内容、方法）
子项目7档案保管	13∫14	8	能力目标：1. 按照《机关档案工作条例》为机关、企事业单位档案室制定档案库房建设、档案装具及设备的配置方案。2. 制定档案保管制度，并完成档案库房日常的保护和管理。 知识目标：1. 了解档案库房建设的基本要求。2. 了解档案库房设备配置要求。3. 掌握档案库房有序化管理的方法。4. 掌握档案保护所需物质条件。5. 掌握档案保护的基本方法。6. 掌握档案保管的程序和方法。		拟写档案库房建设方案，制定档案保管制度
子项目8档案利用	15∫16	8	能力目标：1. 按照《机关档案工作条例》制定阅览室建设及设备配置的方案。制定档案阅览室管理制度。完成阅览室日常管理。2. 制定档案外借制度，并完成档案外借管理工作，确保档案安全。3. 能为机关、企事业单位编写大事记。 知识目标：1. 掌握阅览室建设及设备配置要求。2. 掌握档案阅览室管理制度。3. 掌握档案外借制度。4. 了解大事记的性质和作用。5. 掌握大事记的格式和编写方法。6. 掌握大事记材料遴选的方法。		拟写档案阅览室建设方案，制定档案阅览室管理制度、档案外借制度。编写一份大事记

八、首末次课设计

1. 首次课设计

（1）案例引入

文秘专业学生于敏到江苏华荣公司上海销售分公司进行顶岗实习，公司行政主管要求于敏先将公司的一份会议纪要打印出来并发送给相关部门，然后开始整理公司上半年所形成的文件资料，要求分类归卷。

（2）任务分析

于敏要完成会议纪要打印与分送的工作任务，就应掌握《国家行政机关公文格式》和《国家行政机关公文处理办法》的有关规定与要求。要整理公司上半年所形成的文件资料，并符合文件归档要求，就应掌握《归档文件整理规则》的有关规定与要求。

（3）课程简介

<table>
<tr><th>序号</th><th>训练项目</th><th>能力目标</th><th>知识目标</th><th>训练方式</th></tr>
<tr><td>1</td><td>文书制作</td><td>能够按照《国家行政机关公文格式》完成企事业单位常用文书的制作</td><td>了解文书种类，掌握企事业单位常用文书的适用范围。熟知现行机关公文格式</td><td rowspan="8">下达工作任务 1↘
↓ （1 学时）
布置学习资料↗
↓
完成工作任务↘
↓ （1 学时）
提交工作任务↗
↓
查完成情况
↓
总结工作完成情况，展示典型问题， 提供解决问题的方法
↓ （1 学时）
修改工作中存在的问题
↓ （1 学时）
再提交
↓
工作质量考核
↓
下达工作任务 2↘
↓ （4 学时）
完成工作任务↗
↓
提交工作任务
↓
工作质量考核</td></tr>
<tr><td>2</td><td>收文处理</td><td>能够按照《国家行政机关公文处理办法》完成日常收文处理</td><td>掌握收文处理程序及各工作环节的工作内容、工作方法和工作要求</td></tr>
<tr><td>3</td><td>发文处理</td><td>能够按照《国家行政机关公文处理办法》完成日常发文处理</td><td>掌握发文处理程序及各工作环节的工作内容、工作方法和工作要求</td></tr>
<tr><td>4</td><td>平时归卷</td><td>能够按照《国家行政机关公文处理办法》完成平时归卷</td><td>掌握及时收集文书的措施和方法、规定和要求。掌握平时归卷的方法</td></tr>
<tr><td>5</td><td>立卷归档</td><td>能够按照《归档文件整理规则》完成年终立卷归档</td><td>掌握立卷规则，包括立卷工作的内容、方法和要求。掌握归档制度，包括归档范围、整理要求、归档时间</td></tr>
<tr><td>6</td><td>档案整理</td><td>能按照《机关档案工作条例》将归档文件收集齐全，确定保存价值，完成档案整理与分类</td><td>掌握文书归档的要求及向档案馆移交档案的要求。掌握档案鉴定、分类的方法和要求</td></tr>
<tr><td>7</td><td>档案保管</td><td>能够按照档案库房管理制度做好档案库房的日常管理、确保档案的安全和有序</td><td>掌握档案库房日常管理的要求和方法</td></tr>
<tr><td>8</td><td>档案利用</td><td>严格遵守档案利用制度，为使用者提供阅览、外借、复制等服务。能编写大事记、文件汇编等</td><td>掌握档案阅览与外借的管理制度和管理方法。了解编制大事记、文件汇编、基础数字汇编的基本方法</td></tr>
</table>

2. 末次课设计

引导学生系统总结文书工作与档案管理工作的工作程序、工作内容、工作方法和工作要求，完成绘制"文书人员完成文书工作和档案管理工作图解"的学习任务。

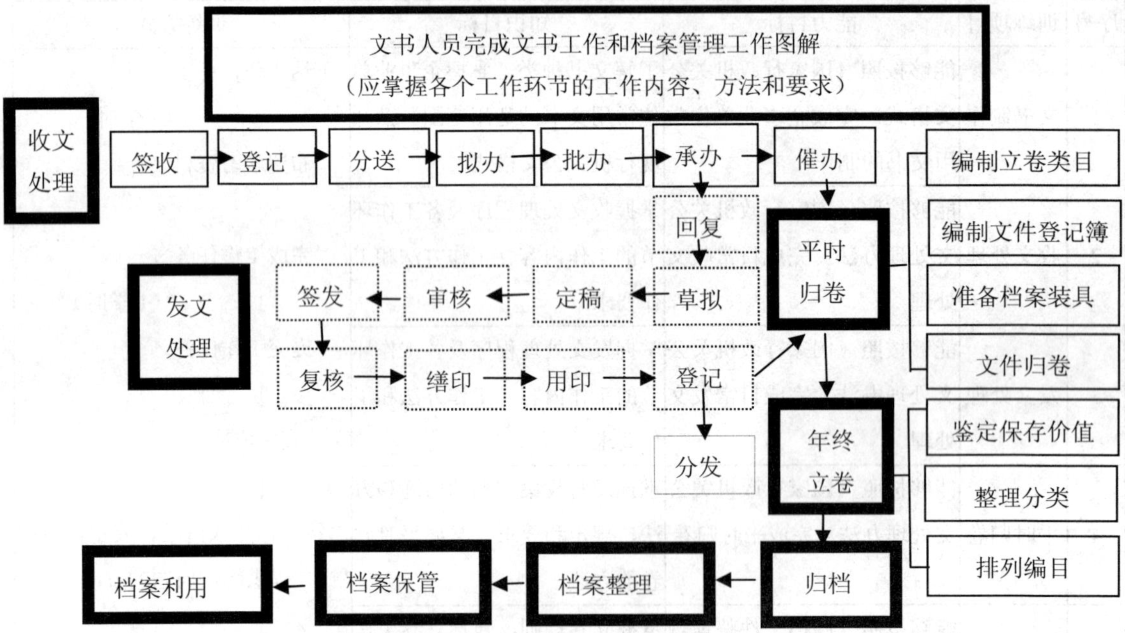

九、考核方案

首先考核、评价学生完成每个工作项目的情况和水平（参见下表）。

考核项目	考核内容	分值		合计	
对完成情境1的工作任务的考核	对学生的学习过程进行考核，包括学习态度、学习能力、学习结果、职业素养的形成	出勤情况	5分	40分	100分
		课堂表现	5分		
		职业素养的形成	5分		
		专业知识的形成	5分		
		专业技能的形成	20分		
对完成情境2的工作任务的考核	对学生的专业能力水平、专业知识水平、职业素养等进行考核与评价	专业技能	50分	60分	
		专业知识	5分		
		职业素养	5分		

期末将8个工作项目的成绩汇总为每位学生本课程的总成绩（参见下表）。

项目	文书制作	收文处理	发文处理	平时归卷	立卷归档	档案整理	档案保管	档案利用
各项目的考核成绩占本门课程总成绩的比例	12.5%	12.5%	12.5%	12.5%	12.5%	12.5%	12.5%	12.5%
总成绩	100分							

十、教学材料

1. 教材

《文书工作与档案管理》（修订版），徐彦主编，东北财大出版社，2012 年

2. 参考书

（1）《秘书实习实训教程》，潘称意主编，电子科技大学出版社，2009 年

（2）《秘书国家职业资格培训教程》，中国就业培训技术指导中心组织编写，中央电大出版社，2006 年

（3）《秘书国家职业资格考试与实训指南》，中国就业培训技术指导中心组织编写，中央电大出版社，2007 年

3. 教学参考资料

（1）国务院办公厅 2012 年修订发布的《国家行政机关公文格式》；

（2）文件定稿参考样式；

（3）文件登记簿参考样式；

（4）用印登记表参考样式；

（5）文件处理单参考样式；

（6）文件传阅单参考样式；

（7）立卷类目参考样式；

（8）国家档案局发布的《文书档案保管期限表》；

（9）国家档案局发布的《工业企业档案分类表》；

（10）国务院 2000 年发布的《国家行政机关公文处理办法》；

（11）国家档案局 2000 年发布的《归档文件整理规则》；

（12）国家档案局发布的《机关档案室工作业务规范》；

（13）国家档案局发布的《机关档案工作条例》。

4. 智能系统

秘书技能实习系统。

十一、需要说明的其他问题

本课程的子项目 5 立卷归档、子项目 6 档案整理要求建立校外实训基地，或建立校内实训室。

十二、本课程常用术语中英文对照

秘书	Secretary
文书	Document
助理	Assistant
主管	Executive director

文书工作	Paperwork
档案	Archives；File
档案工作	File work；Archival work
文件柜	File cabinet
档案柜	File cabinet
办公	To work in an office
档案室	Archives
文书制作	Document production
文书处理	Document processing
文书管理	Document management
平时归卷	Normal volume
立卷	Filing
归档	File；Archive
档案整理	Filing
档案保管	File keeping
档案利用	Archives utilization
签收	Sign
拆封	Unpacking
登记	The registration
分送	Delivery
拟办	To do
批办	Batch run
承办	Undertake
催办	Reminders
草拟	Draft
定稿	The final
审核	To examine
签发	Issue
复核	To review
校对	Proofreading
用印	Chop
档案价值鉴定	Value identification of Archives
大事记	Big events
阅览室	Reading Room
档案阅览室	Archives reading room
档案阅览	File reading
档案外借	Loan file

附：课程进度模板

周次	1	2	3	4		5	6	7		8	9		10	11	12	13	14	15	16	
项目	完成办公室文书工作任务													完成档案室档案管理任务						
子项目	文书制作		收文处理			发文处理		平时归卷			立卷归档			档案整理		档案保管		档案利用		
	制作下行文	制作上行文	承办性收文处理	回复性收文处理	阅知性收文处理	对外发文处理	对内发文处理	编制立卷类目	编制收发文登记簿	购置文件装具	归档文件价值鉴定	归档文件整理分类	归档文件排列编目	档案分类	档案销毁	档案库房建设	档案保管制度建设	档案阅览室建设	档案外借制度设计	编写大事记
内容	情境1 某市轻工业局针对所属的工业产品物资公司准备在珠海成立销售分公司的请示给予批复 情景2 某市轻工业局制作一份会议纪要，分发所属各单位落实执行	情境1 中国人民银行×× 分行针对×× 火电厂计划向社会公开发行企业债券一事向中国人民银行总行请示 情景2 某职业学院准备筹建动漫专业校内实训基地，向市教育局申请资金	情境1 以下是某市轻工局某日收到的 5 份文件：1.中共某市委组织部、某市人事局制发的《关于企业单位聘用干部及聘用制干部管理的实施意见》2.中共某市委组织部制发的《关于实行厂长经理聘任行政副职的通知》3.中共某市委组织部制发的《关于贯彻落实某组字[1998]53 号文件若干问题的通知》4.《中共某市委、某市人民政府关于命名表彰第二批专业技术拔尖人才的决定》.该决定表彰的四十名专业技术拔尖人才中,有几位是某市轻工业企业的技术干部,没有某市轻工局机关的技术干部.5.《某市工业产品物资公司关于在珠海成立分公司的请示》 情景2 以下是某公司某日收到的 4 份文件：1.所属上级发来的《××企业集团办公会议纪要》2.某公司发来的《关于开展双方技术交流活动的函》3.所属上级发来的××企业集团关于同意拨款修建地下消防栓的批复》4.《××企业集团关于××公司司机××私自开车到泉州游玩的处理通报》(司机××并非本公司人员）			情境 1 某市轻工局针对《某市工业产品物资公司关于在珠海成立分公司的请示》予以同意的回复 情景 2 A 公司针对 B 公司发来的《关于开展双方技术交流活动的函》予以原意交流合作的回复	情境 1 某市轻工局针对中共某市委组织部制发的《关于贯彻落实某组字[1998]53 号文件若干问题的通知》制发内部管理条例，发布实施 情景 2 A 公司结合所属上级发来的《xx 企业集团关于 xx 公司司机 xxx 私自开车到泉州游玩的处理通报》制定本公司的	情境 1 为某市轻工局编制立卷类目 情景 2 为某职业学院编制立卷类目	情境1 为某市轻工局编制收发文登记簿 情景2 为某职业学院编制编制收发文登记簿	情境 1 为某市轻工局办公室购置文件装具 情景 2 为某职业学院办公室购置文件装具	情境 1 某建筑设计院的某设计项目已完成，科技档案室要确定此项目所形成的科技图纸的归档范围和保存价值 情境 2 某职业学院教务处在期末进行教学档案的立卷归档，需确定归档文件	情境 1 某建筑设计院的某设计项目已完成，科技档案室要对此项目所形成的科技图纸进行立卷归档 情景 2 某职业学院教务处在期末对教学档案进行立卷归档	情境 1 某建筑设计院的某设计项目已完成，科技档案室要对此项目所形成的科技图纸整理立卷后排列、编目 情景 2 某职业学院教务处在期末对教学档案立卷归档后，要进行排列、编目	情境 1 某建筑设计院档案室科技档案分类整理 情境 2 分类整理某职业学院档案室教学档案	情境 1 某建筑设计院档案室对到期的科技档案进行鉴定销毁 情境 2 某职业学院档案室对到期的档案进行鉴定销毁	情境 1 某公司档案库房存在诸多问题,上级主管部门要求其整改。请为该公司拟定档案库房建设方案 情境 2 某职业学院准备建立档案馆，综合管理文书档案、科技档案、教学档案。请为其拟定档案库房建设	情境1某公司档案库房管理方面也存在诸多问题，上级主管部门要求其整改。请为该公司拟定档案库房保管制度 情境2某职业学院准备建立档案馆，综合管理文书档案、科技档案、教学档案。请为其拟定档	情境1公司档案室服务利用工作长期滞后，公司档案长期得不到利用。请为其档案室设立一阅览室，并制定公司档案室阅览制度 情境2某职业学院准备建立档案馆，综合管理文书档案、科技档案、教学档案。	情境1 某公司档案室制定档案外借制度 情境2 某职业学院档案室制定档案外借制度	情境1 某公司准备编写公司成立十年大事记 情境2 职业学院准备编写建校十年大事记

<table>
<tr><td>周次</td><td>1</td><td>2</td><td colspan="2">3</td><td>4</td><td>5</td><td>6</td><td colspan="2">7</td><td>8</td><td colspan="2">9</td><td>10</td><td>11</td><td>12</td><td>13</td><td>14</td><td colspan="2">15</td><td>16</td></tr>
<tr><td>项目</td><td colspan="13">完成办公室文书工作任务</td><td colspan="7">完成档案室档案管理任务</td></tr>
<tr><td rowspan="2">子项目</td><td colspan="2">文书制作</td><td colspan="3">收文处理</td><td colspan="2">发文处理</td><td colspan="3">平时归卷</td><td colspan="3">立卷归档</td><td colspan="2">档案整理</td><td colspan="2">档案保管</td><td colspan="3">档案利用</td></tr>
<tr><td>制作下行文</td><td>制作上行文</td><td>承办性收文处理</td><td>回复性收文处理</td><td>阅知性收文处理</td><td>对外发文处理</td><td>对内发文处理</td><td>编制立卷类目</td><td>编制收发文登记簿</td><td>购置文件装具</td><td>归档文件价值鉴定</td><td>归档文件整理分类</td><td>归档文件排列编目</td><td>档案分类</td><td>档案销毁</td><td>档案库房建设</td><td>档案保管制度建设</td><td>档案阅览室建设</td><td>档案外借制度设计</td><td>编写大事记</td></tr>
<tr><td>内容</td><td></td><td></td><td></td><td></td><td></td><td></td><td>公车管理办法</td><td></td><td></td><td></td><td>的归档范围和保存价值</td><td></td><td></td><td></td><td></td><td>方案</td><td>案库房包管制度</td><td>请为其拟定档案阅览室建设方案及档案阅览制度</td><td></td><td></td></tr>
<tr><td>任务</td><td>制作符合《国家行政机关公文格式》公文</td><td>制作符合《国家行政机关公文格式》公文</td><td>请按《国家行政机关公文处理办法》区分文件属性，完成承办性收文的处理，并拟写文件处理流程及各处理环节的工作方法。如需登记，设计并填写表格</td><td>请按《国家行政机关公文处理办法》区分文件属性，完成回复性收文的处理，并拟写文件处理流程及各处理环节的工作方法。如需登记，设计并填写表格</td><td>请按《国家行政机关公文处理办法》区分文件属性，完成阅知性收文的处理，并拟写文件处理流程及各处理环节的工作方法。如需登记，设计并填写表格</td><td colspan="2">完成发文处理，并拟写文件处理流程及各处理环节的工作方法。如需登记，设计并填写表格</td><td>编制立卷类目</td><td>编制收文登记簿、发文登记簿</td><td>为办公室制定购置文件装具方案并购置文件装具</td><td colspan="3">完成立卷归档工作任务，将文件资料整理成符合归档制度的案卷，并拟写 1 份校外综合实训报告</td><td>完成档案分类整理工作任务，并形成 1 份校外综合实训报告</td><td>完成档案鉴定销毁工作任务，并形成 1 份校外综合实训报告</td><td>拟写档案库房建设方案</td><td>制定档案保管制度</td><td>拟写档案阅览室建设方案，制定档案阅览室管理制度</td><td>制定档案外接制度</td><td>编写大事件</td></tr>
<tr><td>考核结果</td><td>制作一份下行文</td><td>制作一份上行文</td><td colspan="3">拟写文件处理流程及各处理环节的工作方法。如需登记，设计并填写表格</td><td colspan="2">拟写文件处理流程及各处理环节的工作方法。如需登记，设计并填写表格</td><td colspan="3">编制立卷类目、收文登记簿、发文登记簿，并为办公室制定购置档案装具方案</td><td colspan="3">符合归档制度的案卷，并拟写 1 份校外综合实训报告</td><td colspan="2">形成 1 份校外综合实训报告</td><td colspan="2">拟写档案库房建设方案，制定档案保管制度</td><td colspan="3">拟写档案阅览室建设方案，制定档案阅览室管理制度、档案外借制度。编写一份大事记</td></tr>
</table>

“三维动画制作”课程整体教学设计

李 佳

一、课程基本信息

课程名称：三维动画制作		
所属系部：人文与艺术设计系	制定人：李佳	
课程代码：5901101326	学分：7	学时：112
授课时间：第 3、4 学期	授课对象：动漫设计与制作专业 2 年级学生	
课程类型：技能训练课		
先修课程：动画场景设计、动画角色设计、平面设计	后续课程：后期合成技术、三维动画片制作	

二、课程定位

1. 本专业典型岗位能力分析

（1）本专业典型岗位能力分析

动漫设计与制作专业的相关工作岗位
动漫创意设计师
二维动漫制作师
三维动漫制作师
剪辑师

→

职业能力
绘画造型能力
动画制作能力
平面设计与制作能力
动画设计能力

→

专业核心课程
素描造型色彩
动画概论
动画造型设计
动画角色设计
平面设计
运动规律与时间掌握
三维动画制作
后期合成技术

（2）本课程对应工作岗位分析

典型工作岗位	岗位描述	职业岗位能力及素质要求	通用岗位能力
三维模型制作师	1. 根据设计稿创建三维模型 2. 根据图纸创建室内外效果模型	1. 基于图纸的三维造型能力 2. 二维模型转三维模型制做能力 3. 三维模型编辑能力	1. 自我时间管理与规划 2. 工作负责，做事细心、有耐心 3 具有团队协作精神，善于沟通 4. 精通使用 Photoshop、3D MAX、MAYA、Premiere/After 等软件
三维材质制作师	1. 根据动画故事的彩色设定稿或根据镜头的色彩地图设计三维模型材质 2. 对三维模型进行 UV 编辑 3. 使用图形图像软件绘制贴图 4. 使用虚拟灯光塑造镜头中的场景的空间感和气氛，营造故事的情绪	1. 材质编辑能力 2. 对三维模型进行 UV 编辑能力 3. 室内外场景的灯光设置能力	
三维动画制作师	1. 根据动画剧本和导演的要求，制作镜头运动，确定镜头时间和角色在镜头中的走位 2. 确定镜头的构图对于三维角色或道具进行基本的控制设定 3. 制作三维角色肢体和表情动画，使三维角色产生生动的表演	1. 场景动画制作能力 2. 角色动画制作能力	

（3）本专业毕业生岗位分析

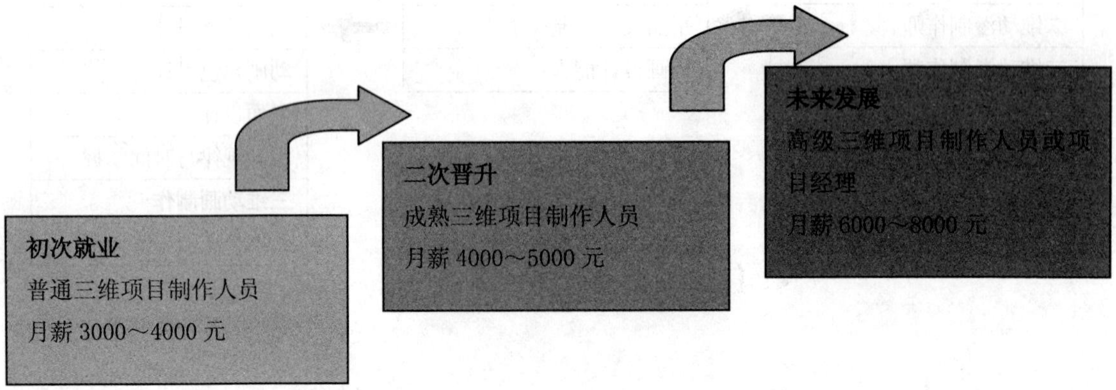

2. 课程分析

三维动画制作课是我院动漫设计与制作专业的一门重要的专业核心课程，是培养学生动画设计与制作职业能力的重要课程。该课程开设于第二学年的第三、四学期，先修课程为动画场景设计和动画角色设计、平面设计等，通过先修课程的学习学生已掌握平面设计的基本方法和设计思路，动画造型的风格类型和艺术特征，人物和动物造型的创作步骤与方法等理论基础知识和实践能力。

在此基础上学习本课程，本课程是我院教师与企业一线技术人员共同开发的一门基于三维动画制作流程的课程，主要讲解三维建模技术、材质灯光赋予、动画制作、三维环境特效等基本操作，其作用是培养学生具有三维设计能力、三维模型制作能力、材质灯光制作能力、三维特效制作能力等多种岗位职业能力，对学生三维动画设计与制作职业能力培养和动漫职业素养养成方面起主要支撑作用。并培养学生的后续学习能力， 为后续课后期合成技术、三维动画片制作及适应工作岗位起支撑作用。在后续课程学习中能熟练合并引入三维场景，设置三维角色动作，制作三维特效。为能顺利的进入工作岗位打下坚实的基础。

三、课程设计目标

1. 总体目标

三维动画制作课程的总体目标是根据该领域的典型工作任务确定的。总体目标是培养学生三维动画设计与制作职业能力，主要讲解三维设计基础知识与设计思路，训练三维建模技术、材质灯光赋予、动画制作、三维环境特效等操作技巧，其作用是培养学生具有三维设计能力、三维模型制作能力、材质灯光制作能力、三维特效制作能力等多种岗位职业能力，对学生三维动画设计与制作职业能力培养和动漫职业素养养成方面起主要支撑作用，并培养学生的后续学习能力，能顺利进入工作岗位打下坚实的基础。

2. 能力目标

（1）能够运用所学知识进行场景和模型的制作。

（2）能为模型制作材质并赋予，设置场景灯光。

（3）能进行动画的调试工作。

3. 知识目标

（1）掌握 3DS MAX 软件的各种绘图命令知识和操作命令知识。

（2）随时了解行业流行的操作设计技巧。

（3）掌握场景和模型的制作、材质的编辑赋予、灯光设置、动画制作内容。

（4）具备使用 3D MAX 软件进行场景制作的技能。

4. 素质目标

（1）具有较强的团队精神和与人合作能力。

（2）具有较好的诚信品质和敬业精神。

（3）具有较强的责任意识和较好的开拓精神。

（4）理解动漫行业工作的特性以及有为此行业努力奋斗的决心。

（5）在以后的工作岗位中具有持续终身学习的能力。

四、课程内容设计

项目名称	子项目名称	学时
城市空间设计室三维设计制作项目	子项目 1　卡通客厅（建模技术）	56
	子项目 2　花园的一角（材质与贴图、灯光与摄像机）	28
	子项目 3　蝶舞书香（动画制作、环境与特效）	28
	模拟实训	0
合　计		112

五、项目任务设计

编号	子项目编号、名称	任务	能力目标	知识目标	训练方式、手段及步骤	可展示的结果
1	子项目 1 卡通客厅 （建模技术）	1-1 圆桌和小书架模型	要求学生达到熟练掌握建立基本几何体的操作方法，并能掌握使用建立板进行编辑几何体的操作	学生应掌握创建标准和扩展几何体的方法，并熟练掌握其修改编辑的操作命令	多媒体、操作演示，任务驱动、强化训练	MAX 文件
		1-2 落地灯、吊灯、窗帘模型	达到能熟练使用常用命令创建和编辑二维样条物体的能力	学生应掌握二维样条线的基本操作方法。掌握样条线的主要编辑命令，了解复杂二维物体的建立方法	多媒体、操作演示，任务驱动、强化训练	MAX 文件
		1-3 画框、沙发、电视、房间、地毯	达到能熟练使用常用修改命令的能力	学生应掌握修改板的基本操作方法。了解修改命令的总体操作，掌握几种修改命令的操作技巧	多媒体、操作演示，任务驱动、强化训练	MAX 文件
		1-4 落地灯、吊灯、画框、花瓶模型	达到能使用复合对象建立简单模型效果的能力	学生应了解复合对象的基本操作，并能掌握几种复合对象交替使用的操作技巧	多媒体、操作演示，任务驱动、强化训练	MAX 文件

编号	子项目编号、名称	任务	能力目标	知识目标	训练方式、手段及步骤	可展示的结果
2	子项目 2 花园的一角 （材质与贴图、灯光、摄像机）	2-1 景观灯材质	学生应达到能熟练使用材质编辑编辑器，并能进行参数设置的能力	学生掌握材质基本类型的参数使用，并能掌握材质动画的设置，使场景更丰富多彩	多媒体、操作演示，任务驱动、强化训练	MAX 文件
		2-2 铁栏杆材质	学生应达到能熟练使用各种常用贴图通道的能力	掌握基本贴图通道的使用，了解各种日常用品的贴图通道设置	多媒体、操作演示，任务驱动、强化训练	MAX 文件
		2-3 柱子材质	学生应达到能根据物体种类熟练选择各种常用贴图类型的能力	掌握不同贴图类型对物体的影响，并且能掌握多种贴图类型的配合使用	多媒体、操作演示，任务驱动、强化训练	MAX 文件
		2-4 制作草地材质	学生应达到能根据物体种类熟练选择材质类型的能力	掌握不同物体的特点，并且能根据物体特点选择材质类型，进行参数设置	多媒体、操作演示，任务驱动、强化训练	MAX 文件
		2-5 场景灯光的设置	达到能熟练布光的能力	学生应掌握灯光的种类及通用参数的调整	多媒体、操作演示，任务驱动、强化训练	MAX 文件
		2-6 场景摄像机设置	达到熟练放置摄像机生成最终产品的能力	掌握摄像机的使用方法；掌握环境特效与摄像机的关系	多媒体、操作演示，任务驱动、强化训练	MAX 文件
3	子项目 3 蝶舞书香 （动画与粒子）	3-1 书页翻动的动画	学生应达到熟练使用关键帧制作动画的基本操作能力	学生应掌握动画的基本操作	多媒体、操作演示，任务驱动、强化训练	MAX 文件
		3-2 蝴蝶飞的单元运动	学生应达到熟练使用轨迹视图窗口制作动画的基本操作能力	学生应掌握 Track View 轨迹视图窗口的基本操作，并能制作二重动做的动画	多媒体、操作演示，任务驱动、强化训练	MAX 文件
		3-3 蝴蝶飞的轨迹运动	学生应达到熟练使用运动命令面板制作动画的基本操作能力	学生应掌握运动命令面板的基本操作，并能使用控制器制作动画	多媒体、操作演示，任务驱动、强化训练	MAX 文件

编号	子项目编号、名称	任务	能力目标	知识目标	训练方式、手段及步骤	可展示的结果
3	子项目 3 蝶舞书香 （动画与粒子）	3-4 纷飞的花朵	学生应达到能熟练建立粒子物体的能力，并能制作一些简单特效	学生应掌握粒子物体的基本操作方法。了解通过粒子参数调整能达到的特殊效果；掌握空间变形物与粒子的总体操作方法及能产生的效果	多媒体、操作演示，任务驱动、强化训练	MAX 文件
		3-5 草地背景	学生应达到能熟练制作背景设置环境光的能力	学生应掌握背景的制作、场景中环境光的设置	多媒体、操作演示，任务驱动、强化训练	MAX 文件
		3-6 远景的雾效	学生应达到能熟练制作燃烧、光晕、光环等大气效果的能力	学生应掌握特殊大气效果如燃烧等的设置	多媒体、操作演示，任务驱动、强化训练	MAX 文件
		3-7 场景摄像机设置及渲染	学生应达到能熟练使用常用渲染器进行文件渲染的能力	学生应掌握输出静画与动画文件的方法。了解不同的渲染器特点及功能	多媒体、操作演示，任务驱动、强化训练	MAX 文件

六、项目情境设计

本课程以新入职员工小李在城市空间设计室进行实习为背景展开。实习岗位主要是三维设计与制作。小李参与了设计室三个项目制作，项目一是为某儿童产品制作广告片，片中需要制作一个卡通客厅的场景模型，经理要求小李边学习边参与模型制作任务。项目二是为 A 小区设计一个小花园，经理将制作效果图的任务交给小李。项目三是小李要制作一个新书介绍的小动画。

编号	子项目编号、名称	任务	情境	学时
1	子项目 1 卡通客厅 （建模技术）	1-1 圆桌和小书架模型 1-2 落地灯、吊灯、窗帘模型 1-3 画框、沙发、电视、房间、地毯 1-4 落地灯、吊灯、画框、花瓶模型	1-1 场景模型制作需要熟悉 3DMAX 软件的基本操作，小李通过标准体建立圆桌和小书架模型，用较短的时间掌握了常用工具的使用，和标准体建模的操作方法 1-2 落地灯、吊灯、窗帘的模型较标准体模型复杂，需要用二维建模方法，小李通过学习二维样条线编辑，再车	56

编号	子项目编号、名称	任务	情境	学时
1	子项目 1 卡通客厅 （建模技术）		削、挤出等操作，终于完成了模型制作 1-3 修改器是建模常使用的方法，大部分模型可通过修改器操作完成，小李花较多的时间进行修改器建模练习与实践，在完成画框、沙发、电视、房间、地毯等模型的制作后，对此有了较深的理解。也初步掌握了操作技巧 1-4 项目经理让小李用复合对象再制作一次落地灯和窗帘，同时要求小李试着做几个摆设。小李发现同一个模型可以用几种不同的方法制作，思路一下开阔许多	
2	子项目 2 花园的一角 （材质与贴图、灯光、摄像机)）	2-1 景观灯材质 2-2 铁栏杆材质 2-3 柱子材质 2-4 制作草地材质 2-5 场景灯光的设置 2-6 场景摄像机设置	2-1 花园场景已制作完毕，小李现在要进行材质赋予。如何进行材质赋予？小李需要熟悉 3DMAX 中的材质编辑器的使用 2-2 小李发现场景中铁栏杆没有制作模型，只制作一个 BOX，为什么没有制作铁艺模型？小李去请教设计师，设计师告诉他可以通过材质的复合通道制作这种模型效果 2-3 花园中的柱子是二种材质的混合。小李试着用混合贴图通道，渲染后效果不理想，他发现还有一种混合材质类型，通过尝试发现效果符合要求 2-4 花园场景的背景草地如何与场景中的模型融合，这可难住了小李。通过查找资料小李发现可通过无光材质解决该问题 2-5 花园场景阳光明亮，这需要加入灯光并进行参数设置，小李进行多次尝试，初步了解了灯光设置技巧，设计师告诉他，还要掌握阳光和室内光夜光等的一些基本参数才能熟练工作 2-6 通过前面的工作，小李可以渲染场景了，设计师提醒他在渲染前还要加入摄像机，其位置重点考虑构图角度比例等，以画面的美感为主	28

编号	子项目编号、名称	任务	情境	学时
3	子项目 3 蝶舞书香 （动画与粒子）	3-1 书页翻动的动画 3-2 蝴蝶飞的单元运动 3-3 蝴蝶飞的轨迹运动 3-4 纷飞的花朵 3-5 草地背景 3-6 远景的雾效 3-7 场景摄像机设置及渲染	3-1 书页翻动的动画是简单动画，小李通过学习动画的基本操作，然后尝试着制作出该部分动画内容，这让小李对动画的学习和制作很有信心 3-2 小李觉得二只蝴蝶展翅飞，动做很复杂，设计师告诉他，将动作分解后制作；小李发现分解后动作其实不复杂，但重复的动作呢？设计师说用轨迹视图窗设置即可 3-3 蝴蝶展翅的单元运动做好，飞走的动画用什么做呢？他去请教设计师，老师告诉他用运动面板中的轨迹即可，同时他还了解到用轨迹可以制作许多复杂运动 3-4 花朵纷飞的动画可以利用粒子特效制作，通过尝试小李发现粒子物体可以制作许多特效，如水、烟等的操作 3-5 为整个场景加入草地背景的操作，小李觉得很简单，但设计师告诉他，这其中也有许多技巧，在不同的场景中要设置不同的背景，以衬托场景 3-6 草地的远处雾气迷蒙，小李问设计师，这是背景图的处理吗？设计师告诉他这是大气效果，小李学习后知道可以通过大气效果设置雾、火、烟、爆炸等效果 3-7 小李完成了动画制作，但不知道如何渲染动画，在设计师的讲解下，小李了解了动画的渲染设置和摄像机的设置，终于小李的动画制作好了，这让他格外开心	28

七、课程进程表

子项目编号、名称	周次	学时	单元标题	能/知目标	师生活动	其他（含考核内容、方法）
子项目1 卡通客厅	1	4	基本操作	会3DMAX软件的基本操作	教学做	强化训练、上交练习文件
	2	4	标准体建模	能熟练建立基本几何体，并掌握使用建立板进行编辑几何体的操作	教学做	强化训练、上交练习文件
	3	4	复制建模	掌握常用的复制建模方法	教学做	强化训练、上交练习文件
	4	4	二维建模	能熟练使用常用命令创建和编辑二维样条物体	教学做	强化训练、上交练习文件
	5	4	二维转三维建模挤出	能熟练使用挤出命令建模	教学做	强化训练、上交练习文件
	6	4	二维转三维建模车削	能熟练使用车削命令建模	教学做	强化训练、上交练习文件
	7	4	放样建模	能熟练使用放样命令建模	教学做	强化训练、上交练习文件
	8	4	布尔建模	能熟练使用布尔命令建模	教学做	强化训练、上交练习文件
	9	4	修改器建模-1	能熟练使用常用修改器建模	教学做	强化训练、上交练习文件
	10	4	修改器建模-2	能熟练使用常用修改器建模	教学做	强化训练、上交练习文件
	11	4	综合练习-家俱	会制作简单家俱	教学做	强化训练、上交练习文件
	12	4	综合练习-家居用品	会制作家居用品	教学做	强化训练、上交练习文件
	13	4	综合练习-房子	会制作中式房子和现代楼房	教学做	强化训练、上交练习文件
	14	4	场景模型设计	能按设计主题进行合理的模型建立	小组讨论	上交作品文件 学生互评

子项目编号、名称	周次	学时	单元标题	能/知目标	师生活动	其他（含考核内容、方法）
子项目2 花园的一角	15	4	景观灯材质	学生应具有熟练使用材质编辑器并能设置各种常用模型材质的能力	教学做	强化训练、上交练习文件
	16	4	铁栏杆材质	同上	教学做	强化训练、上交练习文件
	17	4	柱子材质	同上	教学做	强化训练、上交练习文件
	18	4	制作草地材质	同上	教学做 小组讨论	上交练习文件 学生互评
	19	4	灯光的设置	达到能熟练设置常用灯光的能力	教学做	强化训练、上交练习文件
	20	4	场景灯光的设置	达到能为场景熟练布光的能力	教学做	强化训练、上交练习文件
	21	4	场景摄像机设置	达到为室内外场景熟练放置摄像机生成最终产品的能力	教学做 小组讨论	上交练习文件 学生互评
子项目3 蝶舞书香	22	4	书页翻动的动画	学生应达到熟练使用动画的基本操作方法并能制作简单动画的能力	教学做	强化训练、上交练习文件
	23	4	蝴蝶飞的单元运动	学生应达到使用运动面板制作简单动画的能力	教学做	强化训练、上交练习文件
	24	4	蝴蝶飞的轨迹运动	学生应达到使用轨迹视窗制作简单动画的能力	教学做 小组讨论	上交练习文件 学生互评
	25	4	纷飞的花朵	学生应达到使用粒子物体制作动画的能力	教学做	强化训练、上交练习文件
	26	4	草地背景	学生应具备制作环境特效和灯光特效的能力	教学做	强化训练、上交练习文件
	27	4	远景的雾效	学生应达到能熟练制作燃烧、光晕、光环等大气效果的能力	教学做	强化训练、上交练习文件
	28	4	场景摄像机设置及渲染	学生应达到能熟练使用常用渲染器进行文件渲染的能力	教学做 小组讨论	上交场景文件 学生互评

八、首末次课设计

1. 首次课设计

（1）介绍三维制作企业工作流程：本课程内容是按企业三维制作工作流程设置教学项目，

设置6大单元构建课程内容。在第一次先介绍企业工作流程，让学生对本课程的学习方式有一了解。

（2）第一个项目制作要求讲解：让学生对三维制作的基本要求有一个大概了解。

（3）简单介绍所用软件，开始制作第一任务——小园桌和小书架。

（4）拓展任务的制作：简单家具的制作。

（5）布置作业，进一步巩固学生的制作技巧。

让学生们以此为基础，了解三维制作的工作流程，并举一反三，制作出许多简单的生活用品。任务在这里还没有结束，在以后的课程中我们会使用制作的模型，到时候可以对其进行更为深入的综合制作。

2. 末次课设计

（1）布置考核需要提交的作品要求；

（2）在作品要求中，对本课程的主要内容进行一次梳理，加深学生对制作过程中要求的知识点的印象。作品中要求制作的场景和模型包含这些知识点。

（3）学生在课上制作过程中，按制作流程进行时间安排，每一环节都由总结该部分知识点开始，然后进行具体制作。

（4）提交作品后，进行展示互评，让学生了解制作过程中的优缺点及需要改进的部分。

九、考核方案

考核目的是检验学生三维制作的熟练程度，及三维制作水平。考核方法以过程考核和结课考核，按一定比例评价学生：

1. 过程考核

（1）提交实训练习作品，占分数的20%；

（2）提交模块进阶展示评比作品，由学生网络投票，教师点评，占分数的80%；

（3）完成实训企业项目较好的学生在此项加分。

2. 结课考核

命题设计制作综合练习为结课成绩。

3. 总评分设置

过程考核成绩×40%+结课考核成绩×60%=总评分

十、教学资源

1. 教材参考书

《3DS MAX动画设计标准教程》，李佳主编，北京师范大学出版社，2010年

《三维动画设计与制作》，李佳主编，北京师范大学出版社，2012年

《三维动画角色设计》，宋玉远 张无勤编著，清华大学出版社，2009年

《3DS MAX9+Vary从入门到精通》，王玉梅编著，人民邮电出版社，2009年

《三维动画设计与制作》，朱文娟主编，中国铁道出版社，2011年

《3DS MAX影视动画师培训教材》，王琦主编，人民邮电出版社，2008年

2. 网络教学资源

《三维动画制作》资源共享课

《动漫专业素材资源库》

3. 智力资源

通过校外专家了解行业发展、工作流程，并与专家共建教学内容。

十一、需要说明的其他问题（无）

十二、本课程常用术语中英文对照

背景	Background
打断	Break
相机	Camera
建立	Create
分离	Detach
范围	Extents
取回	Fetch
过滤器	Filter
冻结	Freeze
函数	Function
隐藏	Hide
高光	Highlight
暂存	Hold
输入	Input
格点	Lattice
图层	Layer
材质	Material
法线	Normal
对象	Object
输出	Output
粒子系统	Particle Systems
透视	Perspective
反应	Reaction
旋转	Rotate
保存	Save
空间扭曲	Space Warps
表面	Surfaces
修正	Texture

工具箱	Toolbox
轨迹	Track
整齐	Trims
全部解冻	unFreeze
解冻	unFreeze
全部取消隐藏	unHide
取消隐藏	unHide
体积	Volume

附：课程进度模板

<table>
<tr><td>课时</td><td>4</td><td>4</td><td>4</td><td>4</td><td>4</td><td>4</td><td>4</td><td>4</td><td>4</td><td>4</td><td>4</td><td>4</td><td>4</td><td>4</td><td>4</td><td>4</td><td>4</td><td>4</td><td>4</td><td>4</td><td>4</td><td>4</td><td>4</td><td>4</td><td>4</td><td>4</td><td>4</td><td>4</td></tr>
<tr><td>项目</td><td colspan="28">城市空间设计室三维设计制作项目</td></tr>
<tr><td>子项目</td><td colspan="14">卡通客厅</td><td colspan="7">花园的一角</td><td colspan="7">蝶舞书香</td></tr>
<tr><td>承前模块</td><td colspan="14">建模技术</td><td colspan="4">材质与贴图</td><td colspan="3">灯光与摄像机</td><td colspan="4">动画制作</td><td colspan="3">环境与特效</td></tr>
<tr><td>主要内容</td><td colspan="14">任务 1：标准基本体建模
任务 2：二维建模
任务 3：修改器建模
任务 4：复合对象建模</td><td colspan="4">任务 1：材质编辑器的使用
任务 2：贴图通道
任务 3：贴图类型
任务 4：复合材质</td><td colspan="3">任务 1：灯光
任务 2：摄影机</td><td colspan="4">任务 1：动画基础
任务 2：Track View 轨迹视图窗口
任务 3：运动命令面板
任务 4：粒子物体</td><td colspan="3">任务 1：背景效果与环境光
任务 2：特殊的大气效果
任务 3：渲染工具</td></tr>
<tr><td>能力目标</td><td colspan="14">熟练使用 3DS MAX 的视窗工具及按钮；熟练使用复制、镜像、阵列等复制命令复制。要求学生达到能运用各种建模方法熟练建立常见的建筑、植物、圆形道具、多边形道具模型的能力</td><td colspan="4">能熟练使用材质编辑编辑器设置各种常用模型材质</td><td colspan="3">能熟练的为室内外场景进行布光和设置摄像机，生成最终产品</td><td colspan="4">能熟练使用动画的基本操作方法并能制作简单动画</td><td colspan="3">能熟练制作雨雪雾的环境特效和光晕光环的灯光特效</td></tr>
<tr><td>知识目标</td><td colspan="14">应会进行系统配置，及基本操作方法。
能进行标准模型的创建操作，会使用修改板进行模型的编辑；能使用几种常见修改命令（弯曲、锥化、扭曲、噪波、置换、网格编辑）进行建模操作。会复合对象的基本操作，并会几种复合对象交替使用的操作技巧</td><td colspan="4">掌握材质编辑器进行材质编辑的操作；会使用贴图通道；能选择贴图类型为模型进行贴图；能为模型正确选择材质类型</td><td colspan="3">掌握为简单场景设置灯光和摄像机的操作；理解建立室内和室外常见灯光的原理</td><td colspan="4">掌握使用轨迹视图窗口和运动命令面板进行动画的基本操作，会使用粒子物体进行雨、雪、雾的环境设置</td><td colspan="3">掌握进行雾、体积光等环境特效的设置；能对灯光进行照明效果的调节；能对最终场景进行渲染操作</td></tr>
<tr><td>考核评价</td><td colspan="14">过程考核成绩×40%+结课考核项目作品成绩×60%=总评分</td><td colspan="14">过程考核成绩×40%+项目作品 1 成绩×30%+项目作品 2 成绩×30%=总评分</td></tr>
</table>

“后期合成技术”课程整体教学设计

韩久海

一、课程基本信息

课程名称：后期合成技术		
所属系部：人文与艺术设计系	制定人：韩久海	合作人：王东晖、孙衍
课程代码：5901101311	学分：2	学时：80
授课时间：第 1 学期	授课对象：动漫设计与制作	
课程类型：技能训练课		
先修课程：Flash 动画制作、三维动画制作、平面设计	后续课程：影视片头设计与制作	

二、课程定位

1. 岗位分析

艺术类计算机技能课程的岗位分析如下：

（1）工作流程

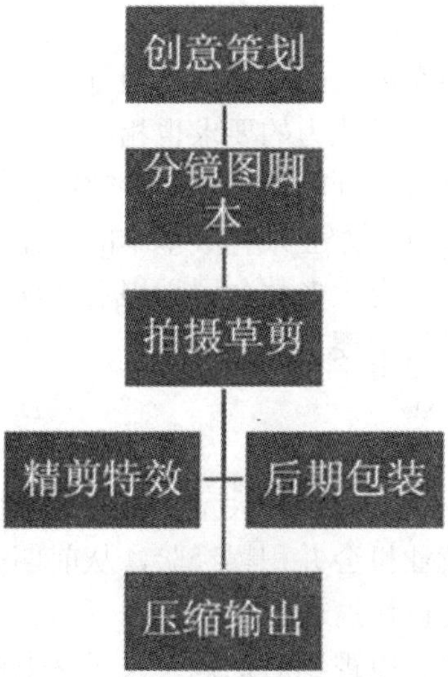

（2）能力需求

在当今我国的市场经济中，影视动漫后期包装类公司已经成为非常重要的设计行业类别，专门的影视包装公司和电脑动漫制作公司比比皆是，学生未来就业途径还是比较乐观的。一般来说，设计行业工作中主要涉及的是作为辅助工具的设计软件的使用，作为动画设计与制作行业有自己的工作特点，它除了要求熟练地掌握四到五种工作软件之外，还需要具有很强的创意能力。动画设计与制作专业包含于艺术设计行业之中，本课程定位于影视后期合成、动漫剧中影片的剪辑和特效的制作，课程要求中前期拍摄或动画制作完成，在后期制作中完成相应的多软件综合的后期合成包装，它对整体影片的把握和设计、影视素材的使用、后期衍生制作等方面都有特殊的要求，也对工作者、设计师提出了更强的实际操作能力，所以，学生在校学习中，要掌握相应的三维和二维软件的基础上，进一步掌握影视后期相关知识，而这些也是学生未来在影视后期包装类公司中按照客户和部门要求进行工作的立足之本，没有足够的动手能力知识和设计创意能力是很难在工作岗位上发挥作用的，直接影响他们未来就业中的工作水平和能力发挥。

（3）知识需求

后期合成技术课程学习是一种系统性多维度的课程结构，仅仅掌握基本三维软件和二维软件的使用是远远不够的，每个软件使用的针对行性非常强，而最终这些软件制作的素材需要在影视后期类软件中进行合成渲染并添加特技，制作过程中多种软件还要进行互补处理，最终进行完整的影视片制作预包装。这就要求学生的学习内容始终都是一个紧密的整体，比如：二维平面软件可以对影视后期中很多 Logo 或者海报内容进行修改制作，而三维软件则对一些虚拟影像进行制作，包括三维粒子和流体在视频中的合成，这其中平面软件（如 PS、AI 等）也作为三维软件和影视后期软件的的辅助软件，在剪辑软件中，它也可以很好的配合剪辑软件来加入一些基本的效果和特技合成。这里除了学习软件以外，则涉及了多软件混合使用完成复杂的合成项目的工作模式。所以，除了软件的学习，还要给学生提供模拟项目，进行多软件混搭使用的练习，这就需要教师进行多层次的授课讲解和布置练习，这就极需一种新式教法从科研角度来针对我院特点填补空白。

（4）素质目标

本课题研究适用于动漫设计与制作专业。

毕业学生进入相关企业，涉及大量的影视动画项目的整体运作，而行业内对经验积累的要求很高，所以学生入行从基层动手能力的要求也相应提高，学生可以快速的加入企业的影视后期工作项目，就需要学生具有过硬的影视后期特效和剪辑软件的操作能力和团队合作的素质，并通过大量的课堂模拟项目和作业来完成基本的工作经验积累。

学生就业在日常工作中，行业内大多数公司承担大型项目，如大型商业电影项目或动画片企划，一般以广告片和宣传片为主要工作目标。

（5）本课程就业层次

初次就业：现在最为流行的婚庆类公司，从策划到礼仪等整体婚庆项目过程一般都会形成视频资料作为载体长久保存，这其中需要大量的制作宣传片进行影视包装，学生可以通过这一渠道最为快捷便利的获得就业机会并积累经验，从前期策划到拍摄最终岗位定位于后期和剪辑与合成这一关键环节，可以快速就业。

二次晋升：动画片制作公司、电视剧后期包装公司、电视台等媒体中的后期剪辑与制作岗位都是本课程所对应的专业岗位，本课程所针对大量就业岗位聚焦于这类公司中的后期人员岗位，覆盖面比较广，所以需求量则会比较大。

未来高级岗位：电影制作公司、影视外包公司、影视特效公司等更为针对商业电影、大型商业宣传类的项目，这类公司需要影视后期人员具有更为全面的知识，比较丰富的影视后期剪辑与特效制作的经验，并具有更为强大的操作能力。

2. 课程分析

本课程为综合性课程，其**前导课**程为 Flash 动画制作、三维动画片制作、平面设计，为了加固知识有**后续课**影视片头设计与制作。

本课程以目前国际上最为流行的影视后期软件 Particles Illusion、Premiere 和 After Effects 作为主要的合成与特效软件。全面介绍与后期合成技术有关的知识，向学生阐明后期合成技术的基本过程，并使学生能够完成比较复杂的后期合成技术项目，具有解决后期合成中常见问题的能力。

与普通高校在技法方面有更高的要求，要求学生对各软件的操作娴熟，不同软件的配合也能够灵活配合，与普通高校学习不同，对整体制片、项目策划等方面的没有要求。而对于实现影视动画项目中各环节的子项目和细节设计创意有一定的要求。

中职基本上没有开设本课程。而本课程作为学生学习的最后一门软件综合课程，后续开设的《影视片头设计与制作》作为巩固本课程的项目实训课，共同组成“教学做”一体化的课程结构。本课程关系到毕业设计最终的合成和特效包装，这与培训班在地位和意义上是有本质区别的。

与此同时，通过对 Particles Illusion、Premiere 和 After Effects 的学习，使学生对于后期合成技术所涉及的相关知识和理论知识有比较全面的了解。本课程旨在讲授该软件的主要功能和操作技巧，为动漫设计与制作专业的学生将来从事影视制作业、广告与多媒体制作等工作领域打下基础。本课程是一门兼具技术性和艺术性的课程，所以在教学中要注重培养学生实际操作能力和艺术审美能力。本课程旨在讲授该软件的主要功能和操作技巧，为动漫设计与制作专业的学生将来从事后期制作、剪辑、特效制作等工作领域打下基础。所以在教学中要注重培养学生实际操作能力和艺术审美能力。

三、课程目标设计

1. 总体目标

本课程以培养学生的职业能力为设置依据，以达到剪辑师、特效师为培养目标，根据影视综合项目制作的基本要求设置课程的内容，按照项目导向的教学模式编排课程内容，在教学过程中，采用项目示例，体现工学结合，培养学生职业岗位实际工作任务所需要的能力，为学生可持续的专业发展奠定良好基础。

2. 能力目标

（1）能够运用所学知识对视频素材进行剪辑制作。

（2）能为视频项目设计并添加需要的特效。

（3）能够综合其他平面和三维软件对视频项目进行设计和制作。

3. 知识目标

（1）掌握 Particles Illusion、Premiere 和 After Effects 的各种操作命令。

（2）随时了解行业流行的操作设计技巧。

（3）掌握场景影视剪辑、特效制作、粒子特效的使用、多软件综合运用。

（4）具备进行前期剪辑、中后期特效制作、综合使用软件压制视频等能力。

4. 素质目标

（1）具有较强的团队精神和与人合作能力。

（2）具有较好的诚信品质和敬业精神。

（3）具有较强的责任意识和较好的开拓精神。

（4）理解动漫行业工作的特性以及有为此行业努力奋斗的决心。

（5）在以后的工作岗位中具有持续终身学习的能力。

四、课程内容设计

序号	项目名称	学时
1	基础知识	4
2	剪辑技术	16
3	影视预告片制作技巧	16
4	AE 特效基础	4
5	复杂特效制作	32
6	粒子特效与输出	8
合　计		80

五、能力训练项目设计

编号	项目名称	任务	能力目标	知识目标	训练方式、手段及步骤	可展示的结果
1	基础知识	1-1 Premiere 概述	了解软件环境的安装与调试	通过学习，学生应了解系统配置，掌握工作环境	讲授与练习 1.了解系统配置、掌握 Premiere 的工作环境； 2.掌握后期合成技术的工作流程	软件安装后环境
		1-2 基本操作	达到能熟悉使用 Premiere 基本操作的能力	Premiere 的基本功能参数等	讲授与练习 掌握操作对象的各种基本方法	简单素材导入调试
2	剪辑技术	2-1 基本素材剪辑合成	要求学生达到能运用软件进行基本剪辑的能力	通过本模块的学习，学生应重点掌握视频剪辑的操作方法，并熟练掌握剪辑工具和时间轴的基本操作方法。掌握监视器的使用	讲解、多媒体演示、上机实训 重点掌握各种基本工具的使用和时间轴的控制，并掌握监视的功能的使用和操作	基本剪辑作品

编号	项目名称	任务	能力目标	知识目标	训练方式、手段及步骤	可展示的结果
2	剪辑技术	2-2 视频转场与特技	快速运用转场和特效的能力	了解特效面板中视频转换和视频特效两组内滤镜库使用的操作技巧；能够熟练的按照教师要求对所提供的各种素材进行剪辑和基本合成	讲解、多媒体演示、上机实训 重点掌握特效面板中视频转换和视频特效两组内滤镜库使用的操作技巧	剪辑作品基础上添加简单转场和特效
3	影视预告片制作技巧	3-1 预告片剪辑与特效制作	学生应具有熟练使用 Premiere 对素材进行剪辑、基本特效制作	通过本模块的学习，学生能根据教师所给素材进行影视剧预告片的基本制作，使用 Premiere 对素材进行整合和基本剪辑意外	讲解、多媒体演示、上机实训 对教师所给素材进行剪辑制作和特效处理	复杂的电影预告片剪辑作品
		3-1 视频压缩与输出	使用 Premiere 对素材进行整合和输出的综合能力	利用 Premiere 自带的视频特效和视频转换滤镜库进行基本的视频合成，最终进行压缩输出	讲解、多媒体演示、上机实训 对完成得作品进行后期压缩和输出视频	输出指定格式视频
4	AE 特效基础	4-1 After Effects 概述	软件安装和调试软件系统	通过学习，掌握软件环境的安装和调试	讲解、多媒体演示、上机实训 After Effects 安装与调试；界面环境	软件和外挂滤镜等的安装调试
		4-2 基本操作	熟悉界面环境，进行简单的软件操作	学生熟悉界面，能够掌握简单的 AE 基本操作	讲解、多媒体演示、上机实训 软件基本布局；布局修改与调试；简单特效制作	调入素材和面板排布
5	复杂特效制作	5-1 轨迹追踪	运动轨迹功能使用技巧	轨迹追踪中的参数和内容	讲解、多媒体演示、上机实训 利用素材和轨迹追踪功能来制作无中生有以假乱真的视频特效效果	实例作业

编号	项目名称	任务	能力目标	知识目标	训练方式、手段及步骤	可展示的结果
5	复杂特效制作	5-2 工具栏工具使用	工具组使用技巧	钢笔、选择、中心点等工具使用	讲解、多媒体演示、上机实训 结合工具栏中的工具利用滤镜库来制作实例项目	实例作业
		5-3 多滤镜混合使用实例	多滤镜混合使用技巧	辉光、色相/饱和度、渐变、CC 组等多种滤镜使用参数	讲解、多媒体演示、上机实训 制作多个混了各种滤镜的实例项目	实例作业
		5-4 复杂滤镜混合制作	复杂滤镜混合使用技巧	Radio Waves、Blur & Sharpen、Caustics	讲解、多媒体演示、上机实训 制作多个混了各种滤镜的实例项目	实例作业
6	粒子特效与输出	6-1 外挂滤镜的使用	外挂滤镜使用技巧	Trapcode particular、shine 等外挂滤镜	讲解、多媒体演示、上机实训 利用外挂滤镜和自带滤镜来来制作复杂的片头实力项目	实例作业

六、项目情境设计

编号	项目名称	子项目编号、名称	任务	情境	学时
1	基础知识	子项目 1 Premiere 概述	1. 了解系统配置、掌握 Premiere 的工作环境 2. 掌握后期合成技术的工作流程	1.1 公司软硬件安装与部署 1.2 环境调试	4
		子项目 2 基本操作	1. Premiere 的基本功能参数等 2. 掌握操作对象的各种基本方法	1.3 公司片材采集 1.4 草剪	

编号	项目名称	子项目编号、名称	任务	情境	学时
2	剪辑技术	子项目 1 基本素材剪辑合成	1. 视频剪辑的基本操作方法 2. 剪辑工具和时间轴的基本操作方法 3. 掌握监视器使用	2.1 根据公司要求视频产品精剪 2.2 客户需要分屏对比剪辑后和剪辑前的取舍优良	16
		子项目 2 视频转场与特技视频转场与特技	4. 特效面板中视频转换 5. 两组以上内建视频特效滤镜使用的操作技巧 6. 各种素材进行剪辑和基本合成	2.3 根据客户要求进行专场特技的添加 2.4 利用 PR 自带滤镜对视频进行修饰 2.5 合成影片产品	
3	影视预告片制作技巧	子项目 1 预告片剪辑与特效制作	1. 影视剧预告片的基本制作 2. 对素材进行整合和基本剪辑	3.1《地狱男爵 2》马上上映公司接到一单预告片制作的项目。 3.2 影视剧样片观看，推敲经典镜头，讨论取舍	16
		子项目 2 视频压缩与输出	3. 自带的视频特效滤镜库合成 4. 视频转换滤镜库合成 5. 压缩输出	3.3 确定时间，剪辑素材 3.4 特效合成 3.5 输出预告样片	
4	AE 特效基础	子项目 1 After Effects 概述	1. 软硬件安装部署 2. 软件调试	4.1 你的在特效方面有潜质，公司将你调入特效部 4.2 软硬件升级，需要进行安装部署和环境调试	4
		子项目 2 基本操作	3. 熟悉界面 4. 简单 AE 基本操作	4.3 新环境下员工需要适应软硬件的变化	
5	复杂特效制作	子项目 1 轨迹追踪	1. 制作多彩发光特效 2. 追踪到手机背面	5.1 公司接到一单影视特效制作任务。 5.2 需要在广告片中人物手机背面添加多彩光特效。	32
		子项目 2 工具栏工具使用	1. Vegas、钢笔工具 2. 选择、中心点工具	5.3 需要在广告片人手上动作中加入火光描画的动画效果	

编号	项目名称	子项目编号、名称	任务	情境	学时
5	复杂特效制作	子项目 3 多滤镜混合使用实例	1. 辉光、色相\饱和度滤镜使用 2. 渐变、CC 组等多种滤镜使用参数	5.4 广告片片头字幕需要加入一个特效，根据客户要求完整特效	
		子项目 4 复杂滤镜混合使用实例	1. Radio Waves 2. Blur&Sharpen 3. Caustics	5.5 广告片中需要整体屏幕水波纹跟随演员手指动作的特效	
6	粒子特效与输出	子项目 1 外挂滤镜的使用	Trapcode: 1. particular 2. shine	6.1 公司自身片头广告 LOGO 动画需要制作了 6.2 负责对本公司的 LOGO 动画进行制作，公司要求有粒子特效 6.3 动画未来会大量使用在公司参与制作的影视剧作品开头	8

七、课程进程表

第×次	周次	学时	单元标题	项目编号	能/知目标	师生活动	其他
1	1	4	PremierePro 概述	1-1 1-2	能力：界面操作 知识：安装基本调试	教师：讲解 学生：学做	考核：软件安装 方法：现场安装调试
2	1	4	PremierePro 基本影片剪辑	2-1	能力：简单剪辑 知识：剪辑工具	教师：演示 学生：学做	考核：简单短片 方法：电子作业
3	2	4	PremierePro 特效	2-2	能力：特效使用 知识：特效参数	教师：演示 学生：学做	考核：特效短片 方法：电子作业
4	2	4	转场特技的使用	2-2	能力：转场特技使用 知识：专场特技参数	教师：演示 学生：举一反三	考核：特效短片 方法：电子作业
5	3	4	实例 片花制作	2-2	能力：综合以往知识技巧 知识：影视理论	教师：演示 学生：创作	考核：片花综合训练 方法：电子作业
6	3	4	PremierePro 预告片剪辑（1）	3-1	能力：剪辑技巧 知识：蒙太奇	教师：演示 学生：创作	考核：影视预告片 方法：电子作业
7	4	4	PremierePro 预告片剪辑（2）	3-1	能力：特效技巧 知识：特技理论	教师：演示 学生：创作	考核：影视预告片 方法：电子作业
8	4	4	PremierePro 预告片特效（1）	3-1	能力：专场技巧 知识：流行趋势	教师：演示 学生：创作	考核：影视预告片 方法：电子作业
9	5	4	PremierePro 预告片特效（2）	3-2	能力：压缩与输出 知识：参数设定	教师：演示 学生：创作	考核：影视预告片 方法：电子作业

第×次	周次	学时	单元标题	项目编号	能/知目标	师生活动	其他
10	5	4	AE 概述	4-1 4-2	能力：界面操作 知识：安装基本调试	教师：讲解 学生：学做	考核：软件安装 方法：现场安装调试
11	6	4	影视二维合成实例 轨迹追踪	5-1	能力：运动追踪技巧 知识：相关参数	教师：演示 学生：学做	考核：特效实例 方法：电子作业
12	6	4	实例 水波荡漾	5-2	能力：水波动效果 知识：波纹滤镜、快速模糊滤镜、焦散滤镜	教师：演示 学生：学做	考核：特效实例 方法：电子作业
13	7	4	实例 雾化文字	5-2	能力：文字 logo 片头特效 知识：复合模糊滤镜、置换映射滤镜	教师：演示 学生：学做	考核：特效实例 方法：电子作业
14	7	4	AE 自带 CC 滤镜组	5-2	能力：CC 滤镜组使用技巧 知识：CC 滤镜组参数	教师：演示 学生：创作	考核：特效实例 方法：电子作业
15	8	4	实例 流光色彩	5-3	能力：工具使用技巧 知识：钢笔、中心点等工具、辉光、Vegas 等滤镜	教师：演示 学生：学做	考核：特效实例 方法：电子作业
16	8	4	AE 外挂滤镜使用 Trapcode Particular	5-4	能力：复杂外挂粒子滤镜特效 知识：Trapcode Particular、CC Star Brust	教师：演示 学生：创作	考核：特效实例 方法：电子作业
17	9	4	AE 外挂滤镜使用 Trapcode shine	5-4	能力：复杂外挂发光滤镜 知识：Trapcode shine 参数	教师：演示 学生：创作	考核：特效实例 方法：电子作业
18	9	4	Optical Flare 外挂滤镜	5-4	能力：复杂外挂光晕滤镜 知识：Optical Flare 参数	教师：演示 学生：创作	考核：特效实例 方法：电子作业
19	10	4	Particles Illusion 粒子特效制作	6-1 6-2	能力：Particles Illusion 导入 AE 轨迹技巧 知识：Particles Illusion 参数知识及视频输出	教师：演示 学生：学做	考核：特效实例 方法：电子作业
20	10	4	3DsMAX 输入综合与食品输出压缩	6-3	能力：3DsMAX 模型和粒子导入使用技巧 知识：输出整体视频压缩	教师：讲解 学生：创作	考考核：特效实例 方法：电子作业

八、首末次课设计

1. 首次课设计

通过学生自己拍摄的视频素材结合已有的影视剧素材，根据自己的需要，利用工具进行视频剪辑工作，进行一个简单实例的讲解：

①“文件”——“新建”——“项目”，在弹出的提示框，在名称栏中的命名自己的项目，选择此项目所存储的位置，软件默认保存到用户电脑的“我的文档”文件夹想。我们可以通过点击“浏览”按钮，根据自己的需要修改路径：

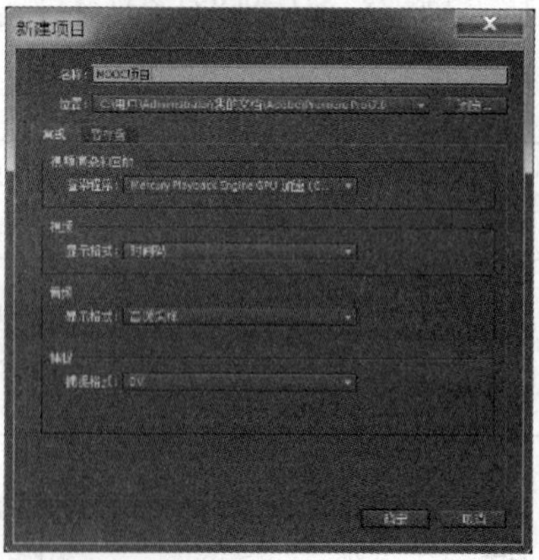

②在“项目栏”中点击右键选择“新建”——“序列”。（快捷键：Ctrl+N）

③双击“项目栏”空白处，导入视频素材，可以多选素材一起导入，导入“授课视频 01”和“星际迷航”。

④将“授课视频 01”素材拖入到时间轴，弹出对话框，选择“更改序列设置”：

⑤根据需要进行“初剪”，利用工具将视频中不理想和不需要的内容剪开，比如一开始拍摄准备期切开，删除前边的部分。然后将视频向前拖动

⑥找到韩老师自拍视频中说英文台词的部分，在台词说完之后，将视频切开。

⑦将后边的视频片段，向后拖动，留出足够空隙。

⑧将“星际迷航”素材拖入时间轴中的视频轨道 2（V2），并对其进行裁剪，将人物回答和操作机器的内容和其他内容切开。

⑨在“星际迷航”素材中找到能量传输的镜头片段，在其上点击右键选择“取消连接”选项，解除音视频的链接，删除视频内容，保留音频内容留待以后使用。

⑩将人物回答和操作机器的视频片段补齐到视频轨道 1（V1）的空隙里。点击菜单栏“文件”——“保存”，保存文件（Ctrl+S）。

这样我们就完成了简单的一个蒙太奇剪辑特效，未来同学们以此为基础，举一反三，可以剪辑组合出千变万化、涵义丰富的蒙太奇效果。实例在这里还没有结束，在以后的课程中我们会对其进行更为深入的综合制作。

2. 末次课设计

手机爆碎特效

①还是在这个项目中，我们将时间线移动到韩老师要爆碎手机的时间节点，新建一个 Solid 层。

②时间线停留在手机被摄像师拿走之前的时间节点，快捷键 Ctrl+Alt+S，弹出 Render Queue（渲染队列）面板，点击对后一项 Output To（输出到）后面的文件名，选择存储位置之后，点击 Render（渲染）按钮输出单帧 PSD 图像。用同样的方法在输出一张手机被摄像师拿走之后的空手图像。

③打开 Photoshop，打开有手机的图片，利用以往课程学习过的方法将其中的手机意外的背景扣除，只留下手机，直接保存。回到 AE 导入只有手机的图片和没有手机的图片，将两者拖入时间线，只有手机的图片放在最上层。缩短两图片层的长度：

④点击顶层的手机图层，在 Effects&Presets 找到 Simulation（模拟仿真）——Shatter（碎片），将时间轴向后拖动一点儿，就能看到效果了。在特效控制面板对其调整：View（视图）选择 Rendered（渲染）；Shape（形状）中 Pattern（模式）选择一种类型，比如 Glass（玻璃）；Repetitions（重复）的数值关系到碎片的数量，根据需要调整；Extrusion Depth（挤压深度）为 0.05。

⑤在 Force1（力量 1）中的 Position（位置），点击调整力量中心到合适的位置，是手机碎片向四面八方扩散。然后将 Physics（物理性）中的 Gravity（重力）值调整为 0。

⑥制作动画，点击快捷键：“Home”，在特效控制面板中打开 Viscosity（粘度）前的码表记录关键帧，设置值为 0，将时间线向后移动一定距离之后，将粘度值设置为 1.00，将爆炸效果凝固。

⑦将两段图片层多选，拖动到视频素材中所对应需要特效的时间节点，时间线停留在手机碎片凝固时候。打开 Camera Position（摄像机位置）卷帘窗下调整：打开 X Rotation（X 轴旋转）、Y Rotation（Y 轴旋转）、和 Focal Length（焦距）前码表加入关键帧 ，将时间线向后拖动到两图片层结束位置，修改参数如下：

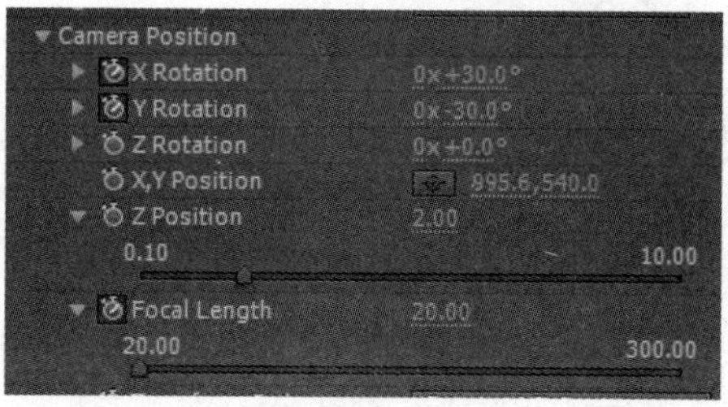

⑧在 Effects&Presets 找到 Stylize——Glow，为手机爆碎图层加入发光效果。在特效控制台中调整 Glow 为 A&B 双色发光（手机是金属色，所以双色为冷色）。

⑨将第二层的时间长度进行缩短以便达到更好的效果，请参见下图设置：

九、考核方案

本课程考核采用平时考核和期末考核相结合的方式。成绩构成：平时占 40%，期末考核占总评成绩的 60%。

1. 评分标准

（1）平时考核标准（60%）

平时考核是对学生平时学习行为和成果进行考核，平时表现即学生回答提问和课堂表现占总成绩 20%，作业完成情况占 20%，出勤占 20%

（2）期末考核标准（40%）

优秀（90 分以上）：效果优美、技术娴熟、创意独特、独立完成。

良好（80～89 分）：效果优美、技术娴熟、创意一般、独立完成。

中等（70～79 分）：效果优美、技术一般、创意一般、独立完成。

合格（60～69 分）：效果一般、技术一般、创意一般、独立完成。

不合格（60 分以下）：效果不佳、技术不佳、创意不佳。

2. 期末考核内容

（1）随堂考试要求

学生按照教师所给的笔记随堂未完成作业，作业通过局域网上传到教师机，文件名名为学生学号和名字，禁止互相粘贴复制。

（2）Premiere 部分随堂考试

①基本剪辑（10 分）

要求：基本剪辑操作，影片时间控制在 30 秒到 1 分钟左右

②复杂剪辑（10 分）

要求：在剪辑影片的基础上加入音乐和各种转场特技

③预告片制作（10 分）

要求：影片时间控制在 1 分钟到 1 分半左右，自配音乐，再加入转场特技的基础上加入一些视频特效。

（3）AE 部分随堂考试

①《流光颜色》（10 分）

②《光芒四射》（10 分）

③《水波荡漾》（10 分）

④《破碎时间》（10 分）

⑤《无中生有》（10 分）

⑥《雾化文字》（10 分）

⑦《片头制作》(10 分)

十、教学材料

①自编讲义、授课视频

②参考教材:《Adobe After Effects CS4 经典教程》,Adobe 公司,人民邮政出版社,2009 年

③影视后期实训室机房、电脑投影仪。

④Premiere、AE、Particles Illusion、Photoshop、3DsMAX 等。

十一、需要说明的其他问题

本课程对电脑硬件的要求高,对其他摄影摄像设备、音响和场地也有一定的要求。

十二、本课程常用术语中英文对照

File 菜单

新建 ← New

└New Project → 新建项目

New Folder → 新建文件夹

打开项目 ← Open Project

打开最近项目 ← Open Recent Projects

在 Bridge 内浏览 ← Browse in Bridge

浏览模板 ← Browse Template Projects

关闭 ← Close

关闭项目 ← Close Project

保存 ← Save

另存为 ← Save As...

保存副本 ← Save a Copy...

另存为 XML 格式 ← Save a Copy As XML

增量保存 ← Increment and Save

恢复 ← Revert

导入 ← Import

└File... → 文件

Multiple Files... → 多个文件

Capture in Adobe Premiere Pro → Premiere Pro 采集

Adobe Clip Notes Comments.. → Adobe 剪辑注释评论

Adobe Premiere Pro Project··· → Premiere Pro 项目···

Vanishing Point (vpe)··· → PS 消失点(.vpe)···

Placeholder... → 输入占位符
Solid... → 实色
导入最近素材 ← Import Recent Footage
输出 ← Export
Adobe Dynamic Link Adobe ← 动态链接
查找 ← Find...
再次查找 ← Find Next
添加素材到合成 ← Add Footage to Comp
选定脚本建立合成 ← New Comp From Selection...
整理素材 ← Consolidate All Footage
删除未用素材 ← Remove Unused Footage
简化项目 ← Reduce Project
文件打包 ← Collect Files...
浏览文件夹 ← Watch Folder...
运行脚本 ← Script
建立代理 ← Create Proxy
└Still... → 静态图片
Movie... → 影片
设置代理 ← Set Proxy
└File.. → 文件
None → 无
解释素材 ← Interpret Footage
└Main... → 常规
Proxy... → 代理
Remember Interpretation → 保存解释
Apply Interpretation → 应用解释
替换素材 ← Replace Footage
└File... → 文件
Placeholder... → 占位符
Solid.. → 实色
重载素材 ← Reload Footage
显示所在文件夹 ← Reveal in Explorer
项目设置 ← Project Settings...
打印 ← Print...
退出 ← Exit

Edit 菜单
撤销副本 ← Can't Undo
不可重复 ← Can't Redo

历史记录 ← History
剪切 ← Cut
复制 ← Copy
仅复制表达式 ← Copy Expression Only
粘贴 ← Paste
清除 ← Clear
副本 ← Duplicate
拆分图层 ← Split Layer
提升工作区域 ← Lift Work Area
抽出工作区域 ← Extrace Work Area
全选 ← Select All
解除全选 ← Deselect All
标签 ← Label
清空 ← Pruge
└All → 全部
Undo → 撤销
Image Caches → 图像缓存
Snapshot → 快照
Video Memory → 视频内存
编辑原稿 ← Edit Original
在 Adobe Audion 中编辑 ← Edit in Adobe Audition
在 Adobe Soundbooth 中编辑 ← Edit in Adobe Soundbooth
模板 ← Templates
└Render Settings.. → 渲染设置
Output Module... → 输出模式
首选项 ← Preferences
└General... → 常规
Previews... → 预演
Display → 显示
Import... → 导入
Output → 输出
Grids & Guides... → 网格与辅助线
Label Colors... → 标签颜色
Label Defaults... → 默认标签
Media &Disk Cache… → 媒体与磁盘缓存
Video Preview… → 视频预演
Appearance… → 用户界面颜色
Auto-Save… → 自动保存
Memory & Multiprocessing… → 内存与多处理器控制…

Audio Hardware··· → 音频硬件
Audio Output Mapping··· → 音频输出映射···

Compostion 菜单

新建合成 ← New Composition
合成设置 ← Compodition Settings
背景颜色 ← Background Color
设置标识帧 ← Set Poster Time
修剪合成至工作区 ← Trim Comp to Work Area
裁剪合成到目标范围 ← Crop Comp to Region of Interest
增加到渲染序列 ← Add To Render Queue
添加输出模块 ← Add Output Module
预演 ← Preview
└RAM Preview → 内存预演
Wireframe Preview → 线框图预演
Motion with Trails → 动态跟踪
Audio → 音频
Audio Preview(Here Forward) → 音频预演（从当前位置开始）
Audio Preview(Work Area) → 音频预演（工作区域）
另存单帧为 ←Save Frame As
└File → 文件
Photoshop Layers → Photoshop 图层
制作影片 ← Make Movie
组合渲染 ← Pre-render
保存内存预演 ← Save RAM Preview
合成流程图 ← Composition Flowchart
合成组微型流程图 ← Composition Mini-Flowchart

Layer 菜单

新建 ← New
└Text → 文字
Solid... → 实色
Light... → 灯光
Camera.. → 摄像机
Null Object → 虚拟对象
Shape Layer → 形状图层
Adjustment Layerv → 调节层
Adobe Photoshop File. → Adobe Photoshop 文件
图层设置 ← Layer Settings...

打开图层 ← Open Layer
打开图层素材 ← Open Layer Source
遮罩 ← Mask
└New Mask → 新建遮罩
Mask Shape → 遮罩形状
Mask Feather → 遮罩羽化
Mask Opacity → 遮罩不透明度
Mask Expansion → 遮罩扩展
Reset Mask → 重置遮罩
Remove Mask → 移除遮照
Remove All Masks → 移除所有遮罩
Mode → 模式
└None → 无
Add → 相加
Subtrace → 相减
Intersect → 交集
Lighten → 变亮
Darken → 变暗
Difference → 差值
Inverted → 反转
Locked → 锁定
Motion Blur → 运动模糊
└Same As Layer→ 与层相同
On → 开
Off → 关
Unlock All Masks → 解锁所有遮罩
Lock Other Masks → 锁定其他遮罩
Hide Locked Masks → 隐藏已锁定遮照
Mask and Shape Path → 遮罩与形状路径
└RotoBezier → 旋转曲线
Closed → 关闭
Set First Vertex → 设置首个顶点
Free Transform Points → 自由变换点
质量 ← Quality
└Best → 最佳
Draft → 草图
Wireframe → 线框
转换开关 ← Switches
└Hide Other Video → 隐藏其他视频层

Show All Video → 显示所有视频层
Unlock All Layers → 解锁所有层
Shy → 退缩
Lock → 锁定
Audio → 音频
Video → 视频
Solo → 独奏
Effect → 特效
Collapse → 塌陷
Motion Blur → 运动模糊
Adjustment Layer → 调节层
变换 ← Transform
└Reset → 复位
Anchor Point → 定位点
Position → 位置
Scale → 缩放
Orientation → 方向
Rotation → 旋转
Opacity →透明度
Flip Horizontal → 水平方向翻转
Flip Vertical → 垂直方向翻转
Center In View → 视点居中
Fit to Comp → 适配到合成
Fit to Comp Wideth → 适配为合成宽度
Fit to Comp Height → 适配为合成高度
Auto-Orient → 自动定向
时间→Time
└Enable Time Remapping → 启用时间重置
Time-Reverse Layer → 时间反向层
Time Stretch → 时间伸缩
Freeze Frame → 冻结帧
Frame Blending → 帧融合
└Off → 关
Frame Mix → 帧融合
Pixel Motion → 像素运动
三维层 ← 3D Layer
栅格层 ← Guide Layer
添加标记 ← Add marker
保持透明 ← Preserve Transparency

混合模式 ← Blending Mode

└Normal → 正常
Dissolve → 溶解
Dancing Dissolve → 动态溶解
Darken → 变暗
Multiply → 正片叠底
Color Burn → 颜色加深
Classic Color Burn → 典型颜色加深
Linear Burn → 线性加深
Darken Color → 暗色
Add → 添加
Lighten → 变亮
Screen → 屏幕
Color Dodge → 颜色减淡
Classic Color Dodge → 典型颜色减淡
Linear Dodge → 线性减淡
Lighter Color → 亮色
Overlay → 叠加
Soft Light → 柔光
Hard Light → 强光
Linear Light → 线性光
Vivid light → 艳光
Pin Light → 点光
Hard Mix → 强烈混合
Difference → 差值
Classic Difference → 典型差值
Exclusion → 排除
Hue → 色相位
Saturation → 饱和度
Color → 颜色
Luminosity → 亮度
Stencil Alpha → Alpha 模版
Stencil Luma → 亮度模版
Silhouette Alpha → Alpha 轮廓
Silhouette Luma → 亮度轮廓
Alpha Add → Alpha 添加
Luminescent Premul → 冷光预乘

下一个混合模式 ← Next Blending Mode

上一个混合模式 ← Previous Blending Mode

轨道蒙版 ← Track Matte
└No Track Matte → 无
Alpha Matte → Alpha 蒙版
Alpha Inverted Matte → 反相 Alpha 蒙版
Luma Matte → 亮度蒙版
Luma Inverted Matte → 反相亮度蒙版

Layer Styles→图层样式
└Convert to Editable Styles → 转换为可编辑样式
Show All → 全部显示
Remove All → 全部移除
Drop Shadow → 阴影
Inner Shadow → 内侧阴影
Outer Glow → 外侧辉光
Inner Glow → 内侧辉光
Bevel and Emboss → 斜边与浮雕
Satin → 光泽
Color Overlay → 颜色叠加
Gradient Overlay → 渐变叠加
Stroke → 描边
Group Shapes → 形状编组
Ungroup Shapes → 解除形状编组

排列←Arrange
└图层置顶 ← Bring Layer to Front
图层置上 ← Bring Layer Forward
图层置下 ← Send Layer Backward
图层置底 ← Send Layer to Back

Adobe Encore→Adobe Encore
└Create Button → 创建按钮
Assign to Subpicture 1 → 分配给子图像 1
Assign to Subpicture 2 → 分配给子图像 2
Assign to Subpicture 3 → 分配给子图像 3
Assign to Video Thumbnail → 分配给视频缩略图

转换为实时实时 Photoshop 3D ← Convert to Live Photoshop 3D
转换为可编辑文字 ← Convert to Editable Text
从文字创建形状 ← Create Sharps from Text
从文字创建轮廓线 ← Create Masks from Text
自动跟踪 ← Auto-trace...
Pre-compose…← 预合成

Effect 菜单

特效控制 ← Effect Controls
上一个特效 ← Reduce Interlace Flicker
全部删除 ← Remove All
有储收藏 ← Save Favorite
应用收藏 ← Apply Favorite
最近收藏 ← Recent Favorites
三维通道 ← 3D Channel
└3D Chaccel Extract → 提取三维通道
Depth Matte → 深度蒙版
Depth of Field → 场深度（景深）
ExtractoR → 提取器
Fog 3D → 雾化 3D
ID Matte → ID 蒙版
Identifier → 标识符
音频 ←Audio
└Backwards → 倒播
Bass & Treble → 低音和高音
Delay → 延迟
Flange & Chorus → 变调&和声
High-Low Pass → 高通/低通
Modulator → 调制器
Parametric EQ → EQ 参数
Reverb → 混响
Stereo Mixer → 立体声混合
Tone → 音质
模糊与锐化 ←Blur & Sharpen
└Bilateral Blur → 双向模糊
Box Blur → 盒状模糊
CC Radial Blur → CC 放射状模糊
CC Radial Fast Blur → Ccy 放射状快速模糊
CC Vector Blur → CC 矢量模糊
Channel Blur → 通道模糊
Compound Blur → 复合模糊
Directional Blur → 方向模糊
Fast Blur → 快速模糊
Gaussian Blur → 高斯模糊
Lens Blur → 镜头模糊
Radial Blur → 径向模糊

Reduce Interlace Flicker → 降低隔行扫描闪烁
Sharpen → 锐化
Smart Blur → 智能锐化
Unsharp Mask → 非锐化遮罩

通道 ←Channel
└Alpha Levels → Alpha 色阶
Arithmetic → 运算
Blend → 混合
Calculations → 计算
CC Composite → CC 合成操作
Channel Combiner → 通道组合
Compound Arithmetic → 复合运算
Invert → 反相
Minimax → 扩亮扩暗
Remove Color Matting → 移除蒙版颜色
Set Channels → 设置通道
Set Matte → 设置蒙版
Shift Channels → 转换通道
Solid Composite → 实色合成

颜色校正 ←Color Correction
└Auto Color → 自动颜色
Auto Contrast → 自动对比度
Auto Levels → 自动色阶
Brightness & Contrast → 亮度和对比度
Broadcast Contrast → 广播级颜色
CC Color Offset → 色彩偏移
CC Toner → CC 调色
Channel Color → 更改颜色
Change to Color → 转换颜色
Channel Mixer → 通道混合
Color Balance → 色彩平衡
Color Balance(HLS) → 色彩平衡(HLS)
Color Link → 色彩链接
Color Stabilizer → 色彩平衡器
Colorama → 彩色光
Curves → 曲线
Equallize → 色彩均化
Exposure → 曝光
Gamma/Pedestal/Gain → 伽玛/基色/增益

Hue/Saturation → 色相/饱和度
Levels Color → 分色
Levels → 色阶
Levels(Individual Controls) → 独立色阶控制
Photo Filter → 照片滤镜
PS Arbitrary Map → PS 任意贴图
Shadow/Highlight → 阴影/高光
Tint → 浅色调
Tritone → 三色调

扭曲 ←Distort

└Bezier Warp → 贝塞尔弯曲
Bulge → 凹凸镜（膨胀）
CC Bend It → CC 弯曲
CC Bender CC → 弯曲器
CC Blobbylize CC → CC 融化溅落点
CC Flo Motion → CC 两点扭曲
CC Griddler → CC 网格变形
CC Lens → CC 透镜
CC Page Turn → CC 卷页
CC Power Pin → CC 动力角点
CC Rripple Pulse → CC 涟漪扩散
CC Slant → CC 倾斜
CC Smear → CC 涂抹
CC Split → CC 分割
CC Split2 → CC 分割 2
CC Tiler → 平铺
Corner Pin → 边角定位
Displacement Map → 置换
Liquify → 液化
Magnify → 放大
Mesh Warp → 网格变形
Mirror → 镜像
Offset → 位移
Optics Compensation → 光学补偿
Polar Coordinates → 极坐标
Puppet → 木偶
Ripple → 波纹
Reshape → 形变
Smear → 涂抹

Spherize → 球面化
Transform → 变换
Turbulent Displace → 剧烈置换
Twirl → 扭转
Warp → 弯曲
Wave Warp → 波形弯曲

表达式控制 ←Expression Controls
└Angle Control → 角度控制
Checkbox Control → 复选框控制
Color Control → 色彩控制
Layer Control → 图层控制
Point Control → 点控制
Slider Control → 滑杆控制

生成←Generate
└4-Color Gradient → 四色渐变
Advanced Lightning → 高级闪电
Audio Spectrun → 音频频谱
Audio Waveform → 音频波形
Beam → 光束
CC Glue Gun → CC 喷胶枪
CC Light Burst 2.5 → CC 突发光 2.5
CC Light Rays → CC 光线
CC Light Sweep → CC 扫光
Cell Pattern → 蜂巢图案
Checkerboard → 棋盘
Circle → 圆
Ellipse → 椭圆
Eyedropper Fill → 吸色管填充
Fill → 填充
Fractal → 分形
Grid → 网格
Lens Flare → 镜头光晕
Paint Bucket → 油漆桶
Radio Waves → 电波
Ramp → 渐变
Scribble → 涂鸦
Stroke → 描边
Vegas → 勾画
Write-on → 书写

键控 ← Keying

└CC Simple Wire Removal → CC 简单金属移除

Color Difference Key → 色彩差异键

Color Key → 色彩键

Color Range → 色彩范围

Difference Matte → 差异蒙版

Extrace → 提取（抽出）

Inner/Outer Key → 内部/外部键

Keylight（1.2） → Keylight（1.2）

Linear Color Key → 线性色彩键

Luma Key → 亮度键

Spill Suppressor → 溢色抑制

蒙版←Matte

└Matte Choker → 蒙版抑制

Simple Choker → 简单抑制

噪波与颗粒←Noise & Grain

└Add Grain → 添加颗粒

Dust & Scratches → 灰尘与刮痕

Fractal Noise → 分形噪波

Match Grain → 匹配颗粒

Median → 中值

Noise → 噪波

Noise Alpha → Alpha 噪波

Noise HLS → HLS 噪波

Noise HLS Auto → 自动 HLS 噪波

Remove Grain → 移除颗粒

Turbulent Noise → 紊乱杂波

旧版本←Obsolete

└Basic 3D → 基本 3D

Basic Text → 基本文字

Lightning → 闪电

Path Text → 路径文字

绘图←Paint

└Paint → 绘图

Vector Paint → 失量绘图

透视←Perspective

└3D Glasses → 3D 眼睛

Bevel Alpha → 斜面 Alpha

Bevel Edges → 斜角边

CC Cylinder → CC 圆柱体
CC Sphere → CC 球体
CC Spotlight → CC 聚光灯
Drop Shadow → 阴影
Radial Shadow → 放射阴影

模拟仿真←Simulation

└Card Dance → 卡片舞蹈
Caustics → 焦散
CC Ball Action → CC 滚珠操作
CC Bubbles → CC 吹泡泡
CC Drizzle → CC 细雨滴
CC Hair → CC 毛发
CC Mr.Mercury → C 水银滴落
CC Particle Systems II → CC 粒子仿真系统 II
CC Particle World → CC 粒子仿真世界
CC Pixel Polly → CC 像素多边形
CC Rain → CC 下雨
CC Scatterize → CC 散射效果
CC Sonw → CC 下雪
CC Star Burst → CC 星爆
Foam → 泡沫
Particle Playground → 粒子运动
Shatter → 碎片
Wave World → 水波世界

风格化 ← Stylize

└Brush Strokes → 笔触
Cartoon → 卡通
CC Burn Film → CC 胶片烧灼
CC Glass → CC 玻璃
CC Kaleida → 万花筒
CC Mr.Smoothie → CC 形状颜色映射
CC RepeTile → CC 重复平铺
CC Threshold → CC 阈值
CC Threshold RGB → CC RGB 阈值
Color Emboss → 彩色浮雕
Emboss → 浮雕
Find Edges → 查找边缘
Glow 辉光
Mosaic → 马赛克

Motion Tile → 动态平铺
Posterize → 招贴画
Roughen Edges → 粗糙边缘
Scatter → 散射
Strobe Light → 闪光灯
Texturize → 材质纹理
Threshold → 阈值
Synthetic Aperture ← SA Color Finesse 2

文字 ← Text
└Numbers → 编号
Timecode → 时间码

时间 ← Time
└CC Force Motion Blur → CC 强制动态模糊
CC Time Blend → CC 时间融合
CC Time Blend FX → CC 时间融合 FX
CC Wide Time → CC 宽泛时间
Echo → 拖尾
Posterize Time → 抽帧
Time Difference → 时间差
Time Displacement → 时间置换
Timewarp → 时间扭曲

过渡 ← Transition
└Block Dissolve → 快溶解
Card Wipe → 卡片擦除
CC Glass Wipe → CC 玻璃状擦除
CC Grid Wipe → CC 网格擦除
CC Image Wipe → CC 图像擦除
CC Jaws → CC 海鱼
CC Light Wipe → CC 照明灯擦除
CC Radial ScaleWipe → CC 径向缩放擦除
CC Scale Wipe → CC 拉伸式缩放
CC Twister → CC 龙卷风
Gradient Wipe → 渐变擦除
Tris Wipe → 形状划变
Linear Wipe → 线性擦除
Radial Wipe → 径向擦除
Venetian Blinds → 百叶窗

实用工具 ← Utility
└Cineon Converter → Cineon 转换

Color Profile Converter → 色彩方案转换
Grow Bounds → 范围扩散
HDR Compander → HDR 压缩
HDR Hightlight Compression → HDR 高光压缩

Animation 菜单
Save Animation Preset → 保存动画预置
Apply Animation Preset → 应用动画预置
Recent Animation Presets → 最近使用的动画预置
Browse Presets → 浏览预置
添加关键帧 ← Add Keyframe
切换保持关键帧 ← Toggle Hold Keyframe
关键帧插值 ← Keyframe Interpolation...
关键帧速率 ← Keyframe Velcity...
关键帧助手 ← Keyframe Assistant
└Convert Audio to Keyframes → 转换音频为关键帧
Convert Expression to Keyframes → 转换表达式为关键帧
Easy Ease → 缓和曲线
Easy Ease In → 缓和曲线淡入点
Easy Ease Out → 缓和曲线淡出点
Exponential Scale → 时间反向关键帧
RPF Camera Import → RPF 摄像机导入
Sequence Layers... → 序列图层
Time-Reverse Keyframes → 指数比例
文字动画 ← Animate Text
└Enable Per-character 3D → 激化逐字 3D 化
Anchor Point → 轴心点
Position → 位置
Scale → 缩放
Skew → 倾斜
Rotation → 旋转
Opacity → 不透明度
All Transform Properties → 所有变换
Fill Color → 填充色
└RGB → RGB
Hue → 色相
Saturation → 饱和度
Brightness → 亮度
Opacity → 透明度

Stroke Color → 描边色

└RGB → RGB

Hue → 色相

Saturation → 饱和度

Brightness → 亮度

Opacity → 透明度

Stroke Width → 描边宽度

Tracking → 跟踪

Line Anchor → 行定位

Line Spacing → 行间距

Character Offset → 字符偏移

Character Value → 字符值

Blur → 模糊

添加文字选择器 ← Add Text Selector

└Range → 范围

Wiggly → 抖动

Expression → 表达式

移除所有文字动画 ← Remove All Text Animators

添加表达式 ← Add Expression

分割尺寸 ← Separate Dimensions

动态跟踪 ← Track Motion

稳定运动 ← Stabilize Motion

追踪当前属性 ← Track this property

显示关键帧 ← Reveal Animating Properties

显示已修改属性 ← Reveal Modified Properties

View 菜单

新建视图 ← New Viewr

放大 ← Zoom In

缩小 ← Zoom Out

分辩率 ← Resolution

└Full → 最佳

Half → 一半

Third → 三分之一

Quarter → 四分之一

Custom.... → 自定义

使用显示器色彩管理 ← Use Display Color Management

模式输出 ← 输出 Simulate Output

隐藏/显示标尺 ← Show Rulers

隐藏/显示辅助线 ← Hide Guides

吸附辅助线 ← Snap To Guides
锁定辅助线 ← Lock Guides
清楚辅助线 ← Clear Guides
隐藏/显示网格 ← Show Grid
吸附网格 ← Snap to Grid
视图选项 ← View Options...
显示图层控制 ← Show Layer Controls
重置 3D 视图 ← Reset 3D View
切换 3D 视图 ← Switch 3D View
└Active Camera → 有效摄像机
Front → 前视图
Left → 左视图
Top → 顶视图
Back → 后视图
Right → 右视图
Bottom → 底视图
Custom View 1 → 自定视图 1
Custom View 2 → 自定视图 2
Custom View 3 → 自定视图 3
分配快捷键给“有效摄像机” ← Assign Shortcut to““Active Camera”
切换到最近的 3D 视图 ← Switch To Last 3D View
查看所选图层 ← Look At Selected Layers
查看所有图层 ← Look At All Layers
前往指定时间 ← Go To Time...

Window 菜单
工作区 ←Workspace
└All Panels → 全部面板
Animation → 动画
Effests → 特效
Minimal → 简约
Motion Tracking → 动态跟踪
Paint → 绘图
Standard → 标准
Text → 文字
Undocked Panels → 解除面板停靠
New Workspace → 新建工作区
Delete Workspace → 删除工作空间
Reset “All Panels”→ 重置“标准”工作区
分配快捷键给“标准”工作区→Assign Shortcut to “All Panels” Workspace
对齐 ← Align
音频 ← Audio

画笔 ← Brushes
字符调板 ← Character
效果和预置← Effects &Presets
信息调板 ← Info
智能遮罩插值 ← Mask Interpolation
元数据← Metadata
动态草图 ← Motion Sketc
绘画 ← Paint
段落 ← Paragraph
预览控制台 ← Preview
平滑器 ← Smoother
工具箱 ← Tools
跟踪 ← Tracker
摇摆器 ← Wiggler
合成 ← Composition
特效控制台 ← Effect Controls
流程图 ← Flowchart
素材 ← Footage
图层 ← Layer
工程 ← Project
渲染队列 ← Render Queue
时间线 ← Timeline

附：课程进度模板

周次	1	2	3	4	5	6	7	8	9	10	11	12	13	14	15	16	17	18
项目	基础知识		剪辑技术				影视预告片制作技巧			AE 特效基础			复杂特效制作				粒子特效与输出	
子项目	Premiere 概述	基本操作	基本素材剪辑合成		视频转场与特技视频转场与特技		预告片剪辑与特效制作	视频压缩与输出		After Effects 概述		基本操作	轨迹追踪	工具栏工具使用	多滤镜混合使用实例	复杂滤镜混合使用实例	外挂滤镜的使用	
情境	1.1 公司软硬件安装与部署 1.2 环境调试	1.3 公司片材采集 1.4 草剪	2.1.根据公司要求视频产品精剪	2.2.客户需要分屏对比剪辑后和剪辑前的取舍优良。	2.3.根据客户要求进行专场特技的添加。 2.4.利用 PR 自带滤镜对视频进行修饰。	2.5.合成影片产品	3.1.《地狱男爵 2》马上上映公司接到一单预告片制作的项目。 3.2.影视剧样片观看，推敲经典镜头，讨论取舍	3.3.确定时间，剪辑素材。	3.4.特效合成。	3.5.输出预告样片。 4.1.你的在特效方面有潜质，公司将你调入特效部。	4.2.软硬件升级，需要进行安装部署和环境调试。	4.3.新环境下员工需要适应软硬件的变化。	5.1.公司接到一单影视特效制作任务。 5.2.需要在广告片中人物手机背面添加多彩光特效。	5.3.需要在广告片人手上动作中加入火光描画的动画效果	5.4.广告片片头字幕需要加入一个特效，根据客户要求完整特效。	5.5.广告片中需要整体屏幕水波纹跟随演员手指动作的特效。	6.1.公司自身片头广告 LOGO 动画需要制作了。	6.2.你负责对本公司的 LOGO 动画进行制作，公司要求有粒子特效。 6.3.动画未来会大量使用在公司参与制作的影视剧作品开头。
任务	1.了解系统配置、掌握 Premiere 的工作环境； 2.掌握后期合成技术的工作流程。	1.Premiere 的基本功能参数等 2.掌握操作对象的各种基本方法	1.视频剪辑的基本操作方法 2.剪辑工具和时间轴的基本操作方法	3.掌握监视器的使用	4.特效面板中视频转换 5.两组以上内建视频特效滤镜使用的操作技巧	6.各种素材进行剪辑和基本合成	1.影视剧预告片的基本制作 2.对素材进行整合和基本剪辑	3.自带的视频特效滤镜库合成	4.视频转换滤镜库合成	5.压缩输出 1.软硬件安装部署	2.软件调试	3.熟悉界面 4.简单 AE 基本操作	1.制作多彩发光特效 2.追踪到手机背面	1.Vegas、钢笔工具 2.选择、中心点工具	1.辉光、色相饱和度滤镜使用 2.渐变、CC 组等多种滤镜使用参数	1.Radio Waves 2.Blur&Sharpen	3.Caustics 1.Trapcode: particular	2.Trapcode shine
考核结果	安装完成的电脑环境	实例作业 01	实例作业 02		实例作业 03		实例作业 04	实例作业 05		安装完成的电脑环境		实例作业 01	实例作业 02	实例作业 03	实例作业 04	实例作业 05	实例作业 01	

“商务英语听说”课程整体教学设计

刘彦斌

一、课程基本信息

课程名称：商务英语听说		
所属系部：基础部	制定人：刘彦斌	
课程代码：6601081310	学分：3.5	学时：52
授课时间：第一学期	授课对象：商务英语专业学生	
课程类型：技能训练课		
并行课程：实用英语、商务礼仪、秘书实务	后续课程：商务英语听说（3）、外贸业务综合实训、商务英语综合实训、饭店服务英语等	

二、课程定位

1. 岗位分析

本课程面向的主要岗位：商务单证员、涉外文员、外贸进出口业务员等。

岗位的主要能力：英语语言能力、商务沟通能力、商务运作能力和办公软件应用能力。

2. 课程分析

并行课：实用英语、商务礼仪、秘书实务。

后续课：商务英语听说（3）、饭店服务英语、外贸业务综合实训、商务英语综合实训等。

三、课程目标设计

总体目标：本课程根据商务英语专业的培养总目标，旨在培养学生在涉外商务活动中的基本英语听说能力和沟通协调能力。

能力目标：根据商务英语专业的培养目标要求，学生能够运用英语语言从事包括商务接待、企业和产品宣传以及业务谈判三个重点工作环节在内的10个子项目工作。

知识目标：（1）了解电话礼仪；掌握电话交流和电话预约的相关英文语句；（2）熟悉各种客房类型的英文表达；掌握客房、餐位和会议厅预订的工作流程与相关英文语句；（3）掌握商务接待的基本工作内容和相关英文语句；（4）掌握办理客房入住的工作流程和相关英文语句；（5）掌握中西餐厅对客服务的相关英文语句（以点餐服务流程为主）；（6）熟悉会议的基本结构；熟悉公司介绍的主要内容；掌握公司介绍的相关英文语句；（7）熟悉产品介绍的主要内容；掌握产品介绍的相关英文语句；（8）掌握国际贸易谈判中有关价格和支付方式的基础知识及相关英文语句；（9）掌握国际贸易谈判中有关包装、运输、保险和发货日期等内容的基础知识及相关英文语句；（10）了解国际贸易谈判中有关订单和买卖合同的基础知识及相关英文语句。

素质目标： 热情、耐心、周到服务外籍客户；
细心、敏锐、踏实效忠企业。

四、课程内容设计

项目名称	子项目名称	学时
天津康福特自行车业有限公司商务接待、企业及产品介绍和业务谈判的顶岗实习实训	子项目 1　电话交流（与外国客户预约来访事宜）	4
	子项目 2　酒店预订（预订客房、会议厅、餐位等）	4
	子项目 3　接待客户（机场接待、介绍天津、公司领导在会客厅接待客人）	4
	子项目 4　帮助客人办理入住	4
	子项目 5　餐饮服务（中餐点餐服务、西餐点餐服务、其他服务）	4
	★ 商务接待项目综合实训	4
	子项目 6　介绍企业（以会议形式向来访客人介绍企业情况）	4
	子项目 7 产品介绍（以会议形式向来访客人介绍产品、带领客人参观展厅）	4
	★ 企业及产品介绍项目综合实训	4
	子项目 8　价格谈判（价格、折扣、佣金等谈判）	4
	子项目 9　常见交易细则谈判（包装、支付方式、发货日期和保险等事宜谈判）	4
	子项目 10　提交订单及签订合同	4
	★ 业务谈判项目综合实训	4
合　计		52

五、项目任务设计

编号	子项目编号、名称	任务	能力目标	知识目标	训练方式、手段及步骤	可展示的结果
1	子项目 1 电话交流	1. 按照电话礼仪规范，完成来电者的电话留言； 2. 完成来访预约、取消预约和重新预约	能够运用电话礼仪知识和基本句型进行流畅的商务电话交流，随机应变	熟悉电话礼仪，掌握接听电话、电话留言、预约和取消预约的常用句型	播放视频、播放听力音频、随机抽取工作情境内容和合作对象、角色表演	角色表演
2	子项目 2 酒店预订	1. 通过电话或现场方式，为客人预订客房和餐位，顺利预订； 2. 预订已满，为客人提供满意服务	能够运用常用句型完成酒店预订工作	掌握客房预订、餐位预订的内容和常用句型	播放视频、播放听力音频、语音思维导图、PPT 场景幕角色表演	角色表演

编号	子项目编号、名称	任务	能力目标	知识目标	训练方式、手段及步骤	可展示的结果
3	子项目 3 接待客户	1. 机场举牌接待客人； 2. 沿途介绍天津； 3. 公司领导在会客室接待客人	能够为来访者提供周到的机场接站、景点介绍和办理入住等服务	熟悉天津的地理位置、基本历史背景和著名景点的相关信息	播放视频、播放听力音频、学生自主编撰对话、角色表演	角色表演
4	子项目 4 办理入住	帮助客人办理入住	能够帮助客人入住酒店	掌握办理客房入住的程序和常用句型	播放视频、播放听力音频、语音思维导图、PPT 场景幕角色表演	角色表演
5	子项目 5 餐饮服务	1. 中餐点餐服务； 2. 西餐点餐服务； 3. 上菜不及时，客人极其不满。作为服务员，竭尽所能帮助客人平息情绪	为客人提供中西餐服务	掌握中西餐点餐的步骤及常用语句	语音思维导图、PPT 场景幕、随机抽取工作情境内容和合作对象、角色表演	角色表演
6	★ 商务接待项目综合实训	完成从电话预约来访事宜到接待客人入住酒店的一系列工作	见子项目 1-5	见子项目 1-5	随机抽取考题及交流对象，在给定时间内准备并完成一系列工作	角色表演
7	子项目 6 介绍企业	制作 PPT，以会议形式向来访客人介绍企业情况	能够熟练使用幻灯片软件，介绍企业情况	熟悉企业介绍的基本内容、相关句型；熟练使用幻灯片并了解布局设计	播放视频、播放听力音频、学生自主编撰介绍内容、角色表演	角色表演
8	子项目 7 产品介绍	对各种型号的自行车进行介绍，内容包括设计理念、产品用料、产品特点和优势、海内外市场、价位和销路等	能够熟练使用幻灯片软件，介绍产品，或带领客人参观展厅，用熟练的英语介绍产品	熟悉产品介绍的基本内容；掌握产品介绍的相关句型	播放视频、播放听力音频、学生自主编撰介绍内容、角色表演	角色表演
9	★ 企业及产品介绍项目综合实训	以组织会议和带领来访客人参观展厅的形式介绍公司及产品	见子项目 6-7	见子项目 6-7	随机抽取考题及交流对象，在给定时间内准备并完成一系列工作	角色表演

编号	子项目编号、名称	任务	能力目标	知识目标	训练方式、手段及步骤	可展示的结果
10	子项目 8 价格谈判	随机应变，尽可能在价格、折扣、佣金上让利于客人的同时，还能保证公司的利益不受损失	能够随机应变，巧妙运用价格谈判技巧在尽可能让利于客人并达成交易的同时，还能保证公司的利益不受损失	掌握和价格相关的贸易术语(FOB,CIF 等)；掌握报价公式；掌握讨价还价的常用句型	播放视频、播放听力音频、随机抽取工作情境内容和合作对象、角色表演	角色表演
11	子项目 9 常见交易细则谈判	1. 包装洽谈； 2. 支付方式和保险洽谈； 3. 发货日期的洽谈	能够在谈判中就包装、支付方式、发货日期和保险等事宜与客户达成一致	掌握有关包装的相关表达；掌握常用支付方式及其表达；掌握发货的常用句型；掌握常用保险方式表达	播放视频、播放听力音频、随机抽取工作情境内容和合作对象、角色表演	角色表演
12	子项目 10 提交订单及签订合同	1. 完成一份完整的订单； 2. 签订销售合同	能够主持和参加合同签署会	熟悉订单内容和相关表达；熟悉销售合同的基本条款、格式和签订过程中的常用语句	播放视频、播放听力音频、随机抽取工作情境内容和合作对象、角色表演	角色表演
13	★ 业务谈判项目综合实训	从价格、支付方式、包装、保险、发货日期等各个方面进行谈判，双方努力旨在促成交易	见子项目 8-10	见子项目 8-10	随机抽取考题及交流对象，在给定时间内准备并完成一系列工作	角色表演

六、项目情境设计

编号	子项目编号、名称	任务	情境	学时
1	子项目 1 电话交流	1. 按照电话礼仪规范，完成来电者的电话留言； 2. 完成来访预约、取消预约和重新预约	1.1 你在第一天就接到了印度客户的来电，对方找你的经理，但经理外出开会，做好电话留言（正常）； 1.2 印度客人来电预约来访事宜（正常）； 1.3 印方因公司工作安排调整，不能按时来访，故取消原预约（意外）； 1.4 部门经理因腹泻不能接听电话，接听电话得知对方不能按照原预约时间来访，协调做好重新预约（意外）	4

编号	子项目编号、名称	任务	情境	学时
2	子项目 2 酒店预订	1. 通过电话或现场方式，为客人预订客房和餐位，顺利预订； 2. 预订已满，为客人提供满意服务	2.1 在确定了印度客人来访日期后，为他们在酒店预订客房（例如：3 个标准间和 1 个大床房，并且带早餐）和餐位预订（正常）； 2.2 由于旅游旺季，客房或餐位已订满，该问题如何解决？（意外）	4
3	子项目 3 接待客户	1. 机场举牌接待客人； 2. 沿途介绍天津； 3. 公司领导在会客室接待客人	3.1 印度客人到达天津，你在机场迎接，一路上并为客人介绍天津的经典、小吃和历史文化等（正常）； 3.2 印度客人因晕机而身体不适(意外)	4
4	子项目 4 办理入住	帮助客人办理入住。	4.1 到达酒店，帮助他们办理入住（正常）； 4.2 预订的客房与实际人数不符，查明原因并解决（意外）； 4.3 因酒店电脑系统原因或工作人员疏忽，查不到预订信息（意外）	4
5	子项目 5 餐饮服务	1. 中餐点餐服务； 2. 西餐点餐服务； 3. 上菜不及时，客人极其不满。作为服务员，竭尽所能帮助客人平息情绪。	5.1 为印度客人接风洗尘，在酒店中餐厅提供餐饮服务（正常）； 5.2 为印度客人接风洗尘，在酒店西餐厅提供餐饮服务（正常）； 5.3 客人在自主游览天津的过程中，由于餐厅上菜过慢，客人等候时间过长且非常不满（意外）	4
6	★ 商务接待项目综合实训	完成从电话预约来访事宜到接待客人入住酒店的一系列工作	教师命题，内容与子项目 1-5 类似	4
7	子项目 6 介绍企业	制作 PPT，以会议形式向来访客人介绍企业情况	客人到达的第二天，在与客人的见面会上，你利用幻灯片为客人做企业介绍，包括企业历史背景和业务范畴等（正常）	4
8	子项目 7 产品介绍	对各种型号的自行车进行介绍，内容包括设计理念、产品用料、产品特点和优势、海内外市场、价位和销路等	客人到达的第二天下午，你带领客人到自行车展厅参观，并做详尽的产品介绍（正常）	4
9	★ 企业及产品介绍项目综合实训	以组织会议和带领来访客人参观展厅的形式介绍公司及产品	教师命题，内容与子项目 6-7 类似	4

编号	子项目编号、名称	任务	情境	学时
10	子项目 8 价格谈判	随机应变，尽可能在价格、折扣、佣金上让利于客人的同时，还能保证公司的利益不受损失	8.1 第三天上午，印度客人有意和公司进行第一笔交易，在价格谈判会上，首先谈到的是价格问题，由于印度客人首次订货，希望能给最惠价格，起订量也能给予照顾，谈判过程时而陷入僵局（意外） 8.2 买卖双方长期合作多年，但由于市场价格持续攀升，此次价格涨幅较大，客人不认可提高价格，同时，对多年来 3%的佣金也表示不满，新订单的签署陷入僵局（意外）	4
11	子项目 9 常见交易细则谈判	1. 包装洽谈； 2. 支付方式和保险洽谈； 3. 发货日期的洽谈	9.1 第三天上午，在和客人进行了价格磋商后，又开始了有关包装、支付方式、发货日期以及保险等适宜的谈判（正常）； 9.2 客人对以往的包装形式提出异议，因包装不善，上一批货物有部分自行车在运输过程中有漆面划伤现象，提出给予适当索赔并加固包装的要求（意外）； 9.3 由于公司处于订单积压，且客人在 5 月必须收到货物，否则就会错过销售季，谈判过程时而陷入僵局（意外）	4
12	子项目 10 提交订单及签订合同	1. 完成一份完整的订单； 2. 签订销售合同	第三天上午谈判结束，印度客人决定提交第一笔试订货订单，采购山地车、城市自行车和电动自行车各 500 辆，你指导客人填写订单并签订销售合同(正常)	4
13	★ 业务谈判项目综合实训	从价格、支付方式、包装、保险、发货日期等各个方面进行谈判，双方努力旨在促成交易	教师命题，内容与子项目 8-10 类似	4

七、课程进程表

子项目编号、名称	周次	学时	单元标题	能、知目标	师生活动	其他（含考核、内容、方法）
1.电话交流	1	4	Answering the Phone	电话礼仪、预约、取消和重新预约	教师： 布置预习作业，做好QQ群互动学习的指导和监督工作； 学生： 以小组为单位，每个学生都有其在虚拟岗位上体验工作、服务与被服务的机会，并且轮换工作岗位和角色，以保证学生对知识点和能力点的均衡掌握。	考核方式： 1. 过程考核 （1）QQ群语音互动学习； （2）课堂子项目或工作任务训练展示； （3）提交视频作业 2. 阶段性形成性考核随机抽取题目和交流对象 评价方式： 师生共同参与评价
2.酒店预订	2	4	Reserving hotels for clients	预订客房、基本表达		
3.接待客户	3	4	Welcome to our company	机场接站、导游、办理入住		
4.办理入住	4	4	Check the guests into the hotel	帮助客人办理入住		
5.办理入住	5	4	Restaurant services	为客人提供中西餐服务 掌握中西餐点餐的步骤及常用语句		
商务接待项目综合实训	6	4	★ Comprehensive task of business reception	能独立完成商务接待子项目中的各项工作		
6.介绍企业	7	4	showing around the company	公司简介基本表达		
7.产品介绍	8	4	Introduction of products	产品介绍基本表达		
企业及产品介绍项目综合实训	9	4	★ Comprehensive task of business introduction	能独立完成公司介绍和产品介绍工作		
8.价格谈判	10	4	Negotiating prices and discounts	基本表达		
9.常见交易细则谈判	11	4	Delivery, package, payment and insurance	基本表达		
10.提交订单及签订合同	12	4	Placing an order and signing a contract	背景知识、基本表达、熟悉合同内容，能独立完成合同制订		
业务谈判项目综合实训	13	4	★ Comprehensive task of business negotiation	能完成一个涵盖三个项目的完整		

八、首末次课设计

1. 首次课设计

（1）情境设计

课程情境	实习生A刚刚到来到天津康福特自行车业有限公司参加顶岗实习，总经理安排他进行综合业务实践。工作包括从商务接待到企业和产品宣传再到与客户面对面业务洽谈。目的在于帮助他迅速熟悉公司的主体业务环节，并培养他的反应能力、协调能力和沟通能力
项目	商务接待：实习生A在自行车（出口）有限公司实习，接待前来天津洽谈业务的印度客户
子项目	第一天，接到印度客人的来电，和他接洽有关近期来访事宜
子情境 1.1	接听来电，对方找销售部经理，但销售部经理因腹泻不能接电话。作为实习生，只好代经理接听电话，对方要取消原预约，重新预约来访时间，并电话留言转告销售部经理
任务 1.1	按照电话礼仪规范，帮助来电者重新预约来访事宜，并做好相关留言记录

（2）单元教学进度

步骤	教学内容	教学方法	教学手段	学生活动	时间分配
告知教学内容和教学目标	内容：电话交流中的礼仪、规范语句和句型 教学目标：能够随机应变，熟练并规范地进行电话交流	讲授	课件演示	观看课件演示	1分钟
导入	观看视频 1，学生找出电话交流中有悖电话礼仪的不雅行为	启发	播放视频	观看视频并归纳	10分钟
学习基本句型和电话礼仪知识	1. 课本内听力训练（句型和对话选听） 2. 根据听力内容，学习重点语句和句型 3. 观看视频 2，学习电话交流中的礼仪规范和重点语句和句型	训练听力 指导及归纳 指导训练	播放听力 指导互动（课件） 播放视频	初步听力训练 讨论并归纳 观看视频并加深印象（跟读）	15分钟 4分钟 15分钟
巩固和拓展	学生结合所看视频和听力练习中的常用语句和句型，根据子项目情境 1.1 的任务要求，两人一组在该工作环境内完成电话交流	指导训练	指导训练	小组操练	25分钟
成果检验	根据抽选的岗位角色和电话交流内容，学生做现场交流。评价观测点：礼仪规范；对话情节丰富；常用语句和句型使用规范；语音语调规范。 随机对学生的表演进行摄像	指导及归纳（指出新句型、优缺点等）	随机抽取考题及交流对象，在给定时间内准备并完成一系列工作。学生与教师共同评价	小组展示及评价	15分钟

步骤	教学内容	教学方法	教学手段	学生活动	时间分配
总结	1. 重点句型 2. 礼仪规范（重点体现在句型结构和用词）	知识回顾	课件演示	翻译、抢答互动	4 分钟
布置作业	你是营销部张经理得秘书，接到 ABC 公司营销部经理电话，并告知对方张经理外出开会，就具体电话内容，请自编对话，要求涵盖所学知识点，情节细腻，有所创新，然后进行录制，上交视频文件，作为该子项目成绩。对具有创新点的作业进行课堂展示	要求	课件演示	记录	1 分钟

2. 末次课设计

序号	教学内容	教学手段	教学目的
1	优秀角色表演视频回放	按照子项目顺序和阶段项目综合实训顺序播放优秀角色表演视频	帮助学生回顾各个子项目的知识点和能力点，有利于在大脑中构建完整的工作任务框架
2	完整项目工作展示	教师根据过程考核情况，事先遴选并指定一个优秀团队完成一个完整的项目工作，内容涵盖三个子项目。自主编撰工作情境	学生可以借此观看机会取长补短
3	缺点和难点解读	教师对项目任务训练中存在的发音不准、句子语音语调、单词的误用、句子结构不规范等问题进行列举说明。以案例形式针对工作中有关处理突发事件和解决问题的方法做进一步引导	帮助学生进一步规范语音语调和遣词用句；为学生提供解决棘手问题的借鉴性思路

九、考核方案

考核内容		所占比例（100%）	备注
出勤		10%	每缺课 1 次扣 1 分，缺课 8 次（16 课时），即不准考试，10 分全部扣除
过程考核	QQ 群语音互动学习	10%	共 10 个子项目，每参与一次互动学习，得 1 分
	课堂子项目或工作任务训练	20%	共 10 个子项目，每人需完成至少 5 次课堂工作任务训练展示，方可得 12 分。根据训练次数、态度和效果可加分直至 20 分
	子项目或工作任务训练视频作业	30%	共 10 个子项目，每人需提交至少 5 次视频作业，方可得 18 分。根据提交次数、态度和效果可加分直至 30 分
阶段形成性考核	项目综合实训一	10%	参见评价标准
	项目综合实训二	10%	参见评价标准
	项目综合实训三	10%	参见评价标准

项目综合实训（学生）评价样表

<table>
<tr><td colspan="4">项目综合实训（学生）评价表
项目名称：　　　　　　　　　　评价人：</td></tr>
<tr><td>组别</td><td>姓名（工作组）</td><td>成绩等第</td><td>折合成绩（40%）</td></tr>
<tr><td>1</td><td>姓名 1：　　职务：
姓名 2：　　职务：
姓名 3：　　职务：
姓名 4：　　职务：</td><td></td><td></td></tr>
<tr><td colspan="4">问题及闪光点汇总：</td></tr>
<tr><td>2</td><td>姓名 1：　　职务：
姓名 2：　　职务：
姓名 3：　　职务：
姓名 4：　　职务：</td><td></td><td></td></tr>
<tr><td colspan="4">问题及闪光点汇总：</td></tr>
<tr><td>3</td><td>姓名 1：　　职务：
姓名 2：　　职务：
姓名 3：　　职务：
姓名 4：　　职务：</td><td></td><td></td></tr>
<tr><td colspan="4">问题及闪光点汇总：</td></tr>
</table>

评价标准

成绩等第	评价标准
10 分	编撰的任务脚本有创意；灵活运用常用句型和语句；口语表达流利，发音准确； 达到了素质目标要求
9 分	编撰的任务脚本有创意；灵活运用常用句型和语句；口语表达流畅，但有个别单词发言不准；较好地达到了素质目标要求
8 分	能够按照要求编撰任务脚本；较好地运用常用句型和语句，但有少量语法错误；口语表达基本流畅；基本达到了素质目标要求
7 分	能够按照要求编撰任务脚本；较好地运用常用句型和语句，有一些语法错误；口语表达基本流畅，偶尔有看稿现象；基本达到了素质目标要求
6 分	能够按照要求编撰任务脚本；基本能运用常用句型和语句，有一些语法错误；口语表达基本流畅，偶尔有看稿现象；基本达到了素质目标要求
5 分	基本能够按照要求编撰任务脚本；基本能运用常用句型和语句，语法错误较多，但能传到意思；口语表达欠流畅，偶尔有看稿现象；基本达到素质目标要求

备注：为实现学生最大化地参与课堂学习，本着以评促学的原则，项目综合实训成绩由教师评价成绩和学生互评成绩构成。学生评价成绩占 40%，教师评价成绩占 60%。

十、教学材料

（1）国家高职高专规划教材：《当代商务英语听说教程 2》，姜荷梅、何光明主编，华东师范大学出版社，2012 年

（2）语音室

（3）摄像机

（4）单元配套教学视频（网络资源）

（5）单元配套教学视频（学生录制）

（6）校内酒店实训基地

十一、本课程常用术语中英文对照

分机号	extension number
预订	reservation
套房	suite
入住登记表	registration form
护照号	passport number
办理入住	check into
办理退房	check out
行李员	bell boy
接待	reception
中餐厅	Chinese restaurant
西餐厅	western restaurant
接受点菜	take the order
推荐菜品	recommend dishes
菜系	cuisine
时差	time lag
接待员	receptionist
航班号	flight number
接待宴	reception party
展厅	exhibition hall
生产线	production line
谈判、洽谈	negotiation
支付方式	terms of payment
折扣	discount
佣金	commission

保险	insurance
包装	package
运输	shipping
发货	delivery
达成协议	conclude a deal
签合同	sign the contract

附：课程进度模板

周次	1周	2周	3周	4周	5周	6周	7周	8周	9周	10周	11周	12周	13周
项目	天津康福特自行车业有限公司商务接待、企业及产品介绍和业务谈判的顶岗实习实训												
子项目	电话交流（与外国客户预约来访事宜）	酒店预订（预订客房、会议厅、餐位等）	接待客户（机场接待、介绍天津、公司领导在会客厅接待客人）	帮助客人办理入住	餐饮服务（中餐点餐服务、西餐点餐服务、其他服务）	★ 商务接待项目综合实训	介绍企业（以会议形式向来访客人介绍企业情况）	产品介绍（以会议形式向来访客人介绍产品、带领客人参观展厅）	★ 企业及产品介绍项目综合实训	价格谈判（价格、折扣、佣金等谈判）	常见交易细则谈判（包装、支付方式、发货日期和保险等事宜谈判）	提交订单及签订合同	★ 业务谈判项目综合实训
情境	1.1 你在第一天就接到了印度客户的来电，对方找你的经理，但经理外出开会，做好电话留言（正常）； 1.2 印度客人来电预约来访事宜（正常）； 1.3 印方因公司工作安排调整，不能按时来访，故取消原预约（意外）； 1.4 部门经理因腹泻不能接	2.1 在确定了印度客人来访日期后，为他们在酒店预订客房（例如：3个标准间和1个大床房，并且带早餐）和餐位预订（正常）； 2.2 由于旅游旺季，客房或餐位已订满，该问题如何解决？（意外）	3.1 印度客人到达天津，你在机场迎接，一路上并为客人介绍天津的经典、小吃和历史文化等（正常）； 3.2 印度客人因晕机而身体不适（意外）	4.1 到达酒店，帮助他们办理入住（正常）； 4.2 预订的客房与实际人数不符，查明原因并解决（意外）； 4.3 因酒店电脑系统原因或工作人员疏忽，查不到预订信息（意外）	5.1 为印度客人接风洗尘，在酒店中餐厅提供餐饮服务（正常）； 5.2 为印度客人接风洗尘，在酒店西餐厅提供餐饮服务（正常）； 5.3 客人在自主游览天津的过程中，由于餐厅上菜过慢，客人等候时间过长且非常不满。（意外）	教师命题，内容与子项目1-5类似	客人到达的第二天，在与客人的见面会上，你利用幻灯片为客人做企业介绍，包括企业历史背景和业务范畴等（正常）	客人到达的第二天下午，你带领客人到自行车展厅参观，并做详尽的产品介绍（正常）	教师命题，内容与子项目6-7类似	8.1 第三天上午，印度客人有意和公司进行第一笔交易，在价格谈判会上，首先谈到的是价格问题，由于印度客人首次订货，希望能给最惠价格，起订量也能给予照顾，谈判过程时而陷入僵局（意外）； 8.2 买卖双方长期合作多年，但由于	9.1 第三天上午，在和客人进行了价格磋商后，又开始了有关包装、支付方式、发货日期以及保险等适宜的谈判（正常）； 9.2 客人对以往的包装形式提出异议，因包装不善，上一批货物有部分自行车在运输过程中有漆面划伤现象，提出给予适当索赔并加固包装的要求（意外）；	第三天上午谈判结束，印度客人决定提交第一笔试订货订单，采购山地车、城市自行车和电动自行车各500辆，你指导客人填写订单并签订销售合同（正常）	教师命题，内容与子项目8-10类似

周次	1周	2周	3周	4周	5周	6周	7周	8周	9周	10周	11周	12周	13周
情境	听电话，接听电话得知对方不能按照原预约时间来访，协调做好重新预约（意外）									市场价格持续攀升，此次价格涨幅较大，客人不认可提高价格，同时，对多年来3%的佣金也表示不满，新订单的签署陷入僵局（意外）	9.3 由于公司处于订单积压，且客人在5月必须收到货物，否则就会错过销售季，谈判过程时而陷入僵局（意外）		
具体任务	1.按照电话礼仪规范，完成来电者的电话留言； 2.完成来访预约、取消预约和重新预约	1.通过电话或现场方式，为客人预订客房和餐位，顺利预订； 2.预订已满，为客人提供满意服务	1.机场举牌接待客人； 2.沿途介绍天津； 3.公司领导在会客室接待客人	帮助客人办理入住	1. 中餐点餐服务； 2. 西餐点餐服务； 3. 上菜不及时，客人极其不满。作为服务员，竭尽所能帮助客人平息情绪	完成从电话预约来访事宜到接待客人入住酒店的一系列工作	制作 PPT，以会议形式向来访客人介绍企业情况	对各种型号的自行车进行介绍，内容包括设计理念、产品用料、产品特点和优势、海内外市场、价位和销路等	以组织会议和带领来访客人参观展厅的形式介绍公司及产品	随机应变，尽可能在价格、折扣、佣金上让利于客人的同时，还能保证公司的利益不受损失	1. 包装洽谈； 2. 支付方式和保险洽谈； 3. 发货日期的洽谈	1. 完成一份完整的订单； 2. 签订销售合同	从价格、支付方式、包装、保险、发货日期等各个方面进行谈判，双方努力旨在促成交易
考核结果	角色表演												

“商务英语阅读”课程整体教学设计

菅亚珏

一、课程基本信息

课程名称：商务英语阅读		
所属系部：人文与艺术设计系	制定人：菅亚珏	
课程代码：6601081329	学分：3	学时：56
授课时间：第三学期	授课对象：商务英语专业	
课程类型：技能训练课		
先修课程：商务英语听说	后续课程：外贸业务综合实训	

二、课程定位

1. 岗位分析

（1）初次就业

外贸跟单员

负责单证的制作修改，
完成业务点、业务线的工作

（2）二次晋升

外贸单证员

负责单证的制作修改，
完成业务点、业务线的工作

（3）未来发展

外贸业务员从事寻找客户、贸易磋商、签订合同、组织履约、核销退税、处理争议等进出口业务全过程操作和管理的综合性外贸从业人员。完成业务面的工作。

2. 课程分析

本课程的前导课：商务英语写作、听说、国际贸易实务

后续课：商务英语综合实训

说明本课程与普通高校的商务英语阅读课比较注重阅读的范围和种类以及国际贸易运行

的原理，高职的商务英语阅读课注重业务操作层面和信息处理能力的培养。

三、课程目标设计

1. 总体目标

本课程通过将商务英语基础词汇，相关商务知识及听说技能的培训置于真实的商务场景之中，使学生掌握听说英语的实用技能，提高阅读、写作能力和独立完成商务常规工作的能力。

2. 能力目标

英语语言能力：根据国际贸易惯例，运用商务英语专业词汇和语句，书写英文商务函电及报告的写作能力，阅读和翻译英文商务文件。

外贸业务和信息处理能力：根据国际贸易惯例，运用国际贸易的相关知识，协助处理涉外和外贸业务、业务跟单或生产跟单、收证、审证、制单、审单、交单、归档。

沟通表达能力：根据国际贸易惯例，运用国际贸易的相关知识，有效发展新客户，推介产品。

3. 知识目标

知道外贸公司跟单模式和工厂管理模式，了解单据的填写方法理解外贸单据、现金流、货物流的流转程序和方向，掌握商务英语语言基础知识和交际知识，相关的国际贸易惯例，熟悉国际贸易的各个环节。掌握计算机应用基础知识。

4. 素质目标

在处理国际事务中正确着装，表现出恰当的商务礼仪，给外商留下值得信任的第一印象。具备基本职业道德教育和法制知识，才能在激烈的国际竞争中寻找优质的贸易伙伴。具备全面的职业规范才能在外贸操作中避免失误，使外贸公司避免不必要的损失

四、课程内容设计

<table>
<tr><th>项目名称</th><th>子项目名称</th><th>学时</th></tr>
<tr><td>1. 出口准备工作</td><td>建立贸易关系</td><td>8</td></tr>
<tr><td rowspan="7">2. 磋商签约工作</td><td>询盘和发盘</td><td>8</td></tr>
<tr><td>支付条款</td><td>8</td></tr>
<tr><td>包装和唛头</td><td>8</td></tr>
<tr><td>运输和保险</td><td>8</td></tr>
<tr><td>合同</td><td>8</td></tr>
<tr><td>投诉和仲裁</td><td>8</td></tr>
<tr><td colspan="2">合 计</td><td>56</td></tr>
</table>

五、项目任务设计

编号	子项目编号、名称	任务	能力目标	知识目标	训练方式、手段及步骤	可展示的结果
1	子项目1 建立贸易关系	1-1 受理外贸公司建立贸易关系的业务 1-2 在网上搜索合适的合作伙伴，发布广告及供求信息 1-3 撰写或回复建立贸易关系的往来邮件	学会如何建立贸易关系、了解公司和产品、掌握书写建立贸易关系邮件	熟练掌握建立贸易关系6种方法和渠道、掌握10个常用语句和熟悉15个词汇	根据任务情境书写邮件	公司广告、产品广告、往来E-Mail
2	子项目2 询盘和发盘	2-1 进口商发送询盘邮件 2-2 出口商收取发盘邮件、核算成本向进口商报盘 2-3 双方还盘，确定价格	具备在交易会情境下与客户寒暄的能力、价格洽谈中的灵活应变的能力、用正确的语音语调进行口语表达的能力	熟练掌握7句接待客户的寒暄语、掌握询价和报价的8个常用语句、熟悉出口商还价的7种常用技巧	根据任务情境角色扮演、编写情景、对话、录制视频	对话视频文件、往来E-Mail
3	子项目3 支付条款	3-1 选择合适的支付方式 3-2 申请开证或者办理汇票 3-3 与银行接洽相关支付事宜	学会如何制定国际贸易中的支付条款、掌握各种贸易支付方式的异同点、了解支付条款的重要性	熟练掌握6种支付方式、掌握关于支付的8个常用语句、熟悉信用证的支付的流程	根据任务情境单据制作、审证	汇票、信用证等单据
4	子项目4 包装唛头	4-1 口头与进口商沟通内外包装方式 4-2 设计适合运输条件的包装方案 4-3 书写包装条款和方案	学会包装和唛头的相关知识、掌握包装的专业术语和了解包装材料的特性	熟练掌握13种内外包装材料 、掌握关于包装的8个常用语句、熟悉包装的12种标示。	根据任务情境为一件产品设计包装方案	包装方案
5	子项目5 运输和保险	5-1 受理运输与保险事宜 5-2 选择适合的运输方式和保险种类 5-3 核算运输与保险费用	学会关于运输和保险的知识、掌握运输中的保险分类、了解处理运输和保险问题的方法	熟练掌握3种运输方式、掌握关于运输的10个常用语句、熟悉3种保险的异同点	根据任务情境运输单据制作、沟通技巧	运输单据

编号	子项目编号、名称	任务	能力目标	知识目标	训练方式、手段及步骤	可展示的结果
6	子项目6 合同	6-1 进出口双方逐条确认合同条款 6-2 起草合同撰写销售确认书 6-3 合同签字生效	学会制作外贸合同、掌握合同中的专业术语、了解起草合同的步骤	熟练掌握合同的常用款项、掌握关于合同的6个常用语句、熟悉起草合同的注意事项	角色扮演、编写对话、合同单据制作	合同和对话脚本
7	子项目7 申诉和仲裁	7-1 受理进口商的投诉事宜 7-2 口头向进口商予以回复并安排解决投诉问题 7-3 设计解决方案	学会申诉和仲裁的知识、掌握处理申诉的方法和技巧、了解如何回复邮件或口头应答	熟练掌握发起投诉的6个常用语句、掌握解决投诉的6个常用语句、熟悉解决投诉时需具备的心理素质和语言能力	单据制作、抽签后根据情景角色扮演	对话脚本

六、项目情境设计

编号	子项目编号、名称	任务	情境	学时
1	子项目1 建立贸易关系	建立公司，选择产品，填写信息，撰写邮件介绍公司和产品促成交易	A 公司根据产品，在教学平台上寻找客户	8
2	子项目2 询盘和发盘	进行价格洽谈的询盘和发盘环节、确定产品的价格	找到目标客户，进行价格洽谈	8
3	子项目3 支付条款	进出口商讨论各种支付方式的优缺点，选定支付条款	进出口商确定支付条款	8
4	子项目4 包装唛头	根据实际情况为自己的产品设计包装方案	进出口商讨论包装条款	8
5	子项目5 运输和保险	根据情况选择合适的运输方式和保险	进出口商讨论运输和保险	8
6	子项目6 合同	双方确定和同的相关细节，形成书面文本	进出口商确定合同	8
7	子项目7 申诉和仲裁	双方一起发现、解决问题确定方案	出口方遭到进口方投诉	8

七、课程进程表

子项目编号	周次	学时	单元标题	能/知目标	师生活动	其他（含考核内容、方法）
1. 建立贸易关系	1	2	受理业务	6 种渠道	听说练习	
	1	2	搜索公司	25 个词句	阅读练习	
	2	2	回复邮件	邮件格式	写作练习	E-Mail
2. 询盘和发盘	2	2	发送询盘邮件	7 个寒暄语	听说练习	
	3	2	核算成本报盘	8 个报价句	听说练习	
	3	2	双方还盘	7 个还价法	阅读、听说练习	
	4	2		价格洽谈	听说练习	录制视频
3. 支付条款	4	2	不同的支付方式	6 种支付方式	听说练习	
	5	2	申请开证或者办理汇票	8 个常用句	听说练习	
	5	2	支付单据	信用证的流程	阅读练习	
	6	2		支付方式对比	阅读练习	制作单据
4. 包装唛头	6	2	内外包装	13 种包装材料	听说练习	
	7	2	包装方案	8 个常用语句	听说练习	
	7	2	洽谈包装方式	7 个常用标示	听说练习	
	8	2	包装条款	包装的意义	阅读练习	设计包装方案
5. 运输和保险	8	2	受理运输与保险	3 种运输方式	阅读练习	
	9	2	运输方式	10 个常用语句	听说练习	
	9	2	保险种类	3 种保险异同点	阅读练习	
	10	2	核算运输与保险费用	运输的意义	制作单据练习	单据制作
6. 合同	10	2	合同的意义	13 个常用款项	阅读练习	
	11	2	进出口双方逐条确认合同条款	6 个常用语句	听说练习	
	11	2	起草合同撰	起草合同时的注意事项	阅读练习	
	12	2	合同洽谈	用正确的语句进行合同洽谈	听说练习	口语对话脚本
7. 申诉和仲裁	12	2	受理投诉	发起投诉的 6 句	听说练习	
	13	2	口头回复	解决投诉的 6 句	听说练习	
	13	2	解决投诉	需具备的心理素质和语言能力	阅读练习	
	14	2	投诉方案	投诉案例	听说练习	口语对话脚本
8.	15	2	综合练习			

八、首末次课设计

1. 首次课设计

※ 情景一：日常生活中商场购物

两个学生模拟买卖双方，购买一条裙子，用英文进行讨价还价。事先告诉卖方，本商品的成本价是RMB200。买方不知情，观察双方是否能成交，并计算卖家的利润。

※ 情景二：国际贸易中的价格谈判

两个学生模拟买卖双方，购买两百条裙子，若买方在中国，买方在美国，卖方如何和买方进行谈判？若成本价依然是RMB200，卖方如何才能赢利？

2. 末次课设计

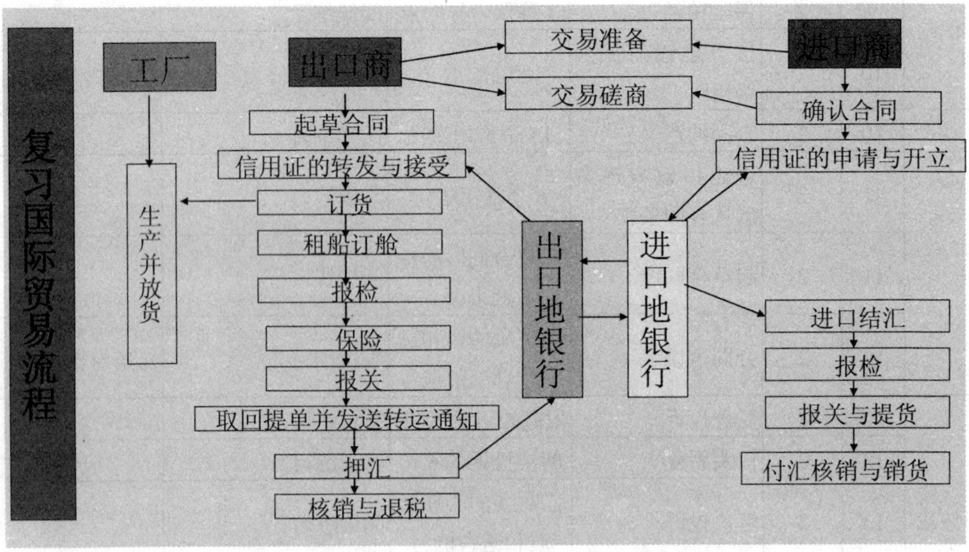

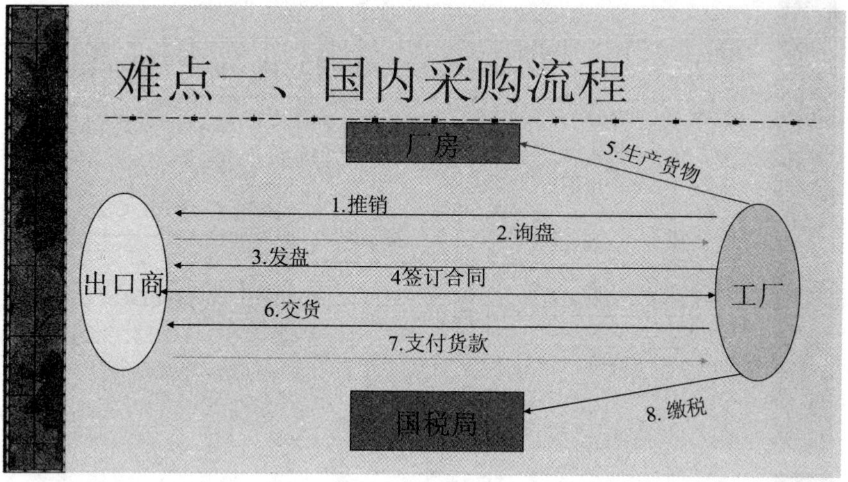

难点二、合同履行的时间结点

	采购合同签订履行	
	货物生产包装	监督生产包装过程，确保交货品质
	订舱	提供产品重量、体积大体数据、明确航线、航期要求
注意及时解决突发事件	商品检测验收	客检或厂检，货物出运前品质检验的最后一关，出现问题及时解决
注意单据内容必须与实际发货一致	制作发票、装箱单	根据完工货物准确数据制作
注意报检资料和报关资料一致	报检	可委托工厂自行报检，须与报关数据一致
根据货仓提供的进仓编号，在进仓日期前将货物送至指定仓库	进仓	衔接货代、工厂、司机、仓库四方
必须根据实际出货情况，准确、及时报关	报关	注意报关时间、报关单内容
海关放行后，货物装运至指定货轮，卖方完成交货	装运	
获取提单，制作其他结汇单据 ，依结算方式办理物权移交	提单	
贷款结算，依结算方式不同，时间有所不同	贷款结算	

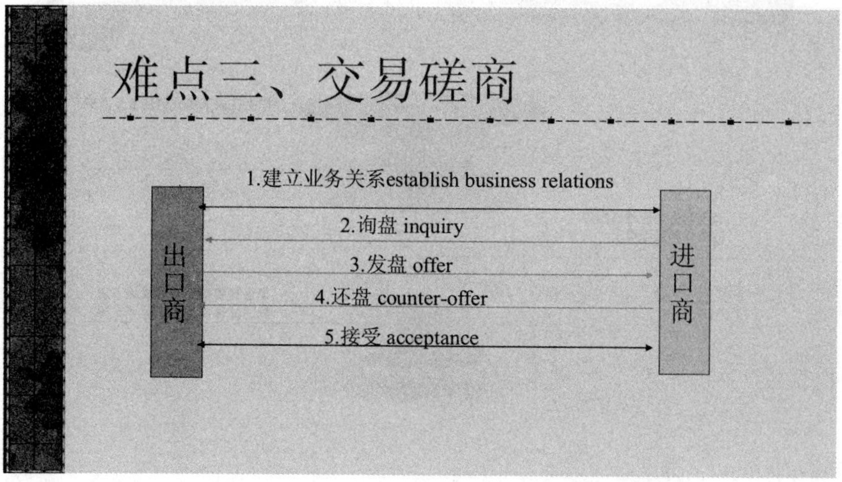

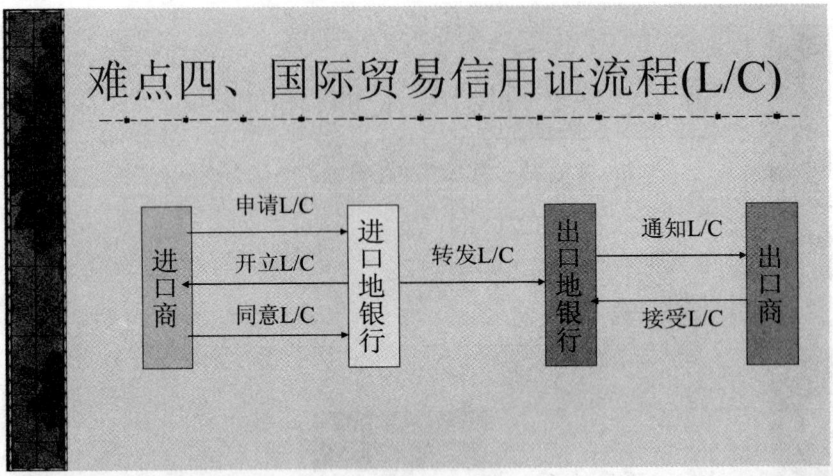
难点四、国际贸易信用证流程(L/C)
进口商
申请L/C
开立L/C
同意L/C
进口地银行
转发L/C
出口地银行
通知L/C
接受L/C
出口商

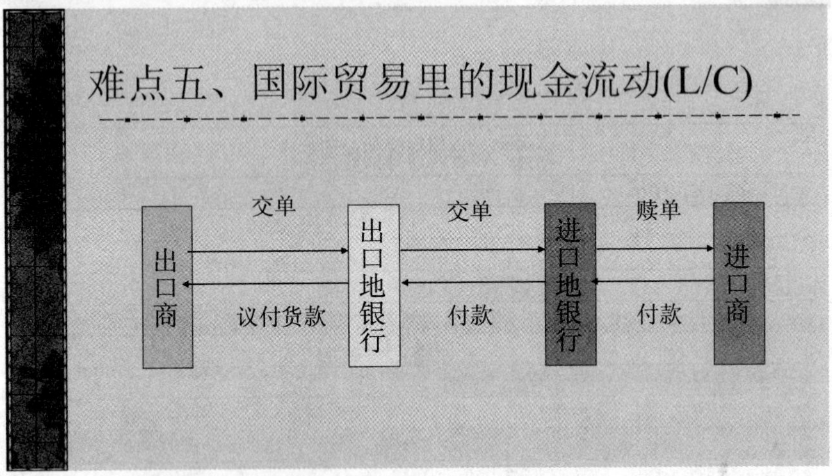
难点五、国际贸易里的现金流动(L/C)
出口商
交单
议付货款
出口地银行
交单
付款
进口地银行
赎单
付款
进口商

九、考核方案

考核比例分配
学生在课下提交的任务60%
课上学生在活动过程中的表现和互动情况 20%
学生在课前预习时或课下发表的留言和互动情况20%
Page 12

十、教学材料

《实用商务英语教程》，陈梅，北京师范大学出版社，2013 年
《外贸业务综合实训》，张海燕，高等教育出版社，2013 年
语音室
Simitrade 外贸实习平台

十一、本课程常用术语中英文对照

集装箱术语集
拼箱　LCL（Less Than Container Load）
40 柜　40 HC（40 High Cubic）
半危险品　SH（Semi Hazardous）
集装箱堆场　CY（ContainerYard）
集装箱处理站　CFS（Container Freight Station）
20 尺集装箱　TEU（Twenty Feet Equivalent Units）
40 尺集装箱　FEU（Forty Feet Equivalent Units）

货运术语汇总
货物　goods | | freight | | cargo
运输　transportation | | transit | | conveyance
运送　to transport | | to carry | | to convey
运输业　transportation business | | forwarding business | | carrying trade
运输代理人　a forwarding agent
承运人　a freight agent | | a carrier
船务代理人　a shipping agent
陆上运输　transportation by land
海上运输　transportation by sea
货物运输　goods traffic | | freight traffic | | carriage of freights | | carriage of goods
货轮　cargo boat | | freighter | | cargo steamer | | cargo carrier
火车　goods-train | | freight-train
卡车　goods-van | | goods wagon | | freight car | | truck
货运办公室　goods-office | | freight-department
运费率　freight | | freight rates | | goods rate
运费　carriage charges | | shipping expenses | | express charges
车费　cartage | | portage
运费预付　carriage prepaid | | carriage paid
运费到付　carriage forward | | freight collect

运费免除||免费 carriage free
协定运费 conference freight | | freight rate
运费清单 freight account
托运单 way-bill | | invoice
运送契约 contract for carriage
装运 shipment | | loading
装上货轮 to ship | | to load | | to take on a ship
装运费 shipping charges | | shipping commission
装运单||载货单 shipping invoice
装运单据 shipping documents
大副收据 mate’s receipt
装船单 shipping order
提货单 delivery order
装船通知 shipping advice
包裹收据 parcel receipt

附：课程进度模板

<table>
<tr><td>周次</td><td>1</td><td>2</td><td>3</td><td>4</td><td>5</td><td>6</td><td>7</td><td>8</td><td>9</td><td>10</td><td>11</td><td>12</td><td>13</td><td>14</td></tr>
<tr><td rowspan="2">课内
项目</td><td colspan="14">Windlec 公司完成 Kinglong electronics 的外贸业务</td></tr>
<tr><td colspan="2">出口准备</td><td colspan="12">外贸磋商</td></tr>
<tr><td>子项目</td><td colspan="2">建立贸易关系</td><td colspan="2">询盘和发盘</td><td colspan="2">支付条款</td><td colspan="2">包装唛头</td><td colspan="2">运输和保险</td><td colspan="2">合同</td><td colspan="2">申诉和仲裁</td></tr>
<tr><td>内容（或情境）</td><td colspan="2">假设你在给客户讲述产品的卖点和公司的优势，表达想与客户建立贸易关系的想法 A 公司根据产品,在教学平台上寻找客户</td><td colspan="2">找到目标客户，进行价格洽谈买方对公司的产品非常感兴趣，但认为价格偏高试图压低价格，卖方认为产品不能降价，试图维持原价。除非买方增加订量才考虑折扣</td><td colspan="2">进出口商确定支付条款假设客户不愿意接受信用证的支付方式，劝说客户使用信用证，支付方式采取 30%电汇，70%信用证</td><td colspan="2">进出口商讨论包装条款，假设公司要出口 2000 台微波炉，要和客户讨论产品的内外包装问题</td><td colspan="2">进出口商讨论运输和保险，客户想要在下个月发货，但是由于直航的航班在两个月之后才能预定，跟客户确定推迟发货日期</td><td colspan="2">进出口商确定合同，客户终于要签订合同了，再次确认合同的相关条款</td><td colspan="2">出口方遭到进口方投诉，假设接到客户的投诉，客户收到货物发现少发了 25 吨的货物，尝试与客户交流解决投诉和索赔的问题</td></tr>
<tr><td>具体任务</td><td colspan="2">1-1 受理外贸公司建立贸易关系的业务
1-2 在网上搜索合作伙件，发布广告及供求信息
1-3 撰写或回复建立贸易关系的往来邮件</td><td colspan="2">2-1 进口商发送询盘邮件
2-2 出口商收发盘邮件、核算成本向进口商报盘
2-3 双方还盘，确定价格</td><td colspan="2">3-1 选择合适的支付方式
3-2 申请开证或者办理汇票
3-3 与银行接洽相关支付事宜</td><td colspan="2">4-1 口头与进口商沟通内外包装方式
4-2 设计适合运输条件的包装方案
4-3 书写包装条款和方案</td><td colspan="2">5-1 受理运输与保险事宜
5-2 选择适合的运输方式和保险种类
5-3 核算运输与保险费用</td><td colspan="2">6-1 进出口双方逐条确认合同条款
6-2 起草合同撰写销售确认书
6-3 合同签字生效</td><td colspan="2">7-1 受理进口商的投诉事宜
7-2 口头向进口商予以回复并安排解决投诉
7-3 设计解决方案</td></tr>
<tr><td>考核结果</td><td colspan="2">建立贸易关系的往来邮件</td><td colspan="2">角色扮演、录制视频</td><td colspan="2">根据合同内容审证</td><td colspan="2">口头与实物展示包装方案</td><td colspan="2">制作保险和运输单据</td><td colspan="2">编写对话，形成合同单据</td><td colspan="2">根据抽签的内容编写对话</td></tr>
</table>

“酒店礼貌礼仪”课程整体教学设计

符　熠

一、课程基本信息

课程名称：酒店礼貌礼仪		
所属系部：财经系	制定人：符熠	
课程代码：6401061214	学分：3	学时：48
授课时间：第一学期	授课对象：酒店管理专业大一学生	
课程类型：职业技术课		
同修课程：饭店服务英语、酒店管理概论、前厅服务与管理、餐饮服务与管理、客房服务与管理	后续课程：宴会设计与管理、领班实务、酒店营销与策划、酒店公关实务、酒店管理信息系统、酒店康乐服务	

二、课程定位

1. 岗位分析

学生毕业后可在国内、国际品牌酒店、国际会议中心、高级会所等从事服务类工作岗位，在获得一定工作经验后，1～3 年能胜任基层管理工作，4～8 年能胜任中级及以上管理工作。

主要就业岗位（群）有如下几类：

（1）国内、国际品牌酒店、高级会所前厅、客房、餐厅、康乐、商务等部门的中、高级服务员；

（2）国内、国际品牌酒店、高级会所各部门领班、部门经理、业务主管及其他中、高级管理人员；

（3）国内、国际品牌酒店、高级会所营销人员；

（4）国际会议中心外事接待、服务人员。

2. 课程分析

（1）本课程在课程体系中的位置

本课程在专业学习中起到承上启下的支撑作用。同修课程有“酒店管理概论”“饭店服务英语”“餐饮服务与管理”等课程，后续课程主要包括“客房服务与管理”“餐饮服务与管理”“前厅服务与管理”“宴会设计”“人力资源管理”“餐饮法规”“领班实务”等课程。本课程服务学生考取饭店餐饮服务员、客房服务员、初中级茶艺师等职业资格证。

（2）本课程与普通高校、中职（高职）相关课程的异同

我院《服务礼仪》课程	中职相关课程	本科相关课程
强调专业知识的系统化与能力训练并行	注重基层服务岗位，忽视专业知识系统化	只注重旅游礼仪理论知识的讲授，不注重学生礼仪的训练
依据岗位需要完成项目化教学	单项能力训练较多，缺少综合能力实训	教师讲解为主，学生听课为辅，缺少互动
突出旅游职业形象的塑造，具有旅游礼仪职业意识	注重具体专业的礼仪知识，缺少全面的培养	礼仪理论面面俱到，理论与实践训练相混淆
在项目学习中注重培养学生组织及沟通协调能力综合能力的培养	基本不重视组织能力及沟通协调能力的培养	更强调专业知识与技能的学习，综合的职业形象塑造缺乏

三、课程目标设计

1. 总体目标

行业调查表明，酒店行业要求员工责任心强，职业态度端正，愿意从基层岗位做起，有一定的专业理论知识，动手能力强，能吃苦耐劳。

2. 能力目标

（1）能够根据酒店行业要求，进行面部修饰、头发修饰、化妆修饰等。

（2）能够根据正确的站、行、坐、蹲、手势等姿态标准，展现良好的酒店员工仪态风貌，进行对客服务。

（3）能够正确地运用亲切自然的目光、微笑等表情传达对宾客的礼貌和尊敬。

（4）能够根据具体的酒店着装规范，在工作中熟练得体的穿戴和搭配，并正确的佩戴饰品。

（5）能够根据谈话规范和交谈技巧，使用酒店规范服务用语，与客人进行谈话、聆听、问候、应答。

（6）能够正确的进行自我介绍、为他人做介绍和介绍酒店的主要部门、设施和服务。

（7）能够根据客人的不同身份、职业、年龄和性别等，在与客人交往和对客服务的过程中正确的称呼客人。

（8）能够根据握手时机和握手的先后顺序，进行正确的握手。

（9）能够根据名片的递交、接收和索取方法，向客人正确的递交、接收和索取名片。

（10）能够接打电话的技巧和基本要求，运用服务语言接打酒店相关服务部门的电话。

（11）能够根据不同场合位次礼仪的要求，进行引领行进中的位次、乘电梯、乘车的位次排列。

3. 知识目标

（1）掌握酒店员工仪容仪表的标准要求、修饰方法和注意事项。

（2）掌握化妆的方法、步骤和注意事项。

（3）掌握站、行、坐、蹲、手势等仪态的种类、基本要求、具体要领、训练方法和步骤。

（4）掌握酒店员工着装与服饰的基本要求，注意事项和主要禁忌。

（5）掌握目光、微笑等表情内涵及基本要求、目光和微笑训练方法。

（6）掌握酒店的问候、迎送、请托、答应、道歉等礼貌用语。

（7）掌握与酒店客人交谈的方法与技巧、谈话的规范和交谈的艺术。

（8）掌握介绍的分类、作介绍注意的要点、自我介绍的要点、为他人介绍方法、业务介绍方法。

（9）掌握称呼的功能和方法、国际通用称呼礼节、称呼注意的问题。

（10）掌握握手的时机、伸手的先后顺序、正确方法和常识。

（11）掌握名片递交、接收、索取的方法和技巧。

（12）掌握酒店电话礼仪的技巧与重要性、接打电话前的准备、接打电话的基本要求、接打电话的注意事项、酒店主要部门的接听电话标准。

（13）掌握酒店不同场合位次礼仪的要求，引领客人行进中的位次、乘电梯、乘车的位次排列的规范和要求。

（14）掌握基本英语专业词汇的读、写、用。

4. 素质目标

（1）具有酒店从业人员仪表端庄、化妆得体、举止高雅、着装规范、目光微笑亲切自然的良好酒店职业形象和职业气质。

（2）在对客交流和服务中养成良好的行为和习惯，做到大方得体，有礼有节。

（3）通过交谈沟通建立与客人之间思想情感交流的桥梁，创建良好的人际关系。

（4）具有较强的酒店服务意识，提高服务技能和职业素养，做到热情迎送宾客。

（5）自觉礼仪行事，具有良好的业务接待礼节礼貌和顾客至上的服务意识。

（6）运用专业术语和基础英语进行业务咨询、介绍，具有较强的语言表达能力。

四、课程内容设计

项目名称	子项目名称	学时
天津君隆威斯汀酒店完成2014夏季达沃斯参会代表入住接待服务任务	子项目1　酒店职业形象礼仪塑造	18
	子项目2　酒店员工社交礼仪仪培养	18
	子项目3　酒店主要岗位服务礼仪规范	12
合　计		48

五、项目任务设计

编号	子项目编号、名称	任务	能力目标	知识目标	训练方式、手段及步骤	可展示的结果
1	酒店职业形象礼仪塑造	1.1 仪容礼仪	1. 能够运用仪容修饰要点和技巧，结合酒店行业要求进行仪容修饰； 2. 能够运用化妆技能和技巧，化符合酒店行业和岗位需要的工作妆	1. 掌握仪容修饰的要点和技巧； 2. 掌握酒店员工仪容的基本要求和修饰步骤； 3. 掌握化妆方法和技巧； 4. 掌握化妆的注意事项和禁忌	按照酒店各岗位对于员工仪容的要求，对照仪容修饰方法和化妆方法，进行仪容修饰，化酒店职业妆容	学生仪容展示
		1.2 仪表礼仪	1. 能够根据酒店对员工着装的要求进行合理着装和服装搭配； 2. 能够根据不同领带的打法打领带	1. 掌握着装的 TPO 原则； 2. 掌握男士西装礼仪和着装禁忌； 3. 掌握女性着装礼仪和禁忌； 4. 几种打领带打法； 5. 掌握酒店员工着装的要求和基本原则	根据酒店酒店员工着装要求和基本原则，着正式工装，进行服饰搭配	着装礼仪展示
		1.3 仪态礼仪	1. 能够进行标准站立，符合酒店员工工标准站姿； 2. 能够进行标准的行走，符合酒店员工标准的行姿； 3. 能够进行标准的入座，符合酒店员工标准的坐姿； 4. 能够进行标准的下蹲，符合酒店员工标准的蹲姿； 5. 能够在酒店服务中运用恰当的手势为客人服务	1. 掌握站姿、坐姿、行姿、蹲姿的具体要领、种类、训练方法； 2. 掌握酒店手势的标准规范及规律； 3. 掌握几种常用的对客服务手势； 4. 掌握运用手势对客服务过程中应注意的问题	按照各部门工作情境进行，站姿、行姿、坐姿、蹲姿的仪态训练	仪态风貌展示
		1.4 表情礼仪	能够根据微笑和目光基本要求，在对客服务过程中做到真心、真诚的微笑和亲切的目光对客进行服务	1. 掌握微笑和目光的基本方法和技巧； 2. 掌握微笑和目光内涵及基本要求； 3. 掌握微笑和目光的训练方法和步骤	拍摄员工微笑照，制作微笑墙	微笑墙
		1.5 谈吐礼仪	1. 能够运用酒店服务接待用语与客人沟通交流，为客人提供服务； 2. 能够给客人介绍有关酒店的设施和服务	1. 掌握谈吐的方法和技巧； 2. 掌握谈吐涉及的内容； 3. 掌握酒店对客交谈的内容和态度； 4. 掌握酒店基本的礼貌用语	总结对客服务谈吐的方法和技巧，进行情景剧表演	情景剧表演

编号	子项目编号、名称	任务	能力目标	知识目标	训练方式、手段及步骤	可展示的结果
2	酒店员工社交礼仪仪培养	2.1 介绍礼仪	1. 能够为酒店客人介绍酒店的酒店概况、前厅、客房、餐饮部门设施和服务； 2. 能够为他人做介绍； 3. 能够进行自我介绍	1. 掌握介绍的分类； 2. 掌握作介绍注意的要点； 3. 掌握自我介绍的顺序、方法、要点和注意事项； 4. 掌握为他人介绍顺序、方法和要点和注意事项； 5. 掌握业务介绍的方法和要点和注意事项	总结介绍礼仪方法和技巧，进行情景剧表演	演讲
		2.2 称呼礼仪	能够在对客服务过程中对客人进行恰当的的称呼	1. 掌握称呼的功能； 2. 掌握国内的习惯称呼礼节； 3. 掌握国际通用称呼礼节； 4. 掌握酒店对客服务中恰当称呼的方法； 5. 掌握非正式场合的称呼； 6. 掌握正式场合的称呼	总结称呼礼仪规范与禁忌，进行情景剧表演	情景剧表演
		2.3 握手礼仪	能够根据握手的礼仪要求和惯例与客人进行握手	1. 掌握握手的时机； 2. 掌握伸手的先后顺序； 3. 掌握正确握手方法	握手演练	情景剧表演
		2.4 名片礼仪	能够正确的接受和派发名、索取名片	1. 掌握使用名片的好处； 2. 掌握名片接受、派发的方法； 3. 掌握名片接受、派发的顺序； 4. 掌握互换名片时，递、接双方注意事项	总结派发名片的方法、顺序和注意事项，根据设定场境进行接受、派发名片演练	情景剧表演
		2.5 电话礼仪	能够运用酒店接听电话的技能，接听酒店各主要部门的电话	1. 掌握电话礼仪与技巧的重要性； 2. 掌握接听电话前的准备； 3. 掌握接听酒店各部门电话的基本要求和内容； 4. 掌握接听电话声音与语言； 5. 掌握接听酒店电话的注意事项	总结接打电话的内容和技巧，设定酒店总机、前厅、餐厅等部门接听电话情境，进行接打电话演练	情景剧表演

编号	子项目编号、名称	任务	能力目标	知识目标	训练方式、手段及步骤	可展示的结果
2	酒店员工社交礼仪仪培养	2.6 座次礼仪	能够正确的进行引领客人、与客人乘坐电梯、乘车的位次。	1. 掌握在酒店服务行进中引领客人的位次； 2. 掌握交通工具的位次安排； 3. 掌握上下楼梯的位次； 4. 掌握乘坐电梯里的位次	总结位次礼仪中的位置和顺序，进行对客服务过程中位次礼仪演练	情景剧表演
		2.7 世界各国与我国少数民族的习俗礼节	能够运用主要客源国和地区的礼仪，做好酒店接待工作	礼节主要客源国和地区的宗教信仰、饮食习惯、礼貌礼仪等方面习俗，熟悉生活的禁忌内容	知识竞猜的方式熟悉掌握主要客源国及地区的宗教信仰、颜色禁忌、数字禁忌等	知识竞赛
3	酒店主要岗位服务礼仪规范	3.1 前厅服务礼仪	能按照酒店各岗位服务礼仪规范在酒店各岗位上进行服务： 能够完成规范的迎宾服务、行李服务、前台接待服务、总机服务、商务中心服务	1. 掌握各主要岗位的操作的礼仪规范； 2. 掌握完成规范的迎宾服务、行李服务、前台接待服务、总机服务、商务中心服务的礼仪规范	1. 门童、行李员：引导车辆礼仪，客人下车礼仪，进出客房服务礼仪； 2. 礼宾员（金钥匙）：遇客礼仪，委托代办服务礼仪，献花礼仪； 3. 接待员：入住接待礼仪，递物服务礼仪，收费、结账服务礼仪； 4. 话务员、商务中心服务员：接听电话礼仪，打印、复印礼仪	门厅迎宾测试表、行李服务测试表、前厅接待测试表、总机服务测试表
		3.2 客房服务礼仪	能够完成规范的客房服务、客房中心服务、洗衣服务、公共区域服务	掌握完成规范的客房服务、客房中心服务、洗衣服务、公共区域服务的礼仪规范	1. 房务中心服务员：满足客人需求服务礼仪，处理遗留物品礼仪； 2. 客房服务员：客房清洁服务礼仪，重要客人饮品服务礼仪，访客接待礼仪，租借用品服务礼仪，擦皮鞋、洗衣服务礼仪	客房服务测试表、房务中心服务测试表
		3.3 餐饮服务礼仪	能够规范完成中餐服务、西餐服务和宴会服务，包括：上菜服务、引领服务、结账服务、送客服务	掌握完成中餐服务、西餐服务和宴会服务，包括：上菜服务、引领服务、结账服务、送客服务的礼仪规范	1. 中餐服务员：迎宾餐前服务，餐中服务结账服务； 2. 西餐服务员：出菜菜肴服务，甜点服务撤盘服务； 3. 宴会服务员：预订礼仪，推销菜品礼仪，自助餐宴会服务礼仪	引领服务测试表、餐前服务测试表、点菜服务测试表、席间服务测试表

六、项目情境设计

编号	子项目编号、名称	任务	情境	学时
1	子项目1 酒店职业形象礼仪塑造	1. 仪容礼仪（发型、化妆） 2. 仪表礼仪（穿着合适职业装、学会服饰搭配） 3. 仪态礼仪（站姿、坐姿、走姿、蹲姿、手势语） 4. 表情礼仪（微笑、目光） 5. 谈吐礼仪（酒店迎候语言、交流语言、英语服务语言）	2014年7月1日，为了出色地完成夏季达沃斯论坛本酒店接待服务工作，培训部经理安排各岗位员工职业形象礼仪提升塑造培训，要求全体员工的仪容仪表整洁、得体、大方，熟练使用优雅标准的体态语和规范有礼的服务用语	18
2	子项目2 酒店员工社交礼仪仪培养	1. 称呼礼仪 2. 介绍礼仪（自我介绍、为他人介绍） 3. 握手礼仪 4. 名片礼仪 5. 电话礼仪 6. 座次礼仪（会议接待、就餐、乘车座次礼仪） 7. 主要客源国和地区的习俗禁忌与礼仪规范	2014年8月1日，员工职业形象礼仪培训初见成效，总经理要求培训部和人力资源部安排拓展培训，加强酒店员工社交礼仪培养。培训在工作之外提升社交素养	18
3	子项目3 酒店主要岗位服务礼仪规范	1. 前厅服务礼仪（门厅迎宾服务、行李服务、前厅接待服务、总机服务） 2. 客房服务礼仪（客房服务房务中心服务洗衣服务） 3. 餐饮服务礼仪（迎领服务、餐前服务、点菜服务、席间服务、结账送客服务）	2014年9月9～12日，接送参加达沃斯论坛与会嘉宾，办理行李提取、接待入住、结账退房；为嘉宾提供24小时客房服务；餐饮部和宴会出色完成领位服务、值台服务、走菜服务、中餐服务、西餐服务和宴会服务	12

七、课程进度表

子项目编号、名称	周次	学时	单元标题	项目编号	能/知目标	师生活动	其他（含考核内容、方法）
子项目1 员工职业形象礼仪塑造	1	4	仪容礼仪	1	能力目标： 1. 能够运用仪容修饰要点和技巧，结合酒店行业要求进行仪容修饰； 2. 能够运用化妆技能和技巧，化符合酒店行业和岗位需要的工作妆 知识目标： 1. 掌握仪容修饰的要点和技巧； 2. 掌握酒店员工仪容的基本要求和修饰步骤； 3. 掌握化妆方法和技巧； 4. 掌握化妆的注意事项和禁忌	1. 总结出酒店各岗位对于员工仪容的要求； 2. 对照仪容修饰方法和化妆方法，进行仪容修饰，化酒店职业妆容	仪容展示

子项目编号、名称	周次	学时	单元标题	项目编号	能/知目标	师生活动	其他（含考核内容、方法）
子项目1 员工职业形象礼仪塑造	2	8	仪态礼仪	1	能力目标： 1. 能够进行标准站立，符合酒店员工工标准站姿； 2. 能够进行标准的行走，符合酒店员工标准的行姿； 3. 能够进行标准的入座，符合酒店员工标准的坐姿； 4. 能够进行标准的下蹲，符合酒店员工标准的蹲姿； 5. 能够运用恰当的手势 知识目标： 1. 掌握站姿、坐姿、行姿、蹲姿的具体要领、种类、训练方法； 2. 掌握酒店手势的标准规范及规律； 3. 掌握几种常用的对客服务手势； 4. 掌握运用手势对客服务过程中应注意的问题	1. 将在酒店观察到的行李员、前厅接待员和餐厅服务员等员工的站、行、坐、蹲等仪态风貌进行展示； 2. 结合酒店各部门工作情境进行，站姿、行姿、坐姿、蹲姿的仪态训练	仪态展示
子项目1 员工职业形象礼仪塑造	4	2	仪态礼仪	1	能力目标： 能够根据酒店对员工着装的要求进行合理着装和服装搭配 知识目标： 1. 掌握着装的TPO原则； 2. 掌握男士西装礼仪和着装禁忌； 3. 掌握女性着装礼仪和禁忌； 4. 掌握酒店员工着装的要求和基本原则	据酒店酒店员工着装要求和基本原则，进行服饰搭配	着装礼仪展示
子项目1 员工职业形象礼仪塑造	5	2	表情礼仪	1	能力目标： 能够根据微笑和目光基本要求，在对客服务过程中做到真心、真诚的微笑和亲切的目光对客进行服务 知识目标： 1. 掌握微笑和目光的基本方法和技巧； 2. 掌握微笑和目光内涵及基本要求； 3. 掌握微笑和目光的训练方法和步骤	1. 根据观察，总结微笑和目光的在对客服务过程中的运用方法； 2. 行微笑和目光训练	微笑大使评比

子项目编号、名称	周次	学时	单元标题	项目编号	能/知目标	师生活动	其他（含考核内容、方法）
子项目1 员工职业形象礼仪塑造	5	2	谈吐礼仪	1	能力目标： 1. 能够运用酒店服务接待用语与客人沟通交流，为客人提供服务； 2. 能够给客人介绍有关酒店的设施和服务 知识目标： 1. 掌握谈吐的方法和技巧； 2. 掌握谈吐涉及的内容； 3. 掌握酒店对客交谈的内容和态度； 4. 掌握酒店基本的礼貌用语	1. 据观察到的，总结对客服务谈吐的方法和技巧； 2. 景剧表演，学生分别扮演酒店员工和客人，进行沟通和交流	情景剧表演
子项目2 员工社交礼仪培养	6	4	介绍礼仪	2	能力目标： 1. 能够为酒店客人介绍酒店的酒店概况、前厅、客房、餐饮部门设施和服务； 2. 能够为他人做介绍； 3. 能够进行自我介绍 知识目标： 1. 掌握介绍的分类； 2. 掌握作介绍注意的要点； 3. 掌握自我介绍的顺序、方法、要点和注意事项； 4. 掌握为他人介绍顺序、方法和要点和注意事项； 5. 掌握业务介绍的方法和要点和注意事项	情景表演：学生分别扮演酒店员工、客人，为客人介绍酒店相关部门的设施和服务，扮演媒介人，为他人作介绍，进行自我介绍展示	自我介绍、介绍他人演示
子项目2 员工社交礼仪培养	7	2	招呼礼仪	2	能力目标： 能够在对客服务过程中对客人进行恰当的的称呼 知识目标： 1. 掌握称呼的功能； 2. 掌握国内的习惯称呼礼节； 3. 掌握国际通用称呼礼节； 4. 掌握酒店对客服务中恰当称呼的方法； 5. 掌握非正式场合的称呼； 6. 掌握正式场合的称呼	进行情景剧表演，学生分别扮演酒店员工和客人，进行称呼训练	情景剧表演

子项目编号、名称	周次	学时	单元标题	项目编号	能/知目标	师生活动	其他（含考核内容、方法）
子项目2 员工社交礼仪培养	8	4	握手礼仪	2	能力目标： 握手的礼仪要求和惯例与客人进行握手 知识目标： 1. 掌握握手的时机； 2. 掌握伸手的先后顺序； 3. 掌握正确握手方法	总结在不同场合、与不同人交往过程中，握手的恰当的时机和先后顺序等。同学之间根据设定场境进行握手演练	握手礼仪展示
子项目2 员工社交礼仪培养	9	2	名片礼仪	2	能力目标： 能够正确的接受和派发名、索取名片 知识目标： 1. 掌握使用名片的好处； 2. 掌握名片接受、派发的方法； 3. 掌握名片接受、派发的顺序； 4. 掌握互换名片时，递、接双方注意事项	观察派发名片的方法、顺序和注意事项。同学之间据设定场境进行接受、派发名片演练	递送、接收名片展示
子项目2 员工社交礼仪培养	9	1	电话礼仪	2	能力目标： 能够运用酒店接听电话的技能，接听酒店各主要部门的电话 知识目标： 1. 掌握接听电话前的准备； 2. 掌握接听酒店各部门电话的基本要求和内容； 3. 掌握接听电话声音与语言； 4. 掌握接听酒店电话的注意事项	注意倾听和记录不同部门接打电话的内容和方法。进行接听电话声音与语言练习。设定酒店总机、前厅、餐厅等部门接听电话情境，进行接打电话演练	各部门接听电话展示 情景剧表演
子项目2 员工社交礼仪培养	9	1	座次礼仪	2	能力目标： 能够正确的进行引领客人、与客人乘坐电梯、乘车的位次 知识目标： 1. 掌握在酒店服务行进中引领客人的位次； 2. 掌握交通工具的位次安排； 3. 掌握上下楼梯的位次； 4. 掌握乘坐电梯里的位次	观看视频总结引领客人、乘坐电梯、上下楼梯、乘坐交通工具的位次。将位次礼仪进行展示。总结位次礼仪中的位置和顺序	引领客人中位次展示 情景剧表演

子项目编号、名称	周次	学时	单元标题	项目编号	能/知目标	师生活动	其他（含考核内容、方法）
子项目2 员工社交礼仪培养	10	2	世界各国与我国少数民族的习俗礼节	2	能力目标： 能够运用主要客源国和地区的礼仪，做好酒店接待工作 知识目标： 礼节主要客源国和地区的宗教信仰、饮食习惯、礼貌礼仪等方面习俗，熟悉生活的禁忌内容	知识竞猜的方式熟悉掌握主要客源国及地区的宗教信仰、颜色禁忌、数字禁忌等	知识竞猜
子项目3 酒店主要岗位服务礼仪规范	11	4	前厅服务	3	能按照酒店各岗位服务礼仪规范在酒店各岗位上进行服务： 能够完成规范的迎宾服务、行李服务、前台接待服务、总机服务、商务中心服务	组织小组成员预习学习内容进行情景设计、角色安排、场景布置和模拟；点评；教师总结	前厅服务礼仪情景剧表演
子项目3 酒店主要岗位服务礼仪规范	12	4	客房服务礼仪	3	能力目标： 能够完成规范的客房服务、客房中心服务、洗衣服务、公共区域服务 知识目标： 掌握完成规范的客房服务、客房中心服务、洗衣服务、公共区域服务的礼仪规范	组织小组成员预习学习内容进行情景设计、角色安排、场景布置和模拟；点评；教师总结	客房服务礼仪情景剧表演
子项目3 酒店主要岗位服务礼仪规范	13	4	餐饮服务礼仪	3	能力目标： 能够规范完成中餐服务、西餐服务和宴会服务，包括：上菜服务、引领服务、结账服务、送客服务 能力目标： 掌握完成中餐服务、西餐服务和宴会服务，包括：上菜服务、引领服务、结账服务、送客服务的礼仪规范	组织小组成员预习学习内容进行情景设计、角色安排、场景布置和模拟；点评；教师总结	餐饮服务礼仪情景剧表演

八、首末次课设计

1. 首次课设计

第一步（20分钟）

（1）自我介绍：教师进行自我介绍，增进与学生的相互了解，拉近与学生的距离。

（2）课程介绍，告知学生本门课程的能力训练项目、教学进度和考核方式，让学生了解本课程学习内容、所要达到的能力目标、知识目标、教学方法、成果展示方式及考核标准。

（3）课程重要性介绍，激发学生学习的积极性和主动性。

（4）学生分组：班级以6人为一组进行分组，每组选出一个小组长，负责收作业和小组任务安排，并起到监督、管理的作用。

第二步（65分钟）

（1）介绍本次课的目标。（2分钟）

（2）引入课程：通过视频短片、图片对酒店员工形象礼仪和社交礼仪有初步了解。（10分钟）

（3）同学们分组讨论。（25分钟）

①酒店员工的形象礼仪包括哪些内容；

②酒店员工的社交礼仪包括哪些内容；

③内强素质、外塑形象，学习酒店服务礼仪的重要意义。

（4）学生发言：每小组派出一名代表讲述“我心目中的酒店职业形象”。（20分钟）

（5）教师点评：教师点评各小组的讨论成果。（8分钟）

第三步（5分钟）

布置作业：酒店员工仪表礼仪标准要求，制作成PPT，展示酒店员工仪表风貌。

2. 末次课设计

第一步（15分钟）

（1）总结本课程的项目任务的完成情况；

（2）指出学生在项目完成过程中存在的问题和不足，点评同学们的学习表现。

第二步（30分钟）

（1）介绍本次课的目标。（2分钟）

（2）成果展示：展示学生优秀作品，包括回放学生现场礼仪训练视频录像及图片、案例分析报告等。（18分钟）

③评优表奖：通过教师评价、学生互评评选出优秀小组成果奖和个人成果奖。（10分钟）

第三步（45分钟）

（1）给出任务，小组讨论。（25分钟）：

①各小组通过总结归纳旅游职业礼仪形象塑造的方法和技巧；

②“酒店服务礼仪”课程的学习收获和感受；

③给老师提出本门课程在组织学习和教学实践过程中存在的问题和不足，并提出自己对本课程的学习方法和完成形式的看法和观点。

（2）学生发言：每小组派出一名代表进行展示和讲解，老师作适当的记录，作为下一轮课程讲授的参考意见。（25分钟）

（3）教师点评：教师点评各小组的成果，并进行最后的总结归纳。（10分钟）

九、考核方案

<table>
<tr><th>教学评价</th><th>内容</th><th>评分项目</th><th>所占比例</th><th>合计（分）</th></tr>
<tr><td rowspan="4">过程评价</td><td rowspan="4">任务活动表现</td><td>课堂出勤</td><td>5%</td><td rowspan="4">30</td></tr>
<tr><td>课堂参与度</td><td>5%</td></tr>
<tr><td>小组协作</td><td>10%</td></tr>
<tr><td>仪态礼仪（站姿、行姿、坐姿、蹲姿训练）</td><td>10%</td></tr>
<tr><td rowspan="3">成果评价</td><td rowspan="3">实际操作项目</td><td>仪容修饰</td><td>10%</td><td rowspan="3">40</td></tr>
<tr><td>社交礼仪</td><td>10%</td></tr>
<tr><td>酒店前厅礼仪、客房礼仪、餐饮礼仪、宴会礼仪</td><td>20%</td></tr>
<tr><td>期末评价</td><td>知识项目</td><td>卷面考试</td><td>30%</td><td>30</td></tr>
<tr><td colspan="3">总　分</td><td>100%</td><td>100</td></tr>
</table>

十、教学材料

《酒店服务礼仪》，主编：任杰玉、谢璐，浙江大学出版社，2013 年

十一、本课程常用术语中英文对照

房务部	Room Division
前厅部	Front Office Department
客房部（管家部）	Housekeeping Department
预订部	Reservation Department
客房服务员	Room Attendant
领班	Captain
迎宾员	Hostess
服务员	Waiter,Waitress
传菜	Bus Boy, Bus Girl
经营、管理	management
市价	market price
兑换处	cashier's desk
硬币	coin
帐务处	accounting desk
退房时间	check_out time
证件	voucher

价目表	price list
支票	check, cheque
预订	reservation
接待处	reception desk
预订处	reservation desk
行李房	luggage office
（动）延期	postpone 取消
旅行支票	traveller's cheque
管理、经营	administration
纸币	note
入宿登记处	registration desk
前厅	lobby
行李架	luggage rack
名片	visit card
身份证	identification card
兑换率	rate of exchange
换算率	conversion rate
换钱	change money
手续、程序	procedure
问询处	information desk
行李标签	luggage label
超额订房	overbooking
(形)合理	reasonable
汇票	bank draft
手续费	procedure fee
填表	fill in the form

附：课程进度模板

<table>
<tr><td>周次</td><td>1周</td><td>2周</td><td>3周</td><td colspan="2">4周</td><td>5周</td><td colspan="2">6周</td><td>7周</td><td colspan="2">8周</td><td>9周</td><td>10周</td><td>11周</td><td>12周</td></tr>
<tr><td>课内项目</td><td colspan="15">天津君隆威斯汀酒店完成2014夏季达沃斯参会代表入住接待服务任务</td></tr>
<tr><td>子项目</td><td colspan="5">员工职业形象礼仪塑造</td><td colspan="6">员工社交礼仪仪培养</td><td colspan="4">主要岗位服务接待</td></tr>
<tr><td>内容（或情境）</td><td colspan="5">2014年7月1日，为了出色地完成夏季达沃斯论坛本酒店接待服务工作，培训部经理安排各岗位员工职业形象礼仪提升塑造培训，要求全体员工的仪容仪表整洁、得体、大方，熟练使用优雅标准的体态语和规范有礼的服务用语</td><td colspan="6">2014年8月1日，员工职业形象礼仪培训初见成效，总经理要求培训部和人力资源部安排拓展培训，加强酒店员工社交礼仪培养。培训在工作之外提升社交素养</td><td colspan="4">2014年9月9～12日，接送参加达沃斯论坛与会嘉宾，办理行李提取、接待入住、结账退房；为嘉宾提供24小时客房服务；餐饮部和宴会出色完成领位服务、值台服务、走菜服务、中餐服务、西餐服务和宴会服务</td></tr>
<tr><td>任务</td><td>1. 仪容礼仪</td><td>1.2 仪表礼仪</td><td>1.3 仪态礼仪</td><td>1.4 表情礼仪</td><td>1.5 谈吐礼仪</td><td>2.1 介绍礼仪</td><td>2.2 称呼礼仪</td><td>2.3 握手礼仪</td><td>2.4 名片礼仪</td><td>2.5 电话礼仪</td><td>2.6 座次礼仪</td><td>2.7 世界各国的习俗礼节</td><td>3.1 前厅服务礼仪</td><td>3.2 客房服务礼仪</td><td>3.3 餐饮服务礼仪</td></tr>
<tr><td>具体任务</td><td>1.1 各岗位员工发型规范、学会化淡妆</td><td>1.2 站姿、坐姿、走姿、蹲姿、手势语</td><td>1.3 穿着合适职业装、学会服饰搭配</td><td>1.4 微笑、目光训练</td><td>1.5 酒店迎候语言、交流语言、英语服务语言</td><td>2.1 规范有礼地自我介绍、为他人</td><td>2.2 规范称呼宾客介绍</td><td>2.3 规范有礼与人握手</td><td>2.4 规范有礼递送、收纳名片</td><td>2.5 规范接听拨打电话</td><td>2.6 会议接待、就餐、乘车座次礼仪</td><td>2.7 掌握主要客源国和地区的习俗禁忌与礼仪规范</td><td>3.1 为参会代表提供门厅迎宾、行李服务、前厅接待、总机服务</td><td>3.2 为参会代表提供客房服务、洗衣服务、房务中心服务</td><td>3.3 为参会代表提供中西餐的引领、餐前、点菜、席间服务</td></tr>
<tr><td>考核结果</td><td colspan="3">酒店员工仪容仪表考核表</td><td>酒店员工仪态展示</td><td>员工甜美微笑相片墙</td><td colspan="6">“谁是你心中的绅士与淑女”员工评比活动与颁奖仪式</td><td>我国主要客源国和地区的习俗与礼节知识竞赛</td><td>门厅迎宾测试表、行李服务测试表、前厅接待测试表、总机服务测试表</td><td>客房服务测试表、房务中心服务测试表</td><td>引领服务测试表、餐前服务测试表、点菜服务测试表、席间服务测试表</td></tr>
</table>

“自动化生产线安装与调试”课程整体教学设计

贾启升

一、课程基本信息

课程名称：自动化生产线安装与调试		
所属系部：机电与信息工程系	制定人：贾启升	
课程代码：580002133	学分：4	学时：64
授课时间：第五学期	授课对象：电气自动化专业三年级学生	
课程类型：技能训练课		
先修课程：传感器技术应用、机电设备 PLC 控制等	后续课程：毕业设计	

二、课程定位

1. 岗位分析

本专业毕业生的（技术、管理）岗位分析：

电气自动化专业的就业岗位有自动化设备工艺实施（操作）、电气设备安装工、电气设备系统调试工、电气设备维护维修工、电气产品销售。

而在企业中电气设备的主控实施一般分为 PLC 和单片机：

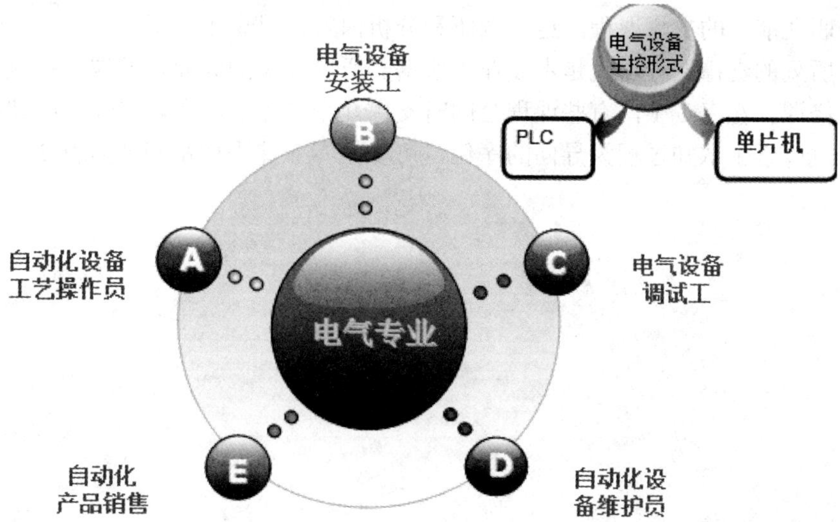

初次就业、二次晋升、未来发展：

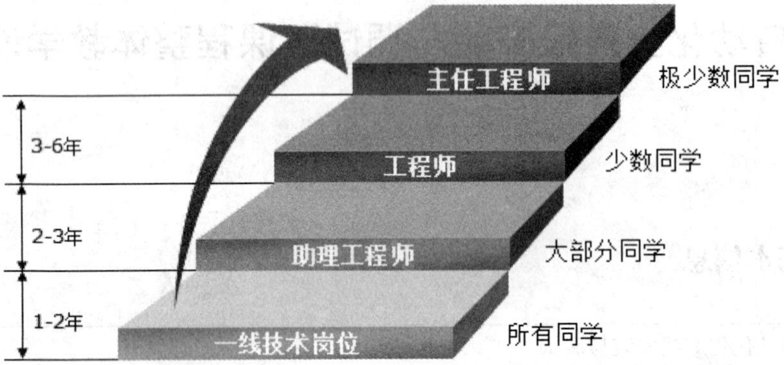

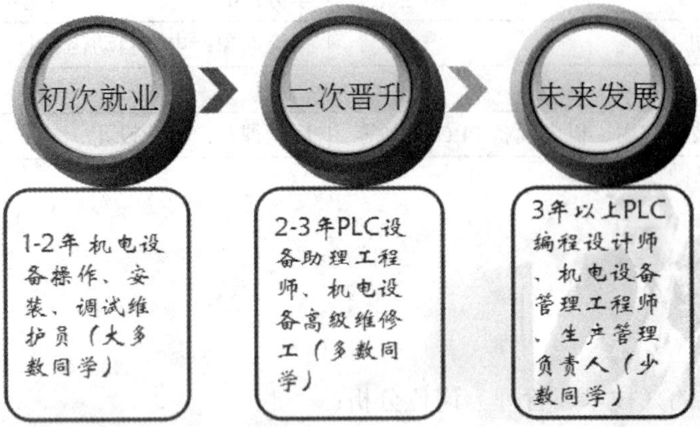

本课程面向的主要岗位：PLC 相关系统的调试工和设备维护员。

通过调研毕业生主要工作岗位及其典型工作任务，得出工作任务所需的职业能力，进而找到每个职业能力的支撑课程。这一调研和分析内容详见表 1 所示。

表 1 所列的支撑课程，就是本专业人才培养所要开设的职业技术课、技能训练课以及部分专业选修课。在表 1 中，有些课程会同时支撑几个能力点，所以在表 1 中课程名称是有重复的。经过以学生认知过程为导向的序化，可以把专业课程体系归纳为表 2。

表 1

序号	工作岗位	典型工作任务	职业能力	每条职业能力对应的支撑课程
1	自动化设备工艺实施（操作）	自动化设备运行操作	电气识图制图能力	《机械制图及 CAD、PCB 设计与制作》
		设备维护保养	电器元件识别能力	《电路分析基础》《电子技术应用》《电工实训》
		简单设备故障处理	简单控制系统安装接线能力	《电工实训》《中级维修电工实训》《自动线安装与调试》
		自动控制系统运行监控、状态记录	维修与检测工具使用能力	《电工实训》《中级维修电工实训》《自动线安装与调试》
		简单系统异常辨识	电气设备简单故障排除能力	《电工实训》《中级维修电工实训》《自动线安装与调试》
		系统维护保养	供配电线路简单排故能力	《工厂供配电系统》
2	电气设备安装工	电气控制线路装调	电气原理识读、绘制与数据分析能力	《机械制图及 CAD》《PCB 设计与制作》
		PLC、变频器系统装调	中高级维修电工的操作能力	《中级维修电工实训》《高级维修电工培训》
		电气线路故障诊断与维修	PLC 控制系统简单设计、安装、调试能力	《可编程控制技术》《机电设备 PLC 控制》
3	电气设备系统调试工	传动系统故障诊断与维修	常用系统控制器、自动化仪表、人机界面等参数设置和修改能力	《电气控制系统应用》《电气传动系统设计与应用》《工业组态及应用》《传感器技术及应用》《电机控制及应用》
		供配电线路保障维修	PLC、单片机选型及简单程序解读、设计能力	《可编程控制技术》《单片机接口技术应用》
		现场控制仪表维护	熟悉常用维修方法、手段、工具和仪表	《电工实训》《中级维修电工实训》
4	电气设备维护维修工	机器人维护与故障诊断	PLC 控制系统、工业机器人故障诊断、排查和处理能力	《自动线安装与调试》《智能机器人创新实训》
			整理数据编制技术文档能力	《办公自动化》《应用文写作》
5	电气产品销售	产品演示及性能介绍	方案设计	《市场营销》《工程实践创新训练》
		编写技术方案及实施报告	项目组织与实施	《市场营销》《工程实践创新训练》
		产品应用方案搭建测试及产品现场装调	文字和口头表达	《普通话训练》
		客户技术人员培训	团队协作和沟通	《社会实践》
		售后咨询及技术支持	设备相关资料收集整理	《机电设备管理实务》
		技术文档整理		

2. 课程分析

在课程体系中，本课程是知识技能训练课程中主线：PLC 控制技术和电工技能，如表 2 所示。

表 2

类别		课程
职业素质	通识课程	思想道德修养与法律基础、军事理论、计算机应用基础、毛泽东思想和中国特色社会主义理论体系概论、实用英语、形势与政策、心理健康教育、体育、就业指导与创业教育
	素质教育课程	社会实践、操行评定、普通话训练
职业技能训练	基本知识	知识基础：电路分析基础、电子电路分析
		识图制图：机械制图与 CAD、PCB 设计与制作
		供配电知识：工厂供配电系统
	知识技能训练	以 PLC 控制技术为主线，并行维修电工和单片机技术两条辅线
职业拓展	公共选修	应用文写作、艺术鉴赏、礼仪、硬笔书法、办公自动化、咖啡与茶文化、创新思维训练
	专业选修	机电设备管理实务、高级维修电工培训、物联网概述、现代电梯技术、楼宇自动化训练、市场营销

说明本课程与普通高校、中职（高职）、培训班相关课程的异同。

共同点：

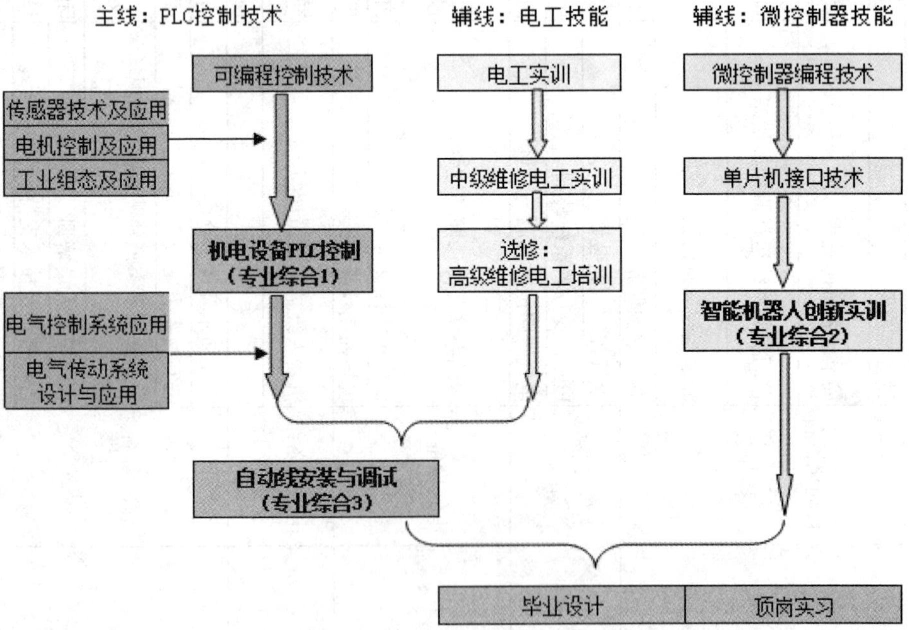

都是培养 PLC 及相关技能的应用能力。

不同点：

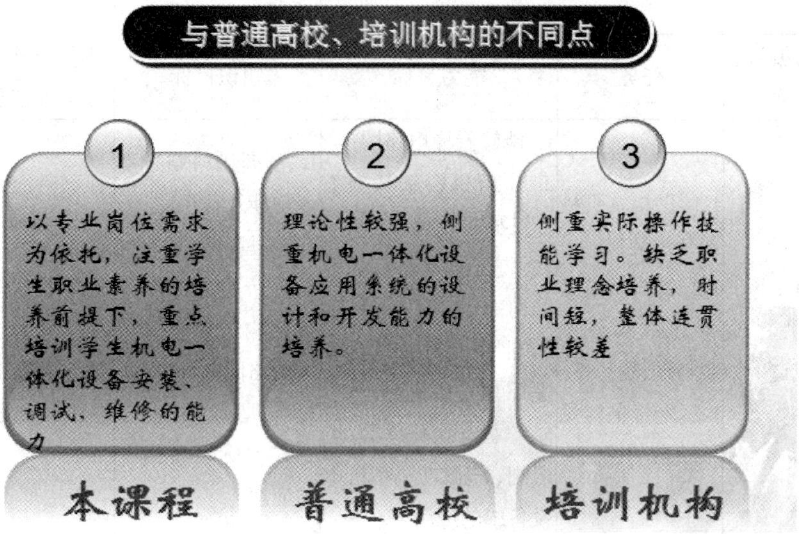

三、课程目标设计

总体目标：通过本系统各站点的实训，使学生能根据所学专业理论知识，对工业生产中的电路进行识别，对设备基本机械传动部分进行应用和改造，对 PLC 及机电一体化设备的进行运行操作和维修。

能力目标：（1）能够看懂常见生产线电路图；（2）了解自动化生产线各部分功能、作用及结构；（3）掌握光电传感器、电磁阀、气缸在小型机电设备中的应用；（4）能够根据电路图进行 PLC、端子排连接；（5）能够根据项目要求，进行较复杂机电一体化系统 PLC 编程；（6）能够熟练使用 PLC 实现伺服电机简单运动控制。

知识目标：（1）理解在工业生产中的 PLC 的编程及使用方法；（2）掌握常见步进电机、伺服电机、变频器以及三相电动机的使用方法；（3）掌握小型机电一体化设备简单设计的方法和一般步骤；（4）掌握常用光电传感器、光纤传感器、磁性开关、旋转编码器等传感器的安装与调试；（5）掌握常用气动设备的安装，调试及简单维修。

素质目标：（1）不管项目有多难，一定要安全规范操作；（2）小组成员要听从组长指挥。

四、课程内容设计

项目名称	子项目名称	学时
圆珠笔生产线设计改造	子项目 1　笔管供料站设计改造	16
	子项目 2　笔芯装配站设计改造	16
	子项目 3　成品入库分拣站设计改造	16
	子项目 4　生产线搬运站设计改造	16
合　计		64

五、项目任务设计

编号	子项目编号、名称	任务	能力目标	知识目标	训练方式、手段及步骤	可展示的结果
1	子项目1 笔管供料站设计改造	1-1 供料站机械部分组装； 1-2 供料站电路和气路部分安装与调试； 1-3 笔管供料站单站自动控制	1. 能够看懂电路图； 2. 了解供料站基本工作过程； 3. 掌握供料单元基本结构； 4. 能够根据项目要求进行PLC编程； 5. 掌握光电传感器、电磁阀、气缸在小型机电设备中的应用	1. 掌握供料站各部分功能及作用； 2. 掌握电磁阀、气缸、传感器的原理及结构、熟悉供料站电路图； 3. 掌握基本控制指令在实际设备当中的应用	根据任务、情境完成笔管供料站设计改造；角色扮演、分组讨论、动态仿真、设备操作	任务工单、设备实际动作情况
2	子项目2 笔芯装配站设计改造	2-1 装配站机械部分组装； 2-2 装配气路站和电路部分安装与调试； 2-3 完成笔管装配站单站自动控制	1. 能够了解装配站的基本工作过程； 2. 能够掌握装配站基本结构； 3. 能够根据气路图进行气路连接及调试； 4. 能够根据电路图进行PLC、端子排连接； 5. 能够根据项目要求，进行较复杂机电一体化系统PLC编程	1. 掌握装配站各部分功能及作用； 2. 熟练掌握电磁阀组、气缸、传感器常见故的维修及调试方法； 3. 掌握顺序控制指令在实际设备当中的应用； 4. 掌握较复杂小型整体机电一体化系统设备动作方式及编程思路	根据任务、情境完成笔芯装配站设计改造；角色扮演、分组讨论、软件操作、动态仿真、设备实操	设备工单、设备实际动作情况
3	子项目3 成品入库分拣站设计改造	3-1 入库分拣站机械部分组装； 3-2 入库分拣站气路和电路部分安装与调试； 3-3 完成入库分拣站自动控制	1. 能够熟悉分拣站的基本工作过程，掌握其基本结构； 2. 能够根据说明书对变频器进行线路连接及参数设置； 3. 能够熟练使用PLC实现三相电动机多段速控制	1. 掌握分拣站各部分功能及作用； 2. 掌握MM420变频器的安装与结构功能； 3. 掌握M420变频器PLC控制方式	根据任务、情境完成成品入库分拣站设计改造；角色扮演、分组讨论、软件操作、设备实操	设备工单、设备实际动作情况

编号	子项目编号、名称	任务	能力目标	知识目标	训练方式、手段及步骤	可展示的结果
4	子项目 4 生产线搬运站设计改造	4-1 搬运机械手气路和电路部分安装与调试 4-2 搬运机械手伺服电机正向直线运动设计 4-3 搬运机械手正反向多阶段运动设计	1. 能够掌握分拣站基本结构； 2. 能够根据说明书对伺服电机进行线路连接及参数设置； 3. 能够熟练使用 PLC 实现伺服电机简单运动控制	1. 掌握搬运站各部分功能及作用； 2. 掌握松下 A5 系列伺服电机及伺服驱动器的安装与使用； 3. 学会伺服电机向导编程设计方法	角色扮演，分组讨论、软件操作	设备工单、设备实际动作情况

六、项目情境设计

编号	子项目编号、名称	任务	情境	学时
1	子任务 1 笔管供料站设计改造	1. 笔管供料站机械部分组装 2. 笔管供料站气路和电路部分安装与调试 3. 完成笔管供料站单站自动控制	1.1 小王刚进入企业，对生产线设备很陌生，首先在查阅大量资料之余，他通过参观工厂其他自动化生产线设备，向部门主管询问，终于对生产线有了一个简单的认识 1.2 明白了供料站的生产过程，再根据现有设备材料，那设备机械部分是不是可以搭建出来了呢（如果出错，那公司是否有其他相关产品可以借鉴呢） 1.3 有了电路图和气路图，设备是不是就可以连接组装好可以动起来了 1.4 有了动作要求，我们是不是就可以绘制流程图，编写程序了 1.5 有了动作要求，我们是不是就可以绘制流程图，编写程序了	16
2	子项目 2 笔芯装配站设计改造	1. 笔芯装配站机械部分组装 2. 笔芯装配站气路和电路部分安装与调试 3. 完成笔芯装配站单站自动控制	2.1 明白了装配站的生产过程，是不是该站机械部分可以搭建出来了 2.2 确定了所用设备输入和输出，是不是气路和电路就可以设计出来了 2.3 有了气路图和电路图，设备是不是气路和电路就可以组装搭建出来了 2.4 有了动作要求，我们是不是就可以绘制流程图，编写程序了	16

编号	子项目编号、名称	任务	情境	学时
3	子项目 3 成品入库分拣站设计改造	1. 入库分拣站机械部分组装 2. 入库分拣站气路和电路部分安装与调试 3. 完成入库分拣站自动控制	3.1 明白了分拣站的生产过程，是不是该站机械部分可以搭建出来了 3.2 确定了所用设备输入和输出，是不是气路和电路就可以设计出来了 3.3 有了气路图和电路图，设备是不是气路和电路就可以组装搭建出来了 3.4 线路连接好，变频器怎么使用呢，如果叫它动起来呢 3.5 有了动作要求，我们是不是就可以绘制流程图，编写程序了	16
4	子项目 4 生产线搬运站设计改造	1. 搬运机械手气路和电路部分安装与调试 2. 搬运机械手伺服电机正向直线运动设计 3. 搬运机械手正反向多阶段运动设计	4.1 明白了搬运站的生产过程，是不是该站机械部分可以搭建出来 4.2 确定了所用设备输入和输出，是不是气路和电路就可以设计出来了 4.3 有了气路图和电路图，设备是不是气路和电路就可以组装搭建出来了 4.4 线路连接好，伺服电机和伺服驱动器怎么使用呢，如果叫它动起来呢 4.5 有了动作要求，我们是不是就可以绘制流程图，编写程序了	16

七、课程进程表

子项目编号、名称	周次	学时	单元标题	能/知目标	师生活动	其他（含考核内容、方法）
子任务 1 笔管供料站设计改造	1	4	1. 供料站机械部分组装	1. 能够看懂电路图； 2. 了解供料站基本工作过程； 3. 掌握供料单元基本结构； 4. 掌握供料站各部分功能及作用	教师：作为公司项目研发部经理为学生布置任务，说明情境 学生：笔管供料站机械及电气部分设计	过程考核，主要考察学生对设备机械部分的改造。对设备拆装的熟练程度
	2	4	2. 供料站气路和电路部分安装与调试	掌握光电传感器、电磁阀、气缸在小型机电设备中的应用	教师：通过任务驱动，引导学生完成设备电气部分安装与调试 学生：按客户动作要求完成电气设备安装	实操考核，主要考核设备完成动作情况及学生操作规范

子项目编号、名称	周次	学时	单元标题	能/知目标	师生活动	其他（含考核内容、方法）
子任务 1 笔管供料站设计改造	3	4	3. 完成笔管供料站单站自动控制	1. 能够根据项目要求进行PLC编程； 2. 掌握基本控制指令在实际设备当中的应用； 3. 掌握笔管供料站动作流程图的绘制	学生：根据设计方案，绘制动作流程图，及相关程序 教师：根据客户要求，提出设计方案	实操考核，主要考核学生设备动作过程的理解，已经动作流程设计
	4	4	3. 完成笔管供料站单站自动控制	1. 掌握笔管供料站中手自动模式的使用方法； 2. 掌握笔管供料站设备编程技巧	学生：根据方案完善改进程序 教师：根据实际动作要求，改进设计方案	根据任务书完成总体验收，主要考核学生编程思路及编程技巧。实训任务书的编写
子项目 2 笔芯装配站设计改造	5	4	1. 笔芯装配站机械部分组装	1. 能够了解装配站的基本工作过程； 2. 能够掌握装配站各部分功能及作用	学生：根据任务书要求完成笔芯装配站机械设备组装 教师：对装配流程进行引导	过程考核，主要考察学生对设备机械部分的改造。对设备机械设计的思路
	6	4	2. 笔芯装配站气路和电路部分安装与调试	1. 能够根据气路图进行气路连接及调试； 2. 能够根据电路图进行PLC、端子排连接； 3. 熟练掌握电磁阀组、气缸、传感器常见故的维修及调试方法	教师：通过任务驱动，引导学生完成设备电气部分安装以及各种传感器的调试 学生：按客户动作要求完成电气设备安装与调试	实操考核，主要考核设备完成动作情况及学生操作规范
	7	4	3. 完成笔芯装配站单站自动控制	1. 根据动作过程完成流程图的绘制； 2. 掌握顺序控制指令在实际设备当中的应用	学生：根据动作要求，设计流程图并进行部分程序的编写 教师：根据实际动作情况，提出程序设计动作要求	实操考核，主要考核流程图的绘制，顺序指令的使用
	8	4	3. 完成笔芯装配站单站自动控制	掌握较复杂小型整体机电一体化系统设备动作方式及PLC编程思路	学生：根据方案完善改进程序 教师：根据实际动作要求，改进设计方案	根据任务书完成总体验收，主要考核学生编程思路及编程技巧。实训任务书的编写

子项目编号、名称	周次	学时	单元标题	能/知目标	师生活动	其他（含考核内容、方法）
子项目3 成品入库分拣站设计改造	9	4	1. 入库分拣站机械部分组装	1. 能够熟悉分拣站的基本工作过程； 2. 掌握分拣站各部分功能及作用	学生：根据任务书要求完成入库分拣站机械设备组装 教师：对装配流程进行引导	过程考核，主要考察学生对设备机械部分的改造。对设备机械设计的思路
	10	4	2. 入库分拣站气路和电路部分安装与调试	1. 掌握 M420 变频器 PLC 控制方式； 2. 能够根据说明书对变频器进行线路连接及参数设置	教师：对三相异步电动机及变频器安装调试进行引导性演示操作 学生：按客户动作要求完成设备安装与调试	实操考核，主要考核电气部分的安装与调试。变频器的使用
	11	4	3. 完成入库分拣站自动控制	能够熟练使用 PLC 实现三相电动机多段速控制	教师：根据客户要求对程序设计思路进行引导性讲解 学生：确定设计思路安装程序设计	实操考核，主要考核流程图的绘制，程序设计编程思路
	12	4	3. 完成入库分拣站自动控制	根据项目总体动作要求完成 PLC 综合程序设计	教师：根据客户要求对程序设计思路进行引导性讲解 学生：确定设计思路安装程序设计	实操考核，学生程序设计思路
子项目4 生产线搬运站设计改造	13	4	1. 搬运机械手气路和电路部分安装与调试	1. 能够掌握输送站基本结构； 2. 掌握搬运站各部分功能及作用； 3. 能够根据说明书对伺服电机进行线路连接及参数设置	学生：根据任务书要求完成输送站机电设备组装 教师：对装配流程进行引导	过程考核，主要考察学生对设备机械及电气部分的改造。对伺服驱动器参数设置
	14	4	2. 搬运机械手伺服电机正向直线运动设计	1. 掌握松下 A5 系列伺服电机及伺服驱动器的安装与使用； 2. 掌握伺服电机向导编程简单动作设计方法	教师：对伺服电机及驱动器进行引导性演示操作 学生：按客户动作要求完成设备安装与调试	实操考核，学生程序设计思路、向导编程的方法

子项目编号、名称	周次	学时	单元标题	能/知目标	师生活动	其他（含考核内容、方法）
子项目 4 生产线搬运站设计改造	15	4	3. 搬运机械手正反向多阶段运动设计	掌握伺服电机向导编程多阶段运动的设计方法	教师：对程序进行引导性演示操作 学生：按客户动作要求完成程序编制及调试	实操考核，学生程序设计思路、伺服电机的运用
	16	4	3. 搬运机械手正反向多阶段运动设计	根据项目总体动作要求完成搬运站 PLC 综合程序设计	教师：对程序进行引导性演示操作 学生：按客户动作要求完成程序编制及调试	实操考核，学生总体设计能力。实训书的编写

八、首末次课设计

1. 首次课设计

课程引入：通过实际参观龙洲大型环形生产线以及观看丰田汽车制造厂冲压生产线和可口可乐公司饮料灌装生产线，引出自动化生产线的定义，了解自动化生产线及应用。

课程讲解：介绍本课程的总体安排，基本要求，课程目标，需完成的训练项目、任务，考核方案等。

2. 末次课设计

“设计及施工经验漫谈”

通过回顾本学期的实训项目，结合实际施工经验，将全部已知设计及施工经验以条目的形式呈现给学生，加深学生的认识。

九、考核方案

考核内容		考核方法	所占比例
平时考核成绩占比	项目一	出勤 30% 课堂表现 30% 实操考核 40%	10%
	项目二	出勤 30% 课堂表现 30% 实操考核 40%	10%
	项目三	出勤 30% 课堂表现 30% 实操考核 40%	10%
	项目四	出勤 30% 课堂表现 30% 实操考核 40%	10%
期末考核成绩占比	项目一	完成实训报告及工作记录	10%
	项目二		10%
	项目三		10%
	项目四		10%
课外项目		项目考核	20%

十、教学材料

教材：课程讲义。

参考书：《自动化生产线安装与调试》，吕景泉主编，中国铁道出版社，2013 年

十一、需要说明的其他问题

为了进一步增强学习效果，应尽量采用设备验收和现场仿真、情境教学和任务驱动相结合来进行相关课程的讲授和实训，并配备相关的实训指导书，通过实践教学，增强学生的体验感，提高动手操作技能，提高学生对自动化生产线设备认知及兴趣，可起到更好的教学效果。

十二、本课程常用术语中英文对照

生产线	The production line
自动	auto
气缸	cylinder
电机	motor
传感器	transducer
驱动器	actuator
输入	input

附：课程进度模板

周次	1周	2周	3周	4周	5周	6周	7周	8周	9周	10周	11周	12周	13周	14周	15周	16周
课内项目	圆珠笔自动化生产线设计改造															
子项目	子项目一　笔管供料站设计改造				子项目二　笔芯装配站设计改造				子项目三　成品入库分拣站设计改造				子项目四　生产线搬运站设计改造			
情境	1.1 小王刚进入企业，对生产线设备很陌生，首先在查阅大量资料之余，他通过参观工厂其他自动化生产线设备，向部门主管询问，终于对生产线有了一个简单的认识 1.2 明白了供料站的生产过程，再根据现有设备材料，那设备机械部分是不是可以搭建出来了呢	1.3 确定了所用设备输入和输出，是不是气路和电路就可以设计出来了 1.4 有了电路图和气路图，设备是不是就可以连接组装好可以动起来了	1.5 有了动作要求，我们是不是就可以绘制流程图，编写程序了		2.1 明白了装配站的生产过程，是不是该站机械部分可以搭建出来了	2.2 确定了所用设备输入和输出，是不是气路和电路就可以设计出来了 2.3 有了气路图和电路图，设备是不是气路和电路就可以组装搭建出来了	2.4 有了动作要求，我们是不是就可以绘制流程图，编写程序了		3.1 明白了分拣站的生产过程，是不是该站机械部分可以搭建出来了	3.2 确定了所用设备输入和输出，是不是气路和电路就可以设计出来了 3.3 有了气路图和电路图，设备是不是气路和电路就可以组装搭建出来了 3.4 线路连接好，变频器怎么使用呢，如何叫它动起来呢？	3.5 有了动作要求，我们是不是就可以绘制流程图，编写程序了		4.1 明白了搬运站的生产过程，是不是该站机械部分可以搭建出来了 4.2 确定了所用设备输入和输出，是不是气路和电路就可以设计出来了	4.3 线路连接好，伺服电机和伺服驱动器怎么使用呢，如果叫它动起来呢	4.4 既然机械手可以动起来了，那就把整条线全部连接在一起进行生产吧	
任务	笔管供料站硬件设计改造	笔管供料站电气部分设计改造	笔管供料站程序设计		笔芯装配站硬件设计改造	笔芯装配站电气部分设计改造	笔芯装配站程序设计		入库分拣站硬件设计改造	入库分拣站电气部分设计改造	入库分拣站程序设计		搬运站硬件设计改造	搬运站电气部分设计改造	搬运站程序设计	
具体任务	①认识什么是自动化生产线 ②供料站硬件组装	①绘制气路图和电路图 ②完成气路和电路部分组装和调试	编写该站程序调试设备		装配站硬件组装	①绘制气路图和电路图 ②完成气路和电路部分组装和调试	编写该站程序调试设备		分拣站硬件组装	①绘制气路图和电路图 ②完成气路和电路部分组装 ③变频器安装与设置	编写该站程序调试设备		搬运站硬件组装	①绘制气路图和电路图 ②完成气路和电路部分组装和调试 18 伺服电和伺服驱动器安装与设置	编写该站程序调试设备	
考核	设计完成笔管供料站自动供料装置、完成实训报告				设计完成笔芯装配站自动加工装置、完成实训报告				设计完成入库分拣站自动分拣装置、完成实训报告				设计完成机械手自动抓料搬运装置、完成实训报告			

"网络综合布线"课程整体教学设计

刘　盛

一、课程基本信息

课程名称：网络综合布线		
所属系部：机电与信息工程系	制定人：刘盛	
课程代码：5901071221	学分：4	学时：60
授课时间：第四学期	授课对象：网络系统管理专业二年级	
课程类型：职业技术课		
先修课程：计算机网络基础	后续课程：网络系统集成、网络综合实训	

二、课程定位

1. 岗位分析

网络系统集成中特别是综合布线的设计、施工、监理、维护岗位。

初次就业：施工、维护

二次晋升：监理

未来发展：综合布线设计、网络系统集成

面向主要岗位：综合布线施工岗

2. 课程分析

本课程是网络系统管理专业的核心课程，主要服务于本专业四大能力（学网、建网、管网、用网）中的"建网"能力。

三、课程目标设计

1. 总体目标

本课程针对网络综合布线设计、施工、测试、验收职业岗位能力需求，制定课程培养目标，通过完成模拟的完整五层实训楼的布线工程，让学生能根据施工规范，运用综合布线施工技术，完成综合布线工程，积累工程组织管理的经验，培养学生必备的职业素质，使学生实现与职业岗位零距离。

2. 能力目标

（1）能够根据 GB“综合布线系统工程设计施工规范”，按照施工图纸进行管槽、线缆施工。

（2）能使用 3 种网络测试设备进行测试。

（3）能够处理 3 种常见的网络故障处理（不通、丢包、环路）。

（4）能够进行现场施工组织（物料、人员、时间进度）。

3. 知识目标

（1）掌握 GB“综合布线系统工程设计施工规范”。

（2）掌握 4 种（双绞线、光纤、同轴电缆、电话线）网络传输介质的性能和特点。

（3）掌握网络综合布线工作区、水平干线子系统、垂直干线子系统等六个系统的设计。

4. 素质目标

（1）在物料进场时，认真、细致的梳理材料清单、清点物品。

（2）在铺设施工时，保证施工过程中的人身安全（触电、跌落、坠物）。

（3）工程验收坚持原则。

四、课程内容设计

<table>
<tr><th>序号</th><th>项目名称</th><th>学时</th></tr>
<tr><td>1</td><td>实训楼综合布线工程需求分析</td><td>8</td></tr>
<tr><td>2</td><td>实训楼综合布线工程设计</td><td>16</td></tr>
<tr><td>3</td><td>实训楼综合布线工程施工</td><td>28</td></tr>
<tr><td>4</td><td>实训楼综合布线工程验收</td><td>8</td></tr>
<tr><td colspan="2">合　计</td><td>60</td></tr>
</table>

五、能力训练项目设计

<table>
<tr><th>编号</th><th>能力训练项目名称</th><th>子项目编号、名称</th><th>能力目标</th><th>知识目标</th><th>训练方式、手段及步骤</th><th>可展示的结果</th></tr>
<tr><td rowspan="2">1</td><td rowspan="2">布线工程需求分析</td><td>1-1 标书研究</td><td>能够准备理解招投标文件的内容
有一定的沟通能力
竞争意识
团队协作能力</td><td>了解有关网络布线方面的招标文件
了解网络布线行业初步知识</td><td>实训手段：真实情景模拟
实训步骤：同学分组，发布招标文件，模拟招投标过程</td><td>需求分析报告
重大需求标记</td></tr>
<tr><td>1-2 制定设备选型与材料清单</td><td>能根据需要选择适当的网络设备
掌握网络布线工具种类
掌握清单的编制</td><td>掌握常见设备的参数
了解网络布线工具的准备
掌握清单表格的编制方法</td><td>实训手段：观看视频、填写设备手册
实训步骤：从常见网络设备、布线器材到布线工具、清单的编制</td><td>材料清单</td></tr>
</table>

编号	能力训练项目名称	子项目编号、名称	能力目标	知识目标	训练方式、手段及步骤	可展示的结果
2	综合布线工程设计	2-1 实训楼布线总体设计 2-2 综合布线六大子系统设计 2-3 无线接入设计	应用文写作能力及组织协调能力 能根据需求分析完成系统方案系统化设计 能相互协调工作完成高校校园网系统工程	掌握网络综合布线相关技术标准 掌握网络综合布线设计规程	实训手段：项目模拟 实训步骤：方案设计，情景模拟，撰写设计方案	综合布线方案设计说明书
3	综合布线工程施工	3-1 安全施工与施工管理 3-2 工程施工 3-3 系统测试	能够安排合理的施工进度 能根据要求端接配线 能根据需要制作配线 能够根据需求完成六大子系统的施工 能够完成规定的测试项目	掌握施工进度安排的方法 掌握子系统安装的方法及规范 掌握系统测试的方法	实训手段：楼宇实训区 实训步骤：按照施工方案进行施工模拟，施工后完成系统测试	布线成品 测试报告
4	综合布线工程验收	4-1 竣工验收 4-2 综合布线管理制度	能够根据工验收流程进行验收 能够完成竣工文档的撰写 能够完成后期常规管理制度的撰写	掌握验收流程 掌握竣工文档的撰写方法 了解布线后的管理制度	实训手段：楼宇实训区 实训步骤：按照验收流程进行工程验收；撰写竣工文档	验收报告 竣工报告 管理制度汇编

六、项目情境设计

编号	子项目编号、名称	任务	情境	学时
1	子项目 1 实训楼综合布线工程招标文件研究	1. 阅读标书；标记重大需求 2. 确定设备型号、数量、规格；编制材料清单；编制工程预算表	情境 1.1 天津城市职业学院招标进行实训楼综合布线项目，看看学校有什么需求吧？（正常） 情境 1.2 根据需求，我们需要哪些设备呢？（正常） 情境 1.3 材料预算超支了，该从哪些方面入手降低合理预算呢？（出错） 情境 1.4 甲方临时追加了功能需求，该如何调整呢？（意外）	8

编号	子项目编号、名称	任务	情境	学时
2	子项目 2 实训楼综合布线工程设计	1. 完成实训楼总体布线解决方案；投标书的制作 2. 六大子系统设计； 3. AP 设置	情境 2.1 标书都完成了撰写，与需求能对应上吗？（正常） 情境 2.2 6 大子系统的设计完成了，是不是最合理的设计方案呢？该从哪几个方面考虑呢？（正常） 情境 2.3 无线设计的方案（正常）	16
3	子项目 3 实训楼综合布线工程施工	1. 安全施工规范文档；进场施工管理文档 2. 管槽施工工具的使用；管槽安装施工 3. 电缆施工工具的使用；电缆安装施工 4. 光纤熔接器的使用；光纤安装施工 5. 电缆传输通道测试；光纤传输通道测试	情境 3.1 对进场人员进行一次安全施工的教育，该考虑哪些方面呢？（正常） 情境 3.2 不按照规范操作的各类情况如何处理？（违规） 情境 3.3 开始管槽布线施工，施工顺序是怎样的？（正常） 情境 3.4 开始管电缆线施工，施工顺序是怎样的？（正常） 情境 3.5 开始管光纤线施工，施工顺序是怎样的？（正常） 情境 3.6 系统测试开始了，对哪些方面进行测试？如何测试？（正常）	28
4	子项目 4 实训楼综合布线工程验收	1. 综合布线工程的验收；验收文档的编制； 2. 建立综合布线维护管理制度	情境 4.1 项目竣工了，请你写出验收报告。（正常） 情境 4.2 学院委托你起草一个有关线路管理的文件。（正常）	8

七、课程进程表

项目编号	周次	学时	单元标题	能/知目标	师生活动	其他（含考核内容、方法）
1-1	1	4	布线工程需求分析	能：①阅读、沟通理解分析问题的能力②应用文写作能力及组织协调能力 知：①需求分析报告书的书写方法②网络布线技术相关的初步知识	①阅读标书 ②标记重大需求	核对重大需求
1-2	2	4	制定设备选型与材料清单	能：①熟练掌握网络传输介质的性质②能根据需要选择适当的网络布线器材③掌握网络布线工具的使用方法④掌握网络机柜的安装方法和位置选择原则 知：①网络综合布线的技术标准②各传输介质的性能，包括传输距离等③常见布线工具使用说明书④网络机柜的安装方法和位置选择原则	①编制材料清单 ②编制工程预算表	核查材料清单及工程预算

项目编号	周次	学时	单元标题	能/知目标	师生活动	其他（含考核内容、方法）
2-1	3	4	实训楼布线总体设计	能：①能独立完成综合布线系统工程的设计和设计方案的编制②具有很强的应用文写作能力和逻辑思维能力 知：①编写综合布线工程投标文件的方法②签订综合布线工程合同的流程和注意事项	①完成实训楼总体布线解决方案 ②投标书的制作	标书
2-2	4	4	前 3 个子系统设计	能：①能熟悉建筑物的结构，能根据相关技术参数正确规划布线路由②能根据客户需求和相关技术标准完成综合布线 3 个子系统的设计 知：①工作区子系统设计②水平干线子系统设计③垂直干线子系统设计	①完成水平子系统设计 ②工作区子系统设计 ③水平干线子系统设计	3 个子系统的设计
2-3	5	4	后 3 个子系统设计	能：①能熟悉建筑物的结构，能根据相关技术参数正确规划布线路由②能根据客户需求和相关技术标准完成综合布线 3 个子系统的设计 知：①设备间和管理间的设计②建筑群子系统的设计	①垂直干线子系统设计 ②设备间和管理间的设计 ③建筑群子系统的设计	3 个子系统的设计
2-4	6	4	无线接入设计	能：能熟悉建筑物的结构，能根据相关技术参数正确规划无线路由 知：无线接入技术方法	AP 设置	设置技术
3-1	7	4	安全施工与施工管理	能：能组织项目技术人员对综合布线工程进行安全施工 知：①综合布线工程安全施工注意事项②综合布线工程施工准备工作③综合布线工程施工管理	①安全施工规范文档 ②进场施工管理文档	两种文档的提交
3-2	8	4	管槽布线施工	能：①通过设计水平子系统布线路径和距离的设计，熟练掌握水平子系统的设计②通过线管和线槽的安装和穿线等，熟练掌握水平子系统的施工方法③通过使用弯管器制作弯头，熟练掌握弯管器使用方法和布线曲率半径要求④通过核算、列表、领取材料和工具，训练规范施工的能力 知：①综合布线管槽安装施工工具的使用方法②建筑物内主干布线的管槽安装施工方法和技巧③建筑物内水平布线的管槽安装施工方法和技巧④建筑群地下通信管道施工方法和技巧	管槽安装施工	施工情况
	9	4				

项目编号	周次	学时	单元标题	能/知目标	师生活动	其他（含考核内容、方法）
3-3	10	4	电缆布线施工	能：①通过信息点插座的安装，熟练掌握工作区信息点的施工方法②通过线管和线槽的安装和穿线等，熟练掌握水平子系统的施工方法③通过使用弯管器制作弯头，熟练掌握弯管器使用方法和布线曲率半径要求 知：①电缆布线施工工具使用方法②建筑物内水平电缆布线施工方法及技巧③建筑物内主干电缆布线④建筑群线缆布线方法及技巧⑤信息插座的端接与安装方法及技巧⑥机柜与配线设备的安装	电缆布线施工	施工情况
	11	4				
3-4	12	4	光纤布线施工	能：①通过光纤的安装，熟练掌握工作区信息点的施工方法②通过熔接器的使用，熟练掌握光纤连接的施 知：①光纤熔接施工工具使用方法②建筑物内水平光纤布线施工方法及技巧	光纤布线施工	施工情况
3-5	13	4	系统测试	能：①能使用测试工具，根据测试标准，选取适当的测试类型，对综合布线系统进行测试，并得出结论布线是否合格②熟练掌握电缆传输通道测试的测试方法③了解光纤传输通道测试 知：①熟悉测试标准和测试类型②电缆传输通道测试内容③光纤传输通道测试内容	①电缆传输通道测试 ②光纤传输通道测试	测试文档
4-1	14	4	竣工验收	能：①能按照系统设计方案对综合布线工程进行正确的验收②能完成竣工文档的移交 知：①综合布线工程收尾②综合布线工程的竣工验收的步骤、竣工文档的制作	①综合布线工程的验收 ②验收文档的编制	验收文档
4-2	15	4	综合布线管理制度	能：①熟悉综合布线维护管理的范围和内容②了解综合布线维护管理的制度③能对综合布线系统进行智能化的管理	建立综合布线维护管理制度	制度汇编

八、首末次课设计

1. 首次课设计

任务一：“算网线”

在实训楼机房，参观机房布线情况，请同学估算布线这样一个机房，大概需要多少米网线。通过观察，引起同学们的兴趣，并结合施工经验引发学生思考。

任务二：“数插座”

在实训楼机房，观察机房的墙面信息插座的数量，位置，布局，培养学生工程实施的意识。

任务三：“辨真伪”

在实训楼机房，通过教师课前准备的各种质量的网线，安排同学仔细观察、感受，通过直观印象判断网线的真伪、质量的好坏。培养学生辨别材料的能力。

2. 末次课设计

“设计及施工经验漫谈”

通过回顾本学期的实训项目，结合实际施工经验，将全部已知设计及施工经验以条目的形式呈现给学生，加深学生的认识。

九、考核方案

考核方式改革：采用形成性考核。

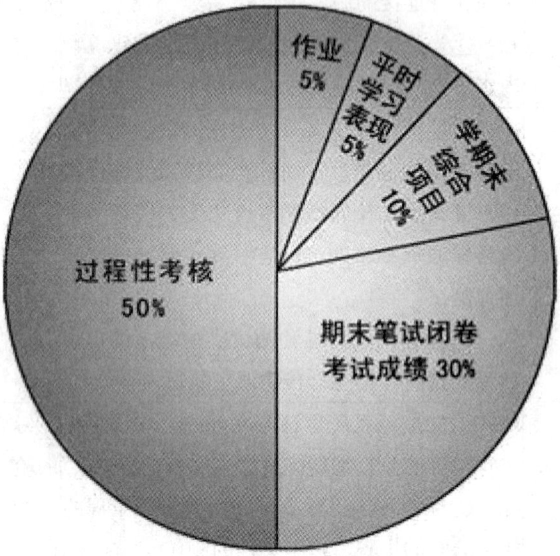

课程考核成绩＝平时学习表现 5%＋ 作业 5%＋过程性考核 50%（单元实验项目）＋学期末综合项目（10%）＋ 期末笔试闭卷考试成绩（30%）。

形成性考核具体内容及评分标准：

（1）平时学习表现（100 分）

基本分 50 分，表现好累计加分至 100 分，表现不好累计减分至 0 分，如果迟到、早退、旷课次数等违纪扣分超过学习表现的总分值，则在期末总评分里酌情扣分。

（2）作业（100 分）

每次作业都以 A、B、C、D 等级打分，最后计算所有作业的平均分。

（3）过程性考核（100 分）

每个单元实验项目都随堂进行考核，以单元实验项目全部完成且完全正确为依据记录成绩，当堂实验获得成绩者为 100 分，以后获得成绩者酌情扣分，这样可以督促动手能力弱的学生在课下反复练习，直到完全掌握。

同时，在每个单元学习时，会给出学生思考项目，对于能够完成并且形成书面报告者酌情加分，提高了部分学生的文字能力。

（4）学期末综合项目（100 分）

学期末会给出综合项目作为综合实做考核，要求学生利用所学知识构建安全可靠的中小企业网络，分组写出设计方案并且实施。方案完成后参加答辩，考查学生自主学习、方案设计、语言组织与表达以及临场应变的能力。

（5）期末笔试闭卷考试成绩（100 分）

期末考试参加学院统一组织的考试，为闭卷试卷答题，由任课教师负责出题，考查学生理论及案例分析能力。

十、教学材料

1. 硬件

（1）各种常用施工工具，如：电工工具箱，冲击钻，台钻，切割机，角磨机等。

（2）各种布线材料，网络工程施工过程需要的许多施工材料，如：光缆、双绞线、插座、信息模块、服务器、稳压电源、集线器、不同规格的塑料槽板、PVC 防火管、蛇皮管、自攻螺丝等。

（3）测量工具，如：50 米的皮尺等。

（4）各种测试工具，如：FLUKE DSP-4100 等。

2. 软件

常用的文本制作工具软件，如：Office。

常用的绘图工具软件，如：VISIO。

十一、需要说明的其他问题

根据班级学员情况，建议班级容量在 20 人左右。

十二、本课程常用术语中英文对照

中文	英文	英文缩写
地址分解协议	Address Resolution Protocol	ARP
自治系统	Autonomous System	AS
接入点	Access Point	AP
地址解析协议	Address Resolution Protocol	ARP
边界网关协议	Border Gateway Protocol	BGP
循环冗余校验码	Cyclic Redundancy Check	CRC
带冲突检测介质访问控制	Carrier Sense Multiple Access/Collision Detection	CSMA/CD

中文	英文	英文缩写
码分多址	Code Division Multiple Access	CDMA
证书发放机构	Certification Authority	CA
数据终端设备	Data Terminal Equipment	DTE
数据电路设备	Date Circuit Equipment	DCE
域名系统	Domain Name System	DNS
动态主机配置协议	Dynamic Host Configuration Protocol	DHCP
拒绝服务	Denial Of Service	DOS
外部网关协议	Exterior Gateway Protocol	EGP
光纤分布数据接口	Fiber Distributed Data Interface	FDDI
光纤到户	Fiber To The Home	FTTH
光纤到楼群、光纤到路边	Fiber To The Curb	FTTC
高级数据链路控制协议	High Level Data Link Control	HDLC
混合光纤—同轴电缆	Hybrid Fiber/Coax Network	HFC
因特网服务供应商	Internet Service Provider	ISP
网络信息服务供应商	Internet Content Provider	ICP
Internet 安全协议	Internet Protocol Security	IPSec
互联网络报文控制协议	Internet Control Message Protocol	ICMP
互联网中继交换	Internet Relay Chat	IRC
综合业务数字网	Integrated Service Digital Network	ISDN
第 2 层通道协议	Layer2 Tunneling Protocol	L2TP
链路状态通告	Link State Advertisement	LSA
否定应答信号	Negative Acknowledgement	NAK
永久虚电路	Permanent Virtual Circuit	PVC
点对点协议	Point To Point Protocol	PPP
服务质量	Quality of Service	QOS
中继器	Repeater	
廉价磁盘冗余阵列	Redundant Array of Inexpensive Disks	RAID
后备电源	Standby Power Supplies	SPS
结构化综合布线系统	Structured Cabling System	SCS
不间断电源	Uninterruptible Power Supplies	UPS
视频点播	Video On Demand	VOD
无线局域网	Wireless Local Area Networks	WLAN
宽带码分多址	Wideband Code Division Multiple Access	WCDMA

附：课程进度模板

周次	1	2	3	4	5	6	7	8	9	10	11	12	13	14	15
课内项目	天津城市职业学院渤海校区五层实训楼网络综合布线工程														
子项目	实训楼综合布线工程招标文件研究				实训楼综合布线工程设计			实训楼综合布线工程施工						实训楼综合布线工程验收	
情境	情境 1.1 天津城市职业学院招标进行实训楼综合布线项目，看看学校有什么需求吧？（正常）	情境 1.2 根据需求，我们需要哪些设备呢？（正常）	情境 1.3 材料预算超支了，该从哪些方面入手降低合理预算呢？（出错）	情境 1.4 甲方临时追加了功能需求，该如何调整呢？（意外）	情境 2.1 标书都完成了撰写，与需求能对应上吗？（正常）	情境 2.2 6 大子系统的设计完成了，是不是最合理的设计方案呢？该从哪几个方面考虑呢？（正常）	情境 2.3 无线设计的方案	情境 3.1 对进场人员进行一次安全施工的教育，该考虑哪些方面呢？（正常）	情境 3.2 不按照规范操作的各类情况如何处理？（违规）	情境 3.3 开始管槽布线施工，施工顺序是怎样的？（正常）	情境 3.4 开始管电缆线施工，施工顺序是怎样的？（正常）	情境 3.5 开始管光纤线施工，施工顺序是怎样的？（正常）	情境 3.6 系统测试开始了，对哪些方面进行测试？如何测试？（正常）	情境 4.1 项目竣工了，请你写出验收报告。（正常）	情境 4.2 学院委托你起草一个有关线路管理的文件。（正常）
任务	布线工程需求分析	制定设备选型与材料清单	降低预算	修改方案	实训楼布线总体设计	6 大子系统设计	无线接入设计	安全施工与施工管理		管槽布线施工	电缆布线施工	光纤布线施工	系统测试	竣工验收	综合布线管理制度
具体任务	①需求分析报告书的书写 ②网络布线技术相关的初步知识	①掌握各传输介质的性能，包括传输距离等等 ②查看常见布线工具使用说明书 ③网络机柜的安装方法和位置选择原则	①编写综合布线工程投标文件 ②签订综合布线工程合同	①工作区子系统修改 ②水平干线子系统修改 ③垂直干线子系统修改 ④设备间和管理间的修改 ⑤建筑群子系统的修改	①工作区子系统设计 ②水平干线子系统设计 ③垂直干线子系统设计 ④设备间和管理间的设计 ⑤建筑群子系统的设计	①无线接入技术方法	①综合布线工程安全施工注意事项 ②综合布线工程施工准备 ③综合布线工程施工管理 ④综合布线工程工程监理	①综合布线管槽安装施工工具的使用方法 ②建筑物内主干布线的管槽安装施工方法和技巧 ③建筑物内水平布线的管槽安装施工方法和技巧 ④建筑群地下通信管道施工方法和技巧		①电缆布线施工工具使用 ②建筑物内水平电缆布线施工方法及技巧 ③建筑物内主干电缆布线 ④建筑群线缆布线方法及技巧 ⑤信息插座的端接与安装方法及技巧 ⑥机柜与配线设备的安装		①光纤熔接施工工具使用方法 ②建筑物内水平光纤布线施工方法及技巧	①熟悉测试标准和测试类型 ②电缆传输通道测试内容 ③光纤传输通道测试内容	①综合布线工程收尾 ②综合布线工程的竣工验收的步骤、竣工文档的制作	①确定综合布线维护管理的范围和内容 ②建立综合布线维护管理的制度
考核	招标文件				工程设计			施工文档						验收报告	

“单片机接口技术应用”课程整体教学设计

于 莉

一、课程基本信息

课程名称：单片机接口技术应用		
所属系部：机电与信息工程系	制定人：于莉	合作人：路文玲
课程代码：5802021225	学分：5	学时：80
授课时间：第4学期	授课对象：电气专业2年级学生	
课程类型：职业技术课		
先修课程： 电路分析基础 电子技术应用 传感器技术应用 微控制器编程技术	后续课程： 智能机器人创新实训	

二、课程定位

1. 岗位分析

本专业毕业生的（技术、管理）岗位分析：

电气自动化专业的就业岗位有：自动化设备工艺实施（操作）、电气设备安装工、电气设备系统调试工、电气设备维护维修工、电气产品销售。

而在企业中电气设备的主控形式一般分为PLC和单片机。

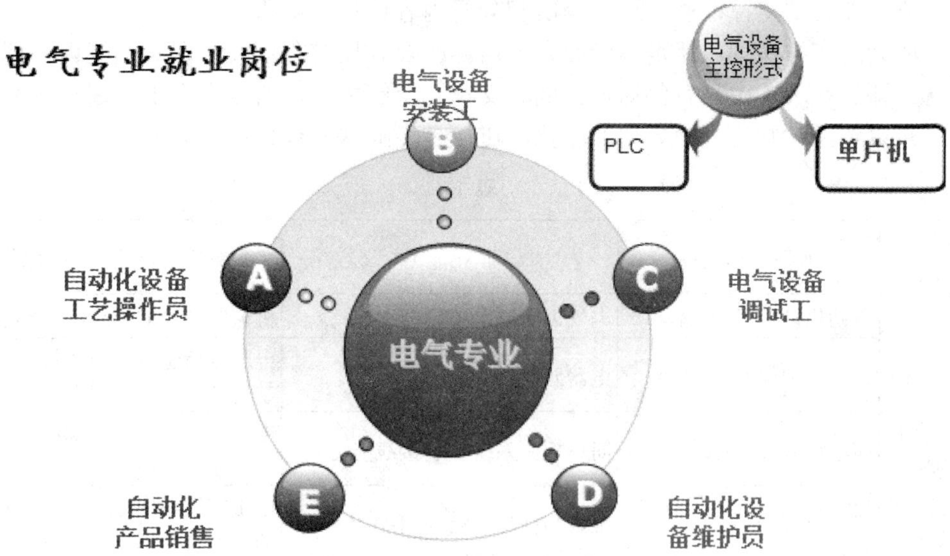

初次就业、二次晋升、未来发展。

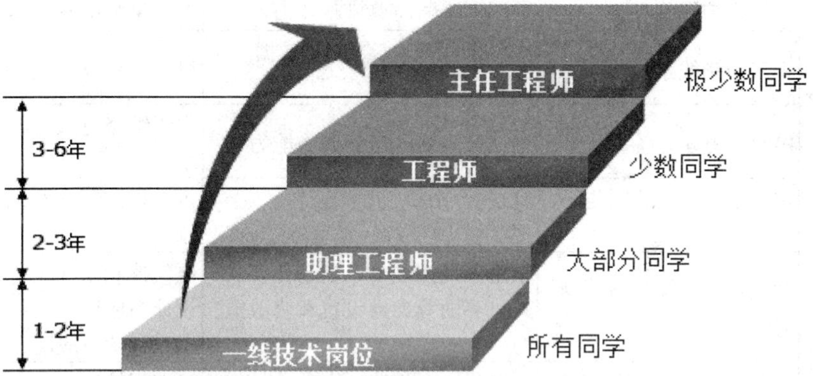

指出本课程面向的主要岗位。
单片机相关系统的调试工和设备维护员。

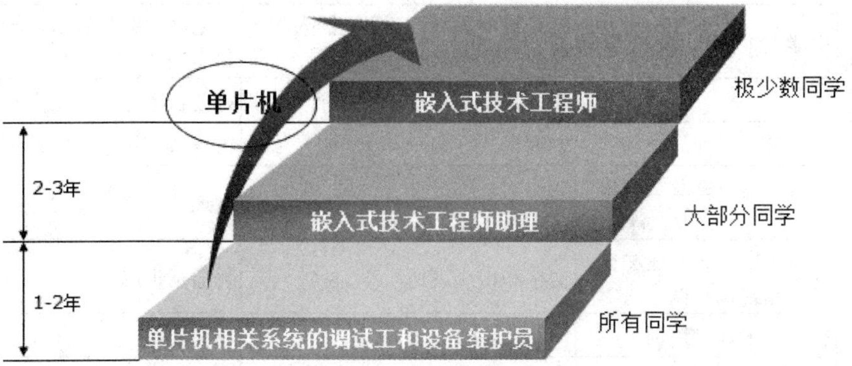

写出该岗位的主要能力需求、知识需求和素质需求。
通过调研毕业生主要工作岗位及其典型工作任务，得出工作任务所需的职业能力，进而

找到每个职业能力的支撑课程。这一调研和分析内容详见表 1 所示。

表 1 所列的支撑课程，就是本专业人才培养所要开设的职业技术课、技能训练课以及部分专业选修课。在表 1 中，有些课程会同时支撑几个能力点，所以在表 1 中课程名称是有重复的。经过以学生认知过程为导向的序化，可以把专业课程体系归纳为表 2。

表 1

序号	工作岗位	典型工作任务	职业能力	每条职业能力对应的支撑课程
1	自动化设备工艺实施（操作）	自动化设备运行操作	电气识图制图能力	机械制图及 CAD、PCB 设计与制作
		设备维护保养	电器元件识别能力	电路分析基础、电子技术应用、电工实训
		简单设备故障处理	简单控制系统安装接线能力	电工实训、中级维修电工实训、自动线安装与调试
		自动控制系统运行监控、状态记录	维修与检测工具使用能力	电工实训、中级维修电工实训、自动线安装与调试
		简单系统异常辨识	电气设备简单故障排除能力	电工实训、中级维修电工实训、自动线安装与调试
		系统维护保养	供配电线路简单排故能力	工厂供配电系统
2	电气设备安装工	电气控制线路装调	电气原理识读、绘制与数据分析能力	机械制图及 CAD、PCB 设计与制作
		PLC、变频器系统装调	中高级维修电工的操作能力	中级维修电工实训、高级维修电工培训
		电气线路故障诊断与维修	PLC 控制系统简单设计、安装、调试能力	可编程控制技术、机电设备 PLC 控制
3	电气设备系统调试工	传动系统故障诊断与维修	常用系统控制器、自动化仪表、人机界面等参数设置和修改能力	电气控制系统应用、电气传动系统设计与应用、工业组态及应用、传感器技术及应用、电机控制及应用
		供配电线路保障维修	PLC、单片机选型及简单程序解读、设计能力	可编程控制技术、单片机接口技术应用
		现场控制仪表维护	熟悉常用维修方法、手段、工具和仪表	电工实训、中级维修电工实训
4	电气设备维护维修工	机器人维护与故障诊断	PLC 控制系统、工业机器人故障诊断、排查和处理能力	自动线安装与调试、智能机器人创新实训
			整理数据编制技术文档能力	办公自动化、应用文写作
5	电气产品销售	产品演示及性能介绍	方案设计	市场营销、工程实践创新训练
		编写技术方案及实施报告	项目组织与实施	市场营销、工程实践创新训练
		产品应用方案搭建测试及产品现场装调	文字和口头表达	普通话训练
		客户技术人员培训	团队协作和沟通	社会实践
		售后咨询及技术支持	设备相关资料收集整理	机电设备管理实务
		技术文档整理		

2. 课程分析

在课程体系中，本课程是知识技能训练课程中辅线：微控制器技能，如表 2 所示。

表 2

<table>
<tr><th colspan="2">类别</th><th>课程</th></tr>
<tr><td rowspan="2">职业素质</td><td>通识课程</td><td>思想道德修养与法律基础、军事理论、计算机应用基础、毛泽东思想和中国特色社会主义理论体系概论、实用英语、形势与政策、心理健康教育、体育、就业指导与创业教育</td></tr>
<tr><td>素质教育课程</td><td>社会实践、操行评定、普通话训练</td></tr>
<tr><td rowspan="5">职业技能训练</td><td rowspan="3">基本知识</td><td>知识基础：电路分析基础、电子电路分析</td></tr>
<tr><td>识图制图：机械制图与 CAD、PCB 设计与制作</td></tr>
<tr><td>供配电知识：工厂供配电系统</td></tr>
<tr><td rowspan="2">知识技能训练</td><td>以 PLC 控制技术为主线，并行维修电工和单片机技术两条辅线</td></tr>
<tr><td>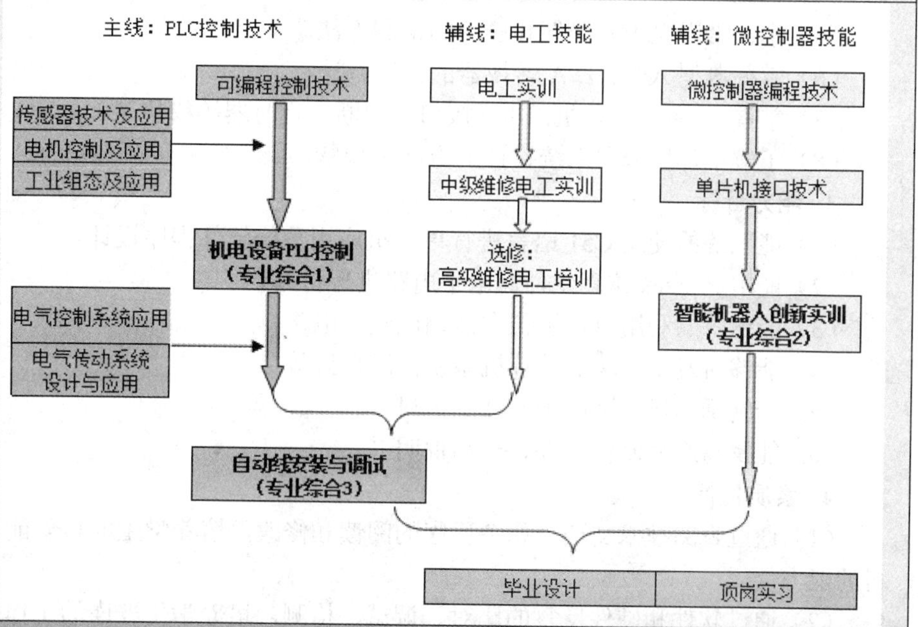
</td></tr>
<tr><td rowspan="2">职业拓展</td><td>公共选修</td><td>应用文写作、艺术鉴赏、礼仪、硬笔书法、办公自动化、咖啡与茶文化、创新思维训练</td></tr>
<tr><td>专业选修</td><td>机电设备管理实务、高级维修电工培训、物联网概述、现代电梯技术、楼宇自动化训练、市场营销</td></tr>
</table>

说明本课程与普通高校、中职（高职）、培训班相关课程的异同。

共同点：

- 都是培养单片机系统的应用能力。

不同点：

- 普通高校：面向工程师岗位，侧重单片机应用系统的设计和开发能力的培养；
- 中职：面向一线操作岗位，侧重单片机系统的识别和操作能力培养；
- 高职：面向一线的调试和维护岗位，侧重单片机应用系统的调试、排故、维修能力培养。

三、课程目标设计

1. 总体目标

（1）单片机应用开发环境的使用能力。

（2）单片机应用系统的硬件电路设计与制作能力。

（3）单片机应用系统的程序设计与调试能力。

2. 知识目标

（1）掌握 C51 编程语言的基本规范。

（2）掌握程序调试软件 Keil C51 和仿真软件 Proteus 的使用。

（3）掌握单片机仿真器和编程器使用方法。

（4）掌握单片机和常用外部设备的接口和编程。

（5）掌握常用电子元器件和芯片的检测方法。

（6）掌握典型 A/D、D/A 转换器的使用方法。

（7）掌握 51 系列单片机的 I/O 接口、中断、定时器等模块工作原理。

（8）了解单片机应用系统设计的方法和步骤。

3. 能力目标

（1）能熟练的使用 C51 语言进行单片机应用系统软件程序设计。

（2）能用 Proteus 仿真软件对电子电路进行仿真。

（3）能熟练的利用单片机仿真器调试硬件电路。

（4）能够对发生故障的单片机系统检测、排故。

（5）查阅单片机外围电子元件的资料。

（6）能撰写产品制作文件、产品说明书。

4. 素质目标

（1）通过查阅技术文档、相关程序的阅读和修改，培养学生的自学能力、搜集和查阅资料的能力。

（2）通过软件和硬件反复的比对、调试、检测，培养学生严谨的工作作风。

（3）通过小组工作法的课堂形式，培养学生与人沟通、团队合作意识。

（4）通过课程的任务完成，培养学生分析任务、拆分任务、完成任务的工作方法。

（5）通过项目报告书，锻炼同学语言文字表达和书写报告的能力。

四、课程内容设计

项目名称	子项目名称	学时
单片机接口技术员的养成	子项目 1　注塑成型机械顺序控制系统	32
	子项目 2　带倒计时显示及应急控制的交通灯控制系统	24
	子项目 3　温度检测及报警控制系统	24
	另：课外扩展	0
合　计		80

五、项目任务设计

编号	子项目编号、名称	任务	能力目标	知识目标	训练方式、手段及步骤	可展示的结果
1	子项目 1 注塑成型机械顺序控制系统	单片机控制单灯亮灭	1. 能画出单片机最小系统电路图 2. 能用 Keil 软件编写程序 3. 能用 Proteus 画出硬件仿真图 4. 能实现以上两个软件的联合调试 5. 能设计一个 LED 发光二极管的电路图 6. 能用 C 语言写简单控制程序	1. 熟悉单片机引脚的功能及其内部资源 2. 熟悉 C 语言程序的基本格式 3. 掌握 keil 软件的使用 4. 掌握 Proteus 软件的使用 5. 掌握单片机 I/O 接口的工作方法和原理	1. 组织评选活动“我最感兴趣的单片机系统” 2. 课程简介 3. 教师提出任务 4. 教师示范做法 5. 下发演示视频 6. 学生完成任务	1. 画出单片机最小系统电路图 2. keil 软件程序及脱机调试效果 3. Proteus 中最小系统电路硬件图 4. 一套仿真（包括程序和硬件图）有动态效果
		汽车转向灯	1. 能设计独立按键的电路 2. 能用多种方法判断按键功能	掌握按键输入去抖动编程方法	1. 教师提出任务 2. 小组讨论如何完成 3. 设计硬件电路 4. 设计 C 程序 5. 调试并显示效果	一套仿真 （包括程序和硬件图） 有动态效果
		滴滴倒车声	1. 能设计单片机和蜂鸣器的电路 2. 能制定滴滴倒车声的程序流程图	1. 掌握蜂鸣器的发声的工作条件和接口电路 2. 掌握循环结构 C 语言程序的应用	1. 教师提出任务 2. 小组讨论如何完成 3. 设计硬件电路 4. 设计 C 程序 5. 调试并显示效果	一套仿真 （包括程序和硬件图） 有动态效果
		注塑成型机械顺序控制系统的设计和制作	1. 能用万用表检查电子元件 2. 能用编程器下载调试成功的程序 3. 能制定程序流程图	1. 掌握单片机仿真器和编程器的使用方法 2. 了解仿真和实际电路调试的不同点	1. 教师提出任务 2. 小组讨论如何完成 3. 先用仿真的方法设计调试 4. 焊接实际电路并下载程序运行调试 5. 提交产品说明书	1. 一套仿真（包括程序和硬件图）有动态效果 2. 一套实际电路（上电能工作） 3. 一套产品说明书

编号	子项目编号、名称	任务	能力目标	知识目标	训练方式、手段及步骤	可展示的结果
2	子项目2 带倒计时显示及应急控制的交通灯控制系统	2位静态时间显示的交通灯系统	1. 能设计2位静态显示数码管的交通灯电路图 2. 能画出十字路口交通灯的工作流程图	1. 掌握七段数码管的工作原理 2. 掌握数码管控制电路驱动译码的编程方法	1. 教师提出任务 2. 小组讨论如何完成 3. 设计硬件电路 4. 设计C程序 5. 调试并显示效果	一套仿真 （包括程序和硬件图） 有动态效果
		带倒计时显示及应急控制的交通灯控制系统的设计和制作	1. 能用万用表检查电子元件 2. 能制定程序流程图并分模块进行编程设计 3. 能够设计和调试较综合的单片机应用系统	1. 掌握相关元器件的检查方法 2. 了解仿真和实际电路调试的不同点	1. 教师提出任务 2. 小组讨论如何完成 3. 先用仿真的方法设计调试 4. 焊接实际电路并下载程序运行调试 5. 提交产品说明书	1. 一套仿真 （包括程序和硬件图） 有动态效果 2. 一套实际电路 （上电能工作） 3. 一套产品说明书
3	子项目3 温度检测及报警控制系统	温度采集	1. 能够根据应用场合选用合适的转换芯片 2. 能够做出相应的接口电路和程序流程设计	1. 掌握DA和AD转换的原理 2. 熟悉常用DA和AD转换的芯片参数 3. 熟悉DA和AD转换的接口电路和程序流程设计	1. 教师提出任务 2. 小组讨论如何完成 3. 设计硬件电路 4. 设计C程序 5. 调试并显示效果	一套仿真 （包括程序和硬件图） 有动态效果
		温度检测及报警控制系统的设计和制作	1. 能用万用表检查电子元件 2. 能制定程序流程图并分模块进行编程设计 3. 能够设计和调试较综合的单片机应用系统	1. 掌握相关元器件的检查方法 2. 了解仿真和实际电路调试的不同点	1. 教师提出任务 2. 小组讨论如何完成 3. 先用仿真的方法设计调试 4. 焊接实际电路并下载程序运行调试 5. 提交产品说明书	1. 一套仿真 （包括程序和硬件图） 有动态效果 2. 一套实际电路 （上电能工作） 3. 一套产品说明书

六、项目情境设计

编号	子项目编号、名称	任务	情境	学时
1	子项目 1 注塑成型机械顺序控制系统	单片机控制单灯亮灭 汽车转向灯 滴滴倒车声 注塑成型机械顺序控制系统的设计和制作	公司新引进了一套生产线——注塑成型机械控制系统，为让全体员工尽快认识和熟悉这套生产线，技术部决定将这套设备微缩为一套单片机模拟的最小系统。作为设备运行维护的技术员，你将如何协助技术部，制作这套控制系统？	32
2	子项目 2 带倒计时显示及应急控制的交通灯控制系统	2 位静态时间显示的交通灯系统 带倒计时显示及应急控制的交通灯控制系统的设计和制作	2013 年底至今，天津市绝大部分路口的交通灯升级有倒计时显示的功能。你是现场调试和运行维护员，你将如何尽快熟悉和检修该系统？	24
3	子项目 3 温度检测及报警控制系统	温度采集 温度检测及报警控制系统的设计和制作	你是温室大棚智能控制系统的安装和调试员，请你对温室中的一点进行检测，并设置好农作物适宜温度的上下限，使温度不在适宜范围内系统报警	24

七、课程进度表

子项目编号、名称	周次	学时	单元标题	能/知目标	师生活动	其他（含考核内容、方法）
子项目 1 注塑成型机械顺序控制系统	1	4	单片机简要介绍及 Keil+Proteus 软件使用	1. 熟悉单片机引脚的功能及其内部资源 2. 掌握 Keil 软件的使用 3. 掌握 Proteus 软件的使用	教师：1. 组织评选活动“我最感兴趣的单片机系统”2. 课程简介、软件使用介绍 学生：参与评选活动、学习单片机硬件知识及软件使用	1. Keil 软件程序及脱机调试效果 2. Proteus 中最小系统电路硬件图
	2	4	I/O 使用	1. 掌握单片机 I/O 接口的工作方法和原理 2. 能设计一个 LED 发光二极管的电路图 3. 能用 C 语言写简单控制程序	教师：引导小组完成讨论、硬件电路设计、程序设计和调试 学生：以小组为单位进行任务讨论电路设计、程序设计和调试	一套仿真（包括程序和硬件图） 有动态效果
	3	4	汽车转向灯	1. 能设计独立按键的电路 2. 掌握按键输入去抖动编程方法 3. 能用多种方法判断按键功能	教师：引导小组完成讨论、硬件电路设计、程序设计和调试 学生：以小组为单位进行任务讨论电路设计、程序设计和调试	一套仿真（包括程序和硬件图） 有动态效果

子项目编号、名称	周次	学时	单元标题	能/知目标	师生活动	其他（含考核内容、方法）
子项目1注塑成型机械顺序控制系统	4	4	滴滴倒车声	1. 掌握蜂鸣器的发声的工作条件和接口电路 2. 能制定滴滴倒车声的程序流程图	教师：引导小组完成讨论、硬件电路设计、程序设计和调试 学生：以小组为单位进行任务讨论电路设计、程序设计和调试	一套仿真（包括程序和硬件图）有动态效果
	5	4	任务分析、器件选型	能用万用表检查电子元件	教师：提出任务、引导小组完成讨论和器件选型 学生：小组讨论任务分析、器件选型、检查电子元件	
	6	4	软件硬件设计	能制定程序流程图	教师：引导完成软件设计和硬件设计 学生：完成软件设计和硬件设计，并用仿真的方法联合设计调试	一套仿真（包括程序和硬件图）有动态效果
	7	4	制作实际电路	能用编程器下载调试成功的程序	教师：引导完成实际电路的制作 学生：焊接实际电路并下载程序运行调试	一套实际电路（上电能工作）
	8	4	调试、项目总结	了解仿真和实际电路调试的不同点	教师：引导完成最后的调试和总结 学生：调试电路，提交产品说明书	一套产品说明书
子项目2带倒计时显示及应急控制的交通灯控制系统	9	4	数码管及其静态显示	1. 掌握七段数码管的工作原理。 2. 掌握数码管控制电路驱动译码的编程方法	教师：引导小组完成讨论、硬件电路设计、程序设计和调试 学生：以小组为单位进行任务讨论电路设计、程序设计和调试	
	10	4	两位静态时间显示的交通灯系统	1. 能设计2位静态显示数码管的交通灯电路图 2. 能画出十字路口交通灯的工作流程图	教师：引导小组完成讨论、硬件电路设计、程序设计和调试 学生：以小组为单位进行任务讨论电路设计、程序设计和调试	一套仿真（包括程序和硬件图）有动态效果
	11	4	任务分析、器件选型	能用万用表检查电子元件	教师：提出任务、引导小组完成讨论和器件选型 学生：小组讨论任务分析、器件选型、检查电子元件	
	12	4	软件硬件设计、系统仿真	能制定程序流程图并分模块进行编程设计	教师：引导完成软件设计和硬件设计 学生：完成软件设计和硬件设计，并用仿真的方法联合设计调试	一套仿真（包括程序和硬件图）有动态效果
	13	4	制作实际电路	能用编程器下载调试成功的程序	教师：引导完成实际电路的制作 学生：焊接实际电路并下载程序运行调试	一套实际电路（上电能工作）
	14	4	调试、项目总结	1. 了解仿真和实际电路调试的不同点 2. 能够设计和调试较综合的单片机应用系统	教师：引导完成最后的调试和总结 学生：调试电路，提交产品说明书	一套产品说明书

子项目编号、名称	周次	学时	单元标题	能/知目标	师生活动	其他（含考核内容、方法）
子项目3温度检测及报警控制系统	15	4	DA转换	1. 掌握DA转换的原理 2. 熟悉常用DA转换的芯片参数 3. 熟悉DA转换的接口电路和程序流程设计	教师：引导小组完成讨论、硬件电路设计、程序设计和调试 学生：以小组为单位进行任务讨论电路设计、程序设计和调试	
	16	4	AD转换实现温度采集	1. 掌握AD转换的原理 2. 熟悉常用AD转换的芯片参数 3. 熟悉AD转换的接口电路和程序流程设计	教师：引导小组完成讨论、硬件电路设计、程序设计和调试 学生：以小组为单位进行任务讨论电路设计、程序设计和调试	一套仿真（包括程序和硬件图） 有动态效果
	17	4	任务分析、器件选型	能用万用表检查电子元件	教师：提出任务、引导小组完成讨论和器件选型 学生：小组讨论任务分析、器件选型、检查电子元件	
	18	4	软件硬件设计	能制定程序流程图并分模块进行编程设计	教师：引导完成软件设计和硬件设计 学生：完成软件设计和硬件设计，并用仿真的方法联合设计调试	一套仿真（包括程序和硬件图） 有动态效果
	19	4	制作实际电路	能用编程器下载调试成功的程序	教师：引导完成实际电路的制作 学生：焊接实际电路并下载程序运行调试	一套实际电路（上电能工作）
	20	4	调试、项目总结	1. 了解仿真和实际电路调试的不同点 2. 能够设计和调试较综合的单片机应用系统	教师：引导完成最后的调试和总结 学生：调试电路，提交产品说明书	一套产品说明书

八、首末次课设计

1. 首次课设计

第一步　课程引入（体验）

组织同学进行一次评选活动：

将本课程全部的项目成果，包括仿真系统和实物系统，一一写好标签进行展示，学生可以观摩和做简单操作，最后评选出“我最感兴趣的单片机系统”。

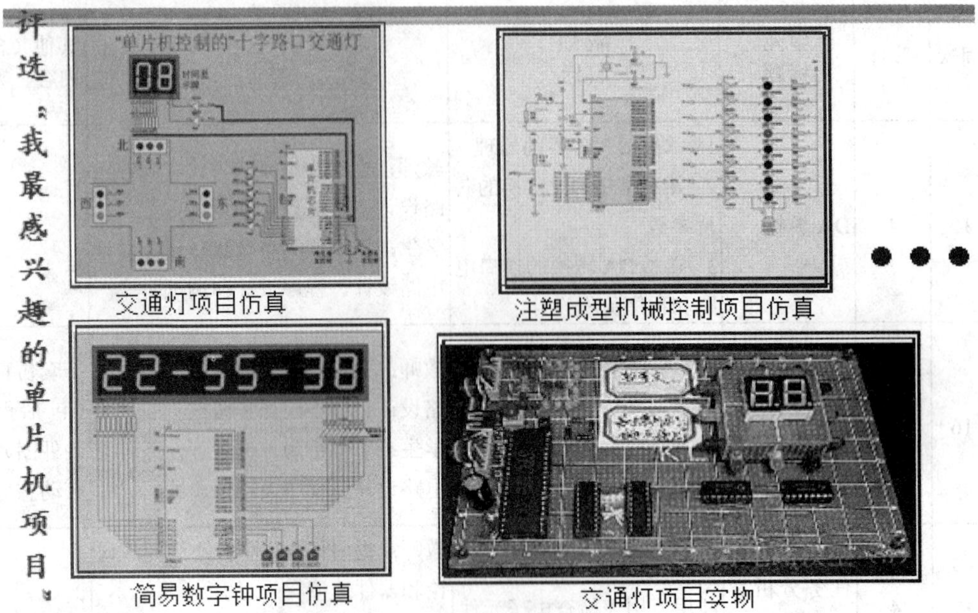

第二步 课程简介

介绍本课程的总体安排，基本要求，课程目标，需完成的训练项目、任务，考核方案等。

第三步 任务一

情境导入：

①你到某某机械加工厂，做设备运行维护的技术员顶岗实习。

②公司新引进了一套生产线——注塑成型机械控制系统，为让全体员工尽快认识和熟悉这套生产线，技术部决定将这套设备微缩为一套单片机模拟的最小系统。

③作为设备运行维护的技术员，你将如何协助技术部，制作这套控制系统？

2. 末次课设计

第一项：完成最后一个项目“温度检测及报警控制系统”的整机调试和产品说明书

第二项：回顾本课程学习的主要内容，总结

A. 本学期的主要项目回顾

项目 1 单片机控制单灯亮灭

项目 2 汽车转向灯

项目 3 滴滴倒车声

项目 4 注塑成型机械顺序控制系统

项目 5 2 位静态时间显示的交通灯系统

项目 6 带倒计时显示及应急控制的交通灯控制系统

项目 7 温度采集

项目 8 温度检测及报警控制系统

项目 9 课外完成任务

B. 本学期的主要知识总结

● 软件的使用

Keil51 C51、Proteus ISIS

- 单片机编程

单片机 C51 语言、C51 语言程序设计

- 单片机中断系统

外部中断、定时器/计数器中断、串行中断

- 单片机接口电路及编程

LED、数码管、蜂鸣器、按键、温度传感器、 AD、DA

- 工具使用

单片机程序下载器、烙铁、万用表

C. 对比仿真调试和实物调试

仿真更重视硬件设计和程序设计本身，而对一些相对基本的配置要求较低，例如：

- 仿真中单片机及其他芯片没有标出接 GND 和接 VCC
- 仿真中单片机可以不接晶振、复位电路也能工作
- 仿真中硬件设备的参数匹配要求不是很严格
- 仿真中应该限流、限压以及加驱动等，显示不明显

但是在实际电路的调试中，以上问题不加注意都会出现问题。

第三项：课外项目的总结、点评

第四项：51 单片机以外其他微控制器简要介绍

DIP、PIC、DSP、ARM 等。

九、考核方案

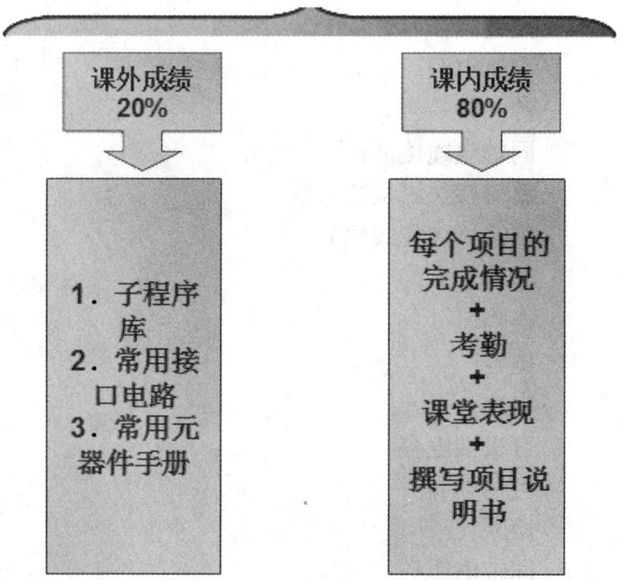

十、教学材料

- 教材

课程讲义

- 参考书

《单片机原理及应用》，史洁主编，清华大学出版社，2012 年

《单片机 C 语言程序设计教程与实训》，张秀国主编，北京大学出版社，2008 年

- 教学软件

Keil 51 程序调试软件

Proteus 仿真软件

- 所需设备

装好教学软件的计算机

制作相关实际单片机系统的套件

单片机下载器

万用表

烙铁等焊接工具

十一、本课程常用术语中英文对照

AND	与门
ANTENNA	天线
BATTERY	直流电源
BELL	铃，钟
BVC	同轴电缆接插件
BRIDEG 1	整流桥（二极管）
BRIDEG 2	整流桥（集成块）
BUFFER	缓冲器
BUZZER	蜂鸣器
CAP	电容
CAPACITOR	电容
CAPACITOR POL	有极性电容
CAPVAR	可调电容
CIRCUIT BREAKER	熔断丝
COAX	同轴电缆
CON	插口
CRYSTAL	晶体整荡器
DB	并行插口
DIODE	二极管

DIODE SCHOTTKY	稳压二极管
DIODE VARACTOR	变容二极管
DPY_3-SEG	3 段 LED
DPY_7-SEG	7 段 LED
ELECTRO	电解电容
FUSE	熔断器
INDUCTOR	电感
INDUCTOR IRON	带铁芯电感
INDUCTOR3	可调电感
JFET N	N 沟道场效应管
JFET P	P 沟道场效应管
LAMP	灯泡
LAMP NEDN	起辉器
LED	发光二极管
METER	仪表
MICROPHONE	麦克风
MOSFET	MOS 管
MOTOR AC	交流电机
MOTOR SERVO	伺服电机
NAND	与非门
NOR	或非门
NOT	非门
NPN	NPN 三极管
NPN-PHOTO	感光三极管
OPAMP	运放
OR	或门
PHOTO	感光二极管
PNP	三极管
NPN DAR	NPN 三极管
PNP DAR	PNP 三极管
POT	滑线变阻器
PELAY-DPDT	双刀双掷继电器
RES1.2	电阻
RES3.4	可变电阻
RESISTOR BRIDGE	桥式电阻
RESPACK	电阻
SCR	晶闸管
PLUG	插头
PLUG AC FEMALE	三相交流插头

SOCKET	插座
SOURCE CURRENT	电流源
SOURCE VOLTAGE	电压源
SPEAKER	扬声器
SW	开关
SW-DPDY	双刀双掷开关
SW-SPST	单刀单掷开关
SW-PB	按钮
THERMISTOR	电热调节器
TRANS1	变压器
TRANS2	可调变压器
TRIAC	三端双向可控硅
TRIODE	三极真空管
VARISTOR	变阻器
ZENER	齐纳二极管
DPY_7-SEG_DP	数码管
SW-PB	开关

附：课程进度模板

周次	1周	2周	3周	4周	5周	6周	7周	8周	9周	10周	11周	12周	13周	14周	15周	16周	17周	18周	19周	20周
项目	单片机接口技术员的养成																			
子项目	注塑成型机械顺序控制系统								带倒计时显示及应急控制的交通灯控制系统						温度检测及报警控制系统					
情境	公司新引进了一套生产线——注塑成型机械控制系统，为让全体员工尽快认识和熟悉这套生产线，技术部决定将这套设备微缩为一套单片机模拟的最小系统。作为设备运行维护的技术员，你将如何协助技术部，制作这套控制系统？								2013 年底至今，天津市绝大部分路口的交通灯升级有倒计时显示的功能。你是现场调试和运行维护员，你将如何尽快熟悉和检修该系统？						你是温室大棚智能控制系统的安装和调试员，请你对温室中的一点进行检测，并设置好农作物适宜温度的上下限，使温度不在适宜范围内系统报警。					
具体任务	单片机简要介绍及 Keil+Proteus 软件使用	I/O 使用	汽车转向灯	滴滴倒车声		任务分析、器件选型	软件硬件设计		数码管及其静态显示	两位静态时间显示的交通灯系统	任务分析、器件选型	软件硬件设计、系统仿真	制作实际电路	调试、项目总结	DA 转换	AD 转换实现温度采集	任务分析、器件选型	软件硬件设计	制作实际电路	调试、项目总结
考核结果	每个任务的实际制作和说明书								每个任务的实际制作和说明书						每个任务的实际制作和说明书					

“安全防范工程技术”课程整体教学设计

李玉轩

一、课程基本信息

课程名称：安全防范工程技术		
所属系部：机电与信息工程系	制定人：李玉轩	
课程代码：5604041311	学分：4.5	学时：72
授课时间：第一学年第二学期	授课对象： 楼宇智能化工程技术专业一年级学生	
课程类型：技能训练课		
先修课程： 建筑概论及法规 电路分析基础 电子技术应用 建筑电气 CAD 传感器应用	后续课程： 网络与通讯技术 微机原理与接口技术 建筑电气控制 PLC 灭火自动报警系统 楼宇综合布线 建筑设备监控系统工程设计与施工 楼宇智能化工程造价与施工管理 建筑配电与照明 智能楼宇管理师认证培训（中级） 电梯控制及监控 通风与空调工程	

二、课程定位

1. 岗位分析

本专业毕业生的（技术、管理）岗位分析见表 1。

表 1　楼宇智能化工程技术专业定位

服务面向		建筑行业
就业职业领域		建筑设备安装施工企业、建筑消防工程公司、安防工程公司、楼宇智能化系统集成公司、网络工程公司、房地产开发公司、造价咨询公司、建筑设计院、监理公司、物业管理公司、其他相关企事业单位
初始就业岗位	主要职业岗位	消防工程设计与施工、安防工程设计与施工、建筑电气工程设计与施工、智能化工程设计与施工、建筑设备运行管理与维护、智能楼宇管理员
	相近职业岗位	建筑设备安装工程预结算、安装工程质量管理、安装工程资料管理、安装工程监理、物业管理
岗位资格证书（首次就业岗位）		安装施工员（电气）、造价员、质量员、材料员、资料员、楼宇设备运行管理员等资格证书
升迁岗位资格证书		注册建造师（机电工程）、注册电气工程师、智能楼宇管理师、网络工程师、监理工程师、电气工程师等及相关管理岗位资格证书
升迁岗位资格证书获取时间（最少）		二级注册建造师获取时间 2 年，一级注册建造师获取时间 5 年，其他工程师获取时间 5 年

（1）专业培养目标与规格

培养适应社会主义市场经济需要，德、智、体、美等方面全面发展，面向建设行业就业岗位，掌握楼宇智能化工程技术专业必需的基础理论和专业技术，掌握楼宇电气工程、安防工程、楼宇自动化系统和楼宇设备运行管理等方面的专业知识，能胜任消防工程设计与施工、安防工程设计与施工、建筑电气工程设计与施工、智能化工程设计与施工、建筑设备监控系统管理与维护等岗位工作，能从事楼宇智能化系统集成、设计、安装、调试、工程管理的技术技能人才。

（2）职业证书

计算机应用等级证书，安装工程施工员、造价员、质量员、材料员、资料员资格证书，高级维修电工证书、综合布线技术培训证书、智能楼宇管理员等职业资格证书。

升迁后可获取注册建造师、注册电气工程师、智能楼宇管理师、楼宇自控系统工程师、网络工程师、监理工程师、电气工程师、智能化系统工程师等方面的职业资格证书。

2. 课程分析

“安全防范工程技术”是楼宇智能化工程技术专业最为重要的一门必修的职业技术课程。通过本课程的学习，使学生熟悉安防及智能建筑领域相关规范标准，安防工程一般流程及主要环节；能够进行门禁与对讲、周边防范、闭路电视监控、消防等安全防范工程的安装、调试、管理与维护工作。

表 2 职业岗位、职业核心能力与主干课程间的关系

职业岗位	职业核心能力	主干课程
安装工程施工员	1. 常用工具的使用能力 2. 高低压柜的安装能力 3. 动力、照明工程布线施工能力 4. 火灾自动报警系统设备安装施工能力 5. 安全防范工系统安装施工能力 6. 局域网与综合布线系统施工能力 7. 通信系统施工能力 8. 建筑设备系统安装施工能力 9. 小区域智能家居设备安装施工能力 10. 编制安装工程施工图预算能力 11. 编制安装工程施工组织计划能力 12. 参与招投标以及签订合同的能力 13. 施工项目主治管理能力 14. 竣工验收与绘制竣工图能力 15. 现场管理与资料归档能力 16. 工程图的适度能力	1. 建筑构造概论 2. 电工与电子技术 3. 安全防范工程技术 4. 火灾自动报警系统 5. 建筑设备监控系统工程设计与施工 6. 信息与网络系统 7. 楼宇智能化工程造价与施工管理 8. 建筑供配电与照明技术 9. 建筑电气控制技术与 PLC 10. 安装工程制图与识图 11. 建筑电气工程施工
智能楼宇设备管理员	1. 建筑设备操作运行维护管理能力 2. 智能楼宇设备故障判断处理能力 3. 楼宇设备基础资料管理能力 4. 制定维修方案与岗位操作规范能力 5. 制定楼宇设备运行管理制度能力 6. 楼宇设备维修、设备更新管理能力 7. 楼宇设备品配件管理能力	1. 建筑构造概论 2. 电工与电子技术 3. 安全防范工程技术 4. 火灾自动报警系统 5. 建筑设备监控系统工程设计与施工 6. 信息与网络系统 7. 楼宇智能化工程造价与施工管理 8. 建筑供配电与照明技术 9. 安装工程制图与识图
安装工程造价员	1. 建筑智能化系统工程量的计算能力 2. 准确应用有关计量计价文件的能力 3. 工料分析能力 4. 编制建筑智能化系统工程预算能力 5. 参与工程投标与合同签订能力 6. 参与组织强、弱电工程竣工验收能力 7. 施工过程管理能力 8. 施工安全管理 9. 施工事故处理能力 10. 工程图的识读能力	1. 建筑构造概论 2. 电工与电子技术 3. 安全防范工程技术 4. 火灾自动报警系统 5. 建筑设备监控系统工程设计与施工 6. 信息与网络系统 7. 楼宇智能化工程造价与施工管理 8. 建筑供配电与照明技术 9. 安装工程制图与识图 10. 建设法规 11. 建筑电气工程施工

三、课程目标设计

1. 总体目标

课程设置的主要目的是使我校楼宇智能化工程技术专业学生掌握本专业必备的基础理论、专门知识，具有从事本专业实际工作的基本技能和初步能力；通过对该课程的学习，培养学生对楼宇安防设备的安装与运维能力，强化学生对建筑安防工程质量与安全并重的意识，增加就业机会。

2. 能力目标

（1）使学生具备一定楼宇消防及安防技术，初步形成解决实际问题的能力；

（2）使学生学习后续专业知识和职业技能打下基础；

（3）逐步培养学生的辨证思维，加强职业道德观念。

3. 知识目标

（1）掌握安防系统工程的基本概念；

（2）掌握安防系统工程常识；

（3）使学生熟悉构造与工作原理，熟悉安防系统工程的基本知识与常用安装方法；具有使用常见安防系统工程仪器常见安防系统工程仪表的技能；具有观察分析安防系统工程运行现象，实施调试、施工、安装、验收、培训、管理及质量监理的能力。

4. 素质目标

（1）具备良好的学习态度和责任心。

（2）具备较强的沟通能力及团队协作能力。

（3）具备勇于创新、敬业乐业的工作作风。

（4）具备强化安全意识、质量意识、养成规范化操作的职业习惯。

（5）通过查阅技术文档、相关程序的阅读和修改，培养学生的自学能力、搜集和查阅资料的能力。

（6）通过项目报告书，锻炼语言文字表达和书写报告的能力。

四、课程内容设计

项目名称	子项目名称	学时
安全防范工程技术	子项目 1　入侵报警系统的运行与管理	12
	子项目 2　门禁系统的运行与管理	8
	子项目 3　楼宇对讲系统的运行与管理	12
	子项目 4　视频监控系统的运行与管理	20
	子项目 5　火灾自动报警系统的运行与管理	8
	子项目 6　消防联动控制系统的运行与管理	12
合　计		72

五、项目任务设计

序号	教学内容		能力培养目标	学时安排	
	任务名称	教学内容描述		合计	实训
1	入侵报警系统的运行与管理	1. 系统概述 2. 入侵探测器 3. 入侵报警控制器 4. 入侵报警系统管理软件 5. 入侵报警系统的运行与管理	1. 了解入侵报警系统的结构、功能及系统类型 2. 熟悉入侵探测器、入侵报警控制器的分类、功能 3. 熟悉入侵报警系统设备的结构及接线要求 4. 掌握入侵报警系统的运行与管理方法	12	8
2	门禁系统的运行与管理	1. 门禁系统的发展 2. 门禁系统的组成 3. 门禁系统的识别方式 4. 门禁系统的主要设备 5. 门禁系统的分类 6. 门禁系统的功能 7. 门禁系统的运行方式 8. 门禁系统的运行与管理	1. 了解门禁系统的发展、组成及识别方式 2. 熟悉门禁系统的识别方式、主要设备、分类、功能及运行方式 3. 熟悉门禁系统设备的结构及接线要求 4. 掌握门禁系统的运行与管理方法	8	4
3	楼宇对讲系统的运行与管理	1. 楼宇对讲系统的工作原理 2. 楼宇对讲系统的功能 3. 楼宇对讲系统的主要设备 4. 楼宇对讲系统的分类 5. 楼宇对讲系统的管理软件 6. 楼宇对讲系统的运行与管理	1. 了解楼宇对讲系统的工作原理、功能、主要设备、分类 2. 熟悉楼宇对讲系统的管理软件 3. 熟悉楼宇对讲系统设备的结构及接线要求 4. 掌握楼宇对讲系统的运行与管理方法	12	8
4	视频监控系统的运行与管理	1. 视频监控系统的前端部分 2. 视频监控系统的传输分配部分 3. 视频监控系统的控制部分 4. 视频监控系统的图像处理与显示部分 5. 视频监控系统的运行与管理	1. 了解视频监控系统传输分配部分、图像处理与显示部分的设备及功能 2. 熟悉视频监控系统前端部分及控制部分的设备及功能 3. 熟悉视频监控系统设备的结构及接线要求 4. 掌握视频监控系统相关设备的操作方法	20	10
5	火灾自动报警系统的运行与管理	1. 火灾自动报警系统的发展 2. 火灾自动报警系统的组成 3. 火灾探测器 4. 火灾报警控制器 5. 火灾自动报警系统的配套设备 6. 火灾自动报警系统	1. 了解火灾自动报警系统的发展、系统组成及系统分类 2. 熟悉火灾自动报警系统设备的设备类型及功能 3. 熟悉火灾自动报警系统设备的结构及接线要求 4. 掌握火灾自动报警系统相关设备的操作方法	8	4
6	消防联动控制系统的运行与管理	1. 室内消火栓系统 2. 自动喷水灭火系统 3. 应急照明系统 4. 火灾应急广播系统 5. 消防电话系统 6. 防排烟系统	1. 了解消防联动控制系统的类型、功能、适用场合、控制要求及设置要求 2. 熟悉消防联动控制系统设备的结构及接线要求 3. 掌握消防联动控制系统的运行与管理方法	12	8

六、项目情境设计

编号	子项目编号、名称	任务	情境	学时
1	子项目 1 入侵报警系统的运行与管理	1. 无线制入侵报警系统的运行与管理； 2. 分线制入侵报警系统的运行与管理； 3. 总线制入侵报警系统的运行与管理	智能家居入侵报警系统设计（视频）	12
2	子项目 2 门禁系统的运行与管理	1. 单门式门禁系统的运行与管理； 2. 联网型门禁系统的运行与管理	小型智能门禁系统设计方案	8
3	子项目 3 楼宇对讲系统的运行与管理	1. 单户型楼宇对讲系统的运行与管理； 2. 单元型楼宇对讲系统的运行与管理； 3. 联网型楼宇对讲系统的运行与管理； 4. 与楼宇对讲系统共网的室内安防系统的运行与管理	智能家居对讲门禁系统设计（视频）	12
4	子项目 4 视频监控系统的运行与管理	1. 云台控制器的应用及操作； 2. 顺序视频切换器与画面分割器的应用及操作； 3. 视频矩阵切换主机的应用及操作； 4. 硬盘录像机的应用及操作； 5. 视频监控系统 WEB 及视频管理软件（PSS）的操作	银行保安防盗及闭路电视监控系统设计方案	20
5	子项目 5 火灾自动报警系统的运行与管理	1. 火灾探测器的认知、编码及功能测试； 2. 火灾自动报警系统配套设备的认知及操作； 3. 火灾报警控制器的认知及操作	楼宇火灾自动报警系统模拟演示（微课程）	8
6	子项目 6 消防联动控制系统的运行与管理	1. 火灾应急广播系统的运行与管理； 2. 消防电话系统的运行与管理； 3. 排烟风机及消火栓用消防水泵控制系统的运行与管理	6.1 烟雾火灾、电缆火灾喷雾演示（Flash） 6.2 预警用报警阀演示（Flash） 6.3 火灾报警系统演示（Flash）	12

七、课程进程表

子项目编号、名称	周次	学时	单元标题	能/知目标	师生活动	其他（含考核内容、方法）
子项目1 入侵报警系统的运行与管理	1	4	入侵报警系统的运行与管理	了解入侵报警系统的结构、功能及系统类型	师：通过短片与 PPT，指导学生整体认知 生：观看视频，做笔记。	课堂提问
	1	4	入侵报警系统的运行与管理	熟悉入侵探测器、入侵报警控制器的分类、功能	师：通过 PPT 及实物了解系统组成 生：熟记系统组成，形成系统记忆	笔试
	1	4	入侵报警系统的运行与管理	熟悉入侵报警系统设备结构及接线要求	师：通过实际操作指导学生实践 生：在老师指导下动手实践	实际操作
子项目2 门禁系统的运行与管理	2	4	门禁系统的运行与管理	了解门禁系统的发展、组成及识别方式	师：通过短片与 PPT，指导学生整体认知 生：观看视频，做笔记。	提问、笔试
	2	4	门禁系统的运行与管理	熟悉门禁系统的识别方式、主要设备、分类、功能及运行方式	师：通过实际操作指导学生实践 生：在老师指导下动手实践	实际操作
子项目3 楼宇对讲系统的运行与管理	3	4	楼宇对讲系统的运行与管理	了解楼宇对讲系统的工作原理、功能、主要设备、分类	师：通过短片与 PPT，指导学生整体认知 生：观看视频，做笔记。	提问、笔试
	3	4	楼宇对讲系统的运行与管理	熟悉楼宇对讲系统的管理软件	师：通过 PPT 及实物了解系统组成 生：熟记系统组成，形成系统记忆	提问、笔试
	3	4	楼宇对讲系统的运行与管理	熟悉楼宇对讲系统设备的结构及接线要求	师：通过实际操作指导学生实践 生：在老师指导下动手实践	实际操作
	3	4	楼宇对讲系统的运行与管理	掌握楼宇对讲系统的运行与管理方法	师：通过实际操作指导学生实践 生：在老师指导下动手实践	实际操作

子项目编号、名称	周次	学时	单元标题	能/知目标	师生活动	其他（含考核内容、方法）
子项目4 视频监控系统的运行与管理	4	4	视频监控系统的运行与管理	了解视频监控系统传输部分、图像处理与显示部分的设备及功能	师：通过短片与PPT，指导学生整体认知，并指导学生实际操作 生：观看视频，做笔记。在老师指导下进行实际操作	笔试、实际操作
	4	4	视频监控系统的运行与管理	熟悉视频监控系统前段部分及控制部分的设备及功能	师：通过短片与PPT，指导学生整体认知，并指导学生实际操作 生：观看视频，做笔记。在老师指导下进行实际操作	笔试、实际操作
	5	4	视频监控系统的运行与管理	熟悉视频监控系统设备的结构及接线要求	师：通过短片与PPT，指导学生整体认知，并指导学生实际操作 生：观看视频，做笔记。在老师指导下进行实际操作	笔试、实际操作
	6	4	视频监控系统的运行与管理	掌握视频监控系统相关设备的操作方法	师：通过短片与PPT，指导学生整体认知，并指导学生实际操作 生：观看视频，做笔记。在老师指导下进行实际操作	笔试、实际操作
	7	4	视频监控系统的运行与管理	掌握视频监控系统WEB及管理软件的操作	师：通过短片与PPT，指导学生整体认知，并指导学生实际操作 生：观看视频，做笔记。在老师指导下进行实际操作	笔试、实际操作
子项目5 火灾自动报警系统的运行与管理	8	4	火灾自动报警系统的运行与管理	了解火灾自动报警系统的发展、系统组成及系统分类	师：通过短片与PPT，指导学生整体认知 生：观看视频，做笔记	课堂提问
	8	4	火灾自动报警系统的运行与管理	熟悉火灾自动报警系统设备的设备类型及功能	师：通过实际操作指导学生实践 生：在老师指导下动手实践	实际操作
	8	4	火灾自动报警系统的运行与管理	熟悉火灾自动报警系统设备的结构及接线要求	师：通过实际操作指导学生实践 生：在老师指导下动手实践	实际操作

子项目编号、名称	周次	学时	单元标题	能/知目标	师生活动	其他（含考核内容、方法）
子项目6 消防联动控制系统的运行与管理	9	4	消防联动控制系统的运行与管理	了解消防联动控制系统的类型、功能、适用场合、控制要求及设置要求	师：通过短片与PPT，指导学生整体认知 生：观看视频，做笔记	课堂提问
	9	4	消防联动控制系统的运行与管理	熟悉消防联动控制系统设备的机构及接线要求	师：通过短片与PPT，指导学生整体认知 生：观看视频，做笔记	课堂提问
	10	4	消防联动控制系统的运行与管理	掌握消防联动控制系统的运行与管理方法	师：通过短片与PPT，指导学生整体认知 生：观看视频，做笔记	课堂提问

八、首末次课设计

1. 首次课设计

一、课程导入	观看视频，让学生了解随着通信技术、传感器技术和计算机技术的日益发展，入侵报警系统作为防入侵、防盗窃、防抢劫、防破坏的有力手段已得到越来越广泛的应用。
二、任务分析	1. 讲述入侵报警系统的组成：入侵报警系统通常由前端设备、传输设备、信息处理/控制/管理设备和显示/记录设备四个部分构成； 2. 介绍入侵报警系统的类型：无线制入侵报警系统，分线制入侵报警系统，总线制入侵报警系统； 3. 介绍入侵探测器的分类：入侵探测器一般可按工作方式、传感器类型、信号传输方式、警戒范围、应用的场合、用途等进行分类； 4. 讲解入侵探测器的主要性能指标； 5. 介绍入侵报警控制器的分类和功能； 6. 介绍入侵报警系统软件功能特点
三、任务实施	1. 利用PPT及相关视频，指导学生了解几种常用无线入侵探测器的结构特征； 2. 阅读教材，结合PPT，熟悉无线入侵报警控制器及各类无线探测器的功能； 3. 利用HO-01B紧急求助按钮、HO-03门磁、DS820iT-CHI被动红外探测器、MD-448红外幕帘探测器、PA-456玻璃破碎探测器、DS422i-CHI主动红外对射探测器、HC-103声光报警器、DS6MX-CHI六防区报警控制器等实训设备，按照以下步骤指导学生观察实践： （1）仔细阅读知识链接部分相关内容； （2）根据外形特征辨别探测器类型； （3）将探测器外壳打开； （4）辨认探测器的接线端子及其功能

<table>
<tr><td rowspan="4">三、任务实施</td><td>1. 利用教材，指导学生熟悉无线入侵报警控制器的设置编程操作；
2. 掌握无线入侵报警控制器的功能设置操作；
3. 利用 HO-01B 紧急求助按钮、HC-103 声光报警器、DS820iT-CHI 被动红外探测器、HO-03 门磁、MD-448 红外幕帘探测器、PA-456 玻璃破碎探测器、DS422i-CHI 主动红外对射探测器、DS6MX-CHI 六防区报警控制器等实训设备，按照以下步骤指导学生观察实践：
（1）仔细阅读知识链接部分相关内容；
（2）完成紧急求助按钮、被动红外探测器、门磁、红外幕帘探测器、玻璃破碎探测器、主动红外对射探测器的地址码编写；
（3）完成六防区报警控制器的复位操作；
（4）完成六个防区的布防、撤防操作</td></tr>
<tr><td>1. 通过视频和实训设备，指导学生了解分线制入侵报警系统构成；
2. 通过 PPT 和图片，指导学生熟悉入侵探测器结构及特点。
3. 利用 HO-01B 紧急求助按钮、HO-03 门磁、DS820iT-CHI 被动红外探测器、MD-448 红外幕帘探测器、PA-456 玻璃破碎探测器、DS422i-CHI 主动红外对射探测器、HC-103 声光报警器、DS6MX-CHI 六防区报警控制器等设备按照以下步骤，指导学生观察实践：
（1）仔细阅读知识链接部分相关内容；
（2）根据外形特征辨别探测器类型；
（3）将探测器外壳打开；
（4）辨认探测器的接线端子及其功能</td></tr>
<tr><td>1. 通过视频和 PPT，指导学生熟悉六防区报警控制器的布防、撤防等操作；
2. 通过教材和 PPT，指导学生掌握六防区报警控制器的编程方法；
3. 利用 HO-01B 紧急求助按钮、HC-103 声光报警器、DS820iT-CHI 被动红外探测器、HO-03 门磁、MD-448 红外幕帘探测器、PA-456 玻璃破碎探测器、DS422i-CHI 主动红外对射探测器、DS6MX-CHI 六防区报警控制器等实训设备，按照以下步骤，指导学生观察实践：
（1）仔细阅读知识链接部分相关内容；
（2）完成紧急求助按钮、被动红外探测器、门磁、红外幕帘探测器、玻璃破碎探测器、主动红外对射探测器的地址码编写；
（3）完成六防区报警控制器的复位操作；
（4）完成六个防区的布防、撤防操作</td></tr>
<tr><td>1. 指导学生了解总线制入侵报警系统设备结构特征；
2. 利用实训设备知道学生熟悉总线制入侵报警系统设备的接线要求；
3. 利用 HO-01B 家用紧急求助按钮、HC-103 声光报警器、DS820iT-CHI 被动红外空间探测器、HO-03 门磁、MD-448 被动红外幕帘探测器、PA-456 玻璃破碎探测器、DS7400Xi 大型入侵报警控制器、DS7430 单总线驱动器、DS7412 串行接口模块、DS7457i 单防区扩展模块、DS7447 键盘等实训设备，按照以下步骤指导学生观察实践：
（1）仔细阅读知识链接部分相关内容；
（2）打开入侵报警控制器控制箱门；
（3）辨认总线制入侵报警系统配套各类设备类型并了解其功能；
（4）辨认总线制入侵报警系统各接线端子并了解其功能</td></tr>
</table>

三、任务实施	1. 通过视频和PPT，指导学生熟悉大型入侵入侵报警控制器设置与编程方法； 2. 通过实训设备，指导学生掌握入侵报警系统软件的使用； 3. 利用HO-01B家用紧急求助按钮、HC-103声光报警器、DS820iT-CHI被动红外空间探测器、HO-03门磁、MD-448被动红外幕帘探测器、PA-456玻璃破碎探测器、DS7400Xi大型入侵报警控制器、DS7430单总线驱动器、DS7412串行接口模块、DS7457i单防区扩展模块、DS7447键盘等实训设备，按照以下步骤指导学生观察实践： （1）仔细阅读知识链接部分相关内容； （2）完成各防区功能设置； （3）完成各防区内探测器的地址编写； （4）完成入侵报警软件的安装与调试
四、考核评价	掌握相关理论，采用过程考核“理论+实操”方式，开设实训以达到技能训练的目的，根据实训要求完成相关实操及实训报告
	问题1：请说明防区的概念及探测器与防区的关系。 问题2：思考一下在防区类型中的跟随防区具体含义是什么，请举例说明。 问题3：请说明防区的概念及探测器与防区的关系。 问题4：思考一下在防区类型中的跟随防区具体含义是什么，请举例说明。 问题5：同一防区内可以设置多少探测器？ 问题6：结合所学知识分析系统此时能否进行防区扩展，应如何进行？
五、课堂小结	梳理和总结本节课所学的重点内容，包括入侵探测器、入侵报警控制器的功能，以及总线制入侵报警控制器的设置与编程
六、拓展提高（课下）	学生利用相关学习网站，针对自身情况强化学习

2. 末次课设计

一、课程导入	播放相关视频，让学生了解火灾自动报警系统能够实现火灾的早期发现和报警，而消防联动控制系统则在接到火警信号后执行灭火、隔火、防排烟、应急照明、安全疏散等任务。消防联动控制系统的控制对象有自动灭火系统、消防应急照明系统、专业通信系统、防排烟设施、电梯、非消防电源的断电控制等
二、任务分析	1. 室内消火栓系统：消火栓系统是最常用的一种水灭火系统，分为室外消火栓系统和室内消火栓系统两种； 2. 自动喷水灭火系统：湿式自动喷水灭火系统、干式自动喷水灭火系统、干湿两用自动喷水灭火系统； 3. 应急照明系统：应急照明系统分为疏散照明、备用照明和安全照明； 4. 火灾应急广播系统； 5. 消防电话系统：消防电话系统、分为多线制和总线制两种，中型及以上的系统一般采用总线制； 6. 防排烟系统：防排烟系统由防火门、防火卷帘、正压送风防烟设施、机械排烟设施、防火阀等部分组成

<table>
<tr><td rowspan="4">三、任务实施</td><td>1. 通过视频和 PPT，指导学生熟悉火灾应急广播系统设备的结构及功能；
2. 通过实训设备指导学生了解火灾应急广播系统设备的接线要求；
3. 利用 GST-CD 录放盘和 GST-GF 150W 功率放大器，按照以下步骤指导学生观察实践：
（1）仔细阅读知识链接部分相关内容；
（2）辨认设备前后面板的结构</td></tr>
<tr><td>1. 通过视频和实训设备指导学生掌握 GST-CD 录放盘的操作方法；
2. 通过实训设备演示，指导学生掌握 GST-GF 150W 功率放大器的操作方法；
3. 通过视频和实训设备，指导学生掌握总线型火灾应急广播系统的操作方法；
4. 利用 JB-QG-GST200 火灾报警控制器（联动型）、JTY-GD-G3 智能光电感烟火灾探测器、JTW-ZCD-G3N 智能电子差定温感温火灾探测器、GST-BY002M 可燃气体探测器、GST-LD-8313 短路隔离器、J-SAM-GST9122 手动报警按钮、J-SAM-GST9123 消火栓按钮、GST-LD-8305 编址输出模块、GST-CD 录放盘、GST-GF 150W 功率放大器、GST-BMQ-1B 编码器等实训设备，按照以下步骤，指导学生观察实践：
（1）仔细阅读知识链接部分相关内容；
（2）重新设定火灾自动报警系统总线设备的地址码并写入；
（3）给火灾自动报警系统通电；
（4）将火灾自动报警系统总线设备进行设备定义；
（5）设计火灾自动报警系统报警信息与火灾应急广播系统间的联动关系并编辑联动公式；
（6）对火灾自动报警系统进行设备直接注册；
（7）测试总线型火灾应急广播系统的功能</td></tr>
<tr><td>1. 通过图片和 PPT，指导学生了解消防电话系统设备的结构特征；
2. 通过视频和实训设备，指导学生掌握消防电话系统设备的应用方法；
3. 通过视频和实训设备，指导学生熟悉消防电话系统设备的接线要求；
4. 利用 GST-TS-Z01A 消防电话主机和 GST-LD-8304 消防电话专用模块，按照以下步骤指导学生观察实践：
（1）仔细阅读知识链接部分相关内容；
（2）辨认设备的接线端子并了解其功能</td></tr>
<tr><td>1. 通过 PPT，指导学生掌握 GST-TS-Z01A 消防电话主机的操作方法；
2. 通过实训设备，指导学生掌握总线制消防电话系统的操作方法；
3. 利用 JB-QG-GST200 火灾报警控制器（联动型）、GST-TS-Z01A 消防电话主机、GST-LD-8304 消防电话专用模块、TS-100A 总线制固定式消防电话分机、TS-100B 总线制手提式消防电话分机、J-SAM-GST9122 手动报警按钮、GST-LD-8313 短路隔离器、GST-BMQ-1B 编码器等实训设备，按照以下步骤指导学生观察实践：
（1）仔细阅读知识链接部分相关内容；
（2）重新设定火灾自动报警系统总线设备的地址码并写入；
（3）给火灾自动报警系统通电；
（4）将火灾自动报警系统总线设备进行设备定义；
（5）对火灾自动报警系统进行设备直接注册；
（6）测试总线制消防电话系统的功能</td></tr>
</table>

三、任务实施	1. 利用视频和PPT,指导学生熟悉排烟风机控制系统的工作过程； 2、利用实训设备，指导学生了解排烟风机控制系统和火灾自动报警系统联动的方法； 3. 利用排烟风机电气控制系统，按照以下步骤指导学生观察实践： （1）仔细阅读知识链接部分相关内容； （2）操作排烟风机控制系统
	1. 通过图片和视频，指导学生熟悉消火栓用消防水泵控制系统的工作过程。 2. 通过视频和实训设备，指导学生了解消火栓用消防水泵控制系统和火灾自动报警系统联动的方法； 3. 利用消火栓用消防水泵控制系统，按照以下步骤指导学生观察实践： （1）仔细阅读知识链接部分相关内容； （2）操作消火栓用消防水泵控制系统
四、考核评价	掌握相关理论，采用过程考核“理论+实操”方式，开设实训以达到技能训练的目的，根据实训要求完成相关实操及实训报告。
	问题1：当火灾应急广播与公共广播合用时为什么火灾应急广播具有广播优先权？ 问题2：为什么火灾应急广播系统要使用定压输出的功率放大器？ 问题3：火灾应急广播系统如何接入到火灾自动报警系统中？请画出接线图。 问题4：GST-LD-8305编址输出模块能接入哪些设备（系统）到火灾自动报警系统？ 问题5：GST-TS-Z01A消防电话主机的电话二总线接到哪个端子？ 问题6：火灾报警控制器（联动型）与GST-LD-8304消防电话专用模块连接的联动四总线是哪四根线？
五、课堂小结	梳理和总结本节课所学的重点内容，包括自动喷水灭火系统和消防电话系统的运行与管理
六、拓展提高（课下）	学生利用相关学习网站，针对自身情况强化学习

九、考核方案

考核采用阶段考核与综合考核相结合的方式，阶段考核按实训单元进行，课程最后一周选择一个中等复杂程度的项目进行综合考核。课程明确了学生每个技能训练项目应达到的专业技能标准，制定了相应的考核标准。实训任务单元结束后，应该按标准对学生进行相应考核，最终考核成绩是课程结束后结合单元考核以及综合考核成绩对学生进行综合评价。

1. 期末理论考试

理论考试占总成绩的30%，重点检查学生掌握基础知识、基本分析方法和结合实际分析问题、解决问题的能力。

2. 平时项目训练

项目考核占总成绩的60%，重点检查学生系统安装的规范性和系统功能的正确性。

3. 学习态度与表现

平时表现、作业、学习报告和回答问题占10%。

十、教学材料

教材：
《智能楼宇安防技术》，徐庆继编，北京邮电大学出版社，2013 年
教参：
《智能小区安全防范技术（第二版）》，林火养主编，机械工业出版社，2015 年
《安全防范技术与应用》，张玲，刘蕊主编，机械工业出版社，2014 年
仪器设备：电脑，多媒体显示屏，投影仪等。

十一、本课程常用术语中英文对照

布防	Arming
安全防范报警设备	Burglar Alarm System
安全防范(系统)工程	Engineering of security and protection system
红外探测器	Infrared Sensor
入侵报警系统	Intruder alarm system
红外线	IR, Infra-red
门禁控制	Access Control
可视对讲系统	A visible walky-talky system
无线对讲系统	Wireless walky-talky system
消防设备	Fire Protection
灭火器	Extinguisher
紧急广播设备	Emergency Broadcasting
火警探测器	Fire Detector
自动喷水灭火系统	water sprinkling system

附：课程进度模板

周次	1周			2周		3周				4周	5周	6周		7周	8周			9周		10周
项目	安全防范工程技术																			
子项目	1.入侵报警系统的运行与管理			2.门禁系统的运行与管理		3.楼宇对讲系统的运行与管理				4.视频监控系统的运行与管理					5.火灾自动报警系统的运行与管理			6.消防联动控制系统的运行与管理		
情境	智能家居入侵报警系统的设计			小型智能门禁系统的设计		智能家居对讲门禁系统的设计				银行保安防盗及闭路电视监控系统的设计					楼宇火灾自动报警系统模拟演示			烟雾火灾、电缆火灾喷雾演示 预警用报警阀演示 火灾报警系统演示		
具体任务	1.1 无线制入侵报警系统的运行与管理	1.2 分线制入侵报警系统的运行与管理	1.3 总线制入侵报警系统的运行与管理	2.1 单门式门禁系统的运行与管理	2.2 联网型门禁系统的运行与管理	3.1 单户型楼宇对讲系统的运行与管理	3.2 单元型楼宇对讲系统的运行与管理	3.3 联网型楼宇对讲系统的运行与管理	3.4 与楼宇对讲系统共网的室内安防系统的运行与管理	4.1 云台控制器的应用及操作	4.2 顺序视频切换器与画面分割器的应用及操作	4.3 视频矩阵切换主机的应用及操作	4.4 硬盘录像机的应用及操作	4.5 视频监控系统WEB及视频管理软件（PSS）的操作	5.1 火灾探测器的认知、编码及功能测试	5.2 火灾自动报警系统配套设备的认知及操作	5.3 火灾报警控制器的认知及操作	6.1 火灾应急广播系统的运行与管理	6.2 消防电话系统的运行与管理	6.3 排烟风机及消火栓用消防水泵控制系统的运行与管理
	1.1.1 无线制入侵报警系统设备的认知； 1.1.2 无线制入侵报警	1.2.1 分线制入侵报警系统设备的认知； 1.2.2 分线制入侵报	1.3.1 总线制入侵报警系统设备的认知； 1.3.2 总线制入侵报	2.1.1 门禁一体机的认知； 2.1.2 单门式门禁系统其他设备的认	2.2.1 RS-485 单门联网型门禁控制器的认知； 2.2.2 RS-485 单门联网	3.1.1 可视室内分机的认知； 3.1.2 单户型楼	3.2.1 单元可视门口主机的认知； 3.2.2 单元型楼宇对讲系统其	3.3.1 管理中心机的认知； 3.3.2 联网型楼宇对讲系统其他设备	3.4.1 室内安防探测器的认知； 3.4.2 室内安防	4.1.1 摄像机、视频分配器、云台控制器及监视器的认知；	4.2.1 顺序视频切换器与画面分割器的认知； 4.2.2 顺序视频	4.3.1 视频矩阵切换主机及解码器的认知； 4.3.2 视频矩阵切换主	4.4.1 硬盘录像机的认知； 4.4.2 硬盘录像机的操作	4.5.1 视频监控系统 WEB 的操作； 4.5.2 视频管理软件(PSS)的	5.1.1 常用火灾探测器的认知； 5.1.2 火灾探测器的编码及功	5.2.1 火灾自动报警系统配套设备的认知；	5.3.1 火灾报警控制器的认知； 5.3.2 火灾报警控制器的操	6.1.1 火灾应急广播系统设备的认知； 6.1.2 总线型火灾应急	6.2.1 消防电话系统设备的认知； 6.2.2 总线制消防电话系统的	6.3.1 排烟风机控制系统的运行与管理； 6.3.2 消火栓用消防水

周次	1周			2周		3周				4周	5周	6周		7周	8周			9周		10周
具体任务	控制器的设置与编程	警控制器的设置与编程	警控制器的设置与编程	知； 2.1.3 单门式门禁系统的编程与操作	型门禁系统其他设备的认知； 2.2.3 RS-485 单门联网型门禁系统的设置与操作	字对讲系统其他设备的认知； 3.1.3 单户型楼宇对讲系统的操作	他设备的认知； 3.2.3 单元型楼宇对讲系统的设置与操作	的认知； 3.3.3 联网型楼宇对讲系统的设置与操作	系统的操作使用	4.1.2 云台控制器的操作	切换器和画面分割器的操作	机的操作		操作	能测试	5.2.2 火灾自动报警系统配套设备的操作	作	广播系统的操作	操作	泵控制系统的运行与管理
考核结果	过程考核，能够对无线制入侵报警控制器进行设置与编程	过程考核，能够对分线制入侵报警控制器进行设置与编程	过程考核，能够对总线制入侵报警控制器进行设置与编程	过程考核，能够对单门式门禁系统进行编程与操作	过程考核，能够对 RS-485 单门联网型门禁系统进行设置与操作	过程考核，能够对单户型楼宇对讲系统进行操作	过程考核，能够对单元型楼宇对讲系统进行设置与操作	过程考核，能够对联网型楼宇对讲系统进行设置与操作	过程考核，能够对室内安防系统进行操作使用	过程考核，能够对云台控制器进行操作	过程考核，能够对顺序视频切换器和画面分割器进行操作	过程考核，能够对视频矩阵切换主机进行操作	过程考核，能够对硬盘录像机进行操作	过程考核，能够对视频管理软件(PSS)的操作	过程考核，能够对火灾探测器进行编码及功能测试	过程考核，能够对火灾自动报警系统配套设备进行操作	过程考核，能够对火灾报警控制器进行操作	过程考核，能够对火灾应急广播系统进行操作	过程考核，能够对总线制消防电话系统进行操作	过程考核，能够对排烟风机、消火栓用消防水泵控制系统进行运行与管理

第二部分

课程单元设计

“商务英语听说”课程单元设计

菅亚珏

<table>
<tr><td>课程名称</td><td colspan="2">商务英语听说</td><td colspan="2">作品名称</td><td colspan="2">交易会洽谈之价格洽谈</td><td>项目章节</td><td>项目六
（任务 2）</td></tr>
<tr><td>授课学时</td><td>2</td><td>教材教参</td><td colspan="4">教材：《商务英语听说》，对外经贸大学出版社，2011
教参：《剑桥商务英语》，世界图书出版公司，2006；《国际贸易理论基础》，科学技术文献出版社，2010</td><td>授课专业年级</td><td>商务英语专业
大二年级</td></tr>
<tr><td rowspan="3">教学目标</td><td>知识</td><td colspan="7">1. 熟练掌握 7 句接待客户的寒暄语；
2. 掌握询价和报价的 8 个常用语句；
3. 熟悉出口商还价的 7 种常用技巧。</td></tr>
<tr><td>能力</td><td colspan="7">1. 具备在交易会情境下与客户寒暄的能力；
2. 具备价格洽谈中的灵活应变的能力；
3. 具备用正确的语音语调进行口语表达的能力。</td></tr>
<tr><td>素质</td><td colspan="7">1. 能够在商务环境中正确着装、表现出恰当商务礼仪；
2. 在保证公平的前提下促成交易；
3. 正确汇总、对比分析产品和市场信息。</td></tr>
<tr><td>教学重点</td><td colspan="4">在特定情境下根据不同语境，运用正确英文词句进行价格洽谈。</td><td>教学难点</td><td colspan="3">在价格洽谈过程中，如何灵活运用英文语句进行表达和应变。</td></tr>
<tr><td>解决方法</td><td colspan="8">1. 利用大量音视频、图片等信息化手段创设语言学习的不同情境和语境；
2. 利用教学软件进行人机对话的口语练习。</td></tr>
<tr><td>教学设计思路</td><td colspan="3">本节课根据多元智能理论，以交易会价格洽谈为任务载体，以 A 出口贸易有限公司在交易会上与国外客户进行价格洽谈为任务驱动，利用视频、音频、图片、人机对话软件、多媒体课件等多种信息化手段，创设交易会中价格洽谈的不同语境，变化不同的教学方法，将视觉、听觉、交流等多元智能运用于口语学习过程，三种信息化手段像三支利箭突破了教学难点，解决了教学重点，学生从被动式的英语学习转化为主动式的英语交流。在价格洽谈活动中训练学生提高英语沟通能力和情境应变能力。</td><td>信息化资源利用</td><td colspan="4">本教学单元共利用 6 个视频、2 张图片、5 段音频、1 套人机对话软件、教学和互评的课程平台、一个词句替换练习的小游戏课件、学生提交的视频作业。
1. 课程导入：引入课程平台上学生提前预习作业点评，导入本次课的内容
2. 任务介绍：播放视频、图片创设交易会洽谈情境，使学生身临其境完成角色转换。（图片 2 张分别体现交易会场景和产品信息，3 个视频为交易会商务洽谈和汽车会展。）
3. 任务实施：通过教师播放视频、音频、和学生操作人机对话软件，从视、听、说三方面进行多感官训练，使学生具备灵活运用语言的能力和情境应变的能力（2 个视频中体现规范和不规范的商务礼仪，五段关于询价、报价、还价的音频，一个词句替换练习的小游戏课件，一套人机对话软件）。</td></tr>
</table>

续表

<table>
<tr><td>教学设计思路</td><td></td><td>信息化资源利用</td><td>4. 总结评价：播放实际工作中价格洽谈的视频案例供学生借鉴，进行优缺点的点评课上提交工作任务视频作业，课下进行修改提交到课程平台上（一个商务价格洽谈的优秀视频供学生参考）。
5. 能力拓展：课下进行拓展和学习的外贸工作情境视频、商务工作中的实际案例、外贸网站、职业测试等资料。</td></tr>
<tr><td>教学环节</td><td colspan="2">教学内容</td><td>教学步骤、方法与手段</td></tr>
<tr><td>一、课程导入（8 分钟）</td><td colspan="2">1. 总结学生课前预习时查询的交易会场景中寒暄时的常用语句，其中四位有代表性的同学查询结果如下：
Hello，Good morning! Nice to meet you.　I am delighted to make your acquaintance.　Here is my card.
How are you?
Fine，couldn‘t be better.
Pretty good.
Can’t complain.
Let me introduce myself.
May I introduce myself?
My name is ***，Sales Manger from *** Company.
2. 导入本次课内容： 在交易会情境下用哪些语句进行洽谈，以及如何在特定情境、不同语境中灵活运用这些语句。学生将以出口商的身份参加一次交易会进行实战演练。</td><td>教师：
汇总课前布置的预习作业的学生反馈结果，导入本次课内容。挑出四位有代表性的同学回答问题。

学生：
四位同学回答，其他同学思考。（作业题：查询交易会中寒暄语有哪些常用语句？）</td></tr>
<tr><td>二、任务介绍（7 分钟）</td><td colspan="2">学生作为 A 出口贸易有限公司的员工参加交易会，要出口的产品为长城汽车，报价 USD 23 000. 00 FOB Shenzhen，根据不同情况接待将要前来询价的国外客户，将公司、产品简介以及工作任务单发给学生。
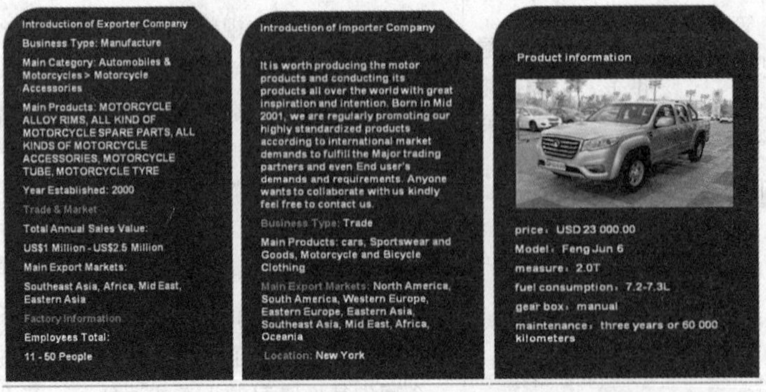
</td><td>教师：
播放视频、图片，创设交易会价格洽谈的工作情境。
学生：
观看视频，进入岗位角色。

</td></tr>
</table>

续表

<table>
<tr>
<td rowspan="2">三、任务实施（65 分钟）</td>
<td>1. 洽谈第一步：寒暄（8 分钟）
创设寒暄的语境，使学生熟练掌握知识点。并具备恰当的商务礼仪。正确的商务礼仪应包括的方面主要有：仪表、着装、和语言。用课件归纳出有关客户接待寒暄时的 7 个常用语句。
● Start conversations
Hi! A nice day，isn't it?
● Encourage a response
What do you think of the weather here?
Have you been to China before?
● Offer a pleasant self-revelation
This is my first time at an annual conference.
I feel this city has changed a lot.
● Closing topics
So，it's something，anyway，to look forward to...
Well，anyway，it's lovely talking to you，but I must get on...
</td>
<td>教师：
1. 播放商务礼仪不规范和规范两个视频。
2. 引导学生对比视频，总结商务礼仪包括的主要方面。
3. 进一步引导学生思考并熟练掌握寒暄时的语句。用课件帮助学生记忆。
学生：
1. 观看视频反馈信息。
2. 总结礼仪的相关要素。
3. 熟练掌握常用的寒暄语。
</td>
</tr>
<tr>
<td>2. 洽谈第二步：询价、报价（7 分钟）
创设询价报价的语境，培养学生掌握知识点。外贸的报价必须包含价格、贸易术语、计价单位和货币单位四个部分，否则将不符合国际贸易的相关规定。老师带领学生进行不同的贸易术语和货币进行报价的词句替换练习，用课件归纳出 8 个常用询价、报价句型。
Could you quote me the best price?
What is the price of ...?
Could you give me the best quotation?
How much is your product?
The price is USD 30. 00 /set FOB Shenzhen.
The price is EUR 30. 00 /set CFR Amsterdam.
The price is GBP 30. 00 /set CIF London.
What is the best offer of...?
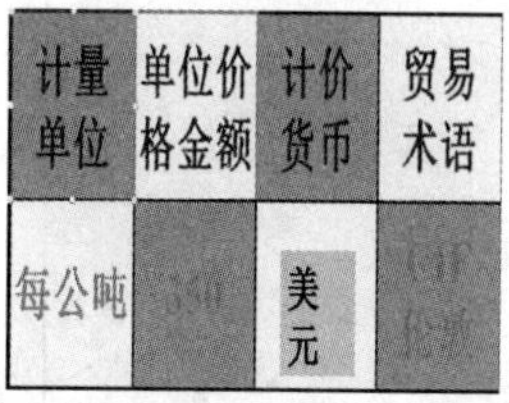
</td>
<td>教师：
1. 提问：报价时只报数字 2.3 万可以么？引导学生思考。
2. 播放音频，进行听力训练，找出四个外贸报价的语句。
3. 总结出 8 个常用句型用课件帮助学生记忆。
学生：
1. 思考问题。
2. 进行听力训练。
3. 做替换词的练习，掌握句型。
</td>
</tr>
</table>

续表

<table>
<tr>
<td rowspan="2">三、任务实施（65 分钟）</td>
<td>3. 洽谈第三步：还价（15 分钟）
创设进口商压低价格的语境，培养在掌握知识点的基础上学生的具备应变能力，学生讨论还价的方法，尝试用英文表达出来，教师帮助学生修订并总结出 7 种常用的还价方法。
A: …unless you reduce the price.
B: …,that our product is of premium quality with advanced technology.
并讨论是否其他的维持原价的理由，尝试用英文表达。
● After sale service
● Future cooperation
● Good reputation
● Policy influence
● Product quality
● Raise quantity
A: Sounds better, but it’s not enough. How about meeting each other half way, 15%?
B: All right, I agree to give you a 15% discount if you increase the quantity from 1000 sets to 3000 sets. The market is going up and there’s a heavy demand, I trust our price is worth every penny of it. And frankly speaking, that’s our rock bottom price.
A: you are a real businessman! Ok, let’s conclude the deal.</td>
<td>教师：
1. 播放音频，进行听力训练，找出维持原价的理由。
2. 引导学生思考，讨论其他的还价方法，尝试用英语表达。
3. 总结 7 种常用的还价方法。用课件帮助学生记忆。
学生：
1. 思考问题。
2. 进行听力训练。
3. 尝试用英文表达，熟悉句型。

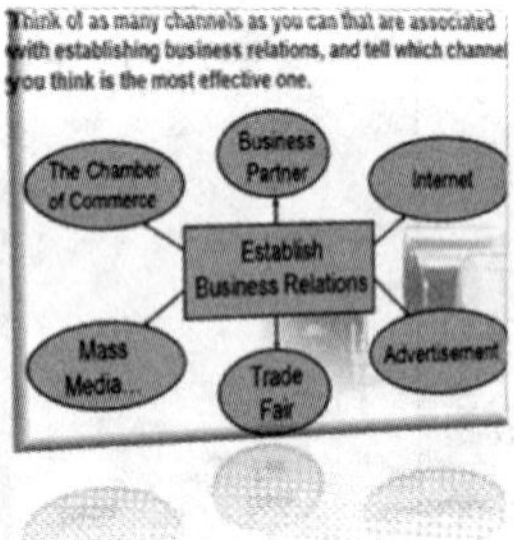
</td>
</tr>
<tr>
<td>4. 人机对话，洽谈全过程的语句训练 （15 分钟）
我们采用人机对话的方式进一步纠正发音，巩固重点词句，提高应变能力。学生利用英语学习平台打开价格洽谈模块完成口语跟读与对话练习，练习完成后系统将自动计分作为学习的一种检验。

</td>
<td>学生：
利用英语学习平台打开价格洽谈模块完成听力与口语练习，可以有针对性地根据自己的实际情况就薄弱环节进行反复多次的训练。
教师：
总结记录学生得分失分情况，给予指导。
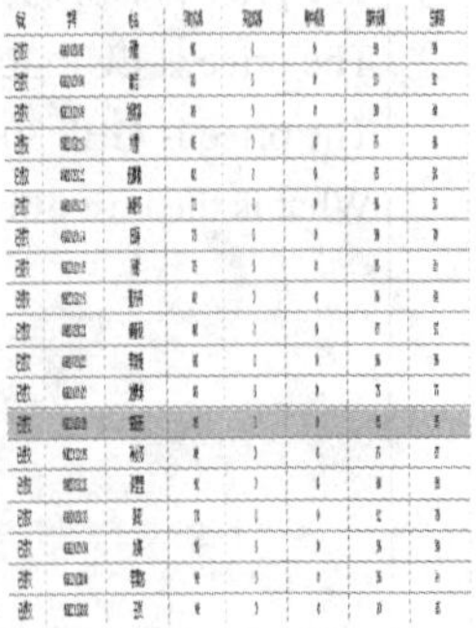</td>
</tr>
</table>

续表

<table>
<tr>
<td>三、任务实施（65 分钟）</td>
<td>5. 英语交流，实战演练（20 分钟）
将学生分为 8 小组，每组 4 人分别代表买卖双方，两人代表买方（Windelec Company）的主谈判手和副谈判手，两人代表卖方（A 公司）主谈判手和副谈判手，任选一种产品进行交易会的价格洽谈，练句型、写脚本，可以角色互换。</td>
<td>学生：做对话、写脚本
教师：巡视学生实战演练情况，给予适当的指导。
</td>
</tr>
<tr>
<td>四、总结评价（10 分钟）</td>
<td>总结本节教学重难点，挑选一组同学现场展示验本节的教学效果，布置作业使用信息化手段进一步考核每一位同学发音表达情况、沟通和应变能力，以及是否能表现出恰当的商务礼仪。
本教学单元的考核评价由学生自评和教师评价两个环节构成。学生自评：课下学生通过课程平台提交音视频作业进行学生互评、互学。
教师评价：教师根据每位学生在课堂教学、小组讨论、提交作业的表现以及人机对话软件生成的评分，对学生予以评价。
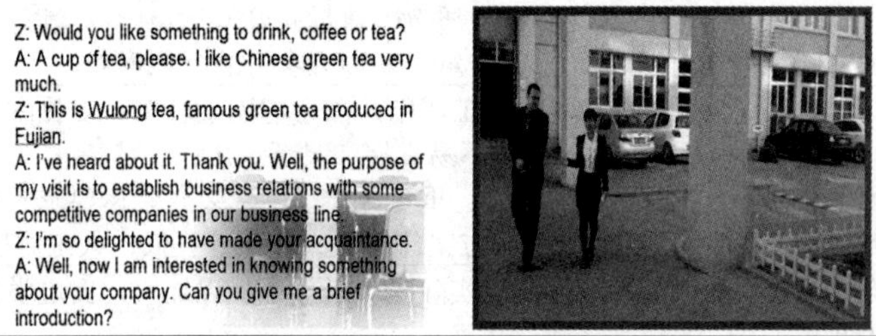
</td>
<td>教师：
1. 挑选出一组表现出色的同学进行现场展示，予以点评。
2. 播放视频，分析优点，供同学参考。
3. 收回脚本，布置录制视频的作业。
学生：
1. 看优秀的小组进行现场展示。
2. 观看示范视频，找优点。
3. 课上提交口语对话脚本，课后录制视频并提交到课程平台上。</td>
</tr>
<tr>
<td>五、能力拓展（课下）</td>
<td>本单元还提供了供学生课下进行拓展和学习的内容。学生可以在网上浏览、下载，有学习上的疑难问题可以在博客、QQ 讨论群咨询或讨论。</td>
<td>
学生根据自己的需要进行自主学习。</td>
</tr>
<tr>
<td>教学后记</td>
<td colspan="2">在交易会的价格洽谈中，进出口商之间存在着一种博弈、外贸业务员是否能根据产品和公司的实际情况，是否能正确规范的运用英文语句进行表达和应变，对于是否能为企业赢得利润达成交易，起着十分关键的作用。教师根据教学目标、学生特征、知识特征，将信息技术与教学深度融合，让学生在完成具体价格洽谈任务的过程中归纳询价、报价、还价等基本句型，积累还价方法，掌握重点词句，培养能够与客户进行寒暄的能力、灵活应变的能力和口语表达能力，形成正确着装、表现出恰当的商务礼仪、在公平的前提下促成交易、汇总分析市场和产品信息的职业素养。</td>
</tr>
</table>

“运输技术与实务”课程单元设计

高　扬

<table>
<tr><td>课程名称</td><td>运输技术与实务</td><td>作品名称</td><td>零担货物运输作业之货物配载</td><td>项目章节</td><td>项目二
（任务 4）</td></tr>
<tr><td>授课学时</td><td>1</td><td>教材教参</td><td>教材：《运输管理》，仪玉莉主编，高等教育出版社，2012
教参：《物流运输管理实务》，王雪丽，刘淑静主编，天津大学出版社，2010；《物流运输管理》，吴峻，张有志主编，中国人民大学出版社，2012</td><td>授课专业年级</td><td>物流管理专业大二年级</td></tr>
<tr><td rowspan="3">教学目标</td><td>知识</td><td colspan="4">1. 掌握货物配载的四个原则；
2. 理解货物配载中轻重货物配载的计算方法；
3. 掌握“装柜专家”软件的使用方法。</td></tr>
<tr><td>能力</td><td colspan="4">1. 能根据货物配载的四个原则，制定合理的配载方案；
2. 能利用“装柜专家”软件制定货物配载方案。</td></tr>
<tr><td>素质</td><td colspan="4">在制定货物配载方案时，保证货物安全（质量、数量完好）、达到客户满意和降低装运成本，初步形成配载员“安全为先、服务为重、兼顾成本”的职业素养。</td></tr>
<tr><td>教学重点</td><td colspan="2">1. 货物配载的四个原则；
2.“装柜专家”软件的使用。</td><td>教学难点</td><td colspan="2">1. 在货物配载工作中，需考虑因素较多，货物配载原则内涵丰富，学生不易掌握和灵活运用；
2. 当货物性质、重量、体积、包装、装运要求不同时，制定最优的配载方案计算量大，准确度低，人工难以完成。</td></tr>
<tr><td>解决方法</td><td colspan="5">1. 利用动画形象、直观地诠释“货物配载原则”如何在实际配载工作中加以运用，促进学生对原则的深入理解，培养实际应用能力；
2. 利用“装柜专家”软件准确、快速地制定不同性质、重量、体积、包装、装运要求的货物的最优配载方案。</td></tr>
<tr><td>教学环境</td><td colspan="5">多媒体教室。硬件：投影仪、教师机、学生机；软件：物流运输信息系统、“装柜专家”软件。</td></tr>
<tr><td>教学设计思路</td><td colspan="2">本次课堂教学内容是物流管理专业运输技术与实务课程中的“零担货物运输”项目下的“货物配载”任务。根据教学重点和难点，利用动画、图片、物流运输信息系统等信息化手段呈现配载员工作情境，将学生带入学习任务中；利用动画形象、直观地诠释“货物配载原则”如何在实际配载工作中加以运用，促进学生对原则的深入理解和灵活运用；利用“装柜专家”软件准确、快速制定不同性质、重量、体积、包装、装运要求的货物的最优配载方案，做中学，做中教，使学生在根据任务要求制定货物配载方案的过程中，掌握货物配载原则和“装柜专家”软件的使用方法，形成配载员“安全为先、服务为重、兼顾成本”的职业素养。</td><td>信息化资源利用</td><td colspan="2">本教学单元共利用 4 个动画、1 套装柜专家软件、课程网络平台、物流运输信息系统、APP 和二十余张图片。
1. 课程导入环节：动画（配载工作的重要性）。
2. 任务分析环节：动画（配载员工作任务）。
3. 任务实施环节：物流运输信息系统、动画（货物配载原则）、“装柜专家”软件、图片。
4. 考核评价环节：“装柜专家”软件、课程网络平台。
5. 拓展提高环节：APP（中国配货网等）、教材配套在线课程。</td></tr>
</table>

续表

<table>
<tr><th>教学环节</th><th>教学内容</th><th>教学步骤、方法与手段</th></tr>
<tr><td>一、课程导入（3分钟）</td><td>由于没有货物配载的相关工作经验和知识积累，学生普遍认为货物配载是一项较为简单的工作，只要能将客户的货物装运到货车里就可以。
教师为了让学生了解货物配载工作的重要性和复杂性，播放动画：远达物流公司新入职的配载员小吴不了解配载装车原则和要领，将客户的货物随意装运到货运车辆内，导致客户收货时发现货物严重损坏，进而向远达物流公司进行索赔，公司损失惨重。</td><td>教师：
播放具有反面警示作用的动画，使学生建立对货物配载工作的正确认识，激发学生的责任意识，导入课程。

学生：
观看动画，建立对货物配载工作的重要性的认识。</td></tr>
<tr><td>二、任务分析（4分钟）</td><td>1. 背景资料
远达物流有限公司成立于2009年6月23日，公司注册资金500万，从业人员80余人，主要经营国内公路货物运输、集装箱货物运输、物流咨询、货物运输代理等业务，为3000多家客户提供专业物流服务，已成为国内运输行业的佼佼者。
2. 任务内容
远达物流公司接到中原商贸有限公司和胜美商贸公司两个客户共八种货物的托运要求，请你作为远达物流的货物配载员，制定货物配载方案（包括完成此次货运任务所需的运输车辆数量和每辆车装运的货物名称和数量）。
<table>
<tr><th colspan="9">远达物流公司货物运单信息</th></tr>
<tr><th>货物名称</th><th>单位重量（kg）</th><th>规格（米）</th><th>数量</th><th>包装</th><th>承重级别</th><th>自身最大堆码层数</th><th>堆码方向</th><th>外包装标识</th></tr>
<tr><td>电视机</td><td>33</td><td>1.2*0.3*0.8</td><td>15箱</td><td>纸箱</td><td>2</td><td>3</td><td>只能立放</td><td></td></tr>
<tr><td>微波炉</td><td>67</td><td>0.9*0.6*0.6</td><td>15箱</td><td>纸箱</td><td>8</td><td>15</td><td>只能平放</td><td></td></tr>
<tr><td>香皂</td><td>100</td><td>0.8*0.8*0.6</td><td>20箱</td><td>纸箱</td><td>5</td><td>5</td><td>无</td><td></td></tr>
<tr><td>洗发水</td><td>250</td><td>1*1*0.8</td><td>20箱</td><td>纸箱</td><td>2</td><td>5</td><td>只能立放</td><td></td></tr>
<tr><td>食醋</td><td>167</td><td>0.6*0.6*1</td><td>30箱</td><td>纸箱</td><td>5</td><td>5</td><td>只能立放</td><td></td></tr>
<tr><td>速溶奶茶</td><td>467</td><td>1.2*1*0.6</td><td>30箱</td><td>纸箱</td><td>5</td><td>8</td><td>无</td><td></td></tr>
<tr><td>小苏打</td><td>2</td><td>1*0.5*0.06</td><td>500袋</td><td>袋装</td><td>5</td><td>10</td><td>无</td><td></td></tr>
<tr><td>面粉</td><td>20</td><td>1*0.8*0.05</td><td>400袋</td><td>袋装</td><td>5</td><td>10</td><td>无</td><td></td></tr>
</table>

3. 任务要求
学生分组完成，每四人一组，通过物流运输信息系统查询客户托运的货物信息和公司可调度的车辆信息，在课程网站上学习相关知识点，讨论结束后由小组代表进行方案展示。
提示：由于货物性质、种类、装运要求、重量、体积及包装形式的不同，车辆的载重和容积不同，制定货物配载方案时要综合考虑各种因素，在充分保证货物质量和数量完好的前提下，充分发挥运能、节省运力，降低运输成本。</td><td>教师：
通过播放动画创设货物配载员工作情境，教师（作为远达物流公司运输部经理）为学生（作为远达物流公司配载员）布置工作任务，通过PPT呈现背景资料、任务内容、任务要求。
学生：
接受工作任务。</td></tr>
</table>

续表

三、 任务 实施 （30 分钟）	1. 学生分组讨论与方案展示（8 分钟） 根据中原商贸有限公司和胜美外贸公司的托运要求，制定货物配载方案（包括完成此次货运任务所需的运输车辆数量和每辆车装运的货物名称和数量），并将结果呈现在写字板上。	**学生：** 1. 开展小组活动，每四人一组，充分讨论。 2. 查询物流运输信息系统中的货运订单，了解中原商贸有限公司和胜美外贸公司的待运货物情况。 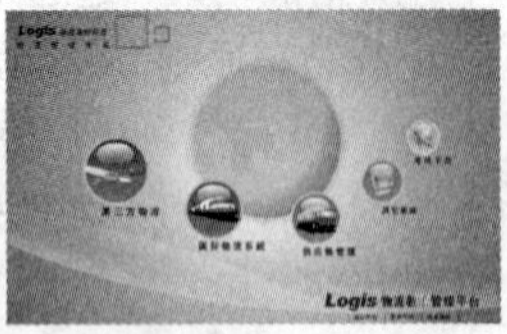 3. 制造最初的货物配载方案 4. 小组展示货物配载方案。 **教师：** 1. 在小组活动过程中为学生答疑解惑。 2. 从货物安全、服务质量和节约成本三个角度指出小组方案中的优点和缺点，启发、引导学生探究和思考货物配载工作中应注意的问题。
	2. 教师结合小组展示方案结果，启发学生归纳、总结货物配载的四个原则（12 分钟） 根据学生小组展示的方案内容，从货物安全、服务质量和节约成本三个角度对其进行评价，并归纳出货物配载的四个原则： （1）货物性质搭配原则（拼装在一个车厢内的货物，其化学性质、物理性质不能互相抵触）； （2）杜绝超重、超限运输原则（货物的总重量和总体积不能超过车辆所允许的最大载重量和容积）； （3）轻重配载原则（在车辆配载时，尽量将重货和轻货混合配载，充分利用车辆的载重和容积） 两种货物轻重配载的最合理装载重量，可以通过二元一次方程推导得出，设：两种货物的配装重量为 W_a、W_b，装载质量体积为 R_a、R_b，车厢容积为 V，车辆载重量为 W。则：	**教师：** 1. 根据本节课工作任务内容，借助各类货物图片，启发学生归纳、总结货物配载的四个原则，讲解轻重货物配载的计算方法。 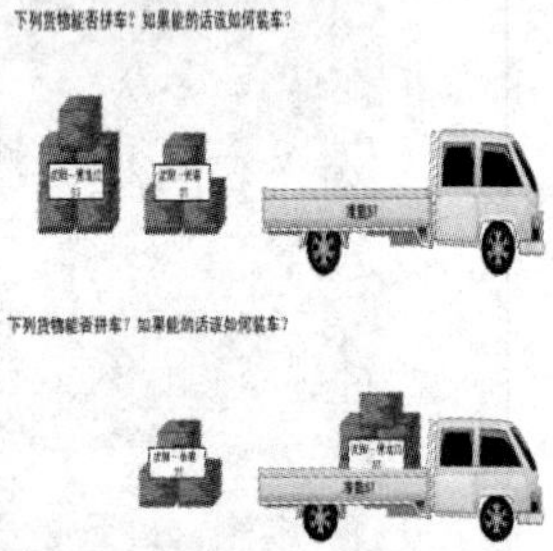 2. 对学生进行职业道德渗透：当安全、服务和成本发生矛盾时，应以保证货运安全和服务质量为前提。 3. 播放动画，形象、直观地诠释货物配载原则如何在实际配载工作中加以运用，促进学生对原则的深入理解，培养实际应用能力。

续表

三、 任务 实施 （30 分钟）	$$\begin{cases} W_a = \dfrac{V - W \times R_a}{R_a - R_b} \\ W_b = \dfrac{V - W \times R_a}{R_b - R_a} \end{cases}$$ 通过公式带入，可以得到使得车辆的载重量和车箱容积均被充分利用时应装运的两种货物的重量，从成本角度优化的角度得到更为合理的货物配载方案。针对本节课任务，可计算出速溶奶茶和食醋的最合理装载量。 （4）合理堆码原则（在车辆装载时，要根据货物的特性确定堆码的方向、顺序、层数等）。	 **学生：** 1. 学习货物配载的四个原则。 2. 根据轻重货物配载公式计算速溶奶茶和食醋的最合理装载量。 3. 观看 PPT 中呈现的图片和动画深刻理解货物配载原则和在实际工作中如何运用。
	3. 利用“装柜专家”软件快速制定不同性质、重量、体积、包装、装运要求的货物的最优配载方案（10 分钟） 此次任务中，8 种货物的重量、体积、包装和装运要求各不相同，要制定每辆车的最优配载装运方案需要经过大量计算，非常复杂，因此，学生通过学习“装柜专家”软件的使用方法，快速、准确地完成此次货物配载工作。	**教师：** 示范如何利用“装柜专家”软件快速、准确制定不同性质、重量、体积、包装、装运要求的货物的最优配载方案。 **学生：** 依据货物配载原则，利用装柜专家软件进行独立操作，完成此次货物配载方案的制定工作。 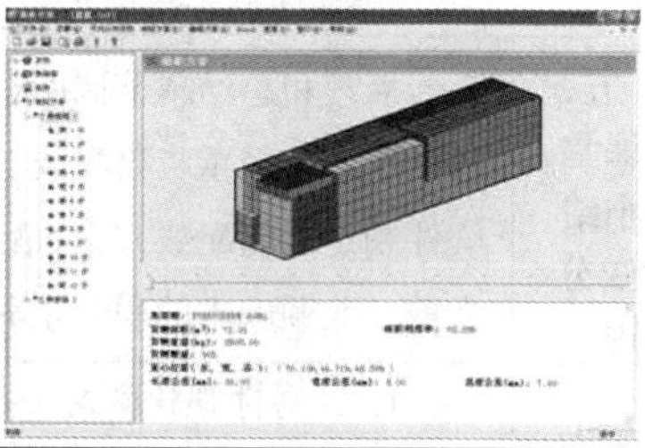
四、 考核 评价 （5 分 钟）	1. 能力考核（课上） 给出新任务，考察学生灵活运用所学内容制定货物配载方案的能力。 考核内容： 远达物流公司作为奥的斯电梯股份有限公司和三菱电梯有限公司的运输商，为其运送一批零部件，要求用集装箱车装运，作为公司的配载员，请你制定货物配载方案。 考核要求： 个人上机操作“装柜专家”软件，制定货物配载方案；货物配载方案能够保证货运安全、服务质量和成本最低的要求；将制定好的货物配载方案粘贴在 Word 文档中，并上传至课程网站上的作业区。	**教师：** 布置课上考核内容和要求，在课后根据学生上传的货物配载方案给出能力考核部分的成绩。 **学生：** 根据新任务要求，利用“装柜专家”软件制定货物配载方案，并将结果上传至课程网站上的作业区。

续表

四、考核评价（5分钟）	2. 知识考核（课下） 完成课程网站中关于本节课的自测题。例如： 选择题： （1）合理配载是提高运输工具（　　）的一种有效形式。 A. 装卸效率　B. 运输效率　C. 装载率 （2）以下不属于货物配载原则的是（　　）。 A. 货物性质搭配原则　B. 货物分类原则 C. 轻重配载原则　D. 合理堆码原则 （3）在进行货物配载时，以下说法不正确的是（　　）。 A. 先送后装　B. 重不压轻 C. 大不压小　D. 后送后装 （4）以下货物配载时应注意的事项不正确的是（　　）。 A. 不将散发粉尘的货物与清洁货物混装 B. 危险货物单独装载 C. 有异味的货物单独装载 D. 切勿将渗水货物与易受潮货物一同存放 简答题： 简述“装柜专家”软件的计算原理和操作步骤。	**教师：** 布置课下的考核内容和要求，根据学生在课程网站上的试题作答情况给出知识考核部分的成绩。 **学生：** 在课下登录课程网站，完成知识考核中的题目，系统自动保存答案。
五、课堂小结（3分钟）	梳理和总结本节课所学的重点内容，包括货物配载的四个原则、轻重货物配载的计算方法、利用“装柜专家”软件制定货物配载方案、配载员应具备的安全为先、服务为重、兼顾成本的职业素养。	**教师：** 对本节课重点内容进行梳理和总结。
六、拓展提高（课下）	1. 针对性强化学习 利用教材配套的在线课程，学生可针对自身情况强化学习。 2. 利用移动设备学习 通过下载物流配货等手机应用，利用网络、移动设备查询最新的货物配载资讯并加以运用。	**学生：** 课下根据自身需要利用教材在线课程进行自主探究学习，下载手机应用查询配货资讯和供求信息，了解货物配载的市场现状。
教学后记	在零担货物运输作业中，需要将品种繁多、性质复杂、包装条件和规格不一的货物进行配载，而货物配载方案是否合理影响到物流企业的运输成本、货运安全和客户满意度，对零担货物运输作业的顺利开展起着十分关键的作用。教师根据教学目标、学生特征、知识特征，将信息技术与教学深度融合，让学生在完成具体货物配载任务的过程中归纳货物配载原则等知识，积累思维经验，掌握“装柜专家”软件的使用方法，培养能够制定不同性质、重量、体积、包装、装运要求的货物的配载方案职业能力，形成安全为先、服务为重、兼顾成本的配载员职业素养。	

“现代金融应用实务”课程单元设计

吴　双

<table>
<tr><td>课程名称</td><td>现代金融应用实务</td><td>作品名称</td><td colspan="2">外汇与汇率</td><td>项目章节</td><td>项目十二
（任务 1）</td></tr>
<tr><td>授课学时</td><td>1</td><td>教材教参</td><td colspan="2">教材：《现代金融基础》，孙连铮主编，高等教育出版社，2014
教参：《国际金融实务》，黄海宗、熊爱宗主编，高等教育出版社，2011</td><td>授课专业年级</td><td>金融与证券（客户服务与管理）专业大一年级</td></tr>
<tr><td rowspan="3">教学目标</td><td>知识</td><td colspan="5">掌握外汇概念、形态、符号；
掌握汇率表示、变化、种类；
掌握银行汇兑计算方法。</td></tr>
<tr><td>能力</td><td colspan="5">能识别主要外币并认读汇率；
能运用汇率牌价进行汇兑计算。</td></tr>
<tr><td>素质</td><td colspan="5">养成细心谨慎的职业习惯；
具备金融客户服务意识。</td></tr>
<tr><td>教学重点</td><td colspan="2">外币识别、牌价种类认读</td><td>教学难点</td><td colspan="3">外汇兑换计算。</td></tr>
<tr><td>解决方法</td><td colspan="6">小组竞赛法
任务驱动法
角色扮演法</td></tr>
<tr><td>教学环境</td><td colspan="6">多媒体教室
硬件：投影仪</td></tr>
<tr><td>教学设计思路</td><td colspan="3">本次课堂教学内容是金融与证券专业《现代金融应用实务》课程中的“国际金融基础”项目下的“外汇与汇率”任务。根据教学重点和难点，利用“服务客户外汇兑换”的相应工作情境，将学生带入学习任务中，利用动画形象、直观地诠释“外汇兑换方法”如何在实际外汇兑换工作中加以运用，促进学生对方法和流程的深入理解和灵活运用；利用“客户汇兑”情境模拟准确、快速的兑换外汇，做中学，做中教，使学生在根据任务要求完成货币兑换的过程中，掌握外汇兑换的计算方法和具体流程，形成金融机构客户服务人员“快速准确外汇兑换”的职业能力。</td><td>信息化资源利用</td><td colspan="2">动画
视频
音频
图片
网站
手机 APP</td></tr>
</table>

续表

<table>
<tr><th>教学环节</th><th>教学内容</th><th>教学步骤、方法与手段</th></tr>
<tr><td>一、课程导入（5分钟）</td><td>通过播放一则“街边外汇诈骗案”视频，引出生活中和职场中识别主要外币的重要性，以及工作中需要掌握的外汇兑换技能。

教师为了让学生了解外汇兑换的常见性和必要性，给出任务：假如你的客户拿来一笔外汇现款，需要兑换成本币，你将如何为客户兑换？</td><td>教师：
教师通过真实案例启发，引出外币识别和兑换的重要性，激发学生的学习热情，导入课程。

学生：
思考怎么识别常见外币？外汇兑换怎么进行？</td></tr>
<tr><td>二、任务分析（15分钟）</td><td>1. 任务内容
小李从国外旅游回来，来到了银行，想查查今天的汇率，并将一些不同国家的外币兑换成人民币。作为一名银行外汇兑换客户经理，完成的一系列任务是：
• 识别不同外币的种类；
• 为客户解读和分析汇率走势；
• 帮助客户进行外汇兑换计算；
• 完成外汇兑换。
2. 任务要求
学生分组完成，每5人一组，所有同学分成4小组，进行外汇识别、外汇符号识别、汇率认读、汇率波动分析、外汇兑换计算等任务，每个步骤的操作和资金计算，并在写字板上展示，并同时按步骤进行积分竞赛。</td><td>教师：
1. 教师（作为客户）为学生（作为银行客户经理）创设工作任务，通过PPT呈现背景资料、任务内容、任务要求。在小组活动过程中为学生答疑。

2. 以兑换资金计算为核心任务，指出各小组方案中的正误之处，启发、引导学生探究和思考外汇兑换操作工作中应注意的问题。

学生：
1. 接受工作任务。开展小组活动，每4人一组，充分讨论。
2. 小组展示外汇兑换结果和流程。</td></tr>
</table>

续表

三、任务实践（15分钟）	1. 独立完成的任务内容（10 分钟） • 客户周伦杰想兑换 2000 欧元现钞。 • 客户汤热热想兑换 1000 加元现汇。 • 客户刘华德想卖出 1 万澳元现汇。 • 你作为银行客户经理，应该如何报价和操作？ 2. 独立完成的任务要求 学生分组完成，每 5 人一组，所有同学分成 4 小组，每组独立进行外汇兑换的每个操作步骤和资金计算，并在写字板上展示，并同时进行积分竞赛。 3. 利用 BSI 原理模拟保值操作流程（5 分钟） 请小组成绩最好的小组选派 4 个同学一组，分别扮演客户和银行客户经理角色。按照 8 种不同的主要外币的买进、卖出兑换，进行情景模拟，重复和巩固外汇兑换工作操作流程和相关计算。	**教师：** 1. 根据本节课工作任务内容，启发学生归纳、总结外汇兑换的方法，进一步讲解外币兑换时应注意的问题。 2. 对学生进行职业素质渗透：外汇风险意识，金融投资意识。促进学生对原则的深入理解，培养实际应用能力。  **学生：** 1. 巩固运用外汇兑换计算原理。 2. 进行独立客户经理角色模拟演练操作。 
四、考核评价（5分钟）	能力考核（课上） 给出新任务，考察学生灵活运用所学内容进行外汇兑换的能力。 考核内容： 中国某贸易公司向德国购进一批汽车发动机，有 500 万欧元的应付账款需要兑换，请查询汇率并完成外汇兑换。 考核要求： 外汇兑换工作能够保证流程正确、资金数据正确的要求；将外汇兑换数据和操作流程粘贴在 word 文档，并上交作业。	**教师：** 布置课上考核内容和要求，在课后根据学生上传的外汇兑换计算和流程给出能力考核部分的成绩。 **学生：** 根据新任务要求，利用银行外汇兑换基本原理完成外汇兑换任务并上交。
五、课堂小结（3分钟）	梳理和总结本节课所学的重点内容，利用银行外汇兑换原理、外汇兑换的计算方法、金融客服人员应具备的外汇风险防范意识等职业素养。	**教师：** 对本节课重点内容进行梳理和总结。
教学后记	在外汇兑换的操作中，需要为客户计算正确的兑换金额，并进行正确的兑换操作，外汇兑换的操作和计算是否合理正确，直接影响到个人和企业客户直接利益。教师根据教学目标、学生特征、知识特点，让学生在完成具体外汇兑换的过程中归纳外汇兑换原理，积累思维经验，掌握外汇兑换计算方法，培养能够完成不同币种、金额、汇率变化的外汇兑换的职业能力，形成外汇风险意识、客户服务意识的财务人员职业素养。	

“后期合成技术”课程单元设计

韩久海

<table>
<tr><td>课程名称</td><td colspan="2">后期合成技术</td><td>授课专业</td><td>动漫设计与制作</td><td>授课班级</td><td>动漫 131</td></tr>
<tr><td>章节（单元、项目）</td><td>13</td><td>名称</td><td colspan="2">AE 粒子特效综合实例——CC 粒子滤镜特效案例</td><td>授课学时</td><td>1</td></tr>
<tr><td rowspan="3">单元教学目标</td><td>知识</td><td colspan="5">① CC Smear：CC 涂抹变形
② CC Particle World：CC 粒子世界
③ Colorize-Moonshadows：色彩——月之暗面</td></tr>
<tr><td>能力</td><td colspan="5">① 借助简单设备，信手捏来的快速拍摄素材
② 三大滤镜的使用和渲染</td></tr>
<tr><td>素质</td><td colspan="5">① 具有创新意识和动手能力
② 团队意识、严谨求实的作风</td></tr>
<tr><td>教学重点</td><td colspan="3">技能 A　素材拍摄
技能 B　三大滤镜的使用
技能 C　最终渲染</td><td>教学难点</td><td colspan="2">① 技能 A　素材拍摄：摄影器材的条件局限。
② 技能 B　三大滤镜的使用：图层繁多、参数复杂、不好记忆。
③ 课堂呈现方面：传统授课教师一般在角落里操作教师机，课堂气氛沉闷。</td></tr>
<tr><td>教材与教参</td><td colspan="6">选用教材：自编讲义
参考教材：《Adobe After Effects CC 经典教程》[美]Adobe 公司著，郭光伟译，人民邮电出版社，2014</td></tr>
<tr><td>教学环境</td><td colspan="6">① 影视后期实训室
② 无线 WIFI 网络
③ 多媒体触摸屏或触摸投影机</td></tr>
<tr><td>教学设计思路</td><td colspan="3">本课以实例教学与创意练习相结合，通过模拟练习、实际制作、命题创意的授课学习方式，针对教学重点难点来形成有机结构的课程：
① 针对教学重点设计开发的交互式模拟课件和交互式授课视频，加固学生的知识记忆，解决教学难题。
② 针对教学目标进行的手机自拍制作经典特效和布置命题创意作业，培养学生的创意能力，使学生形成专业技能。综合学生整体学习兴趣和能力，巧妙利用人人都有的手机自拍摄影和数据传输等信息化功能融入课程。
③ 实现做中教、做中学的“教学做”一体化的授课学习模式。</td><td>信息化资源利用</td><td colspan="2">① 利用手机现场拍摄视频素材，利用无线网络直接快速的导入计算机进行编辑，灵活巧妙的利用手机和计算机的信息化终端特性，提高教师授课和学生练习的工作效率。
② 利用多媒体手段在案例导入时，展示经典电影镜头和教师模仿案例引起兴趣。授课讲解中，利用触摸显示屏更为直观的展示复杂的软件操作过程。
③ 利用交互式模拟课件为学生进复习。学生模拟练习中，利用自带计分系统的交互式模拟课件，熟练整个制作流程。保证学生在复杂滤镜使用中的记忆效率问题。
④在实际制作中，利用交互式授课视频，提高学生对知识技能细节回溯的效率，提高学习水平，使学生可以根据需要，非线性的在不同知识点进行选择和组合。</td></tr>
</table>

续表

教学环节	教学内容	教学方法与手段	备注
一、项目导入（2分钟）	开场白，播放PPT中1999年版《木乃伊》中的镜头片段。之后播放模仿镜头制作的特效案例。 制作之前我们需要进行一下思考，结合以往知识，同学们分组讨论一下如果让你来做你会如何来完成？（讨论） 讨论结束 问题1：哪位同学说说，如果你来制作，首先你会想到什么知识来完成特效呢? 问题2：如果形成粒子喷射该如何制作呢？	**教师：** ① 播放电影片段。 ② 播放教师制作的案例视频。 ③ 布置命题作业。 **学生：** ① 观看视频。 ② 讨论。 ③ 回答问题。	教师全部使用触摸屏操作。
二、项目分析（3分钟）	在本课当中我们要掌握三个技能点： ① 技能A　素材拍摄 我们影视后期的基础是视频素材，没有素材没法做，但是拍摄素材是一个问题，我们如何拍摄，利用什么设备拍摄呢？这成为我们第一个要解决的难题，同学们思考一下。 ② 技能B　三大滤镜的使用 这里涉及三个滤镜的使用，参数和制作流程复杂，是我们学习的第二个难点，我们可以通过一些信息化手段来加深记忆，分别有： 第一，CC Smear：CC涂抹变形，我们可以利用模拟器练习配合实际操作来完成。 第二，CC Particle World：CC粒子世界，这里除了模拟器练习意外，我们可以借助授课视频来辅助我们的实际操作。 第三，Colorize-Moonshadows：色彩—月之暗面 为了同学们练习过程更加简便，老师制作的本课课件已经发布到每台电脑中，点击交互模拟课件，打开模拟器练习。 ③ 技能C　最终渲染 最后我们会对整个视频特效进行最终的渲染，熟悉渲染基本流程，完成制作。	**教师：** 多媒体PPT中进行制作流程图分析。 **学生：** 听课并思考自己命题作业创意内容。	
三、项目制作（28分钟）	1. 素材拍摄 我们在制作实景特效之前必须拍摄素材，这涉及到各种高大上的摄影设备，同学们在校学习不可能人人都能配备价值数万的摄影机供大家拍摄，这就让素材拍摄成为本课的一个难题。如何信手捏来的快速拍摄素材是今天我们需要讲解的第一个技能。 说到拍摄素材，现在信息化手段如此丰富，尤其是手机的摄影功能如此强大，我们在学习中完全可以借助手机拍摄来完成素材的快速拍摄，不借助于数据线利用QQ直接导入到电脑中，现在老师就自拍一段视频（自拍）。 注意，手机QQ和电脑上的QQ要同时打开，然后在手机QQ中选择我的电脑，选择刚刚拍摄的视频，点击发送。好发送成功，刚刚拍摄的视频素材就快速的传入电脑中了，然后我们在AE中导入我们需要的素材即可。 好，同学们，现在就自拍一下导入视频。（学生自拍）	**教师：** ① 现场利用手机自拍视频。 ② 导入电脑。 ③ 组织学生自拍视频素材。 **学生：** ① 自拍视频素材。 ② 导入电脑。	这一阶段也促进了学生创新意识和动手能力的发挥。

续表

三、项目制作（28分钟）	2. 三大滤镜的使用 （1）CC Smear：CC 涂抹变形 制作之前利用模拟课件进行流程分析： ① 首先，打开 After Effect CC 软件，将自拍的素材拖入到时间线当中，加入第一个滤镜，在特效与预置面板中点击扭曲——CC Smear。 ② 下面将时间线移动到嘴张开的时间段，开始在左上角的特效控件中对 CC Smear 的参数进行调整，调整 From 和 To 两个参数的十字点位置达到需要的效果。 ③ 然后，将 Radius 参数调整为 100，打开 Reach 前的码表开始记录关键帧，将其数值改为 0。 ④ 将时间线向右移动一小段距离，将 Reach 参数修改为 100。 ⑤ 将时间线移动到角色开始转头的时间段，打开 From 和 To 前的码表开始记录关键帧。将时间线移动到转头结束的时间段，在图像中将两者的十字点位置根据图像调整到合适的位置，CC Smear 完成。 ⑥ 利用交互式模拟课件来对流程稍作复习，我们导入素材——拖入——添加 CC Smear——调节 Reach 参数——调节 From 和 To 参数——调整 Reach 动画——调整 From 和 To 动画。	**教师：** ① 利用 Flash 模拟流程图分析。 ② 讲解软件操作过程。 ③ 利用交互式模拟课件复习制作流程。 **学生：** ① AE 中分析流程。 ② 利用交互式模拟课件模拟操作配合实际操作，完成特效制作。	这一阶段也培养了学生团队意识、严谨求实的作风。
	2. CC Particle World：CC 粒子世界 分两部分讲解：经典效果的制作和 PS 粒子底图的调用。 制作之前利用模拟课件进行流程分析，开始制作： （1）经典效果的制作 ① 下面制作 CC 粒子特效，首先需要在时间轴中点击右键——新建——纯色，新建一个纯色层，然后在特效与预置面板中点击模拟——CC Particle World。 ② 调整 CC Particle World 的参数，先把 Birth Rate 数值调整为 10，Longevity 数值调整为 2。 ③ 打开 Physics 卷帘窗，将 Gravity 参数调整为 0。在 Animation 下拉菜单中选择 Direction Axis，然后调整下面的 Extra Angle 和 Direction Axis 的参数以适合图像需要。 ④ 打开 Particle 卷帘窗，将 Max O`pacity 参数修改为 60%，Birth Color 和 Death Color 的颜色进行修改。 ⑤ 开始制作动画，首先，调整时间线到张开嘴的时间段，打开 Birth Rate 前的码表，参数调整为 0，时间线后调一小段时间，数值改为 10。 ⑥ 打开 Producer 卷帘窗，打开 Position X 和 Position Y 前的码表，将时间线移动到角色转头停止的时间段，调整粒子发射喷头的位置到相应的位置。 ⑦ CC Particle World 经典效果完成。 ⑧ 同学们一会儿可以利用模拟课件进行练习辅助练习。 （2）PS 粒子底图的调用 ① 修改自定义粒子类型，我们可以在 Photoshop 中制作自己喜欢的图片作为底图，存储为 PDS 文件直接导入 AE 作为粒子颗粒的类型来调用。 ② 首先需要在项目栏中导入一张制作好的 PDS 图片，然后拖动到时间线最底层，选择加入过粒子特效的“pss”层，打开特效控件。	**教师：** ① 利用 Flash 模拟流程图分析。 ② 讲解软件操作过程。 ③ 提示交互式模拟课件中同期录制的授课视频的位置。 **学生：** ① AE 中分析流程。 ② 利用交互式模拟课件模拟操作加上教师的授课视频共同配合实际操作，完成特效制作。	

续表

三、项目制作（28分钟）	③ 展开 Particle 卷帘窗，在 Particle Type 下拉菜单中选择 Textured QuadPolygon，然后在下面的 Texture 卷帘窗中的 Texture Layer 下拉菜单里选择刚才导入的 PDS 图层。 ④ 调整下面的 Birth Size 为 0，Death Size 为 1，PS 粒子底图的调用完成。 ⑤ 好，这一部分最为复杂，所以，同学们可以观看模拟课件中同步录制的授课视频来辅助学习。 3. Colorize-Moonshadows：色彩—月之暗面 制作之前利用模拟课件进行流程分析，开始制作： ① 现在开始调色，快捷键：Ctrl+A 全选图层，然后快捷键：Ctrl+Shift+C 合并图层，最后快捷键：Ctrl+D 复制一个图层。 ② 在上边的图层当中加入特效，点击特效与预置面板中的动画预置——image-Creative（图像—创新）——Colorize-Moonshadows（色彩化—月之暗面）。 ③ 快捷键：T 将图层透明度降低，调色完成。 4. 渲染输出 ① 在同学们练习之前，我们看一下最终渲染，选择时间轴，快捷键：Ctrl+M 打开渲染窗口。 ② 点击渲染设置后的黄字，调整后确定。 ③ 点击输出模块后的黄字，调整后确定。 ④ 点击输出到后的黄字，选择存储位置后确定。 ⑤ 点击右上角的渲染按钮，渲染完成。 ⑥ 学生练习。	**教师：** ① 利用 Flash 模拟流程图分析。 ② 讲解软件操作过程。 **学生：** ① AE 中分析流程。 ② 完成特效制作。	
四、拓展练习（10分钟）	拓展练习中学生继续通过教师开发分享的交互式模拟课件和同期录制授课视频自主练习，巧用手机个性化的自主设计创作，完成命题作业。	**学生：** ① 自由组队，配合完成创意作业。 ② 利用交互式模拟课件模拟操作加上教师的授课视频共同配合实际操作，完成特效制作。	
五、本课总结（2分钟）	在技能点 A 中，为了解决拍摄设备的难题，我们学习了如何利用手机快速拍摄——利用 QQ 在不使用数据线的情况下网络传输到电脑中——在 AE 中进行编辑。 在技能点 B 中： ① CC Smear：涂抹变形，我们利用模拟练习来配合实际操作。 ② CC Particle World：粒子世界，我们除了模拟练习，还配合了视频来熟练实际操作。 ③ Colorize-Moonshadows：色彩-月之暗面 最后是技能点 C：最终渲染的学习。 好，同学们认真练习，举一反三，发挥自己的创造力，并思考在如何利用所学知识，在自己的命题作业中充分的运用特效，灵活运用 Photoshop 制作粒子底图效果。	**教师：** ① 总结本课重难点内容。 ② 提出展望和对命题作业的期待。 **学生：** ① 互相观看各自的作品效果。 ② 熟练同时准备命题作业的制作。	
教学后记	针对教学重点所设计开发的交互式模拟课件和交互式授课视频，加固了知识记忆，解决了教学难题。针对教学目标所进行的手机自拍制作经典特效和布置命题创意作业，培养了创意能力，形成专业技能。		

“连锁企业门店营运管理实务”课程单元设计

实　研

<table>
<tr><td>课程名称</td><td>连锁企业门店营运管理实务</td><td>作品名称</td><td>超市卖场的布局设计</td><td>项目</td><td>项目二 卖场规划（任务 2）</td></tr>
<tr><td>授课学时</td><td>2</td><td>教材教参</td><td>教材：十二五国家规划教材《连锁企业门店营运管理》，胡启亮，霍文志主编，科学出版社，2012
教参：
1. 校本讲义
2.《连锁门店开发与设计》，马凤棋主编，北京大学出版社，2014
3. 连锁门店营运课程资源</td><td>授课专业年级</td><td>连锁经营管理专业大一年级（第 2 学期）</td></tr>
<tr><td rowspan="3">教学目标</td><td>知识</td><td colspan="4">1. 了解卖场 3 种动线设计形式
2. 理解卖场布局的设计原则
3. 掌握卖场布局中磁石点理论的运用</td></tr>
<tr><td>能力</td><td colspan="4">1. 能对超市卖场进行合理的通道设计
2. 能对超市卖场进行功能性布局设计</td></tr>
<tr><td>素质</td><td colspan="4">1. 具备引导顾客消费的职业意识
2. 具有规范、安全作业的职业素养</td></tr>
<tr><td>教学重点</td><td colspan="2">1. 根据超市卖场布局原则进行超市通道设计
2. 磁石点理论的运用</td><td>教学难点</td><td colspan="2">运用磁石点理论对超市卖场进行功能性布局</td></tr>
<tr><td>解决方法</td><td colspan="5">通过实景图片、Flash 动画、视频、3D 仿真软件、Flash 实训项目、课程资源平台等信息化教学手段，让学生“身临超市卖场”进行学习和模拟操作，使教学与职业有效对接。在信息化教学环境里，通过“做中学”，提高学生动手能力和分析、解决问题能力；教师采用递进式的教学任务，不断增加学习难度，充分利用仿真软件的直观性和可操作性，突破教学重、难点，提升教学效果。</td></tr>
<tr><td>教学环境</td><td colspan="5">多媒体教室。硬件：投影仪、教师机、学生机；软件：3D 卖场仿真软件（课程教学资源平台）</td></tr>
</table>

续表

<table>
<tr>
<td>教学设计思路</td>
<td>学情分析：
本次课的授课对象是连锁经营管理专业大一年级的学生。90 后学生属于创新力较强的一代，“求新、求异”是他们的学习特征。在以往采用传统的教学方法时，学生的学习成果只停留在知识的理解和记忆上，无法胜任实际的卖场布局设计工作。因此，我尝试将信息化教学手段融入到教学设计中，并收到了良好的教学效果。

教学设计思路：
该课程的传统教学中，学生知识能力形成有三难：
➢ 难以在工作现场实施
➢ 难以动手形成实践能力
➢ 更难以培养创新能力
教学目标犹如“空中楼阁”。
为了解决教学难点，根据 90 后学生的学习特点，我变“输送式”教学为“带入式”教学，通过课程资源学习平台、视频、Flash 动画、3D 仿真软件、实景图片等学生容易接受和感兴趣的信息化教学手段，为学生创设学习情境，将单元知识动态化、形象化。通过任务引领，设计了提高能力的递进式教学任务，信息化手段实现了教学目标。
在整个课程实施过程中，教师以小组合作的形式培养学生的团队精神，以小组互评、教师评价方式培养学生对工作规范的重视。信息化学习手段则贯穿于整个教学过程。
使用信息化学习手段的时间节点：
1. 课前预习：学生登录课程资源平台进行自主学习，并将学习作业上传，参加网上讨论；
2. 课上学习：通过视频、实景图片、Flash 动画进行学习，利用 3D 仿真软件进行布局设计，掌握教学内容；
3. 教学考核（课上）：通过 Flash 实训项目测试和 3D 软件操作综合测试考核学习效果；
4. 任务拓展（课后作业）：利用 3D 软件让学生完成课程拓展作业，并将作业上传课程资源平台。
信息化教学手段要达到的教学效果：
通过信息化教学手段的实施，优化教学过程，提高学生动手能力，掌握重点、突破难点，提升学习效果，实现教学目标，使教学与职业有效对接。</td>
<td>信息化资源利用</td>
<td>本次课利用课程资源平台、2 段视频、3D 卖场仿真教学软件、30 多张实景图片、2 个 Flash 动画完成各教学环节：
1. 课前自主学习：课程资源平台
2. 课程导入环节：Flash 动画
3. 任务布置环节：多媒体课件
4. 任务实施环节：图片、视频、3D 仿真软件
5. 考核评价环节：Flash 游戏
6. 任务拓展环节：课程资源网站 3D 仿真软件</td>
</tr>
</table>

续表

教学环节	教学内容	教学步骤、方法与手段
课前预习	超级市场客流量的多少，对于销售额有很重要的影响，所以卖场布局的核心是顾客流动线的设计。课前要求学生登录课程资源平台，自主学习“超市布局动线设计”部分，引发学生对“动线”这个概念的思考，回答下列问题： 1. 什么是超市卖场动线？其作用是什么？ 2. 超市布局动线有哪些种类？ 要求学生将答案上传课程平台。并要求学生结合自己在超市购物经历，在课程平台上发表自己对超市布局的看法。教师参与其中，适时给予知识方面的引导。	**学生**：登录课程资源平台进行自主学习，在课程资源平台上进行交流与讨论。 **教师**：关注、浏览学生的讨论，参与其中并给予必要的指导。
一、课程导入（10 分钟）	1. 教师分析总结学生自主学习、作业完成情况， 2. 教师播放 PPT，案例导入，展示消费者购买习惯的相关数据分析，提高学生对卖场布局重要性的认识。 3. 播放动画，展示超市布局设计中“顾客流动线”的三种主要的动线图：慢走式、强迫式和“引走式”以及它们的含义。课程中展示的三种动线图使用的就是引走式的方法，这是一种境界比较高的布局方法。 4. 展示三种超市布局设计动线图在不同结构卖场中的设计原理。动线的设计原则就是根据超市的不同建筑特点设计动线，让动线引领顾客走遍全场，更多地购物。	**教师**：播放 PPT 和 Flash 动画，展示相关案例和顾客流动线图。 **学生**：观看 PPT 和动画，理解能引导顾客行走的路线图，认识顾客流动路线在卖场布局中的重要性。
二、任务布置（5 分钟）	布置任务：本节课要完成 2 个任务 下发任务单： 任务 1：对一个面积为 1500 平米、出入口分开、主营食品和日用品的卖场进行布局设计。根据卖场布局的基本原则，选用恰当的动线设计通道，食品与日用品要在不同区域摆放，利用 3D 仿真软件设计。 任务 2：在任务 1 的基础上，利用 3D 仿真软件，创建磁石点，把磁石点理论运用到超市卖场功能性布局设计中。	**教师**：播放 PPT，呈现任务要求，分组下发任务单。 **学生**：小组接受任务单。
三、任务实施（60 分钟）	任务 1：对一个面积为 1500 平米、出入口分开、主营食品和日用品的卖场进行布局设计。根据卖场布局的基本原则，选用恰当的动线设计通道，食品与日用品要在不同区域摆放，利用 3D 仿真软件设计。（40 分钟） 任务要求： 1. 根据卖场的条件，设计合理的顾客流动线路（通道），让顾客容易进入，使顾客能长时间停留，让顾客走过每一个区域，并且能方便顾客在商品前停留选择货物，达到方便购物的目的；	**教师**：帮助学生理解任务内容和要求，在学生进行任务操作时给予指导。 **学生**：在理解任务的基础上，利用 3D 软件上进行布局设计。

续表

三、 **任务实施** **（60分钟）**	2. 日用品与食品要放在不同区域，要考虑如何布局便于顾客购买更多商品，引领顾客消费； 3. 以小组为单位（3 人一组）合作完成。 任务 1 通过以下 4 个环节完成： 第 1 环节：任务分析（10 分钟） ➢ 播放视频，提出问题，引发学生思考，启发、引导学生回答以下问题： （1）视频中的超市卖场有什么特点？ （2）作为商家，如何引导顾客购买商品？ 教师引导和帮助学生总结出下列结论：超市商品的摆放非常整齐、丰满、有序等特点。 ➢ 教师用 PPT 展示超市通道实景图片，引导学生认识卖场通道（包括主通道、副通道），以及它们的功能与作用： ➢ 卖场通道设计标准： （1）一般，一个人顺利通过一个卖场通道时，宽度需要 60 cm，如果卖场通道是 60 cm 左右，当通道有人时，顾客就不愿意进入这个通道了。 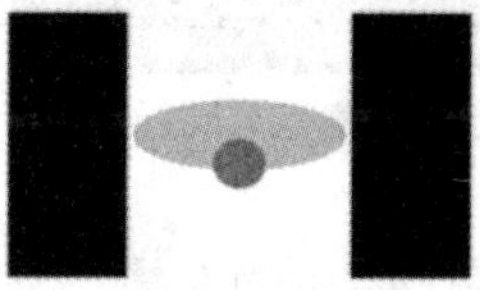 60 cm （2）当一个人面向货架，而另一个人从其背后经过时，卖场至少需要 90 cm 的距离。 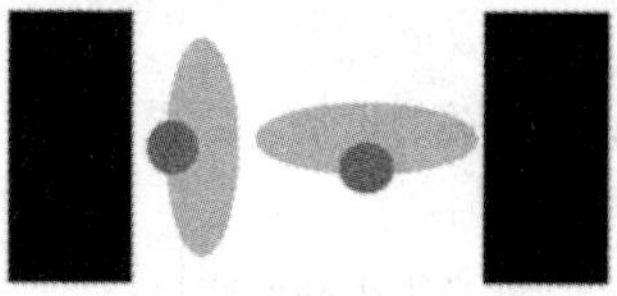 90 cm （3）当两个人正面相向而行，此时的距离需要 120 cm. 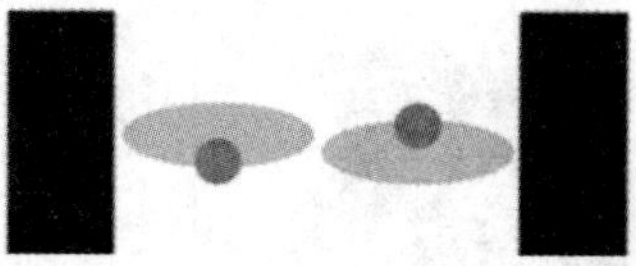 120 cm	**第 1 环节** **教师：**播放视频和图片，引起学生兴趣，导入任务，使学生认识到超市货架及商品的摆放有科学的规范要求。 **学生：**观看视频，回答问题。超市商品的摆放非常整齐、丰满、有序，并讨论作为商家如何有意识地让顾客多停留多购买。 通过实景图片，了解卖场通道的设计标准，和设计要求。 **教师：**播放人体区间图，利用利用人体工程学分析卖场通道设计标准。 **学生：**观看、讨论、领会。

续表

三、任务实施（60分钟）

（4）当一个人停留在货架前，两个人同时相向而行，此时的距离至少需要150 cm。

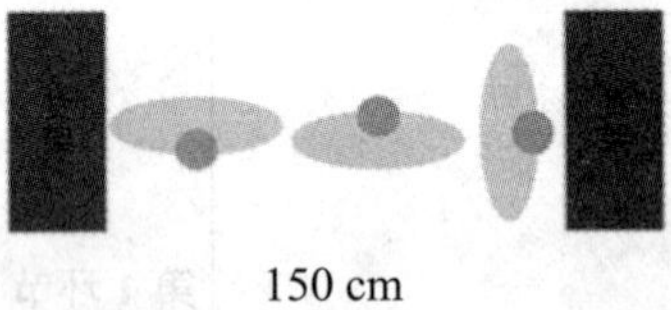

利用人体工程学规律来设计卖场通道，才能不会让顾客感到拥挤或产品碰撞。呈现以下的通道设计标准：

单层卖场面积	主通道宽度	副通道宽度
300平方米	1.8米	1.3米
1000平方米	2.1米	1.4米
1500平方米	2.7米	1.5米
2500平方米	3.0米	1.6米
6000平方米	4.0米	3.0米

➢ 通过图片展示通道设计要求。

（1）宽敞：通道要有足够的宽度，保证顾客推着购物车能与同样的顾客并肩而行或顺利地擦肩而过。

（2）笔直：避免迷宫式的通道布局，尽可能地进行笔直的单向通道设计，使顾客能依货架排列方向行走。

（3）平坦：地面应保持平坦，处于同一个层面上，尽量不要有坡度，尽量不要高低错落。

（4）少拐角：即通道途中可拐弯的地方和拐的方向要少。

（5）没有障碍物：在通道内不应摆放与商品销售无关的设备，以免阻断通道，影响顾客购物。

（6）避免死角：死角就是顾客不易到达的地方，或必须折回才能到达的地方。死角非常不利于商品的销售。

➢ 通过图片，使学生识别堆头、端头及它们的作用。

教师：用实景图片展示主、副通道的特点和要求。

学生：观看、讨论、领会通道的设计要求。

续表

三、任务实施（60分钟）

第2环节：任务实施（15分钟）

学生以小组为单位，根据任务单，利用3D虚拟仿真软件操作，布局设计训练，教师指导，提示注意的问题。

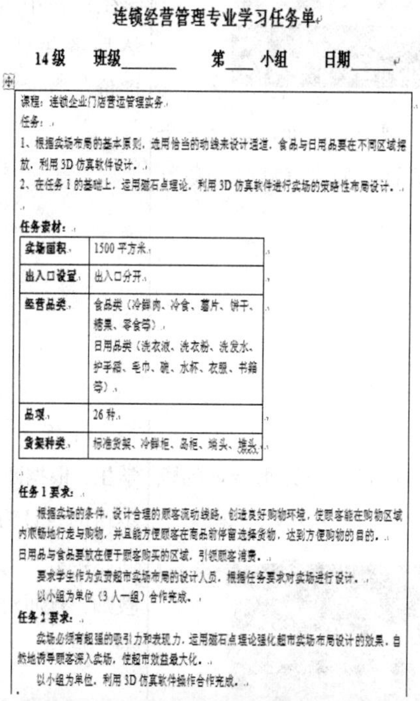

连锁经营管理专业学习任务单

14级　班级______　第___小组　日期_____

课程：连锁企业门店营运管理实务

任务：

1、根据卖场布局的基本原则，选用恰当的动线来设计通道，食品与日用品要在不同区域摆放，利用3D仿真软件设计。

2、在任务1的基础上，运用磁石点理论，利用3D仿真软件进行卖场的策略性布局设计。

任务素材：

卖场面积	1500平方米
出入口设置	出入口分开
经营品类	食品类（冷鲜肉、冷食、薯片、饼干、糖果、零食等） 日用品类（洗衣液、洗衣粉、洗发水、护手霜、毛巾、碗、水杯、衣服、书籍等）
品项	26种
货架种类	标准货架、冷鲜柜、岛柜、端头、堆头

任务1要求：

根据卖场的条件，设计合理的顾客流动线路，创造良好购物环境，使顾客能在购物区域内顺畅地行走与购物，并且能方便顾客在商品前停留选择货物，达到方便购物的目的。日用品与食品要放在便于顾客购买的区域，引领顾客消费。

要求学生作为负责超市卖场布局的设计人员，根据任务要求对卖场进行设计。

以小组为单位（3人一组）合作完成。

任务2要求：

卖场必须有超强的吸引力和表现力，运用磁石点理论强化超市卖场布局设计的效果，自然地诱导顾客深入卖场，使超市效益最大化。

以小组为单位，利用3D仿真软件操作合作完成。

第2环节

学生：先由小组讨论任务内容，分析卖场的面积和建筑结构，确定动线设计思路后，在3D仿真卖场中进行实际操作，按照要求完成任务。

教师：帮助、指导学生进行布局设计。

第3环节：任务评价（8分钟）

➢ 利用PPT图片进行辨析。

判断两种不同货架摆放的正误，强化货架正确摆放的重要性。（通道前不能有障碍物）

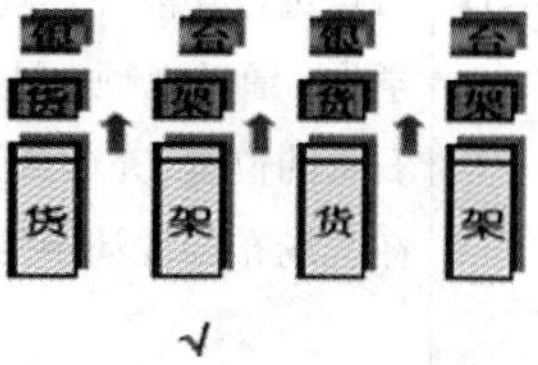

√

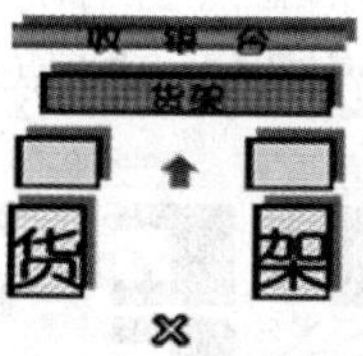

✖

➢ 对学生卖场布局设计作品进行分析、评价。

第3环节

教师：根据学生摆放货架时容易出现的问题，给出辨析练习，通过辨析，使学生掌握货架的合理摆放。

学生：通过辨析，理解卖场货架通道前不能有障碍物，并检查本组的设计方案。

续表

	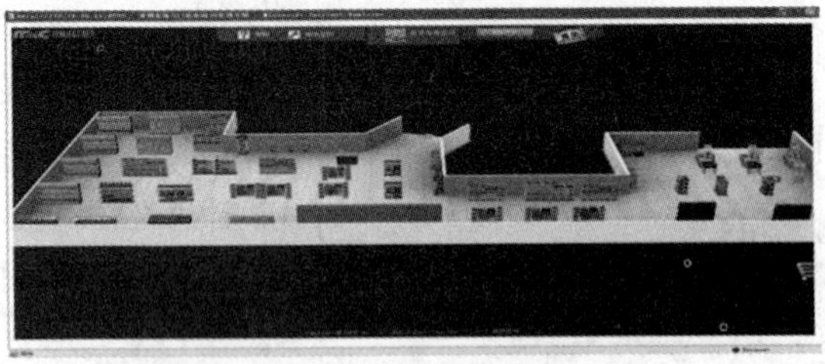 分析该设计方案是否符合通道设计的 6 个要求，进而，强化安全规范，并引导、帮助学生总结卖场布局设计的原则（就是任务 1 的注意事项）： （1）入口通畅，容易进入； （2）使顾客在店内长时间停留； （3）引导顾客走过每一个区域。	**教师**：引导学生分析卖场通道，看这个设计是否具备上述的 6 个通道特点。 **学生**：在小组内进行讨论、分析，然后各组代表说出各自的分析评价。
三、任务实施（60 分钟）	第 4 环节：修改完善（7 分钟） 学生根据卖场布局设计原则完善自己的作品，并设计出合理的顾客流动线路和标准的通道。 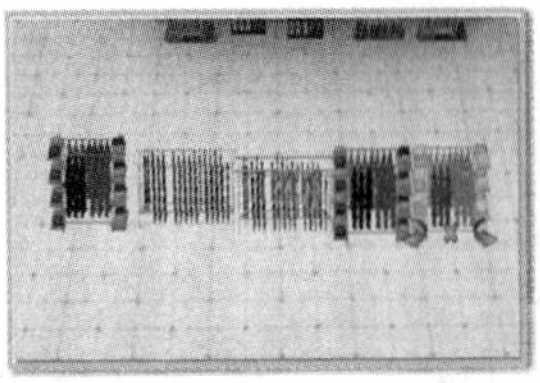 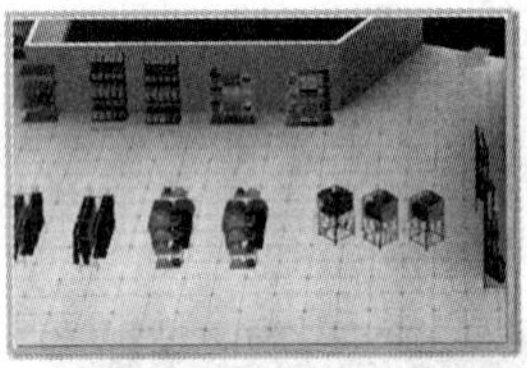	**第 4 环节** **学生**：根据刚才的辨析练习，检查本组的设计方案，看是否存在上述问题，并进行修改完善。 **教师**：教师对任务 1 进行讲评、归纳、总结。
	任务 2：在任务 1 的基础上，创建磁石点，利用 3D 仿真软件把“磁石点”运用到卖场的功能性布局设计中，使设计具有新的创意。（20 分钟） 在任务 1 的基础上，利用磁石点理论对卖场进行布局设计，保持原有的动线设计，增加磁石点， 第一环节：任务分析（5 分钟） 播放视频、多媒体课件，案例导入展示磁石点理论。 ➢ 磁石点：是指超市卖场中把最能吸引顾客眼光和注意力的地方假定为磁石，创造这种吸引力的注意点为磁石点，将不同的注意点分为不同的磁石，在卖场中应按不同的磁石点来配置。 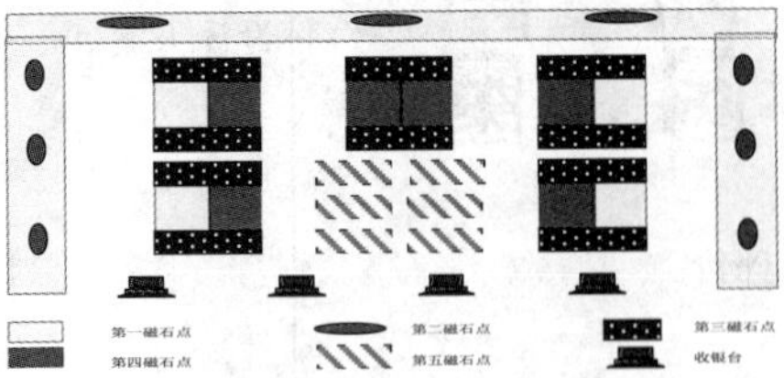	**教师**：通过视频、多媒体课件展示磁石点理论。使学生了解磁石点理论和磁石点位置，要求学生利用磁石点进行功能性卖场布局。 **学生**：通过视频、图片了解不同磁石点的位置，充分认识磁石点理论在卖场布局设计中的重要作用。

续表

<table>
<tr>
<td rowspan="2">三、
任务
实施
（60
分钟）</td>
<td>第二环节：任务实施（10 分钟）
学生以小组为单位，根据任务单，在原有设计方案基础上，利用 3D 虚拟仿真软件操作，设置“磁石点”，进行功能性布局设计训练，教师指导，提示注意的问题。

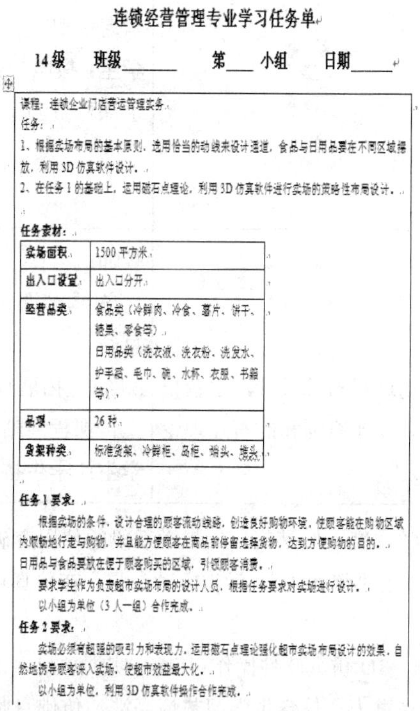
连锁经营管理专业学习任务单
14 级 班级______ 第___ 小组 日期_____
课程：连锁企业门店营运管理实务
任务：
1、根据卖场布局的基本原则，选用恰当的动线来设计通道，食品与日用品要在不同区域摆放，利用 3D 仿真软件设计。
2、在任务 1 的基础上，运用磁石点理论，利用 3D 仿真软件进行卖场的策略性布局设计。
任务素材：
<table><tr><td>卖场面积</td><td>1500 平方米</td></tr><tr><td>出入口设置</td><td>出入口分开</td></tr><tr><td>经营品类</td><td>食品类（冷鲜肉、冷食、薯片、饼干、糖果、零食等）
日用品类（洗衣液、洗衣粉、洗发水、护手霜、毛巾、碗、水杯、衣服、书籍等）</td></tr><tr><td>品项</td><td>26 种</td></tr><tr><td>货架种类</td><td>标准货架、冷鲜柜、岛柜、端头、堆头</td></tr></table>
任务 1 要求：
根据卖场的条件，设计合理的顾客流动线路，创造良好购物环境，使顾客能在购物区域内顺畅地行走与购物，并且能方便顾客在商品前停留选择货物，达到方便购物的目的。
日用品与食品要放在便于顾客购买的区域，引领顾客消费。
要求学生作为负责超市卖场布局的设计人员，根据任务要求对卖场进行设计。
以小组为单位（3 人一组）合作完成。
任务 2 要求：
卖场必须有超强的吸引力和表现力，运用磁石点理论强化超市卖场布局设计的效果，自然地诱导顾客深入卖场，使超市效益最大化。
以小组为单位，利用 3D 仿真软件操作合作完成。

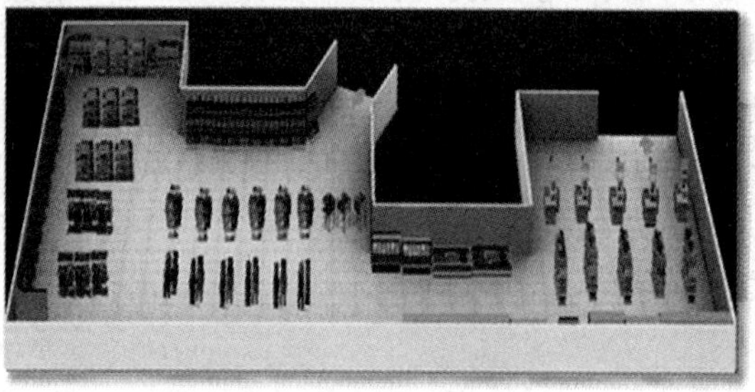</td>
<td>教师：在小组活动过程中为学生答疑，指导学生如何合理地增加磁石点商品，将磁石点理论运用在设计方案中。
学生：先由小组讨论，确定设计思路后，在立体的仿真卖场中进行实际操作，依据磁石点理论，完成任务 2 的设计任务。</td>
</tr>
<tr>
<td>第三环节：任务评价（5 分钟）
学生完成任务后，将作品提交到教师机，由小组代表用 PPT 展示介绍，小组互评，推选出最具创意的设计方案。教师在小组展示、互评的基础上进行总结，并将任务 1 与任务 2 的效果图进行对比，让学生充分认识到磁石点在超市卖场设计中的重要位置。</td>
<td>学生：展示作品、小组互评。
教师：总结任务 2 的完成情况，强化磁石点在超市卖场布局设计中的作用。</td>
</tr>
</table>

续表

四、考核评价（10分钟）	考核（课上）： 磁石点——教学重难点掌握测试：为了检验学生对磁石点的掌握情况，教师布置一项考核任务。要求学生登录课程资源平台，完成Flash实训项目。 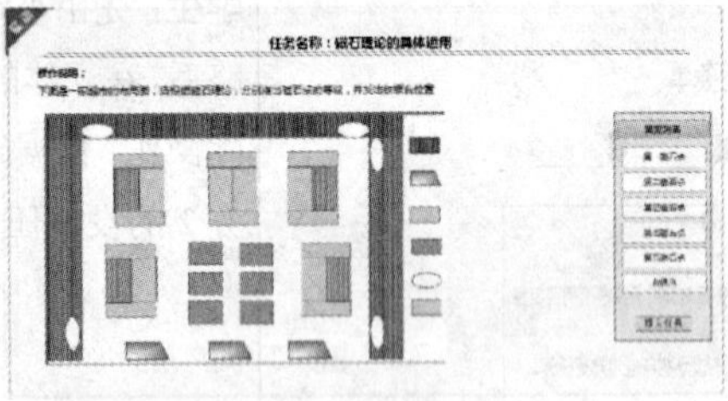	**教师：**教师讲解考核的形式、目的和内容，并讲解游戏的操作方法。学生完成任务后，教师检验学生的学习情况。 **学生：**按照教师的要求和指导，登录课程资源平台完成任务并上传。
五、课堂小结、任务拓展5分钟	任务拓展：作业布置 ➢ 教师首先梳理和总结本节课的教学内容； ➢ 布置任务拓展内容： 对500平米出入口不分开的超市卖场进行布局设计，主营日用品和食品，要求学生利用超市卖场布局设计原则和磁石点理论进行设计，由学生独立完成，鼓励学生大胆	**教师：** 1. 对本节课重点内容进行梳理和总结。 2. 布置拓展任务，要求学生作业上传课程网站。 **学生：**学生接受任务。
教学后记	超市卖场布局设计现场实施具有一定教学难度。但是信息化教学手段的使用突破了教学过程原有的三大难以实现，由原来的“输送式”变成了“带入式”、学生主动参与，在仿真环境的渗透下，收到了良好的教学效果。 本课程通过实景图片、Flash动画、视频、3D仿真软件操作、Flash实训项目、课程资源平台等信息化的教学手段，抓住了学生的好奇心和注意力，使学生学习热情高涨，仿佛身临超市卖场，他们团结协作，分析任务，克服困难，积极动手操作，大大提高了学习效果。在信息化教学手段的环境下，本课程以动线设计为前提，以通道设计为突破口，以递进式的教学为方法，逐渐增加教学难度，让学生掌握了利用磁石点进行功能性超市卖场布局设计，实现了教学目的，突破了教学重难点，也培养了学生引导顾客消费观念的职业素养和认真、细致的工作态度，使教学质量和效果得以提升。	

“实用英语”课程单元设计

刘彦斌

<table>
<tr><td>课程名称</td><td colspan="2">实用英语</td><td>作品名称</td><td>Room Reservation in Hotel Service</td><td>项目章节</td><td>Unit 4</td></tr>
<tr><td>授课学时</td><td>2</td><td>教材教参</td><td colspan="2">教材:《新编实用英语》，高等教育出版社，2012</td><td>授课专业年级</td><td>一年级各专业</td></tr>
<tr><td rowspan="3">教学目标</td><td>知识</td><td colspan="5">1. 掌握 8 种常见客房类型的英文表达；
2. 掌握客房预订工作相关的 15 个常用语句；
3. 掌握客房预订工作的基本流程。</td></tr>
<tr><td>能力</td><td colspan="5">1. 能够用英文流畅地完成客房预订工作；
2. 在客房预订已满的情况下，能够用英文流畅地为客人提供有效建议。</td></tr>
<tr><td>素质</td><td colspan="5">具备服务意识，语言体现较高的礼貌程度，微笑服务。</td></tr>
<tr><td>教学重点</td><td colspan="3">在特定情境下根据不同语境，运用正确英文词句进行客房预订。</td><td>教学难点</td><td colspan="2">1. 易混词记忆困难；
2. 客房预订工作流程记忆困难；
3. 羞于开口,职业化语言能力训练无从谈起。</td></tr>
<tr><td>解决方法</td><td colspan="6">1. 利用（语音）思维导图、音图、视频解决认知性困难；
2. 利用 QQ 群语音功能、PPT 场景图、制作视频作业等手段解决行为性困难。</td></tr>
<tr><td>教学设计思路</td><td colspan="2">本课为《实用英语 2》第四单元酒店服务之听说环节，主要学习客房预订的工作用语。因本课程为公共基础课，各专业学生对酒店工作缺乏具象认识，且由于部分学生的英语基础弱和长久以往受英语教学传统模式的影响，学生对本课重难点的掌握存在一定的困难。主要体现在知识认知性困难和语言行为性困难两个方面。因此，从改变教学手段入手，运用（语音）思维导图、“词-音-图”三角组合、QQ 群朗读语音互助、PPT 场景图和录制视频作业等信息化手段来树立学生对英语学习的自信，降低用英文沟通的焦虑度，激发学习兴趣，从音、像、图三个方面激发记忆潜能，反复强化知识点和能力点，从而实现实用英语课听说环节的教学做一体化目标。</td><td>信息化资源利用</td><td colspan="3">本教学单元利用思维导图、教师演示的语音思维导图、QQ 群朗读语音互助、“词-音-图”三角组合、工作实景视频、PPT 场景图、学生示范视频和录制视频作业等信息化教学手段。
1. 语音思维导图
思维导图，即运用图文并重的技巧，把各级主题的关系用隶属或层级图表现出来，有助于建立记忆链接。本课采用思维导图+语音的手段，助于客房预订工作流程的记忆，解决知识认知困难。
2. 运用“词-音-图”三角组合辨析易混词“大床房和双人标准间”。
3. 运用 Q 群朗读语音互助、PPT 场景幕和录制视频作业的手段提高学生的英语学习兴趣和用英文交流的自信，降低英文交流的焦虑度，打破哑巴英语壁垒，塑造职业化英语语言能力，从而解决语言行为困难。
4. 运用工作实景视频提供一段规范性的工作实景视频，以直观方式向学生传达工作流程、常用语句和服务标准等信息。
5. 运用学生示范视频提供一段示范性的学生成果视频，为学生提供一次比较和鉴别的学习机会，取长补短。</td></tr>
</table>

续表

教学环节	教学内容	教学步骤、方法与手段
一、课前预习	将教学目标上挂 Q 群共享。 知识目标： 1. 掌握与客房预订相关的 8 个英文词汇： single room 单人间 twin room 双人标准间 double room 大床房 suite 套房 presidential suite 总统套房 family suite 家庭式套房 reserve/reservation 预订 confirm 确认 2. 掌握客房预订工作相关的 15 个常用语句； 3. 掌握客房预订工作的基本流程。 能力目标： 1. 能够用英文流畅地完成客房预订工作； 2. 在客房预订已满的情况下，能够用英文流畅地为客人提供有效建议。 素质目标： 具备服务意识，语言体现较高的礼貌程度，微笑服务。 了解本课教学重点，熟悉并背诵重点词汇和语句。	**教师：**参与 Q 群内单词、句子朗读语音互助，并进行一对 N 指导。 **学生：**将绘制好的思维导图上传 Q 群，并参与 Q 群内单词、句子朗读语音互助。
二、课程导入（5 分钟）	简单回顾教学目标 播放工作实景视频，设两问题： 1. What are the basic steps of a room reservation? 2. What are the excellences that are worth our learning? 	**教师：**播放工作实景视频，直观呈现工作任务。基于视频内容，设两个问题供学生回答。 **学生：**看视频、回答问题。在观看视频过程中，学生会对常用语句和工作流程形成了一次新的认识和记忆过程，是对大脑中已有的知识进行强化的过程。

续表

<table>
<tr>
<td>三、视听说训练（20分钟）</td>
<td>首先，由教师演示语音思维导图，演示过程中可以实现语音带读和句子接龙训练。

然后对本课中非常重要的两个知识点进行提示。
1. 易混词辨析
(1) twin room 和 double room
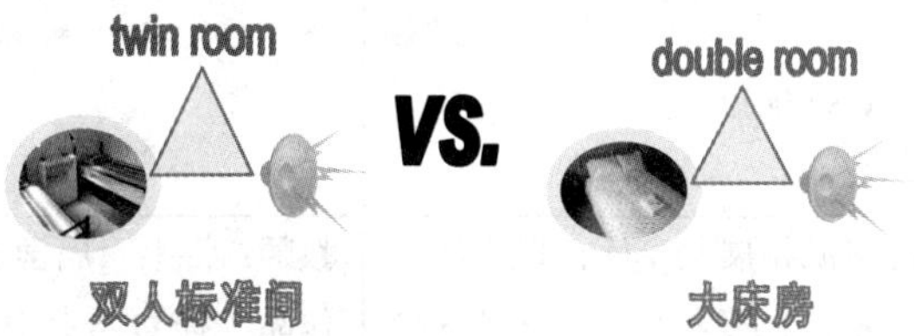
(2) suite 和 suit
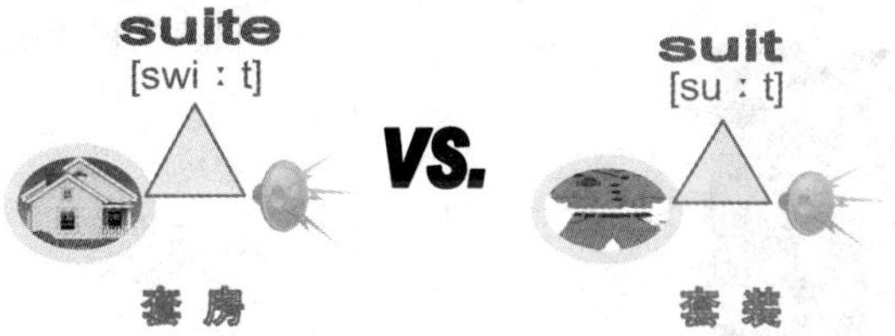
2. 礼貌词的使用
礼貌程度较高：
（1）<u>Could</u> you …?
（2）<u>Would</u> you please…?
（3）<u>May</u> I …?
礼貌程度低：
<u>Can</u> you …?</td>
<td>教师：演示语音思维导图、用“词-音-图”三角组合辨析两组易混词。
学生：跟读常用语句、句子接龙训练。学生利用教师提供的标准思维导图和对话脚本进行半脱稿模仿，巩固工作流程，熟悉常用语句，为下一步的情境训练热身。</td>
</tr>
<tr>
<td>四、情境训练（17分钟）</td>
<td>2 人一组现场编对话进行情境训练。通过互换 AB 角色的方式，确保学生均衡掌握知识点。教师指定每组完成其中一个情境任务，另一个作为课后拓展训练。
Situation 1: A group from Canada will come to visit a company in Tianjin next month. A representative of them here is coming to make a reservation of rooms from you. Please receive him/her.
Situation 2: It is the traveling peak season in Beijing now. A French man is making a reservation from you for his family members who are arriving tomorrow, but your rooms have been booked up.</td>
<td>教师：观摩指导。
学生：小组训练、成果展示。</td>
</tr>
</table>

续表

四、情境训练（17分钟）	随后，进行PPT场景幕情境训练成果展示。 	
五、考核评价（3分钟）	考核包含课前预习、课堂训练和能力拓展。其中，课堂训练采取小组互评，学生填写任务工作质量评价表。从流程结构、用词用句、职业素质和语音语调四个方面进行评价。 教师进行个体评价和总体评价，简单总结优缺点。	**教师**：评价、总结。 **学生**：评价。
六、能力拓展	先将上一届学生的优秀作品上挂Q群资源拓展共享库，以供学生参考。然后，学生根据情境内容，课后用手机录制视频作业，教师评价后上传学习群共享。 	**教师**：将上一届学生的优秀作品上挂Q群共享。 **学生**：观看学生示范视频，制作自己的视频作业。
教学特色	1. 运用思维导图，不仅促进了课前预习对课堂教学效率的提升，也大大改善了学生对知识点的记忆效果。教师在课上运用语音思维导图可以进行语音带读和语句接龙训练，有效强化对知识点的认知。 2. 运用QQ群朗读语音互助、PPT场景图和录制视频作业等信息化教学手段激发了学生的主动性，营造了用英文进行职业化交流的氛围，提供了相互取长补短的平台。学生在语言学习行为上得到反复强化，实现了知识和能力的对接。	

“幼儿活动观察与指导”课程单元设计

吕春晖

<table>
<tr><td>课程名称</td><td colspan="2">幼儿活动观察与指导</td><td>作品名称</td><td>粉红塔教具操作的观察与记录</td><td>项目章节</td><td>项目二
（任务 1）</td></tr>
<tr><td>授课学时</td><td>2</td><td>教材教参</td><td colspan="2">教材：校本讲义
教参：《幼儿行为观察与指导这样做》，侯素雯主编，华东师范大学出版社，2014</td><td>授课专业年级</td><td>社区管理与服务（早期教育）专业大二年级</td></tr>
<tr><td rowspan="3">教学目标</td><td>知识</td><td colspan="5">1. 熟悉观察粉红塔操作的方法和原则
2. 掌握粉红塔操作的 7 个观察维度
3. 熟悉观察记录表单中的 5 项主要内容</td></tr>
<tr><td>能力</td><td colspan="5">1. 具备操作粉红塔教具的示范能力
2. 形成从 7 个维度观察粉红塔操作的能力
3. 用流水记录法完成一份规范完整的粉红塔操作记录表单
4. 能够按照 5 大幼儿发展领域对所记录的内容进行归纳</td></tr>
<tr><td>素质</td><td colspan="5">1. 在观察幼儿搭建粉红塔时，应本着尊重和关爱幼儿的情感态度
2. 在做观察记录时，应严谨规范、认真仔细、平和耐心
3. 不断培养自身良好的专注力及观察力
4. 在示范操作粉红塔教具时，应整洁有秩序，有创新力</td></tr>
<tr><td>教学重点</td><td colspan="3">1. 学会从 7 个维度观察幼儿操作粉红塔
2. 学会用流水记录的方法完成记录</td><td>教学难点</td><td colspan="2">真实场景中幼儿活动行为的观察与记录</td></tr>
<tr><td>解决方法</td><td colspan="6">1. 巧用可视化绘图软件开拓学生形象思维及创新思维能力，细化学生观察维度——解决了教学重点
2. 多媒体课件与蒙氏教具的有机结合，呈现真实的情境案例，做中学，做中教，形成了对粉红塔教具操作的示范、观察与记录能力——突破了教学难点
3. 引用英文的电子记录表单使学生的流水记录完整、规范、标准——提升了学生“耐心专注、严谨规范”的职业素养</td></tr>
<tr><td>教学环境</td><td colspan="6">社区早教学习体验中心　硬件：多功能一体机、蒙台梭利教具及地垫、互动模拟实训系统</td></tr>
</table>

续表

教学设计思路	本次教学设计的内容是社区管理与服务（早期教育）专业幼儿活动观察与指导课程中的“室内环境下幼儿行为的观察”项目下的“完成粉红塔教具操作的观察与记录”任务。 1. 利用幼儿操作粉红塔教具的视频、幼儿活动的图片等真实呈现助教工作中所观察的对象的情境； 2. 利用电子记录表单、可视化绘图软件帮助学生有效掌握“学会从7个维度观察幼儿操作粉红塔及用流水记录的方法完成记录”的教学重点； 3. 利用多媒体课件与蒙氏教具的有机结合，呈现真实的情境案例，注重做中学，做中教，形成了对粉红塔教具操作的观察与记录能力，培养“专注、秩序、创新”的职业素养。	信息化资源利用	本教学单元共利用2个视频、17张图片、1段音频、1套多媒体课件、1个可视化绘图软件、1个网络课程资源平台。 1. 课程导入：引入学生利用网络课程资源平台上的教师示范操作粉红塔教具的视频及教具操作的内容及图片，对学生提前预习作业进行总结，导入本次课的内容。 播放音频，进行活动热身，提高学生专注力。 2. 任务介绍：通过社区早教学习体验中心的蒙氏教具创设环境，使学生身临其境完成角色转换，明确工作任务——完成粉红塔教具操作的观察与记录。 3. 任务实施：通过幼儿真实操作教具的图片、视频和电子记录表单，训练学生观察能力及记录归纳能力，使学生学会从7个维度观察幼儿操作粉红塔。学会用流水记录的方法完成记录。 4. 总结评价：教师根据小组讨论的记录表单中的归纳要点进行点评，课下进行修改并将电子版记录表单提交到网络课程资源平台上。利用可视化绘图软件，将本节课的教学内容进行总结，直观地进行诠释。 5. 能力拓展：课下学生可以利用互动模拟实训系统进行观察能力的训练，提升专注力，利用网络课程资源平台中的视频完成观察记录训练。

教学环节	教学内容	教学步骤、方法与手段
一、课程导入（10分钟）	1. 总结学生课前预习时查询的粉红塔教具的直接目的和间接目的，以及粉红塔教具操作的步骤。 2. 导入本次课内容：在助教工作中，观察记录幼儿活动至关重要。那么如何用科学的方法进行观察，如何进行规范合理的归纳记录？学生将以助教的身份进行一次观察记录幼儿进行粉红塔教具操作的行为过程的实战演练。 3. 提高学生专注力的热身活动。	**教师：** 1. 汇总课前布置的预习作业的学生反馈结果，导入本次课内容。挑出有代表性的同学回答问题。 2. 播放巴洛克音乐。 **学生：** 1. 其他同学思考粉红塔教具操作的要点是什么？它的直接目的和间接目的是什么？我们应该从几个维度观察粉红塔操作？ 2. 学生在学习体验中心创设的走线区域内，进行活动热身。

续表

二、任务介绍（5分钟）	通过社区早教学习体验中心的蒙氏教具创设环境，使学生身临其境完成角色转换，明确工作任务。	**教师：** 指出所要观察的教具，引导学生分组进入工作情境。 **学生：** 分组坐好，进入岗位角色。
三、任务实施（60分钟）	1. 观察训练（15分钟） 利用幼儿真实操作粉红塔教具的行为图片，提高学生的兴趣，使学生聚焦粉红塔操作的知识要点。在观察的同时，学生理解观察的重要性，归纳出图片所示观察的要点。	**教师：** 1. 展示幼儿真实操作粉红塔教具的行为图片。 2. 启发引导学生说出观察到的内容。 3. 教师点评，进一步让学生理解观察的重要性，引导学生思考并熟练掌握粉红塔操作的知识要点。 **学生：** 1. 认真观察图片。 2. 以小组讨论方式说出观察到的内容要点。
	2. 可视化绘图软件（15分钟） 巧用可视化绘图软件，充分调动学生积极性，训练学生创新思维能力，开拓学生思维，便于学生记忆，直观地总结观察的7个维度，以及每一个维度观察到的具体内容，便于学生掌握观察的方法。	**教师：** 1. 展示可视化绘图软件的用法。 2. 启发引导学生说出观察到的内容。 3. 帮助学生总结出7个维度，及每一个维度观察到的内容，写到可视化绘图软件中，最终生成图片，便于学生拷贝记忆。 **学生：** 1. 认真思考，发散思维。 2. 将观察到的内容归纳到7个维度中，并进一步细化观察维度。
	3. 探究记录（15分钟） 提问：在实际观察中，如何规范地记录？作为分析评价幼儿行为的重要依据，引导学生思考。	**教师：** 1. 将多媒体课件拷入互动课桌中。 2. 总结出记录的方法。 **学生：** 1. 思考问题 2. 进行自主探究学习， 3. 明确记录表单中的内容和方法。
	4. 观察与记录实战：（15分钟） 通过幼儿真实操作教具的视频，训练学生观察能力及分析归纳能力，使学生具备用科学的观察记录方法，利用记录表单，完成对幼儿操作粉红塔教具行为进行观察记录的能力。	**教师：** 1. 播放视频 2. 引导学生思考，讨论其记录的内容，进行合理归纳。 **学生：** 1. 边观察边记录 2. 小组讨论记录内容，汇总记录要点

续表

四、总结评价（15分钟）	教师评价：教师根据每位学生的课堂表现、小组讨论情况、提交的记录表单内容进行综合评分，对学生予以评价。学生根据小组讨论情况进行互评。 总结：借助可视化的绘图软件，使学生明确本单元的教学内容，加深强化记忆。	**教师：** 1. 挑选出一组表现出色的同学进行现场展示，予以点评。 2. 收回纸质记录表单，布置上传电子记录表单的作业。 3. 展示总结内容。 **学生：** 1. 看教师挑选出的小组同学进行现场展示。 2. 进行小组互评。 3. 课上提交纸质记录表单，课后对教师指出的内容进行修改并上传电子版记录表单。
五、能力拓展课下	本单元还提供了供学生课下进行拓展和学习的内容。学生可以在网上浏览、下载，有学习上的疑难可以在博客、QQ 讨论群咨询或讨论。学生课下利用网络课程资源平台，观看幼儿操作其他教具的视频，对幼儿行为进行观察记录与归纳分析，填写电子版记录表单。	学生根据自己的需要自主学习。
教学后记	在早教机构助教岗位的实际工作中，助教是否能根据幼儿活动行为的实际情况，是否能用科学的观察记录方法对幼儿活动行为进行观察记录，对于是否能客观合理评价幼儿发展状况，进一步指导幼儿活动起着十分关键的作用。教师根据教学目标、学生特征、知识特征，将信息技术与教学深度融合，让学生在完成具体观察幼儿操作粉红塔教具的行为过程并进行分析记录任务的过程中归纳观察记录的要点，积累观察的方法和经验，掌握观察记录表单中的项目内容，培养能够示范操作粉红塔教具的能力、用科学的观察记录方法对幼儿活动行为进行记录的能力和根据记录表单中的记录内容对幼儿操作粉红塔教具的行为过程进行分析归纳的能力，形成了尊重和关爱幼儿、认真仔细、平和耐心，不断培养自身良好的洞察力及观察力的职业素养。	

“配送技术与实务”课程单元设计

付　海

<table>
<tr><td>课程名称</td><td>配送技术与实务</td><td>作品名称</td><td>路线规划之多车多点线路规划</td><td>项目章节</td><td>项目六
（任务3）</td></tr>
<tr><td>授课学时</td><td>1</td><td>教材教参</td><td>教材：
《物流配送实务》，李海民主编，北京理工大学，2012
教参：
1.《配送管理实务》，杨国荣主编，北京理工大学出版社，2013
2.《仓储配送技术与实务》，张建奇主编，北京大学版社，2013</td><td>授课专业年级</td><td>物流管理专业大二年级</td></tr>
<tr><td rowspan="3">教学目标</td><td>知识</td><td colspan="4">1. 理解节约里程法的基本原理。
2. 熟悉节约里程法的使用过程。</td></tr>
<tr><td>能力</td><td colspan="4">在遵循配送路线规划成本、效益、路径、服务4原则前提下应用节约里程法进行配送路线规划。</td></tr>
<tr><td>素质</td><td colspan="4">形成兼顾成本与服务的管理意识及职业素养</td></tr>
<tr><td>教学重点</td><td colspan="2">1. 理解节约里程法的基本应用。
2. 路线规划四原则在规划软件中的运用。</td><td>教学难点</td><td colspan="2">节约里程法的应用过程抽象难懂、学生不易灵活掌握
路径规划4原则的具体应用过程，学生体会不深刻</td></tr>
<tr><td>解决方法</td><td colspan="5">1. 利用电子表格、仿真绘图软件破解学习节约里程法时复杂逻辑思维的困惑，将复杂的逻辑思维转变成简单的形象思维。促进学生对原则的深入理解节约里程法的算法和用法，培养实际应用能力；
2. 利用录屏软件，校内网络、微信、QQ 等信息化手段解决课程导入、知识拓展、验收点评等环节，提高教学效率，增加师生互动和团队竞争意识。</td></tr>
<tr><td>教学环境</td><td colspan="5">带多媒体设备的机房；硬件：投影仪、教师机、学生机；软件：配送优化系统软件、OFFCIE 办公软件。</td></tr>
</table>

续表

<table>
<tr><td>教学设计思路</td><td>本次课堂教学内容是物流管理专业配送技术与实务课程中的“配送路线规划”项目下的“多车多点线路规划”任务。根据教学重点和难点，利用视频、动画等信息化手段呈现配送路线优化的意义，将学生带入学习任务中；利用动画形象、直观地诠释 “节约里程法”如何在实际工作中加以运用，促进学生对 4 原则的深入理解和灵活运用；利用“电子表格、配送线路规划软件”准确、快速制定多客户、多车辆的方案，使学生在根据任务要求制定配送路线方案的过程中，掌握节约里程法和“路线优化”软件的使用方法，形成良好的客服意识，能根据客户的不同需求灵活制定配送方案等职业素养。</td><td>信息化资源利用</td><td>本教学单元共利用 2 个动画、1 套路线优化系统、Excel 表格、多媒体制作软件、录屏软件、微信、QQ 等软件和十余张图片。
1.课程导入环节：视频、动画等。
2.任务分析环节：PPT 课件。
3.任务实施环节：Excel 表格、PPT 课件、路线优化系统软件。
4.考核评价环节：校内网、Excel 表格、路线优化系统软件、录屏软件。
5.拓展提高环节：校内网、教材配套在线课程、多媒体制作软件。</td></tr>
</table>

<table>
<tr><th>教学环节</th><th>教学内容</th><th>教学步骤、方法与手段</th></tr>
<tr><td>一、课程导入（10分钟）</td><td>通过播放视频，下发课件等方法，使学生了解路径规划的社会及经济效益；同时，布置津工超市针对 10 个门店的配送情境。要求学生以配送中心车队调度的身份进行实战演练，同时要体现路径规划四原则。</td><td>教师：
播放经济半小时视频以及未经过优化的路线设计和优化成功的路线设计动画。讲解其目的和意义。
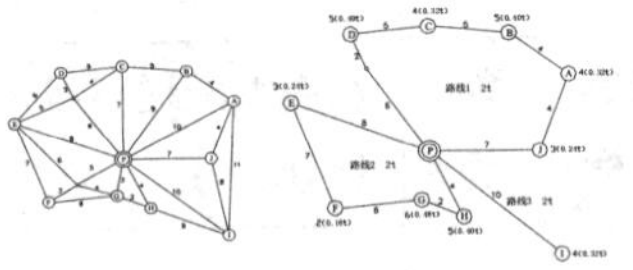
学生：
观看动画，了解路线规划的重要性。</td></tr>
<tr><td>二、任务介绍（20分钟）</td><td>分为情境任务规划及规划软件使用两个部分。
情境任务规划，主要向学生介绍节约里程法的基本公式及使用步骤。
规划软件使用，主要向学生介绍规划四原则在路径规划中的体现，以及复杂背景下的路径规划手段。</td><td>教师：
介绍节约里程法的基本公式，计算步骤以及路径规划软件的基本应用过程。
<table><tr><th></th><th>P</th><th>A</th><th>B</th><th>C</th><th>D</th><th>E</th><th>F</th><th>G</th><th>H</th><th>I</th><th>J</th></tr><tr><td>P</td><td></td><td>10</td><td>9</td><td>7</td><td>8</td><td>8</td><td>8</td><td>3</td><td>4</td><td>10</td><td>7</td></tr><tr><td>A</td><td></td><td></td><td>4</td><td>9</td><td>14</td><td>18</td><td>18</td><td>13</td><td>14</td><td>11</td><td>4</td></tr><tr><td>B</td><td></td><td></td><td></td><td>5</td><td>10</td><td>14</td><td>17</td><td>12</td><td>13</td><td>15</td><td>8</td></tr><tr><td>C</td><td></td><td></td><td></td><td></td><td>5</td><td>9</td><td>15</td><td>10</td><td>11</td><td>17</td><td>13</td></tr><tr><td>D</td><td></td><td></td><td></td><td></td><td></td><td>6</td><td>13</td><td>11</td><td>12</td><td>18</td><td>15</td></tr><tr><td>E</td><td></td><td></td><td></td><td></td><td></td><td></td><td>7</td><td>10</td><td>12</td><td>18</td><td>15</td></tr><tr><td>F</td><td></td><td></td><td></td><td></td><td></td><td></td><td></td><td>6</td><td>8</td><td>17</td><td>15</td></tr><tr><td>G</td><td></td><td></td><td></td><td></td><td></td><td></td><td></td><td></td><td>2</td><td>11</td><td>10</td></tr><tr><td>H</td><td></td><td></td><td></td><td></td><td></td><td></td><td></td><td></td><td></td><td>9</td><td>11</td></tr><tr><td>I</td><td></td><td></td><td></td><td></td><td></td><td></td><td></td><td></td><td></td><td></td><td>8</td></tr><tr><td>J</td><td></td><td></td><td></td><td></td><td></td><td></td><td></td><td></td><td></td><td></td><td></td></tr></table>
学生：
了解节约里程法的公式及其计算步骤；认识路线规划软件的初步使用方法。</td></tr>
</table>

续表

三、任务实施（30分钟）	1. 教师依据情境讲述节约里程法的公式应用过程（20 分钟） （情境） 某连锁零售店，下设有一个配送中心 P 和 10 个连锁分店 A～J，配送中心和各连锁分店及各连锁分店之间的位置关系如图所示，两点间连线上的数字为两点间的路线长度（单位：公里）。配送中心备用 2 t 和 4 t 的货车，限定送货车辆一次巡回距离不超过 35 公里。 教师点明难点和破解办法。 难点：如何快速掌握四步计算过程以及公式 ΔL=[2(L1+L2)]-(L1+L2+L3)=L1+L2-L3 第一步：作出最短距离矩阵（电子表格） 第二步：作出节约里程项目（电子表格） 第三步：节约里程项目的分类（电子表格） 第四步：安排配送（路线动画）	**学生：** 1. 以个人为单位模拟教师的操作过程，嵌入公式理解其应用过程。 2. 与教师的要是结果相比对。 **教师：** 1. 在演示的基础上，通过校内网络下发电子表格。 2. 带领学生逐步完成四个步骤。
	2. 教师结合课程导入阶段的规划 4 原则，讲述路径规划软件的使用过程（10 分钟） 什么是规划 4 原则：成本、效益、路径、服务；及其之间的关系。 规划软件与之前介绍的四个步骤有何关系。 软件的实用意义和软件的使用步骤。	**教师：** 1. 根据本节课工作任务，启发学生归纳、总结货物配载的四个原则。 3. 播视频介绍规划软件的使用过程，以及 4 原则的体现。 **学生：** 1. 学习路线规划的四个原则。 2. 根据货物重量、客户地点、车辆规格了解规划软件使用。
四、考核评价（20分钟）	考核（课上）： 增加难度，给出新任务，考察学生对节约里程法的理解。 考核内容： 在原有的情境内容之上增加 5 个配送点，及其相应货品。 考核要求： 使用节约里程法 4 步骤及软件进行路径规划，并比较结果。 使用录屏软件录制并通过校内网络提交。	**教师：** 布置课上考核内容和要求，根据学生上传的录屏结果给出考核成绩。 **学生：** 根据新任务要求，两种方法进路线规划并录制规划过程。
五、课堂小结（10分钟）	梳理和总结本节课所学的重点内容，包括配送路径规划的四个原则、节约里程法 4 个步骤、利用“路径规划”软件规划路径、成本兼顾服务的职业素养。	**教师：** 对本节课重点内容进行梳理和总结。

续表

六、拓展提高（课下）	1. 针对性强化学习 利用教材配套的在线课程，学生可针对自身情况强化学习。 2. 利用移动设备学习 利用多媒体制作软件制作学习过程，提交到网路，可以互相交流、取长补短。	**学生：** 课下根据自身需要利用教材在线课程进行自主学习，使用 APP、EXE 等文件观看他人规划过程促进交流学习
教学后记	多车多点配送路线规划是三种路线规划中的难点，兼顾成本、效益、路线、服务等因素；计算过程复杂，逻辑性较强，同时涉及到软件的应用；但是在配送中心又是最常用的一种规划方式。基于以上原因同时结合学生特点，教师将教、学、做一体化教学过程与信息技术深度融合，让学生既掌握了节约里程法的核心公式与步骤又理解了解决负载问题时的软件工具，同时还体会了规划 4 原则的应用过程。培养了学生能够解决相关问题时的多种方法，数理服务兼顾成本的调度岗位职业素养。	

“可编程控制器应用”课程单元设计

寇 恒

<table>
<tr><td>课程名称</td><td colspan="2">可编程控制器应用</td><td>作品名称</td><td colspan="2">PLC 控制电动机启动电路的组装与调试</td><td>项目章节</td><td></td></tr>
<tr><td>授课学时</td><td>4</td><td>教材教参</td><td colspan="3">教材:《可编程控制器应用（siemens 为主体）》，华东师范大学出版社，2015
教参:《PLC 实训校本教材》，2013</td><td>授课专业年级</td><td>电气自动化专业大二年级</td></tr>
<tr><td rowspan="3">教学目标</td><td>知识</td><td colspan="6">1. 掌握电动机 Y－△启动控制的原理和组成。
2. 掌握 PLC 控制电动机 Y-△启动控制电路图的画法和接线方法。
3. 掌握电动机 Y－△启动的 PLC 控制技术、及相关指令。</td></tr>
<tr><td>能力</td><td colspan="6">1. PLC 控制电动机 Y－Δ 启动的接线、编程、操作调试的动手能力。
2. 电气故障的诊断与排除能力。
3. PLC 的编程设计能力。</td></tr>
<tr><td>素质</td><td colspan="6">1. 能够虚心求教解决现实的设计难题。
2. 能够在工作环境中正确的与人沟通和交际。
3. 正确理解团队合作的意义与自身价值。</td></tr>
<tr><td>教学重点</td><td colspan="3">1. PLC 控制电动机 Y-△启动控制的设计步骤。
2. PLC 控制程序的编写与调试。
3. PLC 控制电动机 Y-△启动控制电路图的画法和接线方法。</td><td>教学难点</td><td colspan="3">1. KM_Y 与 $KM_{\triangle}$之间的“硬互锁”连接。
2. PLC 控制程序的编写。</td></tr>
<tr><td>解决方法</td><td colspan="7">1.改变教学以教材为主；信息以黑板为主；实践以个人为主；没有任务驱动的传统教学模式。结合实训教学的特点，围绕“教、学、做”创建多元的动态课堂。
2.运用真实的工业设计案例，突出“做中教、做中学”的教学方法，并在其中加入视频、PPT、模拟软件等信息化教学手段。突破教学瓶颈解决教学难点。
3.以任务为驱动，学生为主体，教师配合学生完成设计的整个过程。在设计过程中教师进行提示和引导，充分调动学生学习的积极性，提高学生的自学和沟通协作能力。</td></tr>
<tr><td>教学设计思路</td><td colspan="3">创作思路：采用企业项目案例情境化教学方式，学生作为企业的电气设备技术人员，在完成一项“PLC 控制电动机启动电路的组装与调试”工作过程中学习专业知识，提高职业能力。灵活运用 PPT、视频、仿真软件、网络课堂等多种信息化教学手段，突出“做中教、做中学”的教学形式，让学生们能够更直观的认识到工业生产的真实情况，大大提高学生的学习兴趣和主动性。</td><td>信息化资源利用</td><td colspan="3">1. 在教学导入时运用真实的工业现场视频演示，提高学生对工业现场的认识，让学生明确岗位工作任务以及 PLC 控制电机启动在工业现场中的应用。
2. 在星角启动转换的工作原理授课时使用 PPT、动画进行教学，突破现场教学的瓶颈，解决学生们不能够直观的理解星角转换时设备通电情况的难题。
在实际接线前让学生们先使用模拟软件进行接线，以防止直接接线时错误连线造成的事故。</td></tr>
</table>

续表

<table>
<tr><th>教学
环节</th><th>教学内容</th><th>教学步骤、方法与手段</th></tr>
<tr><td>一、
课程
导入
（10 分
钟）</td><td>学生基础：学生已学过电力拖动和 PLC 软件、触摸屏软件使用的相关内容。
课前准备：课前按照 2 人一组安排分组，每组配备电工常用工具一套（尖嘴钳 1 把，一字、十字螺丝刀各一把），万用表 1 块，并按电路安装元件清单配备所需元件和材料。同时要求学生：
1. 穿好工作服，佩戴胸牌；
2. 准备好有关书籍及学习用品；
3. 按组领取所配备器材；
4. 预习并要求画出原理图和接线图；
5. 保持实习场地环境卫生。
教学内容：
1. 通过学生的课前作业进行引入。
2. 通过视频引入星角启动在工业中的真实应用。</td><td>教师：根据学生课前作业所反馈的内容选择 2 个同学对自己所查找的问题进行讲解说明。并通过视频展现当今工业中星角启动的应用。
学生：
1. 选取 2 位同学回答，其他同学思考。（课前作业：上网搜索三相异步电动机 Y-△启动典型工业应用并复习其工作原理）
2. 通过视频让学生明确岗位工作任务以及 PLC 控制电机启动在工业现场中的应用。</td></tr>
<tr><td>二、
任务
介绍
（20
分钟）</td><td>任务引入：
降压启动的含义：是指利用启动设备将电压适当降低后，加到电动机的定子绕组上进行启动，待电动机启动运转后，再使其电压恢复到额定电压正常运转。
Y-△降压启动的含义：是指电动机启动时，把定子绕组接成 Y 形，以降低启动电压，限制启动电流。经几秒，当电动机启动后，再把定子绕组接成△形，使电动机全压运行。
任务分析：
1. 情境引入
设定教学情境，为包装车间设计一条单电机驱动的生产线，该生产线的电气控制部分包括：三个接触器、一个热继电器、一个西门子 S7-200PLC 和两个按钮。
接触器 KM 做引入电源用，接触器 KM_Y 和 $KM_\triangle$ 分别作 Y 形降压启动用和△运行用，PLC 用作控制 Y 形降压启动时间和完成 Y-△自动切换。SB1 是启动按钮，SB2 是停止按钮，FU1 作主电路的短路保护，FU2 作控制电路的短路保护，FR 作过载保护。
2. 启动过程
按下启动按钮 SB1，PLC 接收到 I0.0 的输入信号，Q0.0、Q0.1、T37 同时接通，此时 T37 开始计时、接触器 KM 和 KM_Y 线圈得电吸合，电机星形启动；T37 计时时间到 Q0.1 断开同时 Q0.2 接通，此时接触器 KM_Y 线圈失电 $KM_\triangle$ 线圈得电，电机角形运行，实现 Y-△降压启动。
3. 停机过程
按下停止按钮 SB2，PLC 接收到 I0.1 的输入信号，Q0.0 断开此时 Q0.2 断开，从而 KM、KM_Y 和 $KM_\triangle$ 都处于断开状态系统停机，电机停止转动。</td><td>教师：
播放视频、PPT、动画
学生：
观看视频，听教师讲解，理解 Y-△的概念，掌握 Y 形和△形接线顺序关系，进入岗位角色。
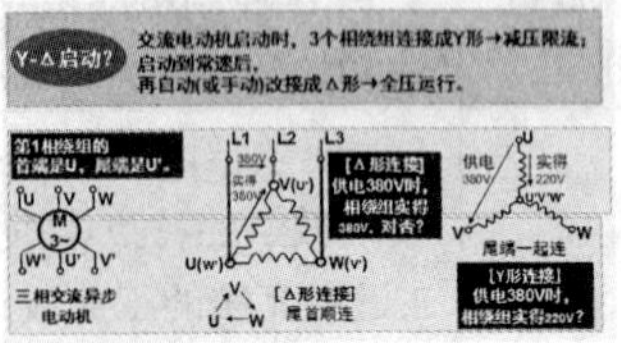

</td></tr>
</table>

续表

<table>
<tr><td rowspan="4">三、
任务
实施
（65 分
钟）</td><td>1. 强调设备安全（5 分钟）
强调用电安全，出现应急情况会断开电源和按下急停按钮。

</td><td>教师：
使用设备讲解如何在关键时刻断电和急停的方法。
学生：
看教师的讲解和操作动作，亲身实践紧急断电和急停按钮。</td></tr>
<tr><td>2. 提出设计方案（10 分钟）
学生通过本小组讨论提出设计方案和设备的运行顺序并确定自己的小组分工。
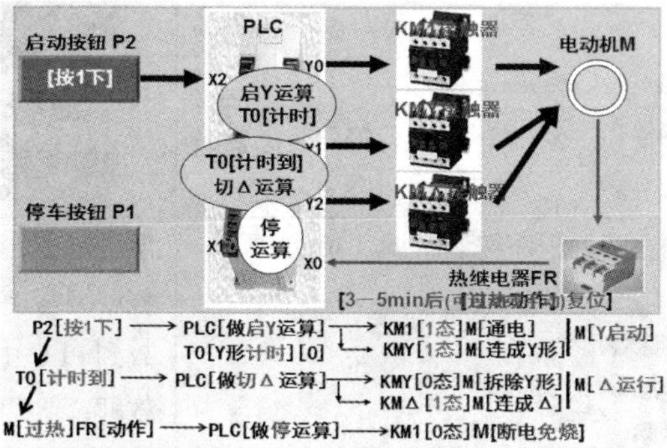
</td><td>教师：
转换角色把主动权交给学生，让学生进行方案设计。
学生：
1. 思考问题；
2. 小组讨论；
3. 给出设计方案；
4. 确定自己在小组中的工作。</td></tr>
<tr><td>3.完成 I/O 分配表（10 分钟）
<table>
<tr><td></td><td>名称</td><td>I/O</td><td>说明</td></tr>
<tr><td rowspan="3">输入信号</td><td>SB1</td><td>I0.0</td><td>启动按钮</td></tr>
<tr><td>SB2</td><td>I0.1</td><td>停止按钮</td></tr>
<tr><td>FR</td><td>I0.2</td><td>热继电器</td></tr>
<tr><td rowspan="3">输出信号</td><td>KM</td><td>Q0.0</td><td>接通电源</td></tr>
<tr><td>KM_Y</td><td>Q0.1</td><td>接通星形</td></tr>
<tr><td>$KM_\triangle$</td><td>Q0.2</td><td>接通角形</td></tr>
<tr><td>内部信号</td><td>时间继电器</td><td>T37</td><td>延时接通</td></tr>
</table></td><td>教师：
教师巡视指导，接受提问解决问题。
学生：
小组合作讨论完成 I/O 分配表。</td></tr>
<tr><td>4.绘制电动机 Y-△降压启动 PLC 控制电路图并组装（50 分钟）
学生进行电路设计电路图的绘制，仿真软件的使用，实际接线。
教学时：根据控制要求，按照接线图能正确的接线，按照接线顺序同时采用不同的颜色分开，以便于我们今后检查维修与调试。KMY 与 KMΔ 之间必需“硬互锁”，以避免“3 相短路故障”。</td><td>学生：
学生通过小组讨论，完成电路图绘制，然后使用学生机内的模拟接线软件进行模拟接线。
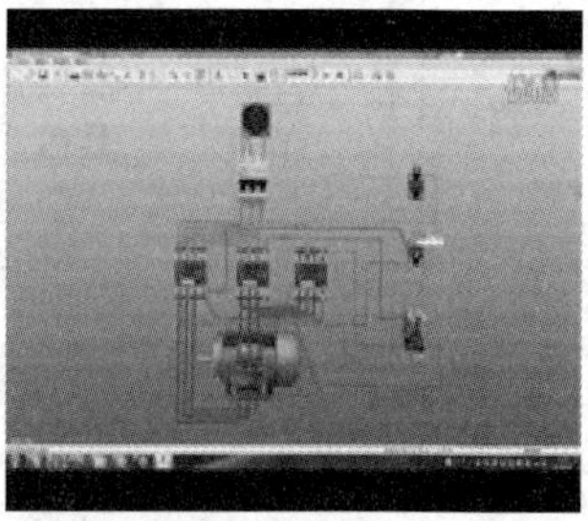</td></tr>
</table>

续表

<table>
<tr><td></td><td>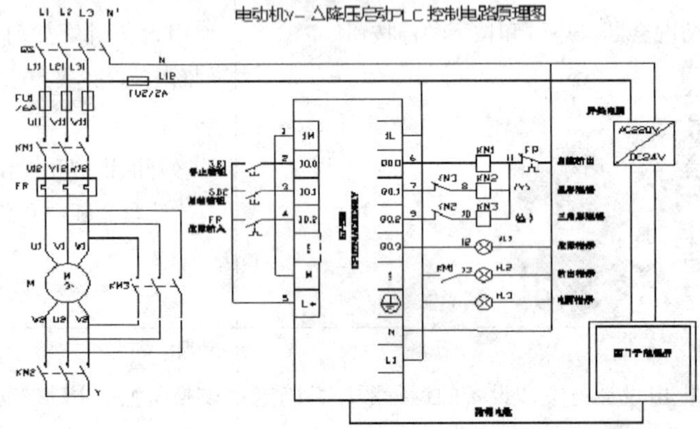
</td><td>教师：
播放接线视频辅助学生进行接线。模拟接线后由教师进行检查点评，没有问题后可进行实际接线。教师随时提醒学生要注意硬互锁的连接，千万不要接错线或者不接硬互锁。
同时教师巡视指导，接受提问解决问题。
</td></tr>
<tr><td>三、任务实施（65分钟）</td><td>5. 电动Y-△降压启动PLC控制电路的程序编制及调（30分钟）
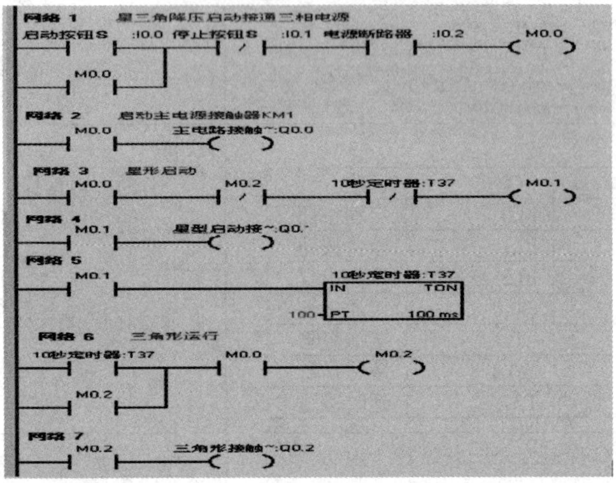
</td><td>学生：使用编程软件进行PLC程序编写，并将完成的程序下载到PLC中进行调试。
教师：一般情况下不会一次完成，需要进行多次调试，教师进行巡视随时指导并接受提问。
</td></tr>
<tr><td></td><td>6. 触摸屏在电动机 Y-△降压启动 PLC 控制电路中的典型应用（30分钟）
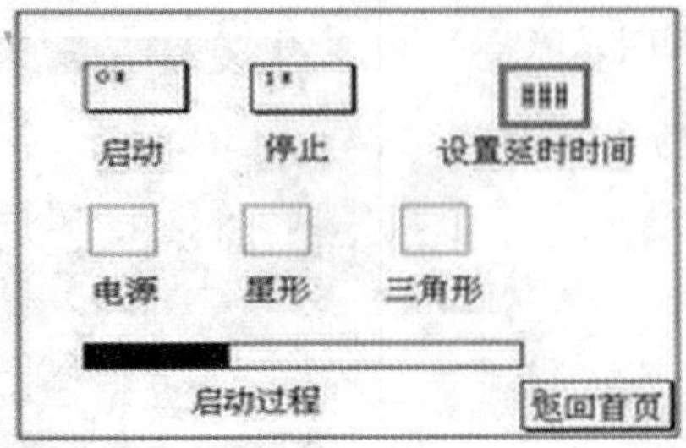
</td><td>学生：编写触摸屏程序并下载调试。
教师：在PPT中播放可参考触摸屏界面，供学生们参考。教师巡视指导，接受提问解决问题。</td></tr>
</table>

续表

<table>
<tr>
<td>四、
总结
评价
（15 分
钟）</td>
<td>总结本节教学重难点，挑选一组同学现场展示本节的教学效果，布置作业使用信息化手段进一步考核每一位同学对本次课程的掌握情况。
本教学单元的考核评价由学生自评和教师评价两个环节构成。学生自评：课下学生通过课程平台提交课后将学习总结通过课程平台上交。
教师评价：教师根据每位学生在课堂教学、小组讨论、提交作业的表现，对学生予以评价。

</td>
<td>教师：
1. 挑选出一组表现出色的同学进行现场展示，予以点评。
2. 播放视频，分析优点，供同学参考。
3. 收回程序，课程总结作业。
学生：
1. 看优秀的小组进行现场展示。
2. 观看示范的视频，找优点。
3. 课上提交接线图和 PLC 程序，课后将学习总结通过课程平台上交。</td>
</tr>
<tr>
<td>教学
后记</td>
<td colspan="2">通过教学的实施，和不断的归纳总结，利用行动导向的教学方法，进一步规整教学思路和课程结构。并将总结的经验又应用到教学中去。这样一来不仅教师的教学水平、对课堂的掌控能力、对课程的理解和总结能力得到了提升，同时学生们对这样的课堂也是非常的认同，反应良好。</td>
</tr>
</table>

“文书工作与档案管理”课程单元设计

王君艳

<table>
<tr><td>课程名称</td><td>文书工作与档案管理</td><td colspan="2">作品名称</td><td>文书制作</td><td>项目章节</td><td>项目一</td></tr>
<tr><td>授课学时</td><td>1</td><td>教材教参</td><td colspan="2">教材：《文书工作与档案管理》，戈秀萍主编，大连出版社，2014
教参：《国家行政机关公文格式》，国务院办公厅制发，1999</td><td>授课专业年级</td><td>文秘专业大一年级</td></tr>
<tr><td rowspan="3">教学目标</td><td>知识</td><td colspan="5">1. 了解公文应具备哪些标识要素。
2. 掌握公文中各标识要素的标识规则。
3. 掌握公文页面设置的要求和装订的方法。</td></tr>
<tr><td>能力</td><td colspan="5">能够按照《国家行政机关公文格式》完成机关单位常用文书的制作。</td></tr>
<tr><td>素质</td><td colspan="5">在公文制作的过程中，能够按照《国家行政机关公文处理办法》的要求，“准确、及时、高效、安全地完成工作任务”，“严格执行国家保密法律、法规和其他有关规定，确保国家机密安全。”</td></tr>
<tr><td>教学重点</td><td colspan="4">1. 公文中各标识要素的标识规则。
2. 公文页面设置的要求和装订的方法。</td><td>教学难点</td><td>1. 标识发文机关标识的方法。
2. 标识反线的方法。
3. 设置页码的方法。</td></tr>
<tr><td>解决方法</td><td colspan="6">1. 参照教学案例学习《国家行政机关公文格式》，使学生对公文格式的规范要求形成直观的感性认识，尽快理解、掌握公文格式的规范要求。
2. 按照《国家行政机关公文格式》找出教学案例中的对与错，促进学生对《国家行政机关公文格式》相关规定的深入理解和灵活运用。
3. 学中做，做中学，培养实际操作能力。</td></tr>
<tr><td>教学环境</td><td colspan="6">数字化实训室，硬件：教师机、学生机，软件：Microsoft Word 文档。</td></tr>
<tr><td>教学设计思路</td><td colspan="4">本次课堂教学内容是文秘专业文书工作与档案管理课程中的“文书制作”项目下的“制作下行文”、“制作上行文”任务。
根据教学重点和难点，设置工作情境，将学生带入学习任务中；利用教学案例，促进学生对《国家行政机关公文格式》相关规定形成直观的感性认识，进行深入理解和灵活运用；通过制作文书，做中学，做中教，使学生在制作文书的过程中掌握文书制作的规则和方法，形成文书人员“准确、及时、高效、安全地完成工作任务”的职业素养。</td><td>信息化资源利用</td><td>1. 利用秘书综合实训系统巩固、形成文书制作的相关专业知识。
2. 利用数字化实训室，通过实践操作形成相关的专业技能。
3. 利用国家秘书资格考试网、教材配套在线课程拓展提高相关的专业能力。</td></tr>
</table>

续表

教学环节	教学内容		教学步骤、方法与手段
一、课程导入（3 分钟）	设置工作情境，布置工作任务 任务 1　你作为某市轻工业局办公室秘书，办公室主任高鹏将一份发文（下行文）稿纸交给你，要求你尽快完成此份文件的制作。 任务 2　你作为某市地税局办公室秘书，办公室主任张高峰将一份发文（上行文）稿纸交给你，要求你尽快完成此份文件的制作。		**教师**：将 2 份发文稿纸发给学生，要求学生按时完成工作任务，促使学生积极主动地学习理解《国家行政机关公文格式》的规范要求。 **学生**：接收**工作任务**，形成完成工作任务、学习专业知识的**主动性**。
二、任务分析（4 分钟）	1. 讲解发文稿纸的结构和项目，说明发文稿纸在制作文书过程中的作用。 2. 展示教学案例，使学生对公文格式产生直观的感性认识，尽快理解工作任务。 3. 分发《国家行政机关公文格式》，使学生了解、掌握公文格式的规范要求。		**教师**：通过发放发文稿纸创设文书制作的工作情境，教师（作为办公室主任）为学生（作为办公室秘书）布置工作任务。通过展示教学案例，使学生尽快理解工作任务。通过分发《国家行政机关公文格式》，使学生了解、掌握任务要求。 **学生**：接受工作任务。
三、任务实施（30 分钟）	1. 3 名学生为一小组，学习、讨论《国家行政机关公文格式》。利用教学案例，理解、掌握 18 项公文标识要素的含义，区分其中 11 项每份公文都必须具备的标识要素和 7 项因工作需要才标识的要素。	10 分钟	**学生**： 1. 针对《国家行政机关公文格式》、教学案例开展小组学习和讨论。 2. 列举出 11 项每份公文都必须具备的标识要素和 7 项因工作需要才标识的要素。 **教师**： 1. 在小组活动过程中为学生答疑解惑。 2. 讲解 18 项公文标识要素的含义
	2. 结合教学案例，边学边做，学习、掌握公文中各标识要素的标识规则、页面设置的要求。	10 分钟	**教师**：指导学生完成页面设置、掌握公文中各标识要素的标识方法。 **学生**：边学边做，学习、掌握公文中各标识要素的标识方法、页面设置的要求。
	3. 依据《国家行政机关公文格式》，学生分组分析、讨论，找出教学案例中的对与错，掌握公文中各标识要素的标识规则。	10 分钟	**学生**： 1. 分组分析、讨论教学案例中的对与错。 2. 归纳教学案例中的对与错。 3. 掌握《国家行政机关公文格式》 **教师**：指导学生的分组讨论，对学生归纳教学案例中的对与错进行总结。

续表

<table>
<tr><td rowspan="2">四、考核评价（5分钟）</td><td>1. 能力考核（课上）
考核内容：
（1）某市轻工业局办公室秘书制作的发文（下行文）应具备的哪些标识要素？标识规则、页面设计要求、装订要求？
（2）某市地税局办公室秘书制作的发文（上行文）应具备的哪些标识要素？标识规则？
考核要求：
利用数字化实训室及 Word 文档制作提交的文件应符合《国家行政机关公文格式》的规范要求。</td><td>学生：根据工作任务要求，依据《国家行政机关公文格式》的规范要求，归纳某市轻工业局办公室秘书制作的发文（下行文）应具备的标识要素、标识规则、页面设计要求、装订要求。归纳某市地税局办公室秘书制作的发文（上行文）应具备的标识要素、标识规则。
教师：根据工作任务要求，依据《国家行政机关公文格式》的规范要求，考核学生上交的学习总结给出能力考核部分的成绩。</td></tr>
<tr><td>2. 知识考核（课下）
（1）填空题
①现行机关单位制作文件应使用________ 型纸。
②现行机关单位制作文件上边距应为_______mm，下边距应为_______mm，左边距应为_______mm，右边距应为_______mm。
（2）简答题
①现行机关单位制作文件时装订文件的规范要求？
②现行机关单位制作文件时设置文件页码的规范要求？
③11 项每份公文都必须具备的标识要素？7 项因工作需要才标识的要素？</td><td>教师：布置课下的考核内容和要求，根据学生在课程网站上的试题作答情况给出知识考核部分的成绩。
学生：在课下登录课程网站，完成知识考核中的题目，系统自动保存答案。</td></tr>
<tr><td>五、课堂小结（3分钟）</td><td>梳理和总结本节课所学的重点内容，包括制作公文时页面设置的规范要求、各标识要素的标识规则和装订文件的规范要求，秘书应具备的“准确、及时、高效、安全地完成工作任务”的职业素养。</td><td>教师：对本节课重点内容进行梳理和总结。</td></tr>
<tr><td>六、拓展提高（课下）</td><td>1. 利用秘书综合实训系统巩固文书制作的相关专业知识。
2. 利用数字化实训室，通过实践操作形成相关的专业技能。
3. 利用国家秘书资格考试网 、教材配套在线课程拓展提高相关的专业能力。</td><td>学生：课下根据自身需要利用信息化资源进行自主探究学习，了解相关信息，掌握现行机关单位制作公文的现行规章制度。</td></tr>
<tr><td>教学后记</td><td colspan="2">文书制作是文书工作三大工作内容之一，对推动机关单位的实际工作起着关键性的作用。教师根据教学目标、学生特征、知识特征，将秘书岗位职责、秘书专业技能与教学深度融合，让学生在完成具体的文书制作任务的过程中归纳专业知识，积累工作经验，掌握《国家行政机关公文格式》的规范要求，熟练使用 Word 文档，培养制作公文的职业能力，形成“准确、及时、高效、安全地完成工作任务”的职业素养。</td></tr>
</table>

“三维动画制作”课程单元设计

李　佳

<table>
<tr><td>课程名称</td><td>三维动画制作</td><td>项目名称</td><td>花园的一角</td><td>项目章节</td><td>项目二
（任务 1）</td></tr>
<tr><td>授课学时</td><td>1</td><td>教材教参</td><td>教材:《三维动画设计与制作》，李佳主编，北京师范大学出版社，2014
教参:
1.《三维动画标准教材》，李佳主编，北京师范大学出版社，2010
2.《3DS MAX9+Vary 从入门到精通》，王玉梅编著，清华大学出版社，2012</td><td>授课专业年级</td><td>动漫设计与制作专业大二年级</td></tr>
<tr><td rowspan="3">教学目标</td><td>知识</td><td colspan="4">1. 理解单项参数对材质的影响；
2. 理解多种参数的匹配对材质效果的影响。</td></tr>
<tr><td>能力</td><td colspan="4">1. 掌握材质编辑器的用法；
2. 会编辑简单的标准材质。</td></tr>
<tr><td>素质</td><td colspan="4">在进行材质编辑制作时，应达到模型的材质类型要求，并且参照真实世界的材质参数，应达到制作简单的材质项目时能让客户满意。</td></tr>
<tr><td>教学重点</td><td colspan="2">多种参数的匹配对材质效果的影响</td><td>教学难点</td><td colspan="2">1. 了解真实世界的材质特点；
2. 常用材质参数掌握后，能拓展对相关材质进行调制。</td></tr>
<tr><td>解决方法</td><td colspan="5">1. 利用几个典例实例，形象、直观地了解参数对材质的影响，促进学生对材质编辑器的深入理解，培养实际操作能力；
2. 利用本项目操作，掌握参数设置的区间特点。</td></tr>
<tr><td>教学环境</td><td colspan="5">3DMAX 软件，机房。</td></tr>
<tr><td>教学设计思路</td><td colspan="3">本次课堂教学内容是通过花园的一角项目任务学习材质编辑器的使用方法。根据教学重点和难点，利用图片将学生带入学习任务中；通过老师操作演示直观地学习如何使用材质编辑器，促进学生对材质编辑器的操作深入理解和灵活运用；利用几个典型实例，做中学，做中教，使学生能在此基础上完成任务要求制作的材质，掌握材质编辑器的通用使用方法，能制作常用的材质。</td><td>信息化资源利用</td><td>1. 项目效果图。
2. 操作步骤说明图。
3. 学生练习用的素材文件。
4. 课后练习用的资料文件。</td></tr>
</table>

续表

教学环节	教学内容	教学步骤、方法与手段
一、课程导入（2 分钟）	在 3DMAX 中建造一个模型，其本身不具备任何表面特征，但是通过材质自身的参数控制可以模拟现实世界中的种种视觉效果。通过图片展示让学生了解材质编辑器的重要性和复杂性。	**教师：** 播放图片，导入课程。  **学生：** 观看样图，建立对本项目的认识。
二、任务分析（2 分钟）	1. 背景资料 小李的设计室接到一个项目，为 A 小区设计一个小花园，经理将制作效果图的任务交给小李。 花园场景模型已制作完毕，小李现在要进行材质赋予。如何进行材质赋予？小李需要熟悉 3DMAX 中的材质编辑器的使用。 2. 任务内容 景观灯材质（材质编辑器的使用）。 3. 任务要求 学生独立编辑景观灯材质。 提示：通过几个实例递进掌握材质编辑器的使用。	**教师：** 通过 PPT 呈现背景资料、任务内容、任务要求。教师实际操作讲解。 **学生：** 接受资料进行操作。
三、任务实施（30 分钟）	1. 材质编辑器的组成部分：（5 分钟） （1）工具菜单。 （2）样本示窗：默认 6 个灰色的材质样本球，可对材质样本的外观进行自定义设置。 （3）工具按钮：要求熟悉掌握工具按钮的使用。 （4）参数栏：不同类型材质的参数栏不同。 （5）通用操作步骤：①制作场景文件；②材质编辑器\选项。 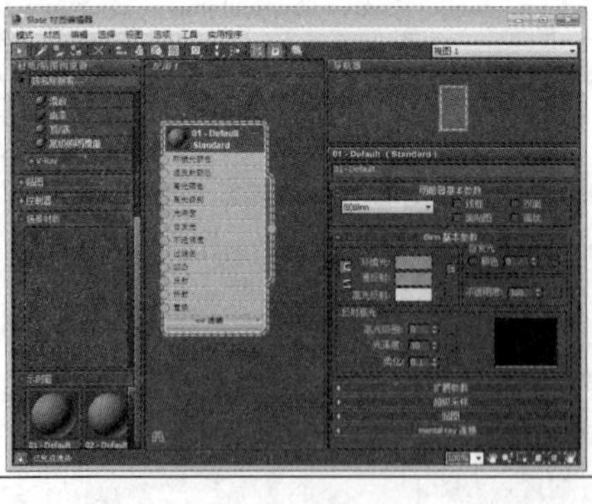	**教师：**讲解演示 **学生：**独立练习，可小组讨论疑问。

续表

<table>
<tr>
<td rowspan="2">三、
任务
实施
（30
分钟）</td>
<td>2. 教师简单讲解，启发学生按小组归纳、总结参数特点（10 分钟）
基本操作练习任务：红色塑料块
（1）phong 模式
（2）环境光 R=48 G=0 B=0
漫反射 R=255 G=0 B=0
高光反射 R=255 G=255 B=255
（3）高光级别=100 光泽度=68

试一试：瓷瓶：（打开“瓷瓶”文件）
</td>
<td>教师：
1. 讲解实例
2. 引导学生归纳总结特点
学生：
1. 独立制作第一个实例。
2. 小组分析总结制作第二个实例。</td>
</tr>
<tr>
<td>3. 本任务材质制作（自发光灯）（15 分钟）
提示：自发光的颜色与环境相对应。
</td>
<td>教师：
演示自发光数值和颜色的区别，环境对其的影响。
学生：
尝试对自发光数值进行设置，并与样图对比。</td>
</tr>
</table>

续表

四、拓展提高（5分钟）	能力提升：仕女灯材质制作 根据所发资料要求学生独立制作。  能力拓展：制作金属水罐材质和篮色塑料盘。 提示：明暗器基本参数为金属。 	**教师：** 简单提示，下发资料。 **学生：** 小组讨论，独立制作。
五、考核评价（3分钟）	1. 能力考核 上传制作图片。 2. 点评 根据图片进行点评讲解。	**学生：**上传制作的景观灯图片。 **教师：**点评。
六、课堂小结（2分钟）	梳理和总结本节课所学的重点内容，材质编辑器的操作，参数对材质的影响，及几种参数的相互配合，常见材质的参数特点。	
七、作业（1分钟）	布置作业，下传资料。	
教学后记	梳理和总结本节课所学的重点内容，材质编辑器的操作，参数对材质的影响，及几种参数的相互配合，常见材质的参数特点。在进行材质编辑制作时，应达到模型的材质类型要求，并且参照真实世界的材质参数，应达到制作简单的材质项目时能让客户满意。	

“仓储技术与实务”课程单元设计

李怀湘

<table>
<tr><td>课程名称</td><td>仓储技术与实务</td><td colspan="2">名称</td><td>仓储入库作业操作—入库货物验收操作</td><td>项目章节</td><td>项目一
（任务 3）</td></tr>
<tr><td>授课学时</td><td>40
分钟</td><td>教材教参</td><td colspan="2">教材：
《仓储管理实务》，李怀湘主编，北京大学出版社，2011
教参：
《物流师——仓储管理技能实训指导手册》，人社部职业技能鉴定中心编写，科学出版社，2012</td><td>授课专业年级</td><td>物流管理专业大二年级</td></tr>
<tr><td rowspan="3">教学目标</td><td>知识</td><td colspan="5">1. 理解仓储入库作业基本作业流程；
2. 理解掌握入库货物验收要求；
3. 熟练掌握入库货物验收流程与方法。</td></tr>
<tr><td>能力</td><td colspan="5">1. 能使用 WMS 系统、仓储设备，完成货物入库作业操作流程；
2. 能利用各种单据、验收方法完成货物入库验收操作。</td></tr>
<tr><td>素质</td><td colspan="5">1. 培养学生快速领会任务并进入角色的能力；
2. 培养学生协作与沟通交流的意识与能力；
3. 培养学生树立为客户服务、节约成本的理念。</td></tr>
<tr><td>教学重点</td><td colspan="3">1. 货物验收的流程及原则；
2. 货物入库验收操作方法。</td><td>教学难点</td><td colspan="2">1. 学生没有工作实践经历，不熟悉各种单据；
2. 货物来源复杂，客户要求时间快、效率高，学生难以顺利完成验收操作。</td></tr>
<tr><td>解决方法</td><td colspan="6">1. 利用视频形象、直观地诠释 货物入库验收流程、原则和方法，促进学生对流程、原则的深入理解，培养实际应用能力；
2. 通过信息化教学手段，学生参与的方式，按照任务体验—视频教学—教师示范---学生实操—点评指导进行教学，体现教学做一体。</td></tr>
<tr><td>教学环境</td><td colspan="6">物流实训基地
实训设备
1. 货物、托盘、搬运工具、WMS 系统、手持设备等；
2. 入库通知单、入库单、送货单、验收单等单据；
3. 包括设置有问题的包装箱：封口撕裂、破损、受潮、倒置、货物名称错误、数量差错。</td></tr>
</table>

续表

教学设计思路	本次课堂教学内容是物流管理专业核心课程《仓储技术与实务》中的“仓储入库作业”项目下的“货物验收”任务。根据教学重点和难点，利用视频、案例、仓储管理系统等信息化手段呈现仓管员工作情境，将学生带入学习任务中；利用视频直观地诠释“货物入库作业原则与方法”，促进学生对原则的深入理解和灵活运用；做中学，做中教，使学生在根据任务要求制定货物入库作业方案的过程中，掌握货物入库原则、流程和方法，形成仓管员的职业素养。	信息化资源利用	本教学单元共利用视频、仓储管理软件、《仓储管理》课程共享资源平台、国家物流师职业资格签订平台等资源。 1. 课程导入环节：视频（案例）。 2. 任务分析环节：视频（仓管员工作情境）。 3. 任务实施环节：利用视频、仓储管理软件。 4. 考核评价环节：《仓储管理》课程共享资源平台、国家物流师职业资格签订平台等资源。 5. 拓展提高环节：课程教学资源网站互动中心、培训认证内容，鼓励学生浏览课程教学资源网站，自主学习。

教学环节	教学内容	教学步骤、方法与手段
一、课程导入（5分钟）	播放视频，让学生了解货物入库工作的流程和复杂性，从而理解货物验收的重要性，导入课程。	**教师：** 观看视频入库作业，而从导入“入库作业流程”。 **学生：** 通过视频观看，让学生体会企业实际货物入库操作过程，体验验收作业的重要性。
二、任务分析（3分钟）	1. 背景资料 城市仓储物流公司成立于2000年，是一家实力雄厚的第三方物流企业，该公司以仓储业务为主，同时提供运输、市内配送和流通加工等物流服务。目前公司储存的主要产品有钢材、家用电器、日用品、食品及瓶装饮料等，主要客户有鞍钢某钢铁公司集团、海某电器、某纸业和食品公司等。 2. 任务内容 2015年3月10日城市物流公司接到美美超市采购部李经理发来的传真，称有2批货物要入库，请城市物流公司做好货物入库作业。 3. 任务要求 学生分组完成，每五人一组，通过仓储管理系统查询客户入库的货物信息及到货时间、数量，通过互动教学学生学习相关知识点，进行方案展示。	**教师：** 通过视频播放，教师为学生（作为城市物流公司仓管员）布置工作任务，通过PPT呈现背景资料、任务内容、任务要求。 **学生：** 接受工作任务。

续表

三、任务实施（26分钟）	1. 创设情景，下发任务（6 分钟） 根据引导案例为入库任务做好准备工作。 将填制单据的要求告知学生，并且强调注意事项，要求学生自行填写。	**学生：** 开展小组活动，每五人一组，充分讨论，作业前准备准备。 **教师：** 1. 播放货物验收视频 2. 启发、引导学生探究和思考货物验收工作中应注意的问题。
	2. 教师进行入库验收示范操作，师生互动、体验式教学启发学生归纳、总结货物验收的流程、原则（10 分钟） 仓管员根据送货人员提交的送货单和之前供应商发来的入库通知单核对其名称、数量、规格，等内容。 审核无误后，再对货物外观质量、外包装进行验收。	**教师：** 1. 根据本节课工作任务内容，进行验收示范 2. 对学生进行职业道德渗透：当安全、服务和成本发生矛盾时，应以保证货物安全和服务质量为前提。 **学生：** 1. 学习货物验收流程。 2. 学习货物验收原则。
	3. 组队完成整个入库验收作业（10 分钟） 根据所给任务，学生 完成整个入库验收作业。	**教师：指导、讲评。** **学生实操**
四、考核评价（3分钟）	1. 能力考核（课上） 给出新任务，考察学生灵活运用所学内容完成货物验收的能力。 考核内容： 2015 年 3 月 20 日，仓库通过传真，收到某客户的入库通知单，其中包括有 1000 箱康师傅红烧牛肉面，400 箱农夫山泉矿泉水，500 箱达能闲趣饼干，600 箱可口可乐饮料，80g 美加净护手霜 100 箱，200 箱雕牌洗衣粉等商品，需入库存放。 考核要求： 个人制定货物入库作业方案；将制定好的货物入库作业方案上传至课程网站上的作业区。	**教师：** 布置课上考核内容和要求，在课后根据学生上传的货物入库作业方案给出能力考核部分的成绩。 **学生：** 制定货物入库作业方案，并将结果上传至课程网站上的作业区。
	2. 知识考核（课下） 完成课程网站中关于本节课的自测题。 例如： （1）试画出仓储企业货物入库作业流程图。 （2）流程排序题： 请用下列元素①验收准备②核查货物③签收单据④核对凭证⑤清点货物数量完成入库验收流程。 （3）制单题： 请按给出的信息填写入库单。 （4）简答题： 简述货物验收流程及原则货物； 简述数量检验、质量检验方法。	**教师：** 布置课下的考核内容和要求，根据学生在课程网站上的试题作答情况给出知识考核部分的成绩。 **学生：** 在课下登录课程网站，完成知识考核中的题目，系统自动保存答案。

续表

五、课堂小结（3分钟）	梳理和总结本节课所学的重点内容，包括货物验收流程及原则、利用各种单据、验收方法完成货物入库验收操作、仓管员应具备的责任、服务及成本的职业素养。	**教师：** 对本节课重点内容进行梳理和总结。
六、拓展提高（课下）	1. 针对性强化学习 利用共享资源课程网站，学生可针对自身情况强化学习。 2. 利用移动设备学习 利用网络、移动设备鼓励学生浏览课程教学资源网站，自主学习。	**学生：** 课下根据自身需要利用浏览课程教学资源网站，自主学习
教学反思	在货物验收作业中，需要将来源不同、性质复杂、包装条件和规格不一的货物进行验收，而货物验收是否及时、快速影响到仓储企业的成本、分清责任及客户满意度，对仓储后续作业的顺利开展起着十分关键的作用。教师根据教学目标、学生特征、知识特征，将信息技术与教学深度融合，让学生在完成具体货物验收任务的过程中归纳货物验收原则和方法等知识，积累工作经验，多动手、多操作，掌握验收作业流程及方法，形成责任、服务、成本的仓管员职业素养。	

“物流信息技术与应用”课程单元设计

刘亚梅

<table>
<tr><td>课程名称</td><td>物流信息技术与应用</td><td colspan="2">作品名称</td><td>一维条码制作</td><td>项目章节</td><td>项目一
（任务 2）</td></tr>
<tr><td>授课学时</td><td>1</td><td>教材教参</td><td colspan="2">教材：
《物流信息技术》，陈文主编，北京理工大学出版社，2011
教参：
1.《物流信息技术与应用》，谢金龙主编，北京大学出版社，2010
2.《条码技术与应用》，张成海主编，清华大学出版社，2011</td><td>授课专业年级</td><td>物流管理专业一年级</td></tr>
<tr><td rowspan="3">教学目标</td><td>知识</td><td colspan="5">1. 掌握一维条码的结构及含义；
2. 掌握条码编制的四种规范；
3. 掌握“label mx”软件的使用方法。</td></tr>
<tr><td>能力</td><td colspan="5">1. 能根据国家标准中条码编制的四种规范规定，制作条码；
2. 能利用“label mx”软件制作一维条码。</td></tr>
<tr><td>素质</td><td colspan="5">在制作条码时养成规范、标准、严谨、细致的职业素养。</td></tr>
<tr><td>教学重点</td><td colspan="2">1. 一维条码的结构及含义；
2. 条码编制的四种规范；
3.“label mx”软件的使用。</td><td>教学难点</td><td colspan="3">1. 在收货、理货、发货等过程中经常发生货物条码污损、破损、加工等情况，需要根据原有条码或企业要求制作新的条码标签，以备粘贴在原有包装上，不同货物、不同包装所使用条码不同，需要准确确定条码码制；
2. 制作的条码标签需要标准、规范，以便能有效识读。</td></tr>
<tr><td>解决方法</td><td colspan="6">1. 利用各种图片、Excel 办公软件形象、直观地了解条码的结构，促进学生对条码码制及一维条码的深入理解；
2. 利用“label mx”软件准确、快速制作规范、标准的条码标签，培养实际应用能力</td></tr>
<tr><td>教学环境</td><td colspan="6">多媒体教室，硬件：投影仪、教师机、学生机，软件：“label mx”软件。</td></tr>
<tr><td>教学设计思路</td><td colspan="4">本次课堂教学内容是物流管理专业物流信息技术与应用课程中的“条码技术应用”项目下的“一维条码制作”任务。根据教学重点和难点，利用案例、国家标准文件、办公软件、图片、物流软件、网站资源等手段，将学生带入学习任务中；利用图片、办公软件形象、直观地显示条码结构和码制类型；利用国家标准文件指导条码编制的规范性、标准化；利用“label mx”软件准确、快速编制条码，做中学，做中教，使学生在根据任务要求制作条码过程中，掌握条码制作的规范和“label mx”软件的使用方法，形成物流信息管理员工作中“规范、标准、严谨、细致”的职业素养。</td><td>信息化资源利用</td><td>本教学单元利用国家标准文件、1 套 label mx 软件、课程资源平台、办公软件、图片和网站资源。
1. 课程导入环节：案例。
2. 任务分析环节：物流信息管理员工作任务。
3. 任务实施环节：国家标准等文件资料、图片、excel 办公软件、物流软件。
4. 考核评价环节：物流软件、资源平台。
5. 拓展提高环节：中国物品编码中心、21 世纪中国电子商务网校等网站资源。</td></tr>
</table>

续表

教学环节	教学内容	教学步骤、方法与手段
一、课程导入（2 分钟）	虽然条码在日常生活中很普遍，但越是普遍的事物可能越得不到重视，学生普遍认为条码的使用是一项很简单的工作，并不明白条码是如何制作的，条码结构的含义和制作的标准性和规范性更容易被忽视。 教师为了让学生能够清楚了解条码结钩和制作的重要性，对案例进行分析：湛江信威工艺品有限公司因出口酒柜的条码错误，导致出口美国沃尔玛超市的商品被停止销售，公司为弥补错误采取补救措施，损失惨重。	**教师：** 通过条码制作错误引发公司重大损失的案例，使学生建立对条码编制工作的重视，激发学生的责任意识，导入课程。 **学生：** 分析案例，建立对条码编制工作的重要性的认识。
二、任务分析（5 分钟）	1. 背景资料 2010 年 9 月 10 日，宝供物流公司天津办事处接到联合利华送来的一批产品——清扬发膜 50 箱，每箱 20 瓶，每瓶 400 mL，由于该部分产品要作为促销产品销售，需要重新编制条码并粘贴，要求对产品编制、打印、粘贴新条码，然后入库。 2. 任务内容 宝供物流公司接到联合利华产品加工要求，请你作为宝供物流公司的信息管理员，严格按照相关国家标准和企业要求完成条码编制。 3. 任务要求 学生分组完成，每四人一组，通过给出的相关资料，分析完成此项任务的步骤，讨论结束后由小组代表讲述工作流程。 提示：条码码制不同，结构、尺寸不同，应在正确条码码制基础上，根据国家标准，制作条码结钩、尺寸，根据企业要求，合理写入相应产品信息。	**教师：** 教师（作为宝供物流公司天津办事处主管）为学生（作为宝供物流公司物流信息管理员）布置工作任务，通过 PPT 呈现背景资料、任务内容、任务要求。 **学生：** 接受工作任务。
三、任务实施（30 分钟）	1. 与学生共同完成条码编制工作（25 分钟） 根据国家标准和企业要求，了解相关知识，利用软件，制作企业所需条码（每位学生独立完成），并将所编制的条码进行保存。 第一步：确认条码码制（次重点讲解，条码应用范围） 第二步：了解条码结构（重点讲解，利用 Excel） 第三步：确定条码尺寸 第四步：确定条码颜色 第五步：写入条码信息	**学生：** 1. 每位学生独立完成条码编制，小组内可以相互帮助。 2. 查询国家标准等相关资料，了解条码标准性、规范性要求。 3. 展示编制后的条码。 **教师：** 1. 按照与学生商讨的工作步骤，按步骤分析条码并编制，带领学生分析标准，使用软件编制条码。 2. 从标准、规范角度指出编制条码的原则，引导学生探究和思考条码编制工作中

续表

三、任务实施（30分钟）		应注意的问题。
	2. 教师结合学生任务完成过程，启发学生归纳、总结条码编制的四个规范。（5分钟） 根据学生展示的条码样品，从制作标准、规范角度对其进行评价，并归纳出条码制作应遵循的四个规范： （1）码制选用规范（EAN-UCC四种码制的选用）； （2）结构规范（代码结构（含前缀码），符号结构，二进制表示方法）； （3）尺寸规范（条码各部分尺寸要求规定）； （4）颜色规范（条与空的颜色反差越大越好）。	**教师：** 1. 根据本节课工作任务内容，国家标准及编码过程，启发学生归纳、总结条码编制的四个规范。 2. 对学生进行职业道德渗透：在编码过程中一定要遵循国际标准、国家标准、企业标准等法律规范。 3. 整理相关资料，培养学生在实际操作中查找相关资料并应用的能力。 **学生：** 1. 学习条码编制的四个规范。 2. 根据条码编制的四个规范，明确条码编制的规范性、标准性。 3. 整理相关资料，深刻理解条码编制的四个规范和在实际工作中如何查阅资料并应用。
四、考核评价（5分钟）	1. 能力考核（课上） 给出新任务，考察学生灵活运用所学内容编制条码的能力。 考核内容： 宝供物流公司天津办事处接到联合利华送来的一批产品——清扬发膜50箱，每箱20瓶，每瓶400 mL，由于该部分产品要作为促销产品销售，要求制作个性化吊牌标签。 考核要求： 个人通过条码编制软件，根据国际标准和企业要求制作吊牌标签。	**教师：** 布置课上考核内容和要求，在课后根据学生上交的条码作品给出能力考核部分的成绩。 **学生：** 根据新任务要求，利用“条码编制软件”制作符合企业要求的个性化吊牌标签，并将结果上交。
	2. 知识考核（课下） 完成本节课的测试。（详见资源平台课程要求，测试内容结合和中国物品编码中心中国条码职业资格证书职业资格鉴定及条码与自动识别知识竞赛内容，题型为单选、多选、判断、简答）	**教师：** 布置课下的考核内容和要求，根据学生在课程网站上的试题作答情况给出知识考核部分的成绩。 **学生：** 在课下登录课程网站，完成知识考核中的题目，系统自动保存答案。
五、课堂小结（3分钟）	总结本节课所学的重点内容，包括一维条码码制的选用、条码的结构、尺寸、颜色、信息写入，条码编制过程中标准、规范、细致的职业素养。	**教师：** 对本节课重点内容进行梳理和总结。

续表

六、拓展提高（课下）	1. 针对性强化学习 中国物品编码中心、21 世纪中国电子商务网校等网站资源。 2. 利用网络平台、办公软件学习 通过网络平台在线条码生成器、Office 办公软件，提升多种途径编制条码的能力。	**学生：** 课下根据自身需要利用所提供的资源，加强对条码的认知，以及对其重要性的理解，能利用多种途径编制条码。
教学后记	条码在我们的日常生活中普遍存在，而且在生产生活中起着至关重要的作用，明确条码的结构、码制，既能提升工作能力，又便于普及生活常识，熟练掌握编码技术，养成标准、规范、严谨的职业素养，防止造成公司损失，也不会导致人们生产生活混乱。	

“电算会计综合实训”课程单元设计

姜宁宁

<table>
<tr><td>课程名称</td><td>电算会计综合实训</td><td>作品名称</td><td>固定资产业务核算</td><td>项目章节</td><td>项目三
（任务1）</td></tr>
<tr><td>授课学时</td><td>1</td><td>教材教参</td><td>教材：校本教材
教参：
1.《会计信息系统实验教程》，汪刚，清华大学出版社
2.《用友 ERP 财务管理系统实验教程》，王新玲等，清华大学出版社</td><td>授课专业年级</td><td>会计专业大二年级</td></tr>
<tr><td rowspan="3">教学目标</td><td>知识</td><td colspan="4">1. 掌握固定资产折旧方法；
2. 掌握固定资产新增、报废、大修理、改良业务的核算处理；
3. 掌握“用友 U8”软件的固定资产模块使用方法。</td></tr>
<tr><td>能力</td><td colspan="4">能利用“用友 U8”软件完成固定资产系统初始化设置、固定资产系统的日常业务处理及固定资产月末结账工作。</td></tr>
<tr><td>素质</td><td colspan="4">1. 所有的会计处理方法与流程，必须符合会计准则、会计制度、会计规范等要求——规范；
2. 根据实际经济业务完成会计账务处理，不做假账——诚信；
3. 每一笔业务核算中，都要做到准确，不能多一分，也不能少一分——严谨；
4. 对枯燥、繁琐的会计核算任务要在相应的核算期内保质保量的完成——毅力。</td></tr>
<tr><td>教学重点</td><td colspan="3">1. 固定资产新增、报废业务的核算处理；
2. 固定资产大修理、改良业务的核算处理；
3.“用友 U8”软件固定资产管理系统的操作使用。</td><td>教学难点</td><td>1. 固定资产大修理、改良业务的系统设置操作；
2. 固定资产相关业务的制单处理操作。</td></tr>
<tr><td>解决方法</td><td colspan="5">1. 结合企业对外提供会计信息的作用与会计账务处理核算流程，讲授固定资产核算的原则与方法，并将手工与电算化核算进行比较；
2. 结合真实企业案例，利用用友 U8 软件，进行企业固定资产系统初始化设置、固定资产系统的日常业务处理及固定资产月末结账等业务核算操作，提高学生实操能力。</td></tr>
<tr><td>教学环境</td><td colspan="5">多媒体教室，硬件：投影仪、教师机、学生机，软件：“用友 U8”软件。</td></tr>
</table>

续表

教学设计思路	本次课堂教学内容是会计专业电算会计综合实训课程中的“会计核算岗位角色模拟训练”项目下的“固定资产”任务。根据教学重点和难点，利用原始单据、固定资产卡片、用友U8软件等信息化手段呈现固定资产岗位的工作情境，将学生带入学习任务中。以工作任务和工作过程为载体构建知识理论与实践一体化教学内容，基于完整行动的任务教学是课程设计的主线。设定实际任务，给出了完成任务的操作步骤，归纳总结完成任务所需的资讯信息（背景知识），学习时学生完全是在做中学，在老师的指导下，在分组竞赛的氛围中，自主求知，自我教育，团队合作，研究资讯，制定计划，自主决策，组织实施，老师指导、解惑、总结、点评。	信息化资源利用	1. 任务实施环节：“用友U8”软件。 2. 拓展提高环节：电算化取证考试软件平台。

教学环节	教学内容	教学步骤、方法与手段
一、课程导入（2分钟）	认识固定资产建账、固定资产的增加、减少及期末业务数据及原始资料，了解固定资产卡片，理解固定资产业务与企业月末业务之间的关系。	**教师：** 展示企业实际数据，使学生建立对固定资产核算工作重要性的正确认识，激发学生的学习意识，导入课程。 **学生：** 查看资料并进行简单分析，建立对固定资产核算工作重要性的正确认识。
二、任务分析（3分钟）	1. 背景资料 北京华兴股份有限公司为工业制造型企业，本月总账、薪资日常业务核算已结束，部分系统已完成结账工作。 本课程以在北京华兴股份有限公司财务部门工作为背景来开展： 班级——总公司；小组——分公司； 学生——固定资产会计岗位工作人员。 2. 任务内容 根据北京华兴股份有限公司的会计资料，利用用友U8系统，完成固定资产系统初始化设置、固定资产系统的日常业务处理及固定资产月末结账工作。 3. 任务要求 学生分组完成，每三人一组，利用学校的课程资源网站回顾之前学过的会计理论知识，通过用友U8系统查询固定资产新增及减少业务的核算、折旧方法选择与计算、以及相应的会计账务处理，讨论结束后由小组代表进行固定资产核算方案展示。	**教师：** 通过图片、文字资料等向学生展示其会计岗位工作情境，教师（作为永和股份有限公司CEO）为学生（作为永和股份有限公司各会计岗位工作人员）布置工作任务，通过PPT呈现背景资料、任务内容、任务要求。 **学生：** 接受工作任务。

续表

三、任务实施（27分钟）	1. 学生分组讨论、进行实操与成果展示（20分钟） 根据北京华兴股份有限公司的固定资产相关会计资料，利用用友U8系统，进行固定资产新增、报废业务的核算处理；固定资产大修理、改良业务的核算处理；固定资产折旧的账务处理，并将结果呈现在U8系统系统中。	**学生：** 1. 开展小组活动，每三人一组，充分讨论并进行实操工作。 2. 小组展示实操结果，并详细阐述其内部勾稽关系。 **教师：** 在小组活动过程中为学生答疑解惑；并提示学生在固定资产核算时应注意的问题。
	2. 教师结合小组成果展示，启发学生归纳、总结“用友U8”软件固定资产系统的使用方法（7分钟） （1）熟练掌握固定资产管理系统工作流程； （2）熟练掌握固定资产管理系统初始设置； （3）熟练掌握固定资产管理系统的日常处理； （4）熟练掌握固定资产变动资料的分析与处理； （5）熟练掌握固定资产折旧的设置与折旧费用分摊； （6）熟练掌握固定资产管理系统的期末处理； （7）熟练掌握固定资产报表输出； （8）熟练掌握固定资产核算模块结账与数据备份。	**教师：** 根据工作任务内容，启发学生归纳、总结固定资产管理系统的软件使用方法。 **学生：** 学习利用用友T3软件操作完成固定资产2月份业务核算。
四、考核评价（5分钟）	1. 能力考核（课下） 给出新任务，考察学生灵活运用“用友U8”软件系统进行固定资产系统日常业务核算。 考核内容： 根据北京华兴股份有限公司会计资料，利用用友U8系统，进行固定资产系统初始建账、日常业务核算及月末处理，撰写实训报告。 考核要求： 个人上机操作用友U8软件系统，进行固定资产改良业务的核算处理实操。	**教师：** 布置课上考核内容和要求，以及能力考核评分标准。 **学生：** 根据新任务要求，完成任务考核内容。
	2. 知识考核（课下） 完成教材中关于本节课的自测题。	**学生：** 在课下完成知识考核中的题目。
五、课堂小结（3分钟）	梳理和总结本节课所学的重点内容。	**教师：** 对本节课重点内容进行梳理和总结。
六、拓展提高（课下）	针对性强化学习： 利用教材配套的“用友U8”软件安装程序，学生可针对自身情况强化练习。	**学生：** 课下根据自身需要利用“用友U8”软件进行自主探究学习，掌握固定资产日常业务核算流程与实操。

“网络综合布线”课程单元设计

刘　盛

<table>
<tr><td>课程名称</td><td>网络综合布线</td><td>作品名称</td><td>超五类网线的制作</td><td>项目章节</td><td>项目三：实训楼综合布线工程施工
子项目 8：电缆布线施工</td></tr>
<tr><td>授课学时</td><td>1</td><td>教材教参</td><td>教材:《网络综合布线》，王公儒主编，电子工业出版社，2012</td><td>授课专业年级</td><td>网络系统管理专业二年级</td></tr>
<tr><td rowspan="3">教学目标</td><td>知识</td><td colspan="4">1. 掌握 568A 与 568B 两种网线的线序；
2. 掌握网络测线仪的使用方法。</td></tr>
<tr><td>能力</td><td colspan="4">1. 能够根据工程要求，在 5 分钟内完成一根合格的 568B 网线的制作；
2. 能够使用测线仪测试网线的连通情况。</td></tr>
<tr><td>素质</td><td colspan="4">培养制作网线过程中的节约意识、谨慎意识、完美意识。</td></tr>
<tr><td>教学重点</td><td colspan="2">1. 568A 与 568B 两种网线的线序；
2. 使用网线钳熟练的制作一根合格的网线。</td><td>教学难点</td><td colspan="2">1. 网线的 8 根线的顺序（按颜色标示）；
2. 制作网线的“手法儿”。</td></tr>
<tr><td>解决方法</td><td colspan="5">1. 对于线序：“快速背诵”；
2. 对于手法：明示规范，告知参数，视频播放，反复练习。</td></tr>
<tr><td>教学环境</td><td colspan="5">联想 3C 服务中心：投影仪、网线钳、网线、RJ45 水晶头、号管、保护套、测线仪等。</td></tr>
<tr><td>教学设计思路</td><td colspan="5">以渤海实训楼机房交换机到 PC 的连接任务需求切入，引导学生制作超五类网线，综合运用教师演示、分组快速背诵、“小组找茬”等方式，训练学生快速、准确的制作网线。</td></tr>
<tr><td>教学环节</td><td colspan="4">教学内容</td><td>教学步骤方法与手段</td></tr>
<tr><td>一、课程导入（3 分钟）</td><td colspan="4">渤海校区实训楼的综合布线施工已经进入到线缆铺设阶段，目前需要根据设计要求，制作长度不一的网线，用来连接网络设备及终端，那么如何制作一根合格的网线呢？568A，568B 是什么？水晶头里的八根线是什么顺序？</td><td>教师：
拿出一根网线，让同学们仔细观察。
学生：
观察网线，对细节的观察。</td></tr>
</table>

续表

二、任务演示（8分钟）	1. 超五类网线及 RJ45 水晶头 超五类网线与五类网线比，一般用于千兆网络，它的延时参数会优于五类线缆。 RJ-45 水晶头由金属触片和塑料外壳构成，其前端有 8 个凹槽，简称“8P”（Position，位置），凹槽内有 8 个金属触点，简称“8C”（Contact，触点），因此 RJ-45 水晶头又称为“8P8C”接头。 2. 制作 568B 网线 RJ-45 水晶头连接按 T568A 和 T568B 排序。T568A 的线序是：白绿、绿、白橙、蓝、白蓝、橙、白棕、棕。T568B 的线序是：白橙、橙、白绿、蓝、白蓝、绿、白棕、棕。下面以 T568B 标准为例，介绍 RJ-45 水晶头连接步骤。 制作步骤： （1）剥线。 （2）排线。 （3）理线。 （4）剪切。 （5）插入。 （6）检查。 （7）压接。 （8）制作跳线。 （9）测试。 3. 任务要求 学生分组完成，每 6 人一大组，配备 3 把网线钳及水晶头若干，每人制作一根直连线缆。	**教师：** 通过演示讲解，将网线的制作过程及要点传达给学生。 **学生：** 仔细观察，记录要点。
三、分组制作（20分钟）	1. 学生分组背诵 568B 线序（5 分钟） 根据教师要求，每组点出两名同学起立背诵 568B 网线线序。 2. 学生制作网线 根据教师要求，组内每两人一组，制作一根 568B 网线，在制作时，一人制作，一人挑错。 （1）剥线。用双绞线剥线器将双绞线塑料外皮剥去 3 cm（如图 1）。 （2）排线。将绿色线对与蓝色线对放在中间位置，而橙色线对与棕色线对放在靠外的位置，形成左一橙、左二蓝、左三绿、左四棕的线对次序（如图 2）。 （3）理线。小心地剥开每一线对（开绞），并将线芯按 T568B 标准排序、特别是要将白绿线芯从蓝和白蓝线对上交叉至 3 号位置，将线芯拉直压平、挤紧理顺（朝一个方向紧靠如图 3）。	**学生：** 1. 组内背诵。 2. 组内制作网线。 3. 使用测线仪测试网线的连通性。 **教师：** 1. 在小组活动过程中为学生答疑解惑。 2. 发现普遍问题随时中断，进行讲解。

续表

<table>
<tr><td>三、
分组
制作
（20
分钟）</td><td>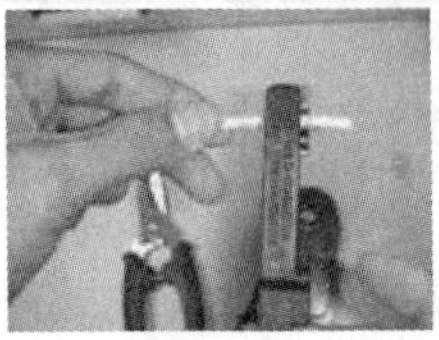  
图 1 图 2 图 3
（4）剪切。将裸露出的双绞线芯用压线钳、剪刀、斜口钳等工具整齐地剪切，只剩下约 13mm 的长度（如图 4）。
（5）插入。一手以拇指和中指捏住水晶头，并用食指抵住，水晶头的方向是金属引脚朝上、弹片朝下。另一只手捏住双绞线，用力缓缓将双绞线 8 条导线依序插入水晶头，并一直插到 8 个凹槽顶端（如图 5）。
（6）检查。检查水晶头正面，查看线序是否正确；检查水晶头顶部，查看 8 根线芯是否都顶到顶部（如图 6）（为减少水晶头的用量，（1）至（6）可重复练习，熟练后再进行下一步）。
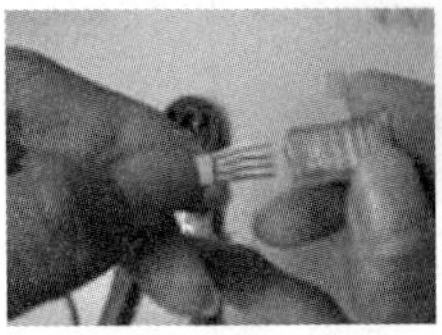  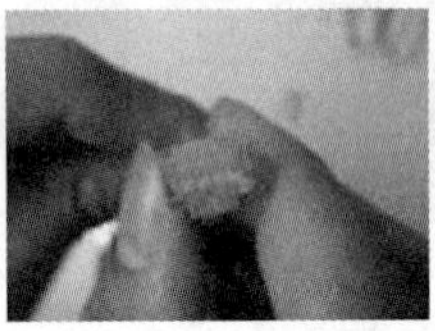
图 4 图 5 图 6
（7）压接。确认无误后，将 RJ-45 水晶头推入压线钳夹槽后，用力握紧压线钳，将突出在外面的针脚全部压入 RJ-45 水晶头内，RJ-45 水晶头连接完成（如图 7～9）。
 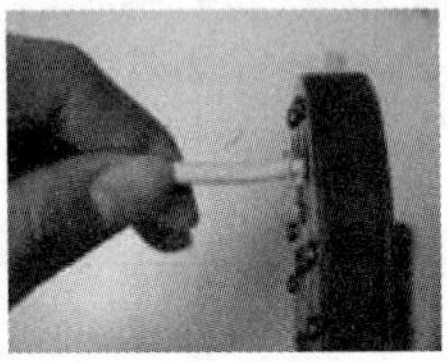 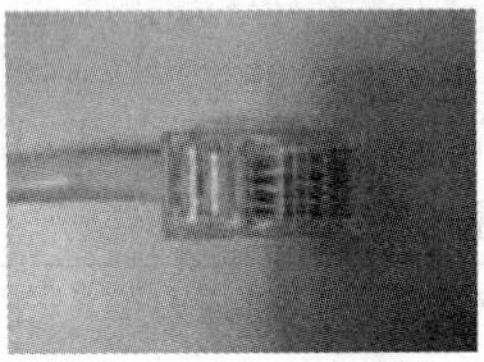
图 7 图 8 图 9
（8）制作跳线。用同一标准在双绞线另一侧安装水晶头，完成直通网络跳线的制作。另一侧用 T568A 标准安装水晶头，则完成一条交叉网线的制作。
（9）测试。用测试仪对网线进行测试。</td><td></td></tr>
<tr><td>四、
考核
评价
（5 分钟）</td><td>1. 组内考核
根据评分表，互评对方网线。
2. 教师考核
对于学生的网线作品进行打分。
考核内容：
对于网线制作的几个关键点进行考核。（连通性、号管及保护套的加入、网线的美观程度）</td><td>教师：
组织进行组内考核，提示考核要点。
学生：
组内考核、填写实训报告单</td></tr>
</table>

续表

五、课堂小结（4分钟）	梳理和总结本节课所学的重点内容，包括两种线序、制作网线的注意要点、不同品牌网线的感知。	**教师：** 对本节课重点内容进行梳理和总结。
六、拓展提高（课下）	1. 利用课下时间查看六类双绞线的制作说明。 2. 查阅市场常见网线品牌的价格	**学生：** 课下根据自身需要利用网络进行自主探究学习，了解网线市场的基本情况。
教学后记	1. 制作网线的规范性还需要加强。 2. 分组制作的时候，再把重点强调一遍，效果会更好。	

“自动线安装与调试”课程单元设计

贾启升

<table>
<tr><td>课程名称</td><td>自动线安装与调试</td><td>作品名称</td><td>三相异步电动机 M420 变频器参数设置</td><td>项目章节</td><td>项目三：成品入库分拣站设计改造子任务二入库分拣站气路和电路部分安装与调试</td></tr>
<tr><td>授课学时</td><td>1</td><td>教材教参</td><td>教材：《自动化生产线安装与调试》，吕景泉主编，中国铁道出版社，2013</td><td>授课专业年级</td><td>电气自动化专业二年级</td></tr>
<tr><td rowspan="3">教学目标</td><td>知识</td><td colspan="4">1. 了解变频器参数的功能；
2. 掌握变频器参数设置的方法。</td></tr>
<tr><td>能力</td><td colspan="4">熟练掌握变频器在本单元的基本使用。</td></tr>
<tr><td>素质</td><td colspan="4">培养变频器参数调试过程中的小组团队意识，实施设备整理维护的意识。</td></tr>
<tr><td>教学重点</td><td colspan="3">1. 西门子 M420 变频器参数设置；
2. 变频器在设备中的作用。</td><td>教学难点</td><td>变频器参数设置中参数初始化及参数保存。</td></tr>
<tr><td>解决方法</td><td colspan="5">1. 对于参数设置要仔细认真；
2. 对于手法：明示规范，告知参数，现场演示，反复练习。</td></tr>
<tr><td>教学环境</td><td colspan="5">自动化生产线安装与调试实训室亚龙 335B 小型生产线、天煌 YL-1 型小型自动化生产线。</td></tr>
<tr><td>教学设计思路</td><td colspan="5">以如何让小型自动化生产线分拣站电机动起来为任务切入，引导学生对 M420 变频器进行参数设置。通过教师设备讲解，现场演示，学生小组协作的方式，训练学生快速、准确的调试参数。</td></tr>
<tr><td>教学环节</td><td colspan="4">教学内容</td><td>教学步骤方法与手段</td></tr>
<tr><td>一、课程导入（5 分钟）</td><td colspan="4">线路连接好了，变频器怎么使用呢，怎么叫电机动起来啊？
而且如何让电动机根据客户要求实现多个速度以及正反转呢？</td><td>教师：
教师进行现场的演示，以及视频播放。叫学生知道电机运动起来之后的效果。
学生：
观察电机的运动情况。</td></tr>
</table>

续表

<table>
<tr>
<td>二、
任务
演示
（8 分
钟）</td>
<td>1. M420 变频器设备的认识
通过现场实物展示，叫学生了解变频器的功能，以及各按键功能。
2. M420 变频器参数初始化设置
通过现场设备，给学生演示变频器参数设置的方法。将几个基本的参数，设置出来。
参数设置步骤：
（1）P0010　快速调试　30　调出出厂设置参数
（2）P0970　工程复位　0 恢复出厂值。
（3）P0003　参数访问级　3 最高级
（4）P0004　参数过滤器 0 不过滤。
（5）P0010　快速调试 1 开启快速调试。
（6）P0100　使用地区 0。
（7）P0700　选择命令源 2 由外部端子控制。
（8）P0701　数字输入 1 的功能 1。
（9）P1000　选择频率设定值 1 由 BOP 面板设定频率值
（10）P1080　电动机最小频率 0 Hz 频率下限
（11）P1082　电动机最大频率 50.00 Hz 频率上限
（12）P1120　斜坡上升时间 2S
（13）P1121　斜坡下降时间 2S
（14）P3900　结束快速调试 1 结束快速调试过程
（15）P1040　面板设定频率值 30 面板设定由默认值变为设定值
3. 任务要求
学生分组完成，每 3 人一大组，配备三相异步电动机一台、M420 变频器模块一台、工具箱一套、导线若干。</td>
<td>

教师：
通过演示讲解，将变频器按键的功能展示给大家。
学生：
仔细观察，记录要点。</td>
</tr>
<tr>
<td>三、
分组
实操
（20
分钟）</td>
<td>1. 小组根据清单检查设备及工具情况（5 分钟）
根据教师给每组发放的设备清单及安装规程，检查设备情况，是否缺少、损坏。
2. 学生对变频器进行接线，通电
对变频器线路进行连接，U、V、W 三相交流电输入、输出、信号线都要接好：
（1）连接输入。U、V、W 三相交流电输入。
（2）连接输出。U、V、W 三相交流电输出。
（3）信号线。变频器 DIN1 DIN2 DIN3 要连接好。
（4）检测。线路连接好后，由教师检测对线路进行通电。
（5）调试。根据变频器参数设置说明，对变频器进行出厂化设置。
（6）检查并通电测试。设置完成后由老师亲自检查设置情况。
（7）如有问题进行讲解。
（8）正反转及多段速设置。根据学生的完成情况，对当前参数进行修改实现正反转及多段速运行。
（9）测试。根据情况进行调试。</td>
<td>学生：
1. 组内检查。
2. 线路连接。
3. 参数设置。
4. 通电调试。
教师：
1. 在小组活动过程中为学生答疑解惑。
2. 发现普遍问题随时中断，进行讲解。</td>
</tr>
</table>

续表

四、考核评价（5分钟）	教师考核 根据考核评分表对学生实操情况进行考核评价。 考核内容： 线路的连接、设备运行情况、参数设置情况、设备恢复等。	**教师：** 组织进行考核，提示考核要点。 **学生：** 考核、填写实训报告单
五、课堂小结（4分钟）	梳理和总结本节课所学的重点内容，包括变频器参数设置的重点、难点。	**教师：** 对本节课重点内容进行梳理和总结。
六、拓展提高（课下）	分拣站自动运行控制线路的设计。	**学生：** 课下根据自身需要利用网络进行自主探究学习，了解分拣站的动作情况。
教学后记	1. 线路连接安全规范操作。 2. 分组训练遇到问题讲解的方式。	

第三部分

课程教学心得

以生为本　固基强能

——运输技术与实务课程改革体会

高　扬

作为一名高职院校教师，我积极投身于课程改革与建设工作之中。在实践中总结，在反思中提升，获得了良好的教学效果。

一、课改原则——以生为本

课改是不是一定要做？这是我在课改之初反复思考的问题，也就是课改的必要性。在传统课堂上，教师虽然传授了丰富的知识，但学生是否获得和形成了相应的能力，我们不得而知。因为能力是要在具体做事的过程中训练并习得的。而对课程进行“项目化”改造则能梳理出训练学生能力的合理的“项目”或“任务”。因此，为了让学生真正具备做事的能力，不断提高专业素养和综合素质，我和我的教学团队以课程所面向的职业岗位对人才的知识、能力、素养要求为教学目标，改变传统授课模式和方法，以“工作任务”和“工作过程”为载体对课程进行重新设计。

二、课改过程——步步为营

项目化课程设计既是创造性的劳动，又极具挑战性，对教师的教学设计和实施能力是一次历练和检验。

在本次课改中，我们教学团队的做法是：首先，深入到物流行业、企业进行市场调研，了解和掌握物流行业发展趋势、企业的人才需求，和面向高职毕业生的具体的工作岗位、工作任务，分析完成这些任务对人才的知识、能力、素质方面的要求，并以此作为本课程的教学目标。在明确教学目标后，我们对整门课程的教学内容进行了重新设计和构思，确定了本课程以新入职员工在远达物流公司（石家庄分公司）进行轮岗实习为背景展开。学生作为实习生需要在接单员、操作员、车辆调度员、配载员、送货员等典型工作岗位进行轮岗实习，并互相配合，完成一项复杂、综合的货运任务。

在教师要完成课程的整体设计和单元设计后，就要在课堂上进行实施，并根据学生的学习效果和反馈意见不断调整。下面，以“货物配载”这个教学单元设计为例，简要说明教学实施的重要性。最初，这个教学单元的设计是，教师先布置学习任务，并讲解货物配载原则和完成货物配载工作的注意事项，接下来由学生制定货物配载方案，并进行展示。但是在教学实施过程中发现，课堂气氛沉闷，整节课还是以教师灌输为主，学生被动接受知识。经过反思，我对教学设计进行了修改，在教师给出企业背景、任务内容、完成标准等学习任务的相关资料后，不直接讲授配载原则等理论知识，而是组织学生分组讨论，制定初步的货物配载方案。之后，教师再对学生小组的方案进行分析和点评，说明各组的优点和缺点，并与学生共同归纳货物配载原则。经过这样的设计，教学效果提升显著，学生是通过经历完整的工作过程来学习和掌握新的技能和知识，从而真正实现“做中学、做中教”。

三、课改效果与体会——师生共赢

实践是检验真理的唯一标准。我认为，对于某一门课程具体要设计成哪种课程模式可以有一定的灵活性，只要对提高学生学习兴趣、学习效果、能力获得有明显帮助的，都可以尝试，最后通过教学实践来检验这种模式是否科学合理。在教育教学实践中，我不断总结和反思，教学成果显著，并形成以下三点体会：

1. 持续改进。教学设计不能一劳永逸，不断修改与完善必不可少。修改包括纵向和横向两个方面：纵向上，教师要根据在教学实施过程中暴露出的问题、学生的反馈和教师的自我反思，及时进行修改和完善，教学相长，更好地实现教学目标；横向上，教师要充分考虑市场和用人单位需求的变化，对教学内容进行更新和调整，保证课堂教学的有效性和前沿性。

2. 多方受益。我认为，课改的最大受益者是我们的学生。新的课堂使他们愿意参与到学习活动中，唤醒了内在的潜力，重燃学习兴趣，提高专业技能和职业素养。教师亦然，虽然在教学设计和实施过程中历经辛苦，但毕竟能从过去机械的、枯燥的“课本传声筒”的角色中解放出来，让教学成为高效率的创造性劳动。对学校来说同样，课改之后教学质量提升显著，为社会输送更多优秀人才。因此，课改是一件对学生、教师、学校、社会而言，共赢之事。

3. 感恩团队。课改是一项设计学校方方面面制度和人员的工作，如果没有学院领导和团队的支持，是无法完成的。在课改过程中，团队教师都倾注了大量的工作经验和高超的教学智慧，一路走来，没有抱怨，没有推托，只有合作与奉献。因此，一门课程改革的背后除了主讲教师外，还凝结了许多专家、领导、同事的心血和汗水！作为教师，应把这种感恩之情融入到平日的教学工作中，为学校的发展和学生的成长贡献自己的智慧和力量！

课程深度改造，颠覆传统课堂

——“国际金融”能力本位项目化课程教学改革心得体会

吴　双

高等职业院校的培养目标是培养高素质技术技能人才，突出行业和职业特色，切实有效地贯彻“能力本位项目化”课程改革是高职院校教师毋庸置疑的任务，我在深度课改并实践的过程中，也收获了一定的成果和体会。

一、能力本位项目化课程改革的做法

1. 课程整体设计——综合性工作项目贯穿全课

课程整体设计的宗旨是将教学内容与课程所对应岗位实际工作任务深度融合，设计方法是将一项完整、复杂、全面的大型工作项目作为主线贯穿全课，再将大型工作项目中的不同工作模块逐个设计为相关联的子项目，再将这些子项目中所包含的工作任务与实际工作的典型工作情境一一匹配，让学生在模拟工作情境中逐一完成子项目的工作任务。在全课教学实施结束后，教师则引导学生完成了一项大型综合性工作项目，在“做中学”的实践过程中，掌握了一系列的职业能力。

为了体现任务驱动，突出工作情境感，在整体设计之前，我们对相关工作岗位进行了深度和反复的调研，梳理工作环节，理清工作任务，总结工作能力点、知识点、素质点，将这些作为教学目标嵌入每一个子项目中的每一项工作任务。从而形成了从宏观设计到微观设计的“项目——子项目——任务——情境”的全课整体设计，充分体现职业教育教学设计与岗位工作对接的特点。

2. 课程单元设计——工作情境中实施任务驱动

在“能力本位项目化”教学改革的过程中，我结合当今高职学生的特点，反复实践，提炼出“单元五环节”教学模式，即一个教学单元中实施的五个环节：情境导入明任务；团队协作共实施；归纳总结炼要点；成果展示再完善；评估检测再巩固。具体做法为：

情境导入明任务。激发高职学生的学习动机与兴趣至关重要，这就要求教师采取灵活多样的、引人入胜的导课方式，为学生创设学习情境。导入新课之后，要确立本节课指向明确的学习任务，且有可操作性和可检测性。

团队协作共实施。这是一节课最为重要的环节，要采用学生分组的形式完成学习任务。分两步进行，一是在教师的指导下围绕学习任务自主学习，通过阅读、咨询、考察、检索等多种途径收集相关资料，每个学生独立完成自主学习内容；二是协作探究，学生经过组内帮扶把个人单独难以完成的或综合性的问题在组内进行交流，利用团队智慧协作制定工作方案并完成任务。

归纳总结炼要点。在小组讨论实施的过程中，教师要巡查学生的参与情况，发现问题要适时点拨引导，督促小组长组织完成本组学习任务，利用小组作用增强学生自我监督、自我激励意识，防止学生掉队。各组任务完成后，要归纳总结出现的集中问题、典型问题，与学生一起归纳总结完成工作任务所需的能力点、知识点、素质点。

成果展示再完善。在学生根据提炼出的学习要点修改完善小组任务方案后，教师为学生搭建一个展示成果的平台，展示学生的沟通表达、学习感受、知识理解、任务成果、个性特长等。通过小组展示可以反映出小组的设计风采和创新成果，发现存在的不足和问题时，相互借鉴，取长补短，加以修正完善。

评估检测再巩固。在一堂课的最后，设计检测环节进行效果评估，由学生独立完成本节课的检测内容。教师提供评分标准，小组交换评分，收集检测结果进行分析，对当堂课的学习作进行全面的总结和评价，特别对评估检测不达标的同学要进行专门辅导，使之课后完成学习任务。

二、能力本位项目化课程改革的效果

“以能力为本位、项目为主线、教师为主导、学生为主体” 新型教学模式的应用取得了良好的教学效果，有效的提高了教学质量和学生综合能力，适应了社会对高素质技术技能型人才的需要。

1. 课堂活力明显激发。转化了教师和学生的角色定位，课堂成为学生展示的舞台，“做中学”,“做中教”，激活了课堂学习氛围，学生变得积极主动，课堂上欢声、笑语、掌声迭起，学生在课堂上找到了自我，体会到自信与成就的快乐，展示了教学改革的魅力。

2. 职业能力大幅提高。与职场紧密关联的项目化课程使教学过程始终以职业能力提高为目标和评价标准，学生能把所学的知识和技能与未来的职业生涯联系起来，激发学生更加强烈的学习愿望。五环节教学模式使学生体会到创意、合作、展示、竞争带来的乐趣和能力提升的成就感，充分调动了学生学习的积极性，受到学生的普遍欢迎。

三、能力本位项目化课程改革的几点经验

1. 第一堂课至关重要

首次课学生都在想——学这门课有什么用？没有目的便没有动力。若第一堂课的设计和教学成功，则整门课程事半功倍。第一次课要面向全课、尽可能的让学生参与和体验。在第一次课上我会增加介绍本课程面向的基层岗位和晋升发展岗位，提出几项与本课对应岗位相关的几个问题任务，这样来增强学生的学习目的性。

2. 导课方式灵活多变

导入新课的方法很多，如案例导入、问题导入、故事导入、情景剧导入、歌曲导入等，一堂好课需要教师用教学艺术把学生引入自然美妙的学习环境之中。情境导入也可以在教师的指导下由学生来完成，这是一堂优质课的序曲。

3. 小组协作严格把关

学习小组的构成要遵循“组内异质，组间同质”的原则，这样既便于组内帮扶，又适用

于组间竞争。自主学习应尽量避免交流，培养学生自主学习与独立解决问题的能力；小组写作能使学生由封闭走向开放，在协作探究时碰撞出思想的火花，增加了课堂生机与活力。

四、能力本位项目化课程改革的切身体会

首先，重塑教学目标是首要任务。通过对课改前毕业生跟踪调研，我们发现有很多学习好的学生也并不能够胜任自己的工作岗位，这说明学生所学并没有成为职业活动的能力，所谓“高分低能”。通过反思我们认识到学生的能力不是老师讲出来的，是在完成实际工作中自己动手动脑练出来的，重塑能力本位为教学目标是首要任务。教师要让学生在解决问题和完成任务的过程中反复训练，提高学生能力。

其次，教师必须具备课程项目研发和更新能力。高职教育要求教师必须要具有“能力本位型”课程项目持续研究开发的能力，为了保证学生获得最新的职业知识、能力和素质，学有所用，教师不仅需要扎实的理论知识，还必须要与企业建立密切的联系，定期到企业顶岗实践，不断提升自身“双师”素质是实现能力本位课程项目化改造的基础。

最后，课改过程中我深刻体会到了“教学相长”这四个字的内涵，项目化课改不仅让学生受益，同时也大大助推了教师自身的专业化成长。教师在项目化教学改革中奠定了新思维，学到了新模式，掌握了新方法，在探索高等职业教育教学规律上步入了新天地，在高素质高技能的人才培养上，学到了教学治学的新本领。

问渠那得清如许，为有源头活水来

——网络综合布线课程建设感悟

课程建设是一个持续的过程，需要不断的进行学习和改进，来适应随时更新的技术技能要求。学院的教学做验收课工作进行了一年有余了，在学院的不断推进下，个人在课程建设方面也有一些体会与老师们分享。

一、建设过程

2014 年初，戴士弘教授来到了我院，为全体老师做了“课程整体设计”的报告。报告就课程建设提出了很多具有操作性的方法。在此基础上，我对照我所讲授的课程，认真学习了《职教院校整体教改》这本书，里面有很多例子，也有很多很具有操作性的建议。当年 9 月，戴教授再次来到我院，为老师们做了“单元设计”的辅导，通过辅导，更加细化了课程内容。

在 2015 年 4 月，学院邀请了校外专家与院学术委员全体委员一道，听了我的现场单元教学“超五类网线的制作”。通过现场教学，我又对教学设计有了更深刻的认识，尤其对于时间分配放方面、实训指导把控方面、课堂现场评价方面、意外处理方面还有很多需要改进的地方。

此后，学院学术委员会全体委员又对我的课程进行了随机听课，课后又给了我很多好的建议。

二、课程建设经验

1. 找准目标很重要

在做课程整体设计的时候，我把主要精力放在了课程目标以及每个单元的目标上，这里包括知识目标，能力目标，素质目标。我认为，只有课程目标清楚了，后面的课程设计才有意义，也不会走弯路，如果目标找不对，找不准，后面的工作就都没有意义了。那么如何才能找准目标呢，首先要和专业带头人多沟通，把这门课程放在整个专业的人才培养方案中，看看课程所处的位置，服务于本专业培养目标中的哪些目标。在整理好课程目标与单元目标后，需要与熟悉本行业、本课程的企业一线技术人员进行一下沟通，看看这些目标是否符合当前企业对应岗位的需要，是否有更新，是否有补充，是否有偏离等等。在所有的目标都确保没有问题的情况下，再深入思考一下自己的目标，能够尽量的细化、量化这些目标，比如常见的能力目标表述：“能够识别常见传输的介质”，要把这个目标细化、量化成“能够识别常见的同轴电缆、网线、光纤等三种传输介质”。有了这个细化目标后，自然在课程中就能想到将这些目标融入到课堂而不会丢掉知识点了。在所有的目标都梳理完成后，就可以看出整门课程的脉络了，在每个单元设计的时候，查看一些自己的教学内容是否涵盖了所有的目标。

2. 实现目标的方法与手段很关键

在确定好目标后，下一个需要注意的问题就是使用什么样的方法与手段来实现这个目标。选择恰当的教学方法和教学手段可以又快又好的实现教学目标。然而是否能够选择到最好的方法，也是一个需要不断尝试的过程。是使用视频、动画，怎么设计板书，是采用小组讨论法还是游戏法，这些既需要老师进行思考与设计，也需要到课堂上去验证，看看是不是和设计与设想的一致。怎样才算达到教学目标呢？我认为主要还是看学生的课堂吸收与掌握情况，可以通过提问、小测验、课后询问等方式得到反馈。

3. 认真反思与同行评课很必要

课后反思是提高课程建设水平很重要的一个环节。在每次课后都需要进行，主要反思这堂课的时间分配是不是有问题，是不是突出了重点，教学方法是不是还有改进的余地，实训安排是否合理，如果不尽合理，应该怎么调整，学生学习的效果怎么样？如果不是很理想，到底是那个环节造成的，是教学方法问题还是设备问题，是实训时间不足还是分组分工不合理等等，反思后尽量形成文字备注于教案后，方便后续改进。

督导与同行听课也是很好、很必要的环节。因为督导都是非常有经验的专家，能够指出一些教师自己意识不到的问题，比如板书设计啊、下意识的动作及口头语等。同行听课，能够指出一些专业问题，比如工具的使用啊，素养的形成啊等一些细节的问题。

我感觉，课程目标找准了，教学方法与手段运用正确了，再加上课后的反思，督导与同行的指导，一定能够完成一门优秀的课程。

三、课程建设体会

1. 保持一点宁静和淡泊的心态

课程建设，尤其是想做好一门课程，是非常累心的一件事情。一门课程需要很多材料的支撑，课程标准、授课计划、课程整体设计、课程单元设计、教案、PPT、实训指导书、动画、视频、任务工单、每个任务的考核标准、课程考核方案、课外学习拓展材料等等。几乎每一项都有若干的表格、若干的模板需要填写。而且随着技术的变化，还需要不断的更新。如果没有一点定力，没有一点宁静与淡泊的心态，是不可能把课程建设做好的。尤其是在老师花费了巨大的心血准备好这些材料后，学生的学习状态与学习效果没有达到预期的时候，更需要理性面对。我感觉教师还是需要一些“小崇高”，愿意为教育事业贡献自己的力量，并且教师的职业是教育人、影响人，应该从更高的层面去理解和看待这个问题，如果通过自己的努力而正向的影响了学生，使学生发生了改变，是一件很有意义的事情。

2. 教学还得靠基本功

目前有各种教学理念、教学方法，比如慕课啊，微课啊，翻转课堂啊等等，虽然概念众多，但是终归这些都是为我们的教学目标服务的，目的是让学习者学会、学好、能用。在设计一门课程的时候，还是需要很多基本功的，老师如何把一门课讲明白、讲清楚，比如课程内容安排的顺序是否合理？课程的脉络是否清晰，逻辑上没有错误？每次课的课程导入和主要知识的导出过度是否自然、合理？每次课程的重点、主次安排是否恰当？课程中所选的案例是否足够典型与贴切？是否有讲义下发给学生，供他们课下学习？课堂教学的声音是否足够洪亮？教态是否自然……如果把这些内容都搞清楚了，一定能把课讲好！

3. 课程改革需要惠及学生

我们做课程改革，主要还是希望能让学生更好的学习、掌握必备的技能、有较高的素养来更好的就业。因此课程改革要更多的惠及学生。比如说通过课程建设，增加了实训设备；通过课程建设，引进了企业教师，提升了学生的职业素养；通过课程建设，增加了学生的就业信心；通过课程建设，提高了学生的就业质量等等。只有惠及了学生，才能算是课程建设的成功。

点燃学习热情，提高课堂效率

——仓储技术与实务教学做课程建设体会

李怀湘

根据学院“教学做验收课”工作的部署安排，2015 年我参加了学院教学做课程说课比赛、40 分钟“公开课”课堂教学、随机课三个环节活动，我们对仓储技术与实务课程进行了全面的整合与改造。

一、仓储技术与实务课程教学做一体的主要做法

1. 对多家行业、企业调研，对学习者学习需求进行分析

在教学做一体教学中，为解决教什么、学什么以及如何保障做中学、学中做的问题。课程团队深入国储局天津 833 处、德邦物流、中外运久凌、顺丰速递天津公司、百世汇通等典型企业进行调研，通过调研，了解了这些企业仓储管理主要职业岗位的工作职责和典型工作任务，以及履行这些工作职责，完成这些典型工作任务，所应具备的素质、知识和应掌握的作业技能。

同时也调查了解不同学习者学习特点及需求，针对高职学生的认知特点及专业课的知识特点进行教学，点燃学生学习热情，提高课堂学习效率。

2. 根据企业仓储工作岗位工作过程，确定典型工作任务，设计学习项目

根据物流行业对仓储岗位人才的需求，确定仓储管理的具体岗位，围绕仓储岗位群所需的专业技术能力，确定这些岗位的典型工作任务，参照物流师国家职业标准的相关要求，进行工作过程系统化项目课程内容设计。

3. 将教学项目落实到每个单元，设计教学情境

学习情境的设计：将项目落实到每个单元教学时，结合仓储工作流程，按照课程标准，结合学校的教学设施条件，进行情境教学设计。通过学习情境中学习目标、主要内容、授课方式、师生要求等各项内容的描述，来说明这件事情的由来，工作环境与约束条件，来规范课程教学所要求的内容，并从情境中不断引出任务和问题，采用大量的学习内容、学习任务、知识点，便于教师实训教学环节设计，引导学生动手动脑。

4. 任务驱动，学做合一

根据学习情境，教师向学生提出具体的工作任务，提供给学生具体的工作任务单，使学生明确工作任务及工作要求，工作效果的评价标准等，并通过对学生已有知识与技能的启发与引导，与学生一道寻找完成工作任务的方法,提醒学生操作中应注意的事项。学生在完成任务的同时，对知识、理论等也进行了学习。

二、开展教学做一体化教学的效果

1. 教学成果显著，教学团队加速成长，学生职业技能提高。与企业联合编写并出版了《仓储管理实务》教材，连续3年使用于课程教学；课程资源已经在教学、职业技能培训、社会服务等方面进行使用，物流师职业资格认证合格率达80%；使用资源为企业进行培训，取得良好的社会效益和经济效益。

2. 课堂效率提高，学生扎实“学”起来，通过对13级学生的调查表明，对该课程教学模式非常喜欢并经常自主训练的学生占34%，比较喜欢的占56%，没有兴趣的占10%。学生质量显著提高，就业率保持98%，在市高职高专院校技能竞赛比赛中，我院学生获得了一、二、三等奖的好成绩。

三、开展教学做一体化教学的体会

1. 提高教师素质，建设教学做一体化教师团队

仓储技术与实务课程教学做教学要求教师的素质是多方面的。首先要提高教师的教学素质，主要是提高教师在教学设计、教学实施方面的能力。第二是提高教师的仓储管理技术素质，这就要求专业教师要亲身参加企业实践，从实践活动中提高自己的专业水平。第三要培养教师的信息素质。及时收集、鉴别、筛选、利用行业、企业信息，及在教学过程中有效使用信息技术能力，这对于培养信息时代的高等职业技术人才是十分重要的。

2. 优选教学项目，加强“一体化”教学的针对性

针对传统教学忽视工作实际过程的教学内容安排重组课程内容，设置学习情境，每个学习情境解决仓储管理对象的实际作业问题，每个情景按工作流程分成不同学习的模块。项目的选择要具有代表性，按课程内容选择项目，既能反映教学的难点和重点，同时要反映现代社会的热点和学生关心的问题，密切联系社会和企业实际。按项目内容开展教学，可以提高学生对知识技能的综合运用能力，实现从学习到工作的平稳过渡。

3. 改善教学方式，使教学充满活力

教师在课前必须对教学过程中的每一个环节进行推敲、预演；课堂上采用引导、讨论、示范操作；学生组队以团队方式工作，讨论解决问题的可能的方案，制定工作计划、并完成工作任务设计和模拟操作等一系列方法，使课堂成为学生探究知识的舞台，学生作为主要演员，老师做好编剧、导演，让学习成为一种享受。

融教学做为一体，让学习成为享受

——物流信息技术与应用课程建设总结体会

刘亚梅

根据学院要求，2015年参加了说课比赛、40分钟“公开课”课堂教学、随机课三个环节，经历了企业、院校调研—课程标准制定—课程整体设计—课程单元设计—课堂教学实施等几个步骤的工作，使本门课程在内容、资源、教学方法等方面更加丰富、立体，充分调动学生学习的积极性，激发学生的学习兴趣。

一、课程改革思路

课程的目标定位应体现高职学生的特点，既要区别于本科的理论研究层次，又要区别于中职的实际操作层次，既要锻炼学生的动手操作能力，又要为学生将来的职业拓展打下良好的理论基础。

首先，要根据市场需求进行课程定位，制定课程标准。就本课程而言，根据现代物流行业对物流信息从业人员的岗位技能要求，围绕物流师国家职业标准、物流信息管理师考核认证中对物流信息操作及管理技能工作内容与技能要求的规定，立足于第三方物流企业工作实际，确定课程目标定位。

其次，要进行整体设计和单元设计。在课程建设过程中，课程团队教师深入第三方物流企业对物流信息管理工作内容和岗位要求进行调研，分析物流信息管理工作的内容和要求，结合我院校内实训基地情况以及高职学生的学习特点开发学习项目和学习情境。

最后，进行课堂教学实施。在教学实施过程中要进行课堂的教学设计，写出教案。在实施过程中，对教案进行修改，进而对单元设计、整体设计进行修改，使整体的课程内容在教学实施时更加顺畅。

二、课程改革成效

1. 项目设计内容更加系统化，便于学生记忆

完整的项目化设计内容可以形成一颗知识树，便于学生记忆。各学习项目的设计以实训为手段，培养学生独立决策、计划、实施、检测和评价的能力。在教学过程中注重对学生能力的培养和实现知识应用化与技能化，学生通过学习、训练与实践具备物流信息管理与实际操作的基本工作能力，能较好地完成相关的工作任务，实现该课程领域的培养目标。

2. 纵深式教学法，引发学生思考

课程教学过程中使用纵深式教学法：第一步，在进行项目训练之前安排一个案例，对案

例涉及的背景、实际采用的管理方法、技术做以介绍，由学生结合以前所学分析该企业存在的问题，既可以有效运用其他课程所学知识又可以为后续教学做以铺垫；第二步，分析实训项目内容及要求，查找、理解完成项目内容所需的理论知识点，而后进行实际操作，既可以深化书本知识的理解，又可以考察学生对理论知识的实际应用情况；第三步，总结实际操作中遇到的问题，并提出解决问题的对策，考察解决实际问题的能力。

3. 实现教学竞赛一体化

把竞赛项目变成教学项目，融入到教学内容之中，并进行“点、线、面”教学方法的改革，终结性考核采取竞赛形式，提高了学生学习的积极性、主动性。参赛学生通过赛前准备、赛中锻炼、赛后总结，可以提升个人的综合素质，比拼技艺与心智，比拼速度与质量，更是比拼技能与体能。

4. 课程教学与职业资格证书相衔接

课程在目标定位上与职业证书对接，课程设置与职业标准相吻合，教学方案与不同等级的职业标准相对应，教学内容涵盖职业标准的要求，教学方法手段与职业标准相适应，使课程教学与职业资格证书相衔接。

三、课程改革经验与体会

1. 要加强校企合作和教学研究

通过校企合作、产学结合的方式，共同制订人才培养方案、课程改革方案，联合开发课程、进行课程设计、制定课程标准等，将企业的氛围引入教学建设和改革。教学做一体化的教学模式改革涉及课程体系构建、课程开发、教学内容和教学手段、教学组织和管理等方面，应加大研究力度，将其作为教学改革研究课题进行专项研究，要注重校内专任教师、校外兼职教师、兄弟院校课程教师的交流和研讨，将企业的工作任务转化为教学任务。

2. 合理安排教学过程，构建时间、教学场地上的一体

教学做一体化要求采取边教边学边做的方式，使理论教学和实践教学不仅在时间上融为一体，而且在教学场所上也要融为一体。在教学内容上，把重点放在从事本专业所需要的理论知识和技能上，专业理论教学突出应用性原则，以掌握实践技能所必需、够用为原则，对实际中采用的新技术、新内容、新设备，必须在实际操作和实训中有所反映。教学内容要以项目、任务、问题展开，按照需要解决的问题和形成技能所需的理论知识而选择，也就是要告诉学生学什么、为什么、怎样做，做的程度如何等知识。

让“囚笼”里的“鸟儿”自由“翱翔”

——我从商务英语听说课教学改革中成长

刘彦斌

想必多数商务英语听说课教师都有着和我相同的经历，即学生在课堂上“捂住耳朵，不肯开口”的情形已成常态。即使对于那些英语功底不错或充满学习热情的学生来说，他们磕磕绊绊的英语交流也仅仅停留在死记硬背的层面上，根本谈不上职业能力和职业素养的提升。大多数学生在商务英语听说课结束的时候犹如站在囚笼门口的鸟儿不知飞向何方。究其原因，课程设计存在缺陷，我们没有以能力本位教学理念为指导开展教学。一年来，经过对职业教育课程教学模式的学习，并结合商务英语听说课实际情况，我进行了一系列的尝试和改革，尤其在课程的整体设计、单元设计和课堂教学等方面取得了长足的进步。

一、课程改革之路

1. 从机械性听说训练到融入工作情境的项目任务体验

据调查，在我校往届商务英语专业毕业生中，有部分学生在自行车生产企业做贸易或文职工作。此外，天津是一个著名的自行车生产基地，素有自行车“王国”之称，这一点也为学生今后的就业提供了信心。鉴于此，我大胆地将《商务英语听说 2》的教学内容与自行车生产企业的日常商务工作结合在一起，把以往的教学过程转变为了融入工作情境的项目任务体验。我将教材的章节进行认真梳理，并重新确定了“商务接待”、“公司与产品宣传”和“业务谈判”三个项目和下属的十个子项目，并对每个项目及其子项目进行了情境设计。第一次课，我以公司总裁的身份为学生做了新员工培训，随后，把全班学生分成了 7 个下属子公司。一切项目情境训练都在各自的子公司内容进行。

2. 从课堂教学到“课前、课堂和课后”一体化教学

以往的教学工作仅仅局限于课堂教学。然而改革后的教学过程囊括了课前、课堂和课后三个阶段。

对于课前教学，我尝试了把学习目标挂在 QQ 学习群内，供学生课前了解，并完成课前作业。部分子项目要求学生参照学习目标制作知识思维导图，并上传 QQ 群，教师并做出评价，计入平时成绩。此外，学生可以通过 QQ 群语音功能与老师和同学进行课前的朗读训练交流。教师可以及时帮助学生正音或答疑解难。

课后能力拓展环节是课堂教学的有效延伸。教师设计情境内容，由学生用手机或摄像机录制工作视频，然后上传 QQ 群，并由师生进行评价。

二、课程改革效果

1. 学习氛围明显改善，学习效果得到保障

三个项目下属的十个子项目工作在各个子公司内进行。这些涉及了较为具体的行业、企业和产品的项目和任务实施过程为本课程提供一个活的交流平台。学生们在进行课前预习、情境角色表演和课后拓展的过程中津津乐道，学习劲头十足。学生在课堂上的开口率和参与率明显提高。这种寓公司商务活动于教学活动之中的乐趣有效地实现了知识点、能力点和职业素养的对接。

2. 课前和课后作业质量得到保障

首先，有了具体的作业评价标准作保证，学生可以提前了解学习内容，明确学习目标。其次，学生在了解学习目标的前提下，可以在课前完成对词汇和基本句型等知识点的认知，为课堂上的能力培养打基础，有效提高课堂效率。再次，制作思维导图的作业形式极具兴趣性，能够激发学生的学习热情。

三、课程改革经验

1. 依附具体行业企业活动，赋予教学内容生命

在教学中，我始终秉承“授人以鱼，不如授人以渔”的古训。虽说学生在未来的就业中不会统统地到自行车生产企业去工作，但是我要做的恰恰是帮助学生学会将获取的知识和能力迁移到它们得以应用的领域。这种依附具体生产行业进行商务英语听说教学的做法不仅有效地呈现了知识点、能力点和素质要求在职场上的真面目，也为学生进行项目化训练增加了真实感和可操作性。同样，教师也要具备这种迁移能力。比如在解释某些较为具体的知识点时，我会为学生呈现它们在其他行业或工作岗位上应有的情形。

2. 适时适度运用信息化手段，克服过度讲解的习惯

为了保证课程实施过程的顺利推进，提高学生的学习效率，适时适当使用信息化手段。可以运用信息化手段将某些较为复杂、晦涩或极易出错的知识点化繁为简，直观呈现工作任务，激发学习兴趣。老师讲得过多的习惯依旧很难客服，因此，我们要从行为上约束自己。能用视频的就不用图片，能用图片的就不用文字。比如，我们可以通过简短的视频来演示一下公司接待人员在机场接待客人时除了用熟练地英语进行交流外，在肢体语言和面目表情方面还要注意什么。视频可以从音、像和文字等多渠道刺激学生的记忆系统，所以老师讲得再多，也比不上视频的直观展示。

3. 让课前和课后成为课堂教学的左膀右臂

相信很多老师都有过类似的抱怨，即学生不预习新知识，课后作业敷衍了事等。现在我尝试的“课前、课堂和课后”一体化教学有效地解决了上述的问题。学生之所以不能认真完成作业的原因有多种。首先，有的学生基础薄弱，不识音标、不会念单词成为了他们预习新词汇和新句型的主要障碍。现在 QQ 群语音互助就可以解决该问题。其次，枯燥乏味的预习作业使学生提不起神，预习效果也就不言而喻了。制作项目的思维导图恰恰可以有效地解决该问题。只有在充分了解了知识目标（主要知识点）的前提下，才能完成一个基本完整的思

维导图。并且连教师也参与进来，最终向学生展示自己的作品。不甘示弱的心理因素也可能是激励学生完成一份优质作业的诱因。再次，课后用手机录制视频作业是学生巩固知识和提升能力的过程。有些学生由于自身强烈的完美主义感而反复地录制同一段视频，最终选取一个最满意的视频作为最终版本。也正是这种反复表演和录制的过程使他们不知不觉地得到了提升。最后，课前预习和课后拓展作业的评价工作也是提高学生重视程度的一个主要因素。总之，上好课不仅仅是对课堂的把控，也要统筹好课前和课后，使它们成为课堂教学的左膀右臂。

不忘“初心”　方得人才

——项目化课程改革引领专业人才培养质量显著提升

吕春晖

2013 年学院经市教委批准立项开展“社区管理与服务（早期教育）专业”国际化专业标准开发试点建设工作。近两年的时间里，在借鉴国外发达国家先进教育理念过程中，本专业建设无论从调研准备、企业走访、标准开发、理念更新、课程体系重组、师资队伍水平提升、校内外实训基地建设、专业服务行业能力提高、国际证书获取、人才培养质量突出、学生就业创业等方面都结出了硕果。回想起建设的历程，感悟颇多。其中，尤为核心的是专业课程项目化改革所取得的成效。

一、几点做法

1. 在示范校建设期间，学院组织多次教师培训，其中，项目化教学改革专家戴士弘教授所讲能力本位与项目化课程改革的讲座深入人心。在项目化课程改革中要遵循能力本位核心，在职业教育课程体系中要全面分析职业角色，使学生具备从事某一具体职业所必需的能力。

2. 针对“感官教育”这门课程，首先要针对学生将来的工作岗位进行大量调研，建立起以学生在未来岗位工作过程为主导的课程体系。课程设计要依据工作任务选择和安排学习项目，实施工作情景教学模式。

3. 针对专业国际化特色，校企联合确定课程标准，设计培养目标。根据职业岗位的任职要求，通过岗位分析，参考 AMS 儿童早期教育课程（2.5～6 岁）课程体系及行业资格标准，确定课程改革方向，并强调技能、知识及素质并重。

4. 组织教学内容，确定学习项目。以能力培养为重点，确定典型项目，建立工作任务与知识、技能的联系，增强学生的直观体验，在完成具体项目的过程中明白相关理论知识与工作流程。加强实践教学，做到单元技能反复演练，综合技能集中强化。

5. 根据工作过程组织教学过程。建立了国际水准的校内实训基地——社区早教学习体验中心，设置模拟真实工作场景的教学氛围。采取教师主导、学生主体的学习模式，引导学生开展自主学习和体验性学习，使其在一种完整的综合的行动中进行思考，开放式学习，从而完成项目。

6. 突出技能考核，构建“知识、技能、素质”一体化考核体系。课程考核在传统的理论知识的笔试上加以改进，形成以项目任务为基础的新的课程考核体系，强调技能和素质的综合职业能力考核。课程考核成绩则是项目考核成绩的累计。由于课程实施过程中经常分组操作，充分考虑个人在合作中的贡献。

二、改革经验

项目化课程改革的基础——人才培养模式改革创新

我们以国际化专业教学标准开发试点为契机，抓准人才培养模式改革为重要切入点，带动专业课程调整与建设，引导课程设置、教学内容和教学方法改革。人才培养模式改革的重点是教学过程的实践性、开放性和职业性。为此，在我院国际化专业课程建设中，我们结合区域经济发展的实际，借鉴美国、澳大利亚等发达国家先进教育理念，在社区管理与服务（早期教育）专业中探索了“校企合作、校际融通、五段递进”人才培养模式。借鉴美国先进教育理念及澳大利亚职业教育教学方法与考核评价模式，注重对学生综合能力和整体素养的培育，强化对学生探究、分析、解决问题能力的培养，围绕学生探究思维能力、自主学习能力和创新精神的培养改进教学方法和手段，形成项目化课程实施模式。

三、实施效果

通过创设“蒙氏班”和“TAFE 课程班”，学生学习的积极性和主动性大大被激发，学生面貌发生了较大变化，高职学生明显变得更自信了，学会了学习，掌握自我发展和获得知识的能力。

较高的外部评价

外籍专家的评价是在学院国际化的办学理念、先进的实训条件设施的基础上，项目化课程改革实施后，学生学习发展机遇难得，学生学习效果好，学习兴趣大大提高，能力标准达到国际化水准。国际化企业人力资源主管的评价是学生踏实肯干，素养较高，有符合职业准入的国际证书，无论从学生的理念还是工作实践中充分展现了专业人才培养的结果，我们需要大量这样满足企业需要的人才。学生实习单位负责人的评价是，相比没有进行国际化试点的班级学生，国际班的学生通过国际化项目化课程改革模式，看问题及发表观点的角度不同，视野不同，开展的实践工作效果不同。

四、改革体会

此次在国际化专业教学标准开发及试点工作中进行的课程项目化改革颇为成功，在教育部的政策引领下，在市教委的精心组织和指导下，在项目化课程专家的培训辅导下，在院领导的帮助指导和支持下，在国际化企业和国外高校的参与合作下，在师生团队的共同努力下，本专业的人才培养质量显著提升，项目化课程改革实施效果明显。

看到学生们一张张自信的笑脸，手捧一张张国际化职业资格证书，带着憧憬迈入就业单位时，做为教育工作者，内心倍感欣慰和自豪。

项目化行动导向教学注重能力培养

——“自动化生产线安装与调试”课改体会

贾启升

实训教学是高职学生在校期间获得动手实践能力和综合职业能力的重要途径和手段。随着社会的发展，传统先理论再实践的教学模式对学生的吸引力已逐渐降低。如何设计课程内容，引发学生自主学习兴趣，培养训练学生将所学知识熟练应用于生产实践，是我们这次课程改革的主要目的。

“自动化生产线安装与调试”是我院电气自动化类专业的一门专业核心实训课，这门课程主要培养学生对工厂企业自动化生产线安装、维护和调试以及对设备部分设计及识图能力。

围绕以上岗位能力需求，我们主要对以下几个方面进行重新设计。

一、紧盯行业发展脉搏，围绕岗位能力需求修改课程内容

时时关注行业发展动向，多次深入一线企业进行调研。了解机电一体化设备安装、调试维护人员的岗位能力需求。另一方面围绕人力资源和社会保障部 PLC 编程设计师、维系电工高级等国家职业资格标准，修改课程教学大纲和教学目标。

通过该课程学习，使学生课程学习积极性极大提高，对所学的自动化专业的内容有进一步的理解，对多学科的综合应用技术有一个基本的认识。将前期所学课程进行更深入的综合技能训练。对培养学生电气制造、安装、施工，自动化生产线的装调、运行及维护等生产一线需要的高素质技术技能人才的职业能力，以及培养学生的认知和理解能力、分析问题和解决问题能力以及团队协作能力的职业素养起到支持和促进作用。

二、时刻以学生为中心，实施行动导向式教学

抛弃以往老师是课堂主导的惯性思维。时刻围绕以学生为中心，充分考虑当代学生心理情况，通过各种手段挖掘学生的兴趣点。在课程设计和实施阶段，根据课程内容和课程目标，对本门课程进行整体设计，一改以往传统的按章节授课方式，将该课程所学的所有知识点和技能点进行总结归纳，完全以企业研发部分实际项目开发方式进行实训项目设计，整个课程为一个总体项目，总项目又分成多个子项目，各子项目内容既相互独立，又具有一定连贯性。学生以小组为单位由易到难，依次完成各项目，进而完成整个总项目小型笔管生产线的设计改造。

在项目实施过程中，以学生为项目设计师，老师为甲方客户或项目总负责人，由老师提出项目总体要求，出具项目设计任务书。全班同学每 3-4 人为一组分工协作，鼓励学生充分

发挥想象力，为其提供各项平台及相关资源。各小组充分利用各实训设备以网上课堂等多种资源展开自主学习和思考，通过公开讨论和多次修改，最终由甲方客户（老师）确定最终设计方案，各小组根据方案和任务书进行项目实施。课程验收考核也以最终项目任务书的完成情况给予评价。

整个项目，要求各小组同学全程参与，使学生直接转变为企业的工作人员，全面增强学生的综合职业能力，使其在从事职业活动时，能够以企业实际情况系统地考虑问题，明确分工和时间安排，独立进行计划、实施和检测。

三、注重职业素养培养，依托国家职业资格证书要求完善课程标准

在课程标准制定和修改时，重点依托人力资源和社会保障部可编程序设计师、维系电工等国家职业资格标准。修改以往只注重技能培训，而忽略职业素养的培养。将职业素养培养贯穿于课程的全部阶段。比如学生实训时的衣着、实训设备及工具取用摆放、实训室管理规范、小组团体协作要求、员工安全及保密协定、设备施工国标、ISO9001 规范要求等多个方面进行引导。

通过“自动化生产线安装与调试”课程改革，使我们收获很多，在专业技能水平提高的同时，对于高职职业教育的理念有了更深入的认识。学生学习积极性有较大提高。对于相关课程的开发和教学提供借鉴和参考。但在课程改革过程中，我们也发现自己的很多不足及有待改进的地方，今后将会加大对企业的调研及实践，增加企业实际项目的比重及相关合作。

“后期合成技术”课程设计体会

韩久海

通过参加信息化教学设计和课堂教学比赛，我对授课中利用信息化手段来传授知识的方法和效果有了更强的认识，我所承担的课程是后期合成技术课程，技术难度高，教师的讲解的知识与实际操作的技能之间的传导转换的方式、方法和成效都有着课程自身的特点。

从专业课程的整体结构来看，后期合成在制作过程这一环节，可以说是对影视制作工作的具体实施，对于后期合成的设计师来说，一切脚本、拍摄最终汇总到这一工作的范畴当中，更是设计师经验积累，个人提升的重要基础。同样的，影视后期制作在专业化的课程培养中成为课程的主体内容，为学生未来个人设计理念的达成提供切实的技术支持和经验积累。

一、后期合成技术课程当今发展的结构性缺陷

根据我多年的授课经验，在过去的传统授课方式下，对影视后期类课程的认识和理解比较笼统，结构单一，一般作为一门课程在学期内一次完成，对影视后期的设计内容杂糅在其中讲解，内容也并不深入，更多的就是介绍软件的使用方法。这就使得影视后期的专业课程失去了其结构化独立化的专业特点和专业深度，这在高等职业教育中尤为明显，学生学了大量软件的操作方法，完成教师的随堂作业，课程结束之后学生也基本上忘的差不多了，或者有心自己制作一些个性化的作品，却发现学来学去不知道如何将所学的技术使用在自己的创意当中，要么是对于自己的构思，技术手段上无法实施或无法达标，感觉自己好像学了白学；要么就是一些喜欢钻研的学生，将软件的各项指标功能越研究得透彻，连一些非常少见的功能和内容都可以准确把握、倒背如流，可是缺乏创意，可以说根本就不知道自己要做什么，除非别人给出个题。这些情况究其原因都是在课程建设的基础本身没有打好，使整个课程所建立起来的知识体系变得孤立，各个知识点之间疏离，造成的学生的茫然无措。

在传统的日常授课当中，教师与学生的沟通不够顺畅，常常利用教师机授课而脱离与学生面对面交流。而由于本课程设计到大量的软件知识，完全的放弃计算机授课仅仅要求学生直接进行制作，又会让课程变为无本之木，无水之源，使得课程变得虚无缥缈，这就在平衡计算机授课和开发学生的能动性之间找到合理的桥梁。在课程设置方面，后期合成技术并不能仅仅作为一门技法课程来设置，也不适合止步于一个学期的一门课程就完成学习，作为一门职业能力培养的课程，影视后期应该分为多个课程时段的学习来使学生达到进行循序渐进的提升，实现学习→巩固→提高的良性循环。

二、信息化教学手段将后期合成的理论知识与实际操作之间搭起有效的桥梁

达成更为系统化的课程结构除了宏观方面的改革以外，在课程的实施和推进当中通过信

息化手段可以将影视后期合成方面的理论知识与实际操作之间搭起有效的桥梁。在我的课程中，我通过授课同期录制授课视频，使学生可以仿佛的对知识点进行复习、练习，并达到非线性的知识点跳转，也就是说，可以通过播放教学视频，根据个人的学习进度找到自己缺失或不足的知识点环节，一个节点一个节点的学习推进。

另一方面，通过教师自己开发的教学软件系统，学生可以通过多媒体交互性的电子书来对各个知识环节进行系统化的学习，并通过简单的测试系统，来对整个制作过程中的步骤和流程来进行更为高效和准确的学习与复习活动。

最终教师整理的图片文字教程，进一步加固学生学习的手段，配合教师改进授课教法，开发和利用更为直接丰富的信息化课堂教学手段，更具活力的授课方式和更为专业化、实验性的教学内容则会让整个课程具备结构化、系统性的特点，让后期合成技术课程与真实的企业环境和企业项目无限接近，使学生可以真正的与就业相接轨，将课程的学习提升到更高的层次。

三、课程整体结构通过信息化教学手段加以整合

通过对课程的信息化教学设计和课堂呈现，我从实际操作层面更加深刻的理解了后期合成技术这门课程，同时也加深了我与后期合成技术这门课教学理念的理解。本课程作为整体专业课程体系中的基础结构，渗透影响了其他课程的学习，包括动漫设计与制作专业学生未来毕业设计的制作和作品的成型，课程涵盖众多复杂的软件，每个都具有自己独特和丰富的内容，通过信息化手段的授课，将其互相衔接，才可以综合掌握知识，形成综合的技能型人员。同时可以为学生在未来就业中发挥自己的创意、打造自己的品牌形象埋下关键伏笔。

经过多年信息化教学的课堂实施和相关教学大赛中的验证，明确了课程标准。以课程标准为基础、企业和市场调研为辅助，以信息化手段为桥梁，完成整个课程的教学设计和结构化调整，针对本课程我体会到以下几点整体设计方面的真知：

1. 对"后期合成技术"这种涉及面广、内部知识结构错综复杂、要求综合能力强的课程必须进行深入的研究，才能实现整体设计的合理化。利用多媒体信息化的现代教学手段，对课程内部的结构进行重构和有机化的合理配置，并对课程内多种不同层次的课程部件进行合理划分和整合，针对学生毕业设计和未来工作的实际情况来进行整体设计，适合不同层次学生能力的培养和奠基。对其他类似复杂度和多元化类似的课程具有很好的借鉴作用，使本类课程在结构化设计方面更为精进完整。

2. 课程整体设计根据本课程的特点，利用模拟项目、自主研发的模拟测试软件辅助学习，从课程结构上实现"教学做一体化"教学目标，各教学环节之间具有深刻的连带关系同时，也可以进行解构，拆分模块来使用，而信息化的多媒体学习软件、电子书载体成为最为有效的桥梁。以学生的就业为基础，将整个课程的技能培养整合一个结构化明显的授课模式。同时，课程的结构的系统化使得各个知识点更加具有整体性的背景依托，使得知识内容更加具有实际意义，使学习更具有趣味性，使得学生学习更有乐趣也更有实际操作性，这中实际操作性也是本课题的创新之处。

3. "后期合成技术"本身就是一门具有重要实用性的课程，并作为学生毕业设计和未来工作的重要支柱。所以，对于课程教学的整体设计对于专业能力培养和职业教育中实用化教

学的探索具有重要的意义。另外，课程整体设计进行的教学资源建设，形成丰富多元的教学资料储备，使教师在课程实际教学中更为得心应手，根据不同层次学生的情况，针对性更强的同时，涵盖面又可以扩展。学生在学习当中也提高了学习兴趣和学习效率，为以后的工作打下建设基础。

最终实际的课程实施也证明了，本课程信息化教学设计中所使用的视频和图文讲义在真实课程中的使用是学生和教师的距离更为拉近，也让课程的学习更具有针对性，知识配置在整体设计下更为合理准确，也让教师的教学进一步的得到提升。

“商务英语阅读”课程改革的心得体会

——“三支利箭”突破教学重难点

菅亚珏

一、参加课程建设、教学做验收课的路径

在校领导的推动下，戴世宏教授的精心指导下，我关于课程改革和建设的思路日趋完善。首先进行整改的是自己比较熟悉的课程“商务英语阅读”，教授的学生是商务英语专业大二年级。他们活泼开朗思维活跃，对国外的历史和文化非常感兴趣，具备了一定的英语基础和商务知识，由于传统教学方法的限制，前几届学生听说能力较弱，欠缺在不同语境情境中的灵活应变能力，不敢不会用英文进行沟通或者词不达意。这一届我改变了教学方法，用工作任务做驱动，多元智能理论做引导，信息化教学手段贯穿教学过程，如三支利箭一般突破了教学难点，突出了教学重点，收到了良好的教学效果。

二、任务驱动

大一年级第二学期的阅读课教学的重点内容是外贸流程及其专业术语的运用，我将课程的 7 个单元进行整改，每个单元均有任务驱动，任务的分配也尽量做到合理和有效，教学任务的种类也比较多如口头对话、设计包装方案、起草合同、制作单据、角色扮演等等。

学生在上课时认领任务单，明确工作任务和目的。在学习外贸知识的同时，任务驱动激发了学生的职业角色的认同感，自觉主动地完成相应的教学任务。锻炼和培养了学生的职业技能和职业素养。

三、视听说多感官训练

众所周知，学习游泳的人只有下水去练才能学会，英语的学习好比学习游泳，必须有相应的语境和情境多加练习才能学会。根据多元智能理论，用视频、音频、图片、人机对话软件、多媒体课件等多种手段创设交易会中价格洽谈的不同语境提高了英语教学的趣味性，变化不同的教学方法，将视觉、听觉、交流等多元智能训练运用于口语学习过程，开发了学生视觉、听觉、交流等多元智能。突破了学生传统的被动学习英语口语的障碍，强化了重点句型的学习效果。

四、信息化教学手段

有效地提高学生的学习兴趣是教育工作者孜孜以求的理想教育状态，无数的教育家曾提到这一点。1978 年问世的“吸引教育理论（Invitational Education）”，是一种研究和探索如何将学校建成令人向往的“最吸引人的场所”的教育理论，现已引起欧美等发达国家教育界人士的广泛关注，并在众多学校广泛实践，其创立者 Purkey 认为教育应该“特别设计教育场所”“设计吸引人的课程”。

那么如何设计“有趣吸引人的课程”呢？针对 90 后大学生“互联网+”时代背景下喜爱新鲜事物、乐于探索、勇于创新等特点，信息化的教学手段应运而生。我用信息化手段进行教学评价和反馈，突破了学习英语缺乏兴趣和动力的瓶颈，推动了任务的布置、实施、提交、评价的落实。例如“Negotiation in Business Fair”一单元的设计中，我课前安排学生通过微信平台预习找出寒暄语的几个常用语句，同学之间互相交流学习对上课将要学到的内容做到心中有数，上课时播放音频、视频创设不同的商务情境和语境让学生身临其境，通过课程平台发放任务，学生通过互联网和课程平台就了解任务的具体内容和完成工作任务的步骤方法等。课下学生录制视频提交任务，上传到互联网上共同讨论学习。在我们共同搭建的课程平台上，学生还可以根据自己的需求在课下学习其他拓展内容。

五、教学效果

经过课程改革改变方法后，我也很担心是否会有预期的效果，学生却让我感受到了四个字（那就是）：喜出望外。首先改变了以往的你讲我听的沉闷气氛，成为了活跃的价格辩论会，从前满堂灌沉闷的英语课堂变成了活跃的辩论或是展示厅。其次口语脚本作业中再也没有发现语言表达错误，课堂教学效率有所提高，教学效果明显改善。再次从录制的视频作业里能反映出学生具备了一定的职业素养。这些都是在以前的教学中做不到的。教师自身收获了全新的教学理念和教学感受，增强了职业教育的信心和成就感。2014 年凭借第五单元的单元设计方案获得天津市信息化教学比赛二等奖，凭借第六单元的单元设计方案获得全国信息化教学比赛一等奖。

高职教育虽然学生起点较低，只要精心设计教学环节，充分利用信息化手段，实施任务驱动和视听说多感官训练，却也给了老师一个绝地反弹的好机会，正所谓苦心人天不负，有志者事竟成。感谢学校领导和老师们给予我参与教改的机会，感谢我的学生们在教学过程中给我的支持，感谢我的教学团队在困难的时候给予的帮助和支持。

"三维动画制作"课程整体设计体会

李　佳

三维动画制作课程是动漫设计与制作专业的一门核心课，安排在第三、四学期授课，总共 112 学时。

通过本门课程的学习，学生将掌握三维动画从模型创建到材质编辑到动画制作、特效处理、以及后期编辑等制作流程和操作方法。从而为将来从事的效果图制作、影视片头设计、影视广告和影视短片的设计制作等工作打下良好的基础。

三维动画制作课程以前的教学模式采用案例教学，通过学习学生能掌握其中的知识和基本操作技能，但是综合运用能力不强，远远不能达到企业对学生的要求，学生入职前心理压力很大。为改变这一现象，我们团队在课程中引入项目教学法，经实践取得不错的成效。

1. 项目筛选是关键

在实际教学中，所选用的项目是能将理论知识和实际技能结合在一起，通过对已有知识、技能和新学习的知识、技能的应用，解决实际问题的过程。选取具有代表性的项目是教学的关键。

该课程引入项目教学法想解决什么问题？取得什么效果？为此我们与合作企业天津北新动漫有限公司的技术人员进行了多次讨论，讨论的主题是针对学生存在的问题：即课上该学的内容都学了，该做的练习也做了，但为什么达不到企业的要求？最后针对这个问题我们团队制订了"小案例+大项目"相结合的方式。通过小案例让学生学会操作技巧，通过大项目让学生了解企业工作流程和制作要求。

有了明确的项目教学主题，下面就是进行项目筛选。在资料筛选时我们按二类进行，即考虑哪个项目适合教学？哪个项目适合案例练习？所选的项目要包含全部教学内容并尽可能自然、有机地结合多项知识点；其次，项目的难易度要针对学生的实际水平来确定；且要让大多数学生感兴趣，并可以用某一标准（如模型布线、灯光设置等）公平准确地给予评价。当然，不是每个项目都能达到要求，也不是一个项目就可以解决所有问题。我们可以根据具体的培养方向（掌握新知识、新技能还是培养综合能力）来确立最佳项目。

2. 完善整体设计加入拓展项目

根据筛选的 3 个项目进行课程整体设计和单元设计，但当用于 2014 年实际教学中发现所设计的案例和项目并不能完全满足知识点的掌握，毕竟学生将来面临的工作具有一定的技术难度，需要大量的练习来巩固和提高。

在此基础上开始筛选和制作拓展项目，辅助相应的知识点进行更进一步的练习和训练。所以在课程讲授进行到后半部时进行设计修改，通过改进取得较好的效果。

3. 放手让学生进行教学内容的总结

教学内容的总结，以往都是教师进行，虽然鼓励学生自己做，但是作为教师总担心学生总结不到位，自觉或不自觉的替学生做这件事。归纳总结是完成项目的过程中必须要培养学生的一个职业习惯。

放手让学生自己做，引导学生将总结做好，是学生学习的一个重要过程。这次的项目教学设计将其做为一个重要的环节。总结要分为几方面，第一是让学生总结，在项目实施过程中要求学生边实践、边总结，最后项目组形成一个总结报告和项目完成的自我评价；第二是教师总结整个项目制作过程中的知识点和存在的问题。

教学过程中发现通过教师引导学生自我总结归纳，让学生对所学知识有了一个很清晰的思路，效果很好。

4. 适度的理论知识教学

学院对项目教学课程验收结束后，领导将专家们的意见反馈给我，如何在讲授时添加更多一些理论知识，这又成为我们提高的一个台阶。

以灯光设置为例，以前以设置灯光为主，能正确设置灯光渲染出一张灯光有层次并有艺术氛围的图是我们制作的目标；但是什么场景设置什么样的灯光，有几种灯光的设置等等知识讲的并不多，这些知识学生会在摄影课上进行学习，但摄影课中所讲的灯光设置和三维动画制作课又有很大的区别；围绕这部分内容进行了系统的知识讲解，让学生结合以往所学知识有了更加系统全面的了解。

项目教学法强调学生学习的主体性，教师主要工作是课程设计、资料筛选、课上引导答疑。教师课上不是满堂灌，好像讲的没有以前多，但工作任务更重了。教师不但要对任教科目融会贯通，随时回答各类学生提出的各种问题，而且还要为学生创设学习的情景、培养协作学习的气氛、审核项目的选取等。

项目教学是师生共同完成项目，共同取得进步的教学方法。在教学过程中把学生作为学习的主体，通过完成项目把理论和实践有机地结合起来，不仅提高了理论水平和实操技能，而且又在教师有目的引导下，培养了合作、解决问题等综合能力。同时教师在观察学生、帮助学生的过程中，开阔了视野，提高了专业水平。

“代入式教学”中的“教学做”

——连锁企业门店营运管理实务课程改革的思考

窦　研

一、“连锁企业门店营运管理实务”课程改革路径

在 2015 年 4 月，我有幸成为学院第一批“教学做”验收课程队伍中的一员。这是我院根据教育部对高职教育的要求，加快课程教学改革的步伐、推行新的高职课程教学理念的项目。我把这项活动作为一个自我提升的机会，虚心听取院、系领导和专家提出的意见，对“连锁企业门店营运管理实务”这门课程进行了全面的改革，力求实践 “能力目标、项目载体、能力实训”三个课程教学改革的原则。以下是我的具体做法：

1. 深入企业调查研究，将教学与岗位职业要求对接

“项目化教学”是高职课程改革的必然选择，为此，我和我的教学团队进入与我院开展校企合作的 Seven-Eleven、麦当劳天津公司、津乐园饼业有限公司等连锁企业，深入了解企业职业岗位需求变化，探讨企业对连锁经营管理专业学生的职业能力要求，力求实现课程教学改革与岗位需求对接。

2. 充分发挥团队作用，开发课程资源平台

教学课程改革是个巨大的工程，我充分依靠我们的教学团队，发挥团队的聪明才智，积极合作，整合教学资源，共同开发了连锁企业门店营运管理实务课程资源平台，使学生课前预习、自主学习、考核评价、师生交流、拓展提高等各个环节能够顺利开展，为实施课程教学改革迈出了坚实的一步，不仅支持了学生在校学习，还支持了学生就业后的学习。

3.“代入式教学”中的“教学做”

根据企业对岗位的需求，我以“能力目标、项目载体、能力实训” 为标准，将“代入式教学法（All Role-Playing Approach）”融入了课程教学，把学生被动的知识接受过程转变为主动参与的学习互动过程，让学生成为课堂的中心，以更接近自然和游戏的方式让学生参与到知识的探索和掌握过程中。我根据课程教学中的重、难点，充分利用数字化教学手段，设计出能帮助学生实现学习目标的任务，并设计出促进学生动手动脑的情境，将学生带入特定的“职业岗位”，并适时地有的放矢，对学生的问题及时点拨、处理、讲解，直接解决他们在未来职业岗位上可能出现的问题。在这样的学习环境里，学生们学习欲望强烈，积极地完成任务，他们既学到了相关知识、技能，也锻炼了解决问题的能力。他们的学习成果使他们产生了成就感，也培养了他们的自信心。

二、“连锁企业门店营运管理实务”课程改革成果

“连锁企业门店营运管理实务”是一门技能训练课，这门课程通过教学改革，在以下几个方面取得了教学效果：

1. 连锁企业门店营运管理实务课程资源平台将自主学习、考核评价、交流互动等教学环节连接在一起，有效地支持了本门课程的教学。学生在课程资源平台上可以完成作业、进行学习交流、完成课程考核等各项任务，学习过程和成绩都有精确记录，教师可以及时了解学生情况，及时提供帮助，提高了教学效果。

2. 信息化学习手段的应用使课程的知识动态化、形象化，激发了学生学习兴趣。使教学与岗位职业标准有了对接。

3. 代入式的教学方法将学生引入岗位情境中，启发了学生主动参与的创新热情，在教学任务驱动下，学生们能够呈现出的具有创造性的学习成果，这是传统教学方法难以达到的。

三、课程改革体会

课程改革的历程固然艰辛，但充满了创新的喜悦。我的体会有以下几点：

1. 实践出真知，课程改革必须先深入实践，认真进行调查研究，这样才能使教学内容与职业标准有效对接，使课程改革有实质性的创新。

2. 在课程改革中，我深深体会到教学团队的力量。课改一定要发挥教师团队作用，依靠集体的智慧才能到达成功的彼岸。

3. 充分利用信息化教学手段，满足 90 后学生求新求异的特征，使他们乐于学习和参与，确保他们的学习主体地位。

4. 努力把“项目”作为训练学生职业岗位综合能力的主要载体，以实用性、典型性、综合性、趣味性、挑战性和可行性为原则，调动学生的学习积极性。

5. 随着课改的不断深入，要坚持不断探索，研究新的教学方法，不断进取，满足教改的需要。

以上是我对课程改革的点滴体会。今后我会将我校“验收课”的改革标准应用于其他课程，与教学团队共同努力，开发适合高职教育的优秀课程。

以“教–学–做”的教学模式进行课程整体改革

王君艳

学院为了进一步推进示范校建设，努力打造一支高素质双师型教师队伍，提高教师教学能力与授课水平，特聘请戴士弘教授指导我院开展课程整体改革，并进一步推进首批“教学做验收课”验收工作。在此次教学改革实践中，我选择了文秘专业的“文书工作与档案管理”课进行课程改革的初步尝试。

“文书工作与档案管理”课是文秘专业的一门职业技术课，是文秘专业的核心课程。文秘专业的人才培养目标是培养具有扎实的现代秘书知识和技能，能熟练地使用现代化办公设备，具有较强的文字表达能力和语言表达能力，具有接待沟通、组织协调等辅助管理能力，具有良好的职业素养和可持续发展能力的秘书人才。“文书工作与档案管理”课作为培养学生现代办公能力的支撑课程，主要讲授文书工作的程序与方法，包括文书制作、文书处理、文书的平时管理与年终的立卷归档；档案管理工作的程序与方法，包括档案的收集、鉴定、整理、保管、利用等工作环节的工作内容、工作方法和工作要求，使学生具备独立承担文书工作与档案管理工作的专业技能。该课程共 64 课时，4 学分。

随着社会的不断发展，传统教学模式已不能完全满足教学的需要，课程改革势在必行。为此，学院聘请戴士弘教授指导我院开展课程整体改革。依据戴士弘教授课程整体改革的理论和方法，对“文书工作与档案管理”课进行了整体设计，将教学内容整合为八个工作项目，这八个工作项目分别是文书制作、收文处理、发文处理、文书的平时归卷、文书的年终立卷归档 、档案整理、档案保管、档案利用。八个工作项目之下共设置了 20 个子项目，每个子项目下设置 2 个工作情境和工作任务。设置第一个工作情境和工作任务的目的是为了让学生在做中学，学生在完成工作任务的过程中掌握相关的专业知识、专业技能。设置第二个工作情境和工作任务的目的是为了让学生在做中巩固所学的专业知识，熟练掌握所学的专业技能，逐步形成专业能力和专业素养。整个教学过程由过去的教师满堂灌，变成学生在做中学。具体的训练方式和步骤如下：

下达工作任务 1↘
↓　　（1 学时）
布置学习资料 ↗
↓
完成工作任务 ↘
↓　　（1 学时）
提交工作任务↗
↓
检查工作任务完成情况
↓

总结工作任务完成情况，展示典型问题，提供解决问题的方法（1 学时）

↓

修改工作中存在的问题（1 学时）

↓

再提交

↓

工作质量考核

↓

下达工作任务 2↘

↓ （4 学时）

完成工作任务 ↗

↓

提交工作任务

↓

工作质量考核

经过课程改革的初步尝试，形成了以下几点体会：

一、通过尝试“教-学-做”的教学模式，发现学生具有很大的学习潜能。

长期以来课堂教学中的问题是一直走不出教与学的诸多困惑与纠结。教师怎样教?学生如何学?教师如何发现学生的潜质从而激发学生的潜能?学生如何找到学习的动力从而享受学习的乐趣?教师如何突破落后陈旧的教学模式?老师讲，有些学生都不爱听，不爱学，靠学生做中学，能行吗？通过尝试“教—学—做”的教学模式，发现学生具有很大的学习潜能，“文书工作与档案管理”这门课程的学习任务多数学生能在做的过程中完成，能在做的过程中学会专业技能。

社会需要的是实用型人才，实用型人才应具备解决实际问题的能力，古人云“纸上得来终觉浅”，只有将书本知识正确地运用到解决实际问题中去，才是真正领会了专业知识，掌握了专业技能。“教-学-做”的教学模式是在工作任务的驱动下，启发学生积极思考，学生在完成工作任务的过程中，要学会自主学习，学会自己查资料，学会通过小组讨论探寻解决问题的途径和方法，将传统课堂教学的教师满堂灌，学生被动学变成学生主动地探究，探寻解决问题的途径和方法，完成工作任务，摆脱了过去那种学生在课堂上昏昏欲睡，老师却声嘶力竭的沉闷的课堂现象，老师考评学生的标准不再是课堂是否规规矩矩，卷面考核是否合格等。“教—学—做”的教学模式彻底打破了教师一言堂的格局，使平日在课堂上被禁锢的学生解放出来，变“要我学”为“我要学”的模式，学生自身的潜能被激发出来，迸发出极大的学习热情，教师也看到了新的教学途径探索出来的勃勃生机。

传统的教学满堂灌不能满足学生个性学习的需要，使用“任务驱动”的教学模式，在工作任务的驱动下，学生在完成工作任务的过程中提出个性化的问题，教师有针对性地指导，有助于提高每个学生的能力水平。学生在学习过程中获得成就感、愉悦感，由此产生学习的积极性、主动性，学习的兴趣和热情得到肯定。在“教—学—做”的教学模式下，教师注意观察、了解每位学生的个性特点，注意发现、发掘其特有潜质，在课堂小结、阶段性评价中予以鼓励与激励，让学生为自己的点滴变化和突破感到兴奋，为自己的付出得到认可感到欣慰，这会促使学生的学习能力得到突破性的提高。

“教—学—做”教学模式的优势和效果在教学实践中得以凸显，学生成了最大的受益者，“文书工作与档案管理”这门课程的学习任务多数学生能在做的过程中完成，能在做的过程中学会专业技能。

二、处理好教、学、做之间的关系，在做中学，在做中教。

传统的教学方法使老师们习惯了讲，在使用“教-学-做”的教学模式时，也常出现讲的时间太多的问题。我的体会是:第一，要用教师提前准备学习材料、课前给学生布置学习材料、让学生提前预习、课上阅读学习材料、课上小组讨论、课后留作业、查阅资料、网上答题、阶段测验等方式替代老师课上讲。学生在工作任务的驱动下，主动学习老师为他们提供的学习材料，查阅其他相关资料，这极有利于学生掌握专业基础理论和相关的专业知识。第二，要把学习任务分解开来，并把各项学习任务分配到教、学、做的各个环节中，哪个环节完成哪些学习任务，教师要做好设计，不能急着一股脑地把所有的内容都讲完，要在做中教，学中教，做中讲，学中讲。当一个学习单元完成之后，所有的学习任务都被贯彻下去。

在教、学、做的过程中，教师的指导很重要。教师的指导是帮助学生掌握专业技能，形成能力的重要手段，指导是教、学、做过程中的重要内容，考验着教师的教学水平。

在教、学、做的过程中，教师要注意发现问题，分析问题，总结问题，解决问题。分析总结在所发现的问题中哪些是普遍问题，哪些是个别问题，哪些是典型问题，用什么方式指导这些问题。这些都需要教师善于观察，迅速反馈，积极指导，做到做中教，学中教，做中讲，学中讲。

教师的指导包括知识的指导和技能的指导，教师是指导工作的实施者，因此，教师在教、学、做的过程中起着举足轻重的作用。在实操训练正常开展的情况下，教师教学的指导方法可以有以下几种：

1. 集中指导法

教师对全班学生就完成工作任务过程中出现的共性问题进行指导。解决完成工作任务过程中发现的问题，及时指出和纠正学生在完成工作任务过程中出现的错误。在集中指导过程中，应以积极地激发和鼓励为原则，肯定和表扬学生积极的工作态度，激励他们，使他们保持积极的工作热情。

2. 个别指导法

个别指导是指学生在完成工作任务过程中教师针对每位学生在掌握知识、技能技巧过程中出现的个别差异进行指导。教师需准确地发现、指出学生操作过程中的问题和偏差，根据实际状况提出具体的解决问题的办法，并督促学生学习、改进，落实在行为的改善中，并取得实际的效果。有针对性地帮助学生排除工作过程中出现的困难和障碍，保证学生正确地掌握操作要领，规范操作步骤。

在个别指导时，要注重启发学生的特性，挖掘学生的创造性和独特性，鼓励个性化发展，既要肯定成绩，又要指出不足，使学生对学习充满信心。

3. 巡视指导法

在巡视指导中要注意发现学生中能应用理论指导实践、构思独特、有创意、学得快、操作好、注重安全等各方面的典型，及时总结推广，以点带面，通过树立典范，用正确的行为示范来引导、帮助学生纠正错误，同时激发大家的完成工作任务的热情。

4. 总结指导法

总结指导是指学生在完成工作任务后，教师进行考核、评价和总结，肯定成绩，交流经验，分析存在的问题，提供反馈信息，综合提炼感性知识和经验，进一步加深认识理解。这是指导工作的一个不可缺少的非常关键的环节，其目的是让学生明白是否达标、如何达标。

在此过程中，要引导学生认真总结在完成工作任务过程中积累的成功经验和失败的教训，帮助学生把实践经验进一步提高，形成自己的知识和技能。在进行信息反馈时要注意，提出批评前应有肯定，并让学生有机会答辩和说明，对评论的现象不能以偏概全、一概而论，对提出的问题和意见越具体越好、越明确越好，易细不易粗，提出意见的重点要集中在可以改进的方面，提出的改进意见要以工作或评判的标准为尺度。

在教、学、做的过程中充分发挥教师的指导作用，有效地利用实训教学的指导方法，可以进一步提高和激发学生的学习兴趣，使培训收到良好的效果。

三、制定完善的考核方案，并认真执行考核方案，可以促使学生尽快形成专业技能和职业素养。

要确保完成教学任务，实现教学目的，必须有一套完善的考核方案，并在教学的各个环节严格地执行考核方案。文书工作与档案管理课程的考核方式设计如下：

项目考核方式

<table>
<tr><th>考核项目</th><th>考核内容</th><th colspan="2">成绩</th><th>合计</th><th>总成绩</th></tr>
<tr><td rowspan="5">对完成工作任务 1 的考核</td><td rowspan="5">对学生的学习过程进行考核，包括学习态度、学习能力、学习结果、职业素养的形成。</td><td>出勤情况</td><td>5 分</td><td rowspan="5">40 分</td><td rowspan="8">100 分</td></tr>
<tr><td>课堂表现</td><td>5 分</td></tr>
<tr><td>职业素养的形成</td><td>5 分</td></tr>
<tr><td>专业知识的形成</td><td>5 分</td></tr>
<tr><td>专业技能的形成</td><td>20 分</td></tr>
<tr><td rowspan="3">对完成工作任务 2 的考核</td><td rowspan="3">对学生的专业能力水平、专业知识水平、职业素养等进行考核与评价。</td><td>专业技能</td><td>50 分</td><td rowspan="3">60 分</td></tr>
<tr><td>专业知识</td><td>5 分</td></tr>
<tr><td>职业素养</td><td>5 分</td></tr>
</table>

各项目的考核成绩汇总为本门课程的总成绩

项目	文书制作	收文处理	发文处理	平时归卷	立卷归档	档案整理	档案保管	档案利用
考核成绩占本门课程总成绩的比例	12.5%	12.5%	12.5%	12.5%	12.5%	12.5%	12.5%	12.5%
总成绩	100 分							

考核方案要重视对学生的学习过程进行考核，既要考核学生平时学习的学习态度、课堂表现，以激发学生平时学习的动力，促进教学任务的完成，也要对学生平时的学习做形成性评价，包括专业技能的形成情况、职业素养的形成情况、专业知识的形成情况以及学习能力、学习结果等各个方面，使学生无论在专业技能方面，还是在职业素养方面都能符合行业标准，符合社会需求。

在教学过程中，在严格执行考核方案的同时，必须处理好教育与教学的关系，要把刚性的考核与柔性的教育结合起来。处理课堂不良行为时，教师如果简单地采用指责和处罚的方式，虽然有可能轻易而迅速地制止学生的不良行为，但有可能导致两个严重的问题出现：第一，惩罚不能有效地转变学生行为；第二，影响师生之间良好关系的建立或破坏已经建立的良好关系。在严格执行考核方案的同时，教师应采用恰当的教育方式，积极地引导学生，恰当的教育+认真的管理+积极的引导，有助于合理有效地处理学生不良行为，有助于完成学习任务，有助于引导学生逐步形成良好的工作习惯，有助于培育出具有良好职业素养的毕业生。

以上就是我参加“教学做验收课”工作的点滴体会，开展课程整体改革，还有许多有待完善的方面，还有许多有待突破的难点，只有坚持教学改革，才能培养出满足社会实际需求的掌握和形成专业技能和职业素养的技术技能型人才。

课程改革实施之成效篇

——2014 会计技能赛项

姜宁宁

在本次课程整体设计中，我们会计专业团队全体教师，明确分工，各司其职，收获了很多。感谢学院给我们教师提供了戴士弘教授关于职业院校课程建设的培训机会，先进的教学改革理念、有效的课程设计与展示的方法、不同教改层面的案例对比，使教师们深刻理解“强调能力为重”与“项目课程”的深刻内涵，并将其引入到自身的专业教学中来，受益匪浅。

一、课程建设前后之转变

1. 教学中引入工作情境

项目化课程改革要以职业实践活动为导向的原则，依据职业行动获取知识与能力的认知规律，以职业实践活动为导向进行课程体系构建和课程设置。我院全体会计专业教师全员动员，将近年来下厂实践积攒的资料与总结的经验转化为教学中的工作情境，引入企业背景、真实工作资料，渗透会计职业素质训练。会计专业教师团队在选取的部分专业课程进行项目化课程整体设计与单元设计，并运用到教学中去，不断实施、不断探讨、不断更新完善，并不断扩展到课外项目，从而达到课内外项目的双线并行，以保持知识的完整性与技能专业性。

2. 教师与学生的角色转换

项目化课程教学以工作项目为单位，以职业活动进程为线索，以培养学生的职业能力为课程主要目标，组织课程和教学内容。在项目化课程教学过程中，教师是项目实施的引导师，学生是岗位任务实施的主体，这不仅要求我们专业教师的思想与角色的转变，还要求教师做好单元设计的合理划分，并保证单元结构的完整性，使学生在每一个单元中都能够掌握解决一个或一类实际工作问题的技能，并在单元最后发现新的问题，从而转化学生主体地位，提高学生学习兴趣与自主学习能力，提升学生整体专业综合技能水平。

3. 教学评价标准的转变

项目化课程教学要把培养学生的职业能力、综合素质作为主要目标，以学生为课程评价主体，将知识目标、能力目标、素质目标等有效结合，突出能力目标，从而把“能做什么”作为评价学生学习结果的主要依据。教学评价的标准与评价方式是我们专业教师实施项目化教学成果的体现，也是合理评价学生知识掌握与技能水平的方法，同时也是提高学生积极主动性的一种方式。

教学评价需要考虑到知识、能力、素养，还要考虑到评价的时间限制等因素，所以专业教学评价体系也是我们会计专业教学团队今后继续完善的内容。

二、课程建设之实施体会

项目化课程建设不简单是思想上的冲击，更应该落实在行动上、落实在实际授课过程中。从一门课程的单元涉及到整体设计，再深入到会计专业所有课程。课程整体、单元以及项目的设计，需要专业团队的全员参与、相互激励、有效行动，需要专业教师对系统理论知识的储备与及时更新；需要专业教师进行行业、企业的调研与实践，了解专业市场和人才市场，了解行业需求、职业需求和岗位需求；更需要专业团队的共同研讨、对课程体系、教学内容、教学方法等进行改革，培养出高素质、高技能人才。

三、课程建设改革成效

技能竞赛是检验和展示职业院校会计专业教学改革和学生会计岗位通用技能与职业能力的方式之一。全国职业院校技能大赛——“会计技能”赛项由四名选手参加的团队赛，竞赛内容包括手工业务处理和信息化处理两部分，竞赛时间为六小时。

2014 年会计技能赛项于 5 月 31 日在山西财政税务专科学校举行。共有全国 31 个省、市和新疆建设兵团共 49 支代表队的 196 名选手参赛。我院参赛队伍以总成绩 513.55 分，位居第八名，荣获会计技能赛项全国二等奖，四名参赛选手均推荐报送本科院校继续学习深造。

会计技能竞赛是检验和展示我院会计专业教学改革、课程建设改革的方式之一，其充分体现了课程教学目标的四个方面，尤其是综合技能和实战能力。知识目标不等于学科体系知识的盲目传授和盲目积累。所有单项能力的总和也不等于综合能力。

四、会计专业项目化课程深入建设体会

在今后的教育教学过程中，我们可以将技能竞赛模式引入到课程考评体系中，建立多课程的项目综合考评方式。例如会计专业：结合基础会计与实训、企业经济业务核算、纳税业务训练、财务管理实务、财经法规与会计职业道德等专业课程，设计由浅入深的考评项目，让学生所学的知识与技能得到综合运用，提升综合技能水平。

新的起点需要新的奋斗，新的奋斗需要旗帜作为引导，课程建设培训就是一面旗帜，让我们在理论和意识上迈上了一个新台阶，今后我们将不断更新思想理念、改革教学模式与教学方法、完善课程项目设计内容、提高实践教学水平，培养出更多符合社会会计岗位需求的高职学生。